어디가 중도며 어째서 변혁인가

어디가 중도며 어째서 변혁인가

백낙청 지음

白

樂

晴

창비

한반도의 분단체제를 중요 주제로 삼은 나의 네번째 책이 간행되는 현재 상황은 세번째 저서 『한반도식 통일, 현재진행형』을 내던 2006년 5월과 무척 다르다. 당시에도 매사가 순조롭게 진행되고 있지는 않았지만 그 전해의 9·19공동성명을 통해 남북관계뿐 아니라 동북아시아 평화체제 건설에 중요한 주춧돌이 일단 놓인 참이었고, 북측이 아직 장거리 미사일 발사시험이나 핵실험을 행하기 전이었다. 개인적으로는 2005년 초에 6·15공동선언 남측위원회 대표를 맡아 그해 6월과 8월의 민족공동행사를 치르면서 남북관계가 큰 발전을 이룩하는 것을 지켜보았으며, 광주·전남지역에서 열릴 6·15 공동선언 발표 여섯돌 기념행사를 눈앞에 두고 있었다.

그후 3년 남짓 지난 오늘, 한반도 상황은 이명박정부 출범 당시 우려했던 것보다도 훨씬 악화되어 있다. '한반도식 통일, 현재진행형'이라는 명제가 도대체 성립 가능한가라는 질문이 나올 법한 형국이다. 이에 대해 나는 여전히 그렇다는 주장을 펼치고자 이 책을 세상에 내놓지만, 변화된 상황에 눈 감은 채 같은 주장으로 '초지일관' 뻗대는 것은 공부하는 사람의 자세가 아닐뿐더러 독자를 설득하지도 못할 것이다. 차분한 상황점검과 냉엄한 자기성찰이 필수적인바, 이 책을 위해 새로 쓴 「서장: 시민참여 통일과정은 안녕한가」는 내 나름으로 그런 노력을 기울인 결과다.

서장의 점검작업이 갑작스러운 것은 아니다. 적어도 북의 첫 핵실험이 이루어진 2006년 10월 이후로 미흡하나마 지속적으로 진행했던 일이며, '시민참여형 통일'의 주체가 될 시민사회와 시민운동의 공부길 잡기는 거의 항시적인 주제였다. 그 점에서 이번 책은 분단문제에 집중한 첫 저서 『분단체제 변혁의 공부길』(1994)의 제목에 담긴 주제어들 ― '분단체제' '변혁' 그리고 '공부길' ― 로 되돌아갔달 수도 있다. 다만 그 사이 '길'은 '중도(中道)'라는 낱말로 이어지고 '변혁적 중도주의'가 새로운 주제어로 등장한 것이 진전이라면 진전이겠다.

동시에 두번째 저서 『흔들리는 분단체제』(1998)의 제목도 여전히 하나의 기조(基調)를 이룬다. 분단체제의 '흔들림' 또한 요즘은 새삼 의심의 대상이 되는 것 같다. 남북관계가 대결의 시대로 돌아간 듯한 현실 때문이다. 그러나 이는 비교적 안정된, 그런 의미로 '고착화'된 대결상태로의 회귀가 결코 아니다. 분단체제가 거의 고장(故

障) 상태에 이르러 그 어느 때보다 위태롭게 요동치는 국면인 것이다. 분단체제는 남에서건 북에서건 다 고장현상을 보이고 있다는 게 나의 인식인데, 다만 남쪽의 민간사회라는 '제3당사자'가 얼마간의 수리(修理) 능력을 지녔다는 것이 나의 믿음이자 한국 시민으로서의 자부심이다. 그러나 분단체제 속에 사는 한반도인으로서 남과 북의 (각기 상이한 형태의) 고장에 대해 깊은 책임의식과 자괴감을 동시에 느끼지 않는다면 그 자부심은 허황된 자만심일 따름이요 '제3당사자'로서의 임무수행에 무참히 실패하는 결과를 낳을 것이다.

고장수리 작업은 또한 분단체제 자체의 변혁을 겨냥하면서 전지구와 동아시아지역, 한반도와 남한 내부 등의 여러 차원에서 동시다발적으로 진행되는 다원(多元)·고차(高次) 작업이라야 한다. 물론 나 자신은 그중 극히 일부를 감당할 능력밖에 없고, 그중에서도 또 일부 사안만 이 책에서 다루어졌다.

서장에 이어 제1부와 2부는 남북관계나 국내 정치상황에 관해 지난 3년간 쓴 글들 가운데서 열세 편을 추린 것이다. 남북문제와 국내문제 논의가 확연히 구별되지 않는 것은 분단현실에 관한 나의 개념이 그런 구분을 허용하지 않기 때문이다. 1부는 2006년과 2007년, 2부는 2008년과 2009년의 산물이며 시기순으로 배열했다.

제3부는 원불교 청중을 대상으로 한 강연 두 편이다. 청중과의 소통을 위한 원불교적 표현들 외에도 원불교 교리에 대한 나의 깊은

공감이 담긴 내용이지만, 어디까지나 원불교의 문외한이 일반독자의 호응을 기대하며 집필하고 수록한 글들임을 상기시키고 싶다. 제4부는 주로 대학과 학문에 관련된 글로서 『분단체제 변혁의 공부길』 이후 겨우 3편을 건져 싣게 된 것이 자못 부끄럽고 민망하다. 좁은 의미의 공부 즉 학문연마에도 좀더 분발해야겠다.

지난날의 글들을 묶으면서 또 한가지 마음에 걸리는 점은 중복되는 내용이 적지 않다는 사실이다. 물론 나의 생각이 풍성하지 못한 탓이 가장 크다. 그런데 이 문제와 관련해서 탐구자와 활동가의 입장에 차이가 나기도 한다. 탐구자는 새로운 이야기가 없을 때는 입을 다무는 게 원칙인 데 반해, 활동가는 당면목표의 달성에 필요한 만큼은 같은 이야기라도 부지런히 되풀이하는 게 오히려 미덕일 수 있다. 나 자신은 그간 '공익근무'에 징집된 인간을 자처하면서도 어쨌든 탐구자의 자세를 잃지 않고자 애써왔는데, 활동가의 발언으로서 불가피했던 내용의 중복이 이런 논의를 처음 접하는 독자들에게 일종의 친절이 되면서 익숙한 독자들을 너무 식상케 하지 않았으면 좋겠다.

실린 글의 상당수가 6·15남측위원회 활동과 관련된 발언이거니와(물론 개인 자격의 발언이지만), 상임대표로서 두 차례 임기를 마칠 때까지 이끌어주고 밑받침해주신 남측위 선배·동료들의 원력이 남북문제에 관한 생각을 정리하는 데도 큰 도움이 되었다. 또한 창비와 세교연구소의 동학들은 스스로 알건 모르건 내 작업에 변함없는 이바지를 해주고 있다. 두루 감사드린다. 끝으로 편집과 교정의 실무를 맡아준 안병률형과 창비 인문사회출판부의 각별한 노고를 치하한다.

2009년 8월
백낙청

* 2쇄를 찍으면서 교정오류 서너개를 바로잡고 색인을 대폭 보완했다.

시민참여 통일과정은 안녕한가

중도 공부, 변혁 공부를 위하여

1. 글머리에

2009년 7월 시점에서 '시민참여 통일과정은 안녕한가'라는 질문에 '별로 안녕하지 못하다'고 답하는 게 맞을 것이다. 그러나 회복불능은 아니다. 심지어 정지상태도 결코 아니다. 한반도식 통일은 여전히 진행중이며 궁극적으로는 시민참여 통일과정으로 될 가능성이 오히려 커지고 있다고 봐야 한다. 그 길 말고는 파국을 면하기가 더욱 어려워졌기 때문이다.

한반도의 분단현실은 독특한 '분단체제'를 구성하고 있어서 통일 또한 지난날 베트남, 독일, 예멘 그 어느 나라의 선례와도 구별되는 한반도식이 되리라는 주장이 '한반도식 통일'론이다. 이는 선행 통일사례들에서 볼 수 없던 차원의 시민참여를 전제한다. 통일과정에의 시민참여를 위해서는 한편으로 통일이 평화적일 뿐 아니라 점진적이고 단계적이어야 하는데, 2000년 6·15공동선언을 통해 남북의 정상이 일단 그 점에 합의한 바 있다. 게다가 이렇게 열린 가능성을 능동적으로 활용할 시민적 활력이 적어도 남쪽 민간사회의 경우 이미 상당정도로 갖추어진 터이다.

대략 이런 인식을 바탕으로 나는 한반도식 통일이 현재진행형이라는 주장을 펼쳤고 그 구체적인 성격을 '시민참여형 통일'로 규정해왔다. 그런데 이명박정부가 출범한 지 1년 반도 못 되는 사이에 한반도 긴장이 극도로 고조되고 6·15공동선언은 그 실천동력을 현저히 상실한 형국이다. 국내 민주주의도 심각하게 후퇴하면서 시민운동의 공간 또한 축소되었다. 한반도식 통일이 과연 진행중이며 시민참여형 통일이 아직도 유효한 개념인지를 진지하게 점검할 계제가 아닐 수 없다.

여기서는 한국 시민운동의 성격과 과제를 중심으로 그러한 점검을 해보고자 한다. 그 일차적 시도가 '한반도 평화통일프로쎄스와 시민사회의 역할'이라는 주제의 '시민평화포럼' 창립(2008. 10. 1) 기념강연이었는데,[1] 일년도 채 안된 그때에 비해서도 지금 상황은 한결 절박해졌다. 따라서 강연내용의 상당부분을 원용하면서도 전혀 새로운 글을 쓰기로 했다. 다만 시민운동의 관점에서 일단 출발하는 방식은 그대로 따랐고, 뒷부분에 가서 분단체제론의 관점에서 시민참여형 통일의 당위성과 가능성을 논하는 좀더 익숙한 방식으로

---

1) 실제로 내가 선택한 강연제목은 「한국 시민운동의 한반도적 시각 확보를 위해」였다.

되돌아왔다.

내 나름의 처방이랄 게 있다면 '변혁적 중도주의'가 그것이다. 이는 지난번 저서(『한반도식 통일, 현재진행형』, 창비 2006)와 이번 책 여러 군데서 다뤄지는 주제이므로 여기서 자세한 개념설명을 생략하겠지만, 지금이야말로 우리에게는 중도와 변혁이 하나임을 깨닫고 그 공부와 사업을 다그칠 때다. 중도 공부 없는 변혁론은 공허하며, 변혁 공부가 결여된 중도론은 일종의 눈가림으로 끝날 우려가 있는 것이다.

2. 한국 시민운동에서의 한반도적 시각

시민사회단체 연대회의 산하에서 활동하는 시민운동가들이 주동하여 시민평화포럼(공동대표 이석태, 이용선, 정현백)이 발족한 것은 그동안 한반도의 통일문제에 자신들이 너무 소홀했었다는 반성의 산물일 터이다. 물론 민간단체(NGO) 중에는 대북지원사업에 종사해온 단체도 있고 그와 별도로 통일운동단체로 분류되는 예들이 있으나 이들은 세칭 '시민사회단체'에서 제외되는 경향이며, 여하튼 시민사회단체 연대회의에 가입하지 않고 있다.

물론 좁은 의미의 시민단체 성원들 가운데 개인적으로 통일운동이나 남북교류사업에 적극 참여해온 경우도 적지 않다. 게다가 2005년 초에 6·15공동선언실천 남측위원회라는 연대기구가 출범하면서 '시민진영'이 그 4대 구성세력의 하나로 합류했고(나머지는 남북공동행사추진본부 시절부터 참여하던 민화협, 통일연대 및 7대 종단), 일부 시민사회단체의 대표 또는 대표적 인사가 남측위원회에서 중요한 역할을 하게 되었다. 출범 때부터 4년간 상임대표를 맡았던 나 자신도 비록 특정 시민단체를 대표한 적은 없으나 시민운동가들과의 개인적 인연이 많을뿐더러 '시민참여형 통일'의 주창자이기에, 시민진영의 적극적인 참여를 염원하고 독려하는 입장이었다.

남북관계에 대한 시민단체들의 관심을 드높이는 데 크게 작용한 것이 2007년의 두번째 정상회담과 10·4선언이었다. 이후 정부 차원에서도 국무총리가 남북고위급회담의 당사자가 되고 10·4 및 후속합의들이 모든 부처의 소관사항이 될 형국이었듯이, 시민단체들의 과제 역시 직접·간접으로 남북교류와 연결될 전망이었고 '한반도적 의제'를 처음부터 고민하지 않고서는 능동적 대처가 힘들어지는 상황이 되었다.

이런 긍정적인 계기는 이명박정부의 등장으로 거의 소멸된 느낌이다. 그러나 한번 일깨워진 한반도적 시각의 필요성에 대한 자각마저 소멸하지는 않았고, 시민운동의 위기상황이 오히려 새로운 연구와 사업의 의지를 다져준 면도 있다. 시민평화포럼의 발족도 그런 다짐의 일부였던 셈이다.

그러나 포럼의 명칭에서 '통일'이 빠지고 시민운동의 익숙한 주제이던 '평화'만이 들어간 것을 보아도 시민운동과 통일운동 간의 여전한 거리감을 짐작할 수 있다. 이름을 그렇게 지은 까닭이 해당 활동가들의 주관적인 선호만은 아니다. 실제로 일반대중 사이에 통일운동은 특정 인사와 세력이 펼치는 특수한 운동이라는 인상이 퍼진 지 오래며, 한국사회의 당면한 개혁과제에 골몰하는 '시민적' 관심이 강한 사람들일수록 통일을 남의 일처럼 생각하는 경향이 강한 실정이다.

한국 시민운동의 특수한 역사적 맥락

시민단체들이 남한사회의 특정 개혁과제에 몰두해온 것은 시민운동의 성격상 당연한 일이기도 하다. 그러나 한국 시민운동의 특수한 역사적 맥락 때문에 유달리 시야가 좁아진 면 또한 없지 않다. 그 점은 1989년 경제정의실천연대(경실련)의 출범을 우리시대 시민운동의 효시로 꼽는 데서도 드러난다. 이때의 '우리시대'는 곧 1987년 6월 이후의 시기인데,[2] 실은 그 시점에도 YMCA 같은 시민단체가 이미 오랜 역사를 지니고 있었다. 기독교 청년운동단체인 YMCA, YWCA 등을 예외로 돌리더라도 오늘날 대표적인 시민단체의 반열에 드는 한국여성단체연합(여연)이 그해 2월에 출범했었고, 환경운동연합도 그 확대 재출범은 93년이지만 역사를 더듬어보면 82년에 한국공해문제연구소가 설립되었다가 공해추방운동연합으로 재편된 것이 경실련 설립보다 빠른 88년이었다.

그러나 6월항쟁 이전의 상황에서 이들 단체는 반독재운동에 적극 가담했고 합법공간에 국한할 수 없었다. 노동운동이나 통일운동, 문학인들의 자유실천운동(1974년 자유실천문인협의회 창립, 87년

---

2) 나 자신을 포함한 상당수 논자들이 이 시기 한국사회를 '87년체제'라는 시각에서 접근하기도 한다. 김종엽(金鍾曄) 엮음 『87년체제론』(창비담론총서 제2권, 창비 2009), 특히 엮은이의 서장 「87년체제론에 부쳐」 참조.

9월에 민족문학작가회의로 확대 개편)의 경우도 마찬가지였다. 반면에 6월항쟁으로 제한적으로나마 열린 합법공간을 활용할 것을 제일 먼저 공언하고 출발한 것이 경실련이었다. 그후 여연이나 환경연도 대체로 합법활동에 치중했고 94년에 창립된 또 하나의 대표적 시민단체인 참여연대(창립 당시는 '참여민주사회와 인권을 위한 시민연대') 또한 그러했지만, 이들은 '2000 총선시민연대' 활동에서 보듯이 탈법적인 낙선운동도 불사한 반면 경실련은 시종일관 합법공간을 고수해왔다. 그 점에서 사실 경실련은 오히려 예외적이지만 87년 이후 '새로운' 시민운동의 경향을 가장 전형적으로 드러내는 면이 있다.

이는 80년대 운동권의 어법으로 말한다면 '소시민화' 경향에 해당하겠지만, 운동 하면 으레 비합법 내지 반 합법 투쟁을 뜻하던 시기로부터 우리 사회가 한 걸음 나아간 결과였고 새로 열린 활동공간의 적절한 활용방식이기도 했다. 그러나 그 부산물로서 '시민운동'이 세칭 '민중운동' 즉 노동자, 농민, 도시빈민 등 여전히 비합법공간에 대한 의존도가 높은 기층민중의 운동들과 처음부터 별개의 운동으로 설정되는 방식을 굳혀놓았다. (민간통일운동 역시 6·15선언 이전까지는 허용된 공간이 극히 제한되었기 때문에 그 시절의 전투적 운동의 맥을 이은 통일운동은 '민중진영'의 일부로 분류되어 '시민운동'과는 별개의 흐름으로 간주되었다.)

이렇게 연유한 '시민운동'과 '민중운동'의 구별은 아직도 다분히 운동권의 관행으로 남아 있다. 하지만 시민과 민중의 확연한 구분이 원론상 불가능할 뿐 아니라 실제로 운동의 건강한 발전을 위해서도 바람직하지 않다.[3] 시민이자 민중인 다수대중이 폭넓게 연대하고자 노력하기보다 '시민진영'과 '민중진영'의 활동가들이 각기 자신에게 편한 영역을 장악한 채 서로 '품앗이'를 해주는 수준에서 그때그때의 전술적인 연합에 안주하기 십상인 것이다. 그러다보면 '민중진영'은 그들대로 다수 국민을 설득하기보다 진영 내부에서의 선명성과 세력확장에 주력하기 쉬우며, '시민진영'도 한반도적 시각과 민중적 시각의 부재에 대한 자기반성의 기회를 놓치기 일쑤다.

한반도적 시각의 부재는 물론 시민운동에 한정된 것이 아니다. 이른바 민중진영에서도 지나치게 반북적이거나 상당수 진보학자와 시민운동가 들의 '후천성 분단인식결핍 증후군'을 공유하는 정파가 엄존하며, 한반도적 시각을 강조하지만 문제를 지나치게 단순화하고 심지어 북측 당국의 해법을 거의 무비판적으로 수용하는 다른 한 정파와 묘한 짝을 이루고 있다. 그런 의미에서 시민운동만을 나무랄 일은 아니고 스스로 고립화를 자초해온 기존 통일운동의 책임도 있는 것이다. 어쨌든 남한사회의 내부개혁이 어디까지나 분단이라는 특수한 현실에 제약되고 그 한계를 돌파하려는 개혁이요, 동아시아의 지역적 연대를 꿈꾸더라도 동아시아가 분단된 한반도와 그 일부인 북한을 포함하는 지역이라는 사실을 외면하고서는 효과적인 개혁운동이 불가능하다.

시민운동에서 한반도적 시각의 부재는 민중적 의제, 민중적 정서에 대한 시민운동가들의 거리두기와도 무관하지 않다. 시민운동은

---

3) 이 구분의 문제점에 대해서는 하승창(河勝彰)·한기욱(韓基煜) 대담 「시민운동과 민중운동, 이대로 좋은가」, 『창작과비평』 2004년 가을호 참조.

도덕적 순수성이 생명이긴 하지만 활동가들이 손에 때 묻히지 않고 마음에 맞는 사람들끼리 자기 운동만 하려는 일종의 결벽증을 드러내는 것은, 어찌 보면 6월항쟁 이후로도 여전히 협소할 수밖에 없었던 활동공간에 알게모르게 순응해온 결과요 87년체제의 수혜집단으로서의 타성이랄 수 있다. 이제 87년체제의 한정된 성취마저 역전될 위기국면을 맞아 이런 타성을 과감히 떨쳐버림으로써 87년체제보다 나은 체제로의 진전을 이룩해야 한다. 그런 점에서 시민운동이 한반도적 시각을 확보한다는 것은 단순히 통일문제로 관심을 넓히는 일이 아니라, 기존 운동의 한계와 문제점에 대한 성찰을 바탕으로 남북 민중의 생활상의 욕구에 좀더 밀착한 운동으로 진화함을 뜻한다. 좋은 통일을 위해 시민들의 적극적인 참여가 필요하기도 하지만, 시민운동이 제대로 발전하기 위해서도 한반도적 시각을 가져야 한다는 것이다.

시민운동의 발전을 위해 한반도적 시각이 필요

몇가지 사례를 들어보자.

예컨대 시민사회의 평화운동은 기존 통일운동의 교조성과 지나친 민족주의를 비판하고 또 반전평화를 주장하는 통일운동이 도리어 반평화적 성향을 내포한 점을 지적하는 등 뜻있는 작업을 수행해왔다. 그러나 남한 내에서의 이런 비판에 치중한 나머지 평화운동 대 통일운동이라는 양분법을 낳기도 했다. 이런 사태가 평화운동이나 시민운동 자체에도 도움이 안되었다는 반성은 시민평화포럼의 발족에도 중요한 계기를 제공했다고 생각한다.[4] 이른바 평화국가론도, 물론 그 주장자 가운데서도 편차가 크지만, 현실적으로 한반도에서 평화체제를 어떻게 구축할지를 외면하고 이상적 평화국가의 구도만 제시한다면 관념적 논의에 그치리라 본다. 하기는 관념적인 평화국가론이라도 분단체제 때문에 좁아진 그간의 담론영역을 일단 넓혀주는 효과가 있고 분단체제 극복의 동력으로 작용하는 면이 없는 것은 아니다. 그러나 안보국가와 질적으로 구별되는 평화국가의 건설은 분단이 해소된 한반도 차원에서나 ─ 그것도 동북아 평화체제와 전지구적 평화증진의 맥락 속에서만 ─ 그려볼 수 있는 일이다. 당장은 엄밀한 의미의 평화국가보다는 '좀더 평화지향적인 안보국가'를 건설하는 일이 시급한데, 한반도에서의 그 과정은 (뒤에 다시 언급할) 남북연합이라는 6·15공동선언의 핵심의제를 떠나서 생각하기 힘들다.[5]

환경운동이나 생태운동은 본질상 철저한 국지화와 전면적인 지구화가 동시에 요구되는 운동이다. 기후온난화, 오존구멍 같은 문제는 전지구적 차원에서 생각할 수밖에 없는 한편, 환경보호와 생태계 보존의 많은 사례는 국지적 현장에서의 작업이다. 이런 운동들이 한반도적 시각을 확보한다는 것은 단순히 남한보다는 넓고 지구

---

4) 예의 양분법이 생성된 경위와 그 문제점 및 극복 가능성에 대해서는 이남주(李南周) 「시민참여형 통일운동의 역할과 가능성」, 『창작과비평』 2008년 겨울호 참조. 그는 또한 문익환 목사 방북 20주년을 기념하는 토론회(2009. 3. 31)에서 "통일운동은 평화라는 가치를 더욱 적극 내세울 필요가 있다"는 점을 강조하기도 했다(「늦봄 방북 20년, 통일운동의 성찰과 전망」, 토론회 자료집 17~18면).
5) 평화국가론을 둘러싼 논란의 예로 유재건(柳在建) 「남한의 '평화국가' 만들기는 실현가능한 의제인가」(『창비주간논평』, 2006. 8. 22)와 이에 대한 구갑우(具甲祐)의 반론 「'대량설득무기'의 위협에서 어떻게 벗어날 것인가」(2006. 8. 29) 참조.

전체나 동아시아보다는 좁은 중간규모의 영역도 관심대상으로 삼는 일이 아니다. 개발지상주의가 분단체제와 얼마나 밀접한 연관성이 있는지를 직시하지 못한다면 남한에 국한된 환경운동조차 그 냉철함과 효율성이 제한되기 마련이며, 분단체제가 흔들리고 무너지는 유동적인 상황이야말로 새로운 발전 패러다임을 개척하고 실험할 희귀한 공간인 것이다. 이런 가능성을 인지하고 활용하지 못하는 환경운동은 늘 반대만 하는 운동으로 낙인찍혀서 남한 내부의 시민운동으로서도 위력이 떨어지기 마련이다. 동시에 남북의 교류협력이 진행될수록 환경운동이 더욱 어려워질 가능성에도 대비해야 한다. 에너지문제만 하더라도 남북의 협력이 예컨대 북녘 땅을 통과하는 파이프를 놓아서 러시아의 에너지자원을 가져오는 데 그친다면, 이는 경제적 이득은 막대할지언정 에너지를 절약하고 대체에너지를 개발하려는 노력에 오히려 불리한 상황을 초래할 수 있다.[6] 북과 협력하고 합작하는 과정을 새로운 친환경적 대안을 찾는 기회로 삼아야 하며, 이를 위해 환경운동·녹색운동은 한반도적인 시각을 갖고 연구하고 준비해야 할 것이다.

여성운동의 경우도 분단으로 인한 여성의 피해를 강조하고 남북교류작업에 여성인사의 참여를 확대할 것을 요구하는 수준을 넘어, 분단체제가 남북한 각계에서 성차별을 어떻게 심화하고 있는지를 과학적으로 분석하며 기존의 여성운동들 자체가 분단체제를 어떤 식으로든 내면화한 바 없는지를 성찰하는 데까지 나가야 한다. 실

---

6) 시민평화포럼 창립모임에서 운영위원장으로 선출된 김제남(金霽南) 녹색연합 정책위원장도 이 점을 지적했다.

제로 분단 안된 사회의 척도를 갖고 한국의 여성 지위가 얼마나 열악한지를 측정하고 규탄하는 데 만족한다든가, 분단으로 인해 남북의 여성과 남성이 당하는 고통을 구체적으로 식별함이 없이 남녀 여성들의 어려움만을 부각시키는 것은 한반도의 현존체제를 변혁하기보다 그 속에 안주하는 여성운동가의 모습일 수 있다. 분단체제의 변혁은 남북의 사회가 모두 근본적으로 달라짐을 뜻한다고 할 때, 남북 각기의 여성현실이 남북관계의 진화와 함께 어떻게 변해야 하고 변할 수 있으며 실제로 그런 변화에 유리한 남북관계를 어떻게 조성할지에 대한 경륜을 지님으로써만 여성운동이 남한 내부에서의 실행력과 대중적 설득력도 높일 수 있을 것이다.

사회적 약자일 뿐 아니라 여성들과 달리 실제로 수적으로 소수자이기도 한 동성애자, 양심에 따른 병역거부자, 이주노동자와 이민자 등 근년에야 국민의식의 표면에 떠오른 소수자의 권익 문제도 한반도적 시각 없이는 제대로 이해하기 어렵다. 이들 문제야말로 분단체제에서 직접 기인한 한국 민주주의의 지체와 취약성, 군사문화의 끈질긴 위력, 민족주의 과잉 등 사회병리현상과 직결된 것이다. 그 점을 무시하고 이런 문제에 대해 한국사회가 형편없이 낙후된 인식을 가졌음을 질타만 해서는 다수 국민들의 눈에 일부 이상주의자들의 너무 앞서가는 운동으로 비치거나, 심지어는 구태의연한 계몽주의적 자세로 대중의 거부감을 자초할 수 있다.[7]

실제로 한국사회에서 이런 소수자문제나 성차별에 대한 인식은

----

7) '새터민'으로 불리는 북녘 출신 입국자 문제는 주로 우파의 의제가 된 특수한 소수자 문제인데, 이에 대해서는 3절에서 따로 논한다.

비슷한 경제개발 정도나 교육수준, 문화수준을 가진 국가에 비해 심히 낙후된 것으로 판단된다. 그러나 이것이 한국인의 DNA 속에 이런 데 무감각한 인자가 있기 때문이라고는 믿기 어렵다. '남북대결의 특수현실'이라는 기득권층의 득의의 방패가 그런 인식의 확산을 막아왔던 것이며, 그나마 분단체제가 흔들리는 과정에 비로소 이런 문제들이 국민의식의 표면으로 나올 수 있게 된 것이다. 그러나 이명박정부 아래서의 남북관계 악화와 민주주의 후퇴는 다시 이들 문제를 주변으로 밀어내거나 수면 아래로 끌어내릴 위험이 있다. 일단 획득한 문제의식을 반MB정서에 휩쓸려 도로 잃어버리지 않기 위해서도 소수자권익에 대한 관심 역시 한반도적 시각과 결부된 튼튼하고 섬세한 인식으로 진화해야 할 것이다.

3. 흔들리는 것은 '한반도식 통일'론인가?

앞서 말했듯이 시민운동에서 한반도적 시각의 필요성은 2007년 10·4정상합의를 계기로 한 단계 강화되었고 분야마다 한반도적 의제를 고민하는 활동가들이 늘어났다. 그런데 바로 그 10·4합의가 이명박정부 벽두부터 거의 사문화되었고 6·15공동선언 자체도 몇 차례의 우회적인 '존중' 표명이 있었지만 최근에는, 특히 6월 16일 한미정상회담과 뒤따른 일련의 대북강경발언에서 드디어 공공연하게 부정되는 느낌이다. 남북교류의 상징이던 금강산관광이 중단된 지 1년, 개성관광도 멈춘 지 6개월이며, 개성공단마저 크게 위축되어 존속을 장담하기 힘든 상태다. 개성공단을 둘러싼 실무접촉을 빼고는 당국간의 모든 접촉이 단절되었고, 북한의 2차 핵실험(2009. 5. 25) 이래 남쪽 당국은 대부분의 민간 북한방문을 불허하고 있다.

이런 상황에서 시민참여형 통일에 과연 어떤 전망이 있는가? 흔들리는 것은 분단체제보다 오히려 '한반도식 통일'론이 아닐까?

이는 상식적으로 충분히 제기함직한 물음들이요 어차피 한번은 따지고 넘어가야 할 문제다. 한가지 분명한 점은, 한반도 차원의 민간사업이 거의 봉쇄된 오늘의 상황을 정확히 이해하기 위해서도 한반도적 시각은 필수적이라는 것이다. 한국사회 내부의 개혁작업과 남북관계 발전의 상관성이 그 어느 때보다 뚜렷해졌기 때문이다.

더욱 명백해진 한국사회 내부개혁의 중요성

1994년의 1차 북핵위기 그리고 2005년의 2차 위기와 대비할 때, 이번 제3차 북핵위기는 '남한발'이라는 특징이 두드러진다. 미국의 부시 행정부가 2006년 말경에 정책을 전환하기까지는 북미간 갈등이 한반도문제의 핵심이었달 수 있지만, 지금은 북미갈등이 있기는 해도 그것이 오바마 행정부의 선제적 대북강경노선 탓이라고는 보기 어렵다. 다분히 한반도의 남북갈등이 현상황을 선도한 바 있으며 이는 또한 남한 내부의 상황변화에 기인한 바 큰 것이다.

실은 2006년 이전에도 한국의 역할은 엄청나게 중요했다. 클린턴 행정부가 북의 (당시에는 핵이 아닌) 미사일문제 타결 일보직전까지 갔었던 점이 이후의 부시 정책과 대비되곤 하지만, 클린턴 대통령 자신이 1차 핵위기 때 북에 대한 폭격을 구상했던 인물이다. 이

때 김영삼 대통령도 전쟁에는 확고히 반대했고, 카터 전 대통령의 중재노력으로 남북정상회담이 합의되었다. 김일성 주석의 갑작스런 사망으로 정상회담이 무산된 후 긴장이 다시 높아졌으나, 김대중정부가 출범하여 한국측의 설득과 실질적인 도움 아래 '페리 프로쎄스'가 성안되었고, 6·15공동선언이라는 돌파구가 마련됨으로써 클린턴 행정부의 대북외교가 그만한 성과라도 낼 수 있었던 것이다.[8]

부시 행정부의 출범과 더불어 클린턴 외교의 이런 성과가 헛일이 되고 한반도의 긴장이 다시 고조된 것은 알려진 대로다. 그러나 이때도 '악의 축' 운운하던 부시의 대북정책에 만만찮게 제동을 건 것이 김대중·노무현 정부였다. 2005년의 제2차 핵위기가 그해 가을의 9·19공동성명으로 일단 해결국면에 접어든 것은 6·15공동선언 발표 5주년 기념 남·북·해외 민간공동행사 당시 남측 정부특사의 김정일 위원장 면담 등 한국의 역할에 크게 힘입은 일이었다. 부시 행정부 막바지의 정책전환에는 북의 핵실험 충격과 미국 중간선거에서 민주당 승리라는 이중의 충격이 직접 요인이었겠지만, 한국 정부의 능동적 개입도 시종 무시 못할 요인이었던 것이다.

---

8) 미국의 한 전문가는 그 시기를 이렇게 평가한 바 있다. "클린턴 행정부의 대북정책은 제대로 조율되지 않았어요. 클린턴 자신은 신경을 많이 쓰지 않았다고 봅니다. 그는 1994년 전쟁 일보직전까지 갔었고 (…) 1998년과 1999년 김대중정부의 꾸준한 노력으로 클린턴 행정부는 북한에 대한 두번째 포용정책을 성안했지만, 클린턴 자신은 이 문제에 관해 별로 신경을 쓰지 못했고 그 점은 이란에 관해서도 마찬가지였습니다." (브루스 커밍스, 백낙청 대담 「전지구적 경제위기 속의 한국과 동아시아」, 『창작과비평』 2009년 봄호 168~69면)

한반도문제에서 한국 역할의 비중은 오바마 행정부가 들어선 뒤에도 확인된다. 다만 이 경우에는 남북관계 개선에 아무런 성의도 능력도 없는 남한 정부가 오바마의 개방적이고 적극적인 외교자세에 사람들이 걸었던 기대를 얼마든지 짓밟을 수 있음을 보여주는 역설적 방식이었다. 이명박정부가 6·15선언을 존중하고 10·4합의사항 이행에 성의를 보였다면 애당초 3차 핵위기 자체가 없었으려니와, 최근 위기의 진행을 보더라도 한국 정부의 태도가 사태악화에 얼마나 큰 작용을 했는지 실감할 수 있다.

부시 정권 말기에 북핵 '불능화' 단계의 합의에 포함되지도 않은 검증문제를 들고 나와 귀중한 시간을 낭비했을 때도 예전 같으면 한국 정부가 적극적인 중재를 통해 북미간 타협의 묘안을 도출하도록 도왔을 테다. 그러나 이번에는 오히려 훼방꾼 노릇을 했다는 혐의가 짙다. 이 점은 지난 4월 초순 북한의 인공위성 발사 때 다시 한번 드러났다. '핵무기 없는 세상'을 제창하는 역사적인 프라하 연설 직전에 발사소식을 접한 오바마 대통령은 '규칙'을 지켜야 한다면서 위반자를 반드시 '응징'해야 한다는 강경발언을 했고 유엔 안보리는 결국 의장의 규탄성명을 내놓았다. 이에 강력히 반발한 북측은 5월 25일의 2차 핵실험과 일련의 미사일 발사로 응수했으며, 안보리는 한층 강력한 제재조치를 포함한 1874호 결의안을 채택하여 긴장은 줄곧 높아져왔다.

북조선 최고인민회의 개최시기에 맞춘 위성발사에 대해 중국과 더불어 한국도 '냉정한 대응'을 미국에 촉구했더라면 사태는 달라졌을 것이다. 냉정하게 살펴보면 국제해사기구에 사전통보를 하는 등의 절차를 밟은 인공위성 발사는 (핵개발 논란에 휘말린 또다른 국가 이란을 포함한) 모든 주권국가의 정당한 권리로 존중되어왔고, 결코 국제사회의 규탄대상이 된 적이 없다. 다만 북조선의 경우 2006년의 안보리결의 1718호에 의해 핵실험과 미사일 발사뿐 아니라 '미사일 관련 프로그램'의 중단을 요구받은 상태였고 그 점에서 '규칙위반'이라는 주장이 가능하다. 그러나 이 또한 냉정하게 따지면, 1718호 결의가 북이 1차 핵실험을 하고 6자회담을 거부하던 상황에서 채택된 것이므로 2007년의 2·13합의로 비핵화과정이 재개되고 10·3합의로 더욱 진전됨으로써 제재결의의 효력이 정지되었다고 해석할 소지가 크다. 일본 정부의 고질적 강경대응에 한국 정부까지 가세해서 법석을 떨지 않았더라면 미국도 냉정하게 대응했을 확률이 높고 북의 2차 핵실험이 곧바로 뒤따르지는 않았을 것이다.

핵문제에 관한 평양 당국의 과거 입장과 최근 발언

물론 북의 궁극적 의도가 무엇인지는 분명치 않다. 어차피 평양 당국은 핵무기를 포기할 생각이 없었고 앞으로도 없을 것인가?

실제로 비핵화가 이루어지지 않고 있는 현재 시점에서 지난날 북측 당국의 비핵화의사 발표가 진실이었다고 입증할 방법은 없다. 다만 클린턴 행정부 말기에 미사일협정이 체결되고 클린턴 대통령의 평양 방문이 성사되었더라도 1차 핵실험을 했으리라거나, 이명박정부가 10·4합의 이행에 성의를 보였더라도 2차 핵실험이 불가피했다는 식의 단정은 더더구나 입증이 불가능할뿐더러 억측에 가깝다. 북측 당국은 항상 여러가지 경우의 수를 생각하며 상황에 대응해왔고 그 일환으로 핵개발 카드를 간직하고 있었다고 보는 것이 한결 상식에 부합된다. 지금은 어차피 핵개발을 해버린 상태이므로 그런 해석이 큰 의미를 못 가질 수도 있으나, 북측이 9·19공동성명을 전면 부정하기보다 그 불이행의 책임을 여타 5개국에 돌리면서 핵보유의 불가피성을 옹호하는 형국에 어떻게 대처할지를 고민하는 과정에서 상식을 견지하는 것은 중요한 일일 게다.

그렇다면 앞으로 어찌될 건가? "6자회담은 이미 깨진 사발이고 '핵포기'도 물 건너간 지 오래다"[9]는 최근 『로동신문』(2009. 6. 25) 논평원의 주장에 얼마나 무게를 두어야 옳은가? 이 문제에 관해 나는 턱없는 문외한이지만 어차피 전문가들도 확실한 판단을 내릴 처지는 못 되느니만큼 문외한의 상식과 논리에 입각한 몇가지 고찰을 해보는 것도 무의미하지 않을 듯하다.

북측은 핵무장을 비롯한 자신의 군비강화가 적대세력에 대한 군사적 억지력을 위해서이며 적대정책 중지와 응분의 보상이 따르면 이를 포기할 용의가 있음을 중요한 고비마다 언명했었다. 2005년 6월의 남측특사 면담에서는 김정일 위원장이 김일성 주석의 '유훈'을 들먹이며 직접 천명한 일도 있다. 물론 최근에 북의 입장이 한층 강경해진 것이 사실이다. 그러나 이를 김위원장의 건강문제 또는 이른바 후계문제와 연관시키는 것은 추측 또는 기껏해야 가설의 수준에 머무는 것이며,[10] 더욱이나 북측이 처음부터 핵무기 개발을 위

---

9) 「"침략적 요구 다 받아들이고 빈손으로 돌아왔다"」, 『통일뉴스』(www.tongilnews.com), 2009. 6. 24.

한 시간벌기로 속임수를 써왔다는 주장은—협상이 잘못될 경우에 대비해 핵무기 개발계획도 갖고 있었으리라는 상식적인 관측과는 달리—북측이 협상의 진전을 위해 몇차례 내렸던 전략적 결단을 도외시한 일방적인 단정에 불과하다.

그러나 중요한 점은 북측이 과거의 전략적 결단을 완전히 뒤집는 새로운 결단을 내렸느냐는 것일 테다. 이는 누구도 확답하기 어려운 질문인데, 나는 이 경우에도 북이 스스로 설정한 2012년 강성대국 진입 같은 국가목표를 미국 및 남한과의 항구적 대결 속에서 달성할 수 있을지(또는 있다고 믿는지), 그리고 1차 핵실험 이후 2007년의 북핵 관련 합의와 남북정상합의를 도출했던 전례를 재연하는 것이 미국이나 중국, 한국 등의 입장에서 과연 불가능할지의 문제를 상식에 입각해서 검토해볼 필요가 있다고 본다.

핵포기에 대한 '보상'과 관련해서 앞의 북측 논평은, "'보상'문제를 보아도 우리는 지난 시기 핵동결로 '보상'보다는 막심한 손해만 보았다. 미국의 경수로건설 협잡놀음만 없었더라면 우리가 오늘처럼 전기 고생을 하지 않고 철철 넘치게 전기를 쓸 수 있었을 것이다. 그러한 엄청난 손해에 비해 핵동결의 댓가로 제공된 '보상'이란 그야말로 새 발의 피도 안된다. 몇푼 되지도 않는 '보상'문제를 가지고 떠드는 것이야말로 우리에 대한 우롱이고 모독이다. 우리는 그따위 너절한 '보상'은 바라지도 않거니와 애당초 필요도 없다"고 주

---

10) 문정인(文正仁) 교수는 최근 『오마이뉴스』와의 인터뷰에서 이들 가설이 별로 설득력이 없다는 견해를 밝혔다(「지금은 3차 북핵위기, 해법이 안 보인다—MB 시각 안 바뀌면 특사 100번 보내봐야…」, 2009. 6. 23).

장했다. 또한 같은 신문의 6월 22일자 「조선 사람의 본때」라는 제목의 정론(긴 사설)은 "우리가 적당한 담보나 보잘것없는 양보 따위나 받아내자고 허리띠를 졸라매고 무적의 국방력을 다져온 것은 아니다"고 언명하기도 했다.[11] 그러나 이런 주장 자체가 김일성 주석의 유훈이나 김정일 위원장의 발언 그리고 9·19공동성명을 번복하는 권위를 지니기는 어렵다. 물론 그것이 이미 내려졌거나 앞으로 내려질 번복 결단의 파생물일 수는 있지만, 일단 분명한 점은 '담보'와 '보상'이 여전히 중요한 조건인데 이에 대한 북측의 생각은 상대방(주로 미국)의 그것과 엄청난 차이가 있다는 사실이다.[12]

북측의 안전에 대한 보장과 핵무기 포기에 대한 응분의 경제적 보상의 구체적 내용이 무엇인지를 두고서는 관련 당사자들의 생각이 다르게 마련이다. 어쩌면 '천양지차(天壤之差)'라는 표현이 맞을지도 모른다. 북의 입장에서는 단순히 무력침공을 안하고 공식 외교관계를 수립하겠다는 '담보'나 오바마 대통령이 부시가 구상했던 것보다는 한층 넉넉한 경제적 '보상'을 해준다는 선에서 만족할 것 같지 않다. 북미수교와 경제교류의 활성화만으로 북의 '체제유지'가 담보되지 않을뿐더러 오히려 더욱 위태로워질 수도 있기 때문이

11) 「북 "제재에 눈썹 하나 까딱할 것 같은가"」, 『조선일보』 2009. 6. 22.

12) 최근 국내의 여러 언론매체들이 김영남(金永南) 최고인민회의 상임위원장이 7월 15일 이집트에서 열린 비동맹운동 정상회의에서 6자회담이 '영원히 종말을 고하였다'고 선언한 사실을 보도했는데, 이는 지금까지 나온 북측 발언 중 가장 고위급 인사의 강력한 발언임이 분명하지만 교섭방식과 미국의 태도에 관한 것이지 비핵화 자체가 '영원히' 끝났다는 선언이랄 수는 없다. 김영남 발언의 해석과 관련해서는 『프레시안』 '정세현의 정세토크'에 나오는 정세현(丁世鉉) 전통일부장관의 논평 「캠벨 발언의 이중성, 퇴로 열기 위한 첫걸음」(2009. 7. 21) 참조.

다.[13] 북이 10·4선언 이행을 그토록 중시하는 것도 단순히 김정일 위원장이 직접 서명한 문건이라서가 아니라, 6·15공동선언 실천의 구체적인 내용을 담은 그 합의가 이행될 때 남북의 경제협력뿐 아니라 이를 매개로 미국 등 여타 국가들과의 협력이 새로운 차원으로 도약하고 그러한 관계발전이 한반도 평화체제라는 큰 틀 속에서 진행될 가능성을 열었기 때문일 것이다.

북의 핵포기는 가능할까

그렇다고 이명박정부가 6·15와 10·4 존중을 다짐하기만 했더라면 북의 핵포기가 신속하게 진행됐으리라는 기대는 순진한 상상이다. 불능화 단계 완료까지는 비교적 순조롭더라도 정작 '핵폐기' 단계의 협상에서는 검증의 범위와 방법은 물론, 경수로 건설을 포함한 '행동 대 행동' 보상의 내용에 대한 합의가 쉽지 않았을 터이다. 미국측의 과도한 검증요구나 일본의 방해공작도 있었겠지만, 북은 북대로 한 걸음 내딛을 때마다 자신의 체제안전에 대해 끊임없이 점검하며 최대한으로 유리한 조건을 확보하려 했을 것이기 때문이다. 북은 베트남이나 중국과는 기본적으로 다른 처지로서, 내전의 상대방을 이미 제압하고 전국토 내지 전대륙의 통일을 이룩한 뒤에 개혁·개방에 나선 베트남이나 중국의 선례를 따른 '개혁·개방'은 현재의 남북분립 상태에서는 위험천만한 모험인 것이다.[14] 그렇더라

---

13) 이에 대해 본서 제1부 「2007 남북정상회담 이후의 시민참여형 통일」 참조.
14) 이 점은 주 13에 언급한 글에서도 논했지만, 러시아의 한국학자 안드레이 란꼬프 교수의 최근 논문이 훨씬 치밀하고 상세하게 논증하고 있다. Andrei Lankov, "North

도 대대적인 개혁 또는 '관리개선'과 대외경제협력의 대폭 증대 없이는 '강성대국 건설'의 목표달성이 어렵다는 것이 북의 고민이리라 짐작된다.

더구나 현실은 남측 정부가 10·4선언 대신 '비핵·개방 3000'을 들고 나왔고 기대를 걸었던 오바마 행정부와도 서로 엇박자를 놓는 결과가 되었으며 한반도 정세는 6·15 이후 그 어느 때보다 위태로워진 느낌이다. 이토록 급속히 사태가 악화된 것은 분단체제의 속성상 적어도 '1단계 통일'로써 그 극복의 길이 확보되기 전까지는 언제든지 남북화해를 역전시킬 수 있는 동력과 메커니즘이 내재하기 때문이다. 남녘에서도 남북관계가 악화될수록 힘을 얻고 그 힘을 키우며 지켜내기 위해 더이상의 악화를 마다 않는 세력이 있듯이 북에도 화해협력의 진전으로 자신의 기득권이 위협받는 세력이 있게 마련이며, 남한 또는 미국의 적대적 언동으로 체제 전체가 위협받는다는 명분마저 더해질 때 그들이 상황을 주도할 가능성이 얼마든지 있을 것이다. 그럴 경우 남한과 일본, 미국 등의 냉전세력에 더욱 힘을 보태고, 후자의 작용이 다시 북측 정권의 기득권수호 의지를 강화하는 분단체제 특유의 악순환이 진행되게 마련이다.

그러한 악순환은 이미 꽤 깊이 나아가서 좀처럼 돌이키기 힘들게 된 상황이다. 예컨대 1년여 전이라면 6·15공동선언과 10·4선언을

Korea in Transition: Changes in International Politics and the Logic of Survival," *International Journal of Korean Unification Studies*, Vol. 18, No. 1, 2009. 그는 핵포기도 개혁·개방도 기대하기 어려우며, 비록 가까운 장래에 체제붕괴는 없겠지만 결국 북측 현정권의 몰락 외에는 다른 길이 없다고 본다. 시민참여로 남북연합이라는 연착륙 단계를 경유한 변혁 가능성에는 관심이 없는 듯하다.

존중한다는 이명박 대통령의 공표만으로도 사태해결의 실마리를 찾을 수 있었겠지만, 지금은 여간한 사전준비와 남다른 계기가 없이는 대통령이 그런 공표를 하기도 어렵고 저쪽에서 호의적으로 수용하리라는 보장도 없다. 게다가 새로운 유엔 제재결의의 이행과정에 따라 미국과 북한 사이마저 똑같은 악순환으로 굳어질 수 있다.

설혹 이런 상황이 반전하여 비핵화협상이 재개되더라도 그 진전은 한층 더디고 힘들 것이 분명하다. 북측은 비핵화원칙을 완전히 뒤엎지 않고서도 핵보유국 지위 인정을 요구하거나 남한에 대한 미국의 핵우산을 문제삼는 등, 핵폐기를 서두르지 않을 구실이 얼마든지 있다. 만약에 9·19공동성명의 경수로 합의가 복원될 경우 그 완공을 기다리는 것만도 여러해 걸릴 것이다. 이래저래 조속한 완전해결은 기대하기 어렵다. 그러나 6개국이 모두 9·19공동성명의 비핵화원칙을 지지하고 북핵의 '불능화' 단계가 완결된 상태에서 협상이 지지부진한 것은, 지금처럼 북이 공공연하게 핵무장 강화를 추진하고 국제사회의 제재가 북의 이런 행동을 막는 데는 무기력한 채 긴장만 드높이는 상황에 비한다면 한반도 및 세계의 안전과 시민참여 통일과정에 한결 유리한 환경이 아닐까. 우선 거기까지라도 가면서 확실한 한반도 비핵화를 위해 힘을 모아야 할 것 같다.

분단체제의 안정회복은 불가능

그 정도의 긴장완화라도 언제 이루어질지는 예측하기 어렵다. 다만 현재 상태가 무한정 지속되는 것은 모든 당사국들을 위해 — 심지어 일본의 경우도 일부 보수세력이 아닌 일본 국민 전체의 이해관계를 생각한다면—너무도 위험하고 짐스러운 일이 아닐 수 없다.

무엇보다 분명히 인식할 점은 대결상태의 재연이 분단체제의 재고착화를 뜻하지 않는다는 것이다. 흔들리는 분단체제의 안정회복을 꿈꾸는 인사들이 남북간에 적지 않을지 모르나 그것은 세상의 변화를 무시한 일방적인 꿈일 뿐이다. 박정희·전두환의 군사독재기간과 대체로 겹치는 분단체제의 고착기[15]는 남북 모두가 그 나름의 안팎 조건을 갖춤으로써 유지되었다. 그런 조건 중 하나는 적대적이면서도 기묘하게 상호의존적인 양쪽의 독재권력이었는데, 남녘 국민이 6월항쟁을 통해 그 한 축을 무너뜨리면서 분단체제는 동요기로 들어섰다고 볼 수 있다. 뒤이어 베를린 장벽이 무너지고(1989) 독일이 통일되며(1990) 소비에뜨연방 자체가 해체되는(1991) 등 '현실사회주의권' 붕괴와 동서냉전 종식이라는 국제정치의 일대변화가 분단체제에 심대한 타격을 가했다. 세계적 차원의 굳건한 버팀목을 잃고 미국 또는 일본의 냉전 잔재세력에 산발적으로 의존해야 할 만큼 불안정해진 것이다. 또한 이러한 정치적 변화와 더불어 자본주의 세계경제가 새로운 국면에 접어들면서 종전의 남북 대결상태가 일면 촉진작용을 해주던 개발독재형 경제성장이 불가능해졌다. 전지구적 자본주의의 대세에 적응하는 새로운 전략의 개발을 서둘러야 할 처지가 되었으며, 분단경제가 종전의 대치상태 속에서 어느정도 균형을 잡고 별도의 개발전략을 안정되게 수행하는 일도 생각할 수 없게 되었다.

■

15) 분단시대의 시기구분에 관해서는 졸저 『한반도식 통일, 현재진행형』 제4장 「분단체제와 '참여정부'」 제2절 '분단시대의 진행에 대한 개관'(45~48면) 참조.

이런 역사적 맥락을 감안할 때, 북이 핵실험을 하고 핵보유국을 자처함으로써 한반도 긴장이 다시 고조되더라도 그것은 분단체제 고착기의 안정된 대결상태와는 질적으로 다른 상황임을 알 수 있다. 핵개발의 필요성을 안 느꼈던 과거와 달리, 분단체제의 현재 상황이 자신에게 너무나 불리하고 불안한 상태라고 인식했기에 북은 핵실험 같은 획기적인 현상타개책을 선택한 것이다. 그렇다고 핵개발이 단순히 군사적 억지력 확보에 그칠 뿐 북미관계 개선과 경제회생으로 이어지지 않을 경우 체제유지가 오히려 더 힘들어질 가능성을 북측의 지도층이 간과할 것 같지는 않다.

이런 가능성에 비추어 북측이 점점 더 힘들어지기를 기다리는 전략이야말로 최선의 대응이라는 주장이 나올 법하다. 하지만 그것이 현명한 전략일 수 있을까?

북조선 정권의 어려움이 가중되는 것과 가까운 장래에 정권 또는 체제의 붕괴로 이어지는 것은 전혀 다른 문제다. 제재 움직임에도 불구하고 북·중 무역이 계속 증가하고 중동의 자금이 들어오기도 하는 상황에서 조속한 붕괴는 개연성이 떨어지는 씨나리오다. 아무튼 양식있는 전문가일수록 조심스럽게 접근하는 사태를 예단하는 경우 입증책임이 예단하는 쪽에 있음은 물론이다. 반면에 붕괴 또는 그에 준하는 급변사태가 절대로 일어나지 않으리라는 단정 역시 단정하는 쪽이 입증해야 할 것이다. 나는 그 어느 쪽이건 예보하는 식을 택하기보다 몇가지 명제를 상식에 입각해서 냉정하게 검토할 것을 제안하고 싶다. 곧, 1) 붕괴까지 안 가고 현재의 대결상태가 장기화될 경우 북녘 주민생활의 참상은 물론 남녘 주민들도 막대한 경제적 손실과 삶의 질의 악화를 겪을 것이고, 2) 붕괴가 가까워질수록 (핵무기 사용 가능성이 포함된) 전쟁의 위험이 높아질 것이며, 3) 만에 하나 전쟁을 피한 채 붕괴 또는 어떤 격변이 일어나더라도 한국사회가 구서독처럼 상대방을 '흡수'할 위치에 있지도 않고 '흡수 이후'를 감당할 실력도 없다는 점 등이다.

실제로 북 체제의 파국적 몰락은 남한뿐 아니라 주변의 모든 나라에 큰 혼란과 고통을 안겨주리라는 것이 이성적인 전망이다. 유관국들이 일부 극우세력을 빼고는 모두 이런 최악의 씨나리오를 피해보고자 노력하는 것도 그 때문일 게다. 물론 최악에 대한 대비는 그것대로 해야 할 테지만, 그나마 개연성이 조금은 더 있고 덜 파멸적인 씨나리오라면 한미동맹군이 휴전선 너머에 개입하는 흡수통일과는 판다를 것이다. 즉, 중국이 (아마도 미국의 묵시적 양해 아래) 개입하여 수습하는 방안이 그것이다. 비록 옛날 같지 않다지만 북과 '혈맹관계'의 역사를 공유했고 국제법상의 동맹관계인데다 그동안 북에 대해 가장 많은 경제지원을 했고 압도적으로 많은 경제적 이권을 이미 보유하고 있는 나라가 중국이기 때문이다.

그런데 실제로 이런 씨나리오는 어느 정도의 개연성과 타당성을 지니는가? 설혹 실현되더라도 그것이 한국이 거의 전적으로 소외되는 과정이요 현 북조선 지도부로서도 '흡수통일' 못지않게 경계하는 방안이며, 한반도 재통합이 더욱 요원해지고 북조선은 중국의 속국 비슷하게 되며 남한은 미국 및 일본에 대한 의존도가 그 어느 때보다 높아지는 길이 될 것임은 더 말할 나위 없다. 그러건 말건 분단체제에서의 자기네 기득권만 지키면 된다는 극소수 인사들은 그들이 열망하던 '분단체제 안정회복'의 한 형식으로 이 방도에 매력을 느낄지 모른다. 그러나 이 자체가 북측 지도층의 반발을 포함한 수많은 난관이 예상되는 하나의 가상 씨나리오일 뿐이다. 게다가 중국에도 엄청난 부담이 되는 것이, 시도하다 실패했을 때의 부담뿐 아니라 성공하더라도 얻는 것보다 잃는 게 많을 공산이 크기 때문이다. 지금은 한반도의 일부를 중국의 영토로 병합할 수 있는 시대가 아닌만큼 가령 휴전선이 안정된 한·중 국경선으로 바뀔 가능성은 전무하다. 따라서 지속되는 분단상황에서 중국에 종속적이 된 이 가상의 북조선이 중국식의 개혁·개방을 하기 힘든 사정은 여전할 것이며, 여전히 흔들리는 분단체제를 관리하는 비용이 엄청날 수밖에 없다. 결국 이런 방식의 '재안정화'에 매달려서 북의 '급변'을 기다리는 태도는 지푸라기 잡는 식의 허망한 기대라고 말해도 무방할 것이다. 도대체 그 발상 자체가 매국적이라 일컬음직함을 차치하더라도 말이다.

4. 시민참여 통일과정의 새로운 진전을 위해

결국은 포용정책으로 되돌아가고 그 상징인 6·15공동선언의 실천을 재개하는 것 외에 대안이 없다는 극히 상식적인 판단이 나온다. 그런데 지금의 악화된 상황에서 그것이 가능할 것인가? 또, 가능하려면 관련 당사자들은 어떤 일을 해야 하는가?

6자회담 참가국 중에서 중국과 러시아는 주로 현상관리에 주력해왔고 바로 그렇기 때문에 여타 당사자들의 적극적인 사태악화 작업에 대해 소극적인 견제 이상을 하기 어려웠다. 물론 대북제재 결의 이후 사태가 더욱 나빠지는 것을 일정하게 견제하는 것만으로도 그들 나름의 기여는 하는 꼴이다. 아무튼 중국이 미·일과 손잡고 북측에 본격적으로 압력을 행사해주기를 기대하는 이른바 '중국 역할론'은 소기의 성과를 거두지 못하리라 본다. 중국은 대미외교를 고려해서나 북의 노선에 대한 불만으로 그때그때 일정한 성의표시는 하겠지만, 중국의 한반도정책은 수십년을 바라보는 긴 호흡으로 추진된다고 보는 것이 옳으며 자국의 장기적 이익을 벗어난 어떤 과격한 행동도 없으리라 예상된다. 기본적으로 중국은 한반도의 현상을 유지하면서 중국 고유의 중·장기적 국가목표를 추구하리라 보는데, 그 점에서 현상타개의 결정적인 변수는 아무래도 딴 데서 와야 할 것이다.

결정적인 열쇠는 미국, 한국, 북조선 그리고 남한 민간사회의 손에

다른 한편 일본 정부는 처음부터 훼방꾼 역할에 치중해왔다. 그래서 여타 당사자들이 일치해서 6자회담을 진전시키는 동안은 '왕따'를 자초하는 수준에 머물렀는데, 이명박정부의 적극적인 가세와 최근 오바마 대통령의 강경자세 덕분에 적잖은 영향력을 행사할 수 있었다. 그러나 다가오는 선거에서 자민당이 재집권하든 정권교체가 이루어져 일본 외교가 한층 전향적으로 바뀌든 결정적인 변수가 되기는 어려울 듯하다. 결국은 미국, 한국, 북조선 3개국 정부와 내가 6자회담의 '제7당사자'(및 남북관계의 '제3당사자')로 지목한 바 있는[16] 남한의 민간사회가 결정적인 열쇠를 쥐고 있는 셈이다.

북의 핵무기 개발과 그 명분으로 공표한 억지력 확보 전략에 대해 나는 1차 핵실험 직후 "북측의 주장에 일리가 있다"[17]고 판단했다. 협상카드로서의 그 효용성도 2007년의 2·13합의 및 10·3합의로 입증되었다고 말할 수 있다. 동시에,

> '시민참여형' 통일운동의 관점에서는 북의 핵실험이 매우 불행한 사태가 아닐 수 없다. 일반시민들과 함께 이룩해가는 통일과정을 중시할 때, 핵실험으로 인해 많은 남쪽 국민들이 6·15공동선언의 정당성과 유효성에 의문을 갖게 된 상황은 비록 일시적일지언정 중대한 타격이다.(128면)

라고 덧붙였는데, 당장의 침공억제 또는 협상재개라는 단기적 목표를 넘어 한반도의 원만한 통일을 지향하는 한에서는 북측을 위해서도 불행한 사태라는 주장이었다.

노무현 대통령 자신은 핵실험 후 한때 포용정책에 대한 신념이 흔들리는 기미를 보였지만 결국 대안이 없음을 인지하고 남북정상회담을 성사시키기도 했다. 그러나 일반시민들의 경우 핵실험이 야기한 대북감정 악화는 쉽사리 치유되지 않은 것 같다. 물론 2007년 대통령선거의 결과는 기본적으로 참여정부와 여권이 내정에 실패

---

16) 본서 제1부 「북의 핵실험 이후 ── 남북관계의 '제3당사자'로서 남쪽 민간사회의 역할」 및 「2007 남북정상회담 이후의 시민참여형 통일」 참조.
17) 「북의 핵실험 이후」 127면.

하여 민심을 잃은 탓이다. 하지만 '비핵·개방 3000' 같은 어설프고 교양없는 구호가 대중에게 먹힌 데는 북의 핵실험이 적잖이 작용했다고 봐야 할 것 같다. 이런 해석은 미국과의 관계에도 적용할 수 있다. 벼랑끝 외교가 단기적으로 성과를 거두더라도 여론정치가 중요한 나라에서 장기적인 손실로 귀결할 소지를 동시에 감안하는 것이 현명한 일이다. 그러므로 북측은 인민의 복지는 물론 정권 자체의 장기적 안전을 위해서도 화해협력노선으로 복귀할 기회를 성의껏 찾아내야 할 것이다.

그 과정에서 여전히 '결자해지(結者解之)'의 한몫을 톡톡히 차지하는 것이 미국이다. 부시 행정부 말엽에 대북적대정책을 상당부분 수정했다고는 하지만, 한반도문제의 전개과정에서 미국의 책임이 면제되려면 아직 멀었다고 봐야 한다. 오바마 대통령은 북의 로켓 발사를 두고 '규칙위반' 운운했지만 적어도 북미관계에서는 미국이 '규칙위반'을 들먹일 처지가 전혀 아니다. 1994년의 제네바합의를 먼저 깬 것도 미국이요 국제외교의 규칙을 수없이 위반해온 것이 미국이다. '불능화' 과정의 파탄상태만 하더라도 미국이 다음 단계로 예정됐던 검증문제를 끌어들여 테러지원국 해제 약속을 어기는 등의 지연사유를 제공하지 않았더라면 오바마 행정부는 훨씬 편한 북미관계를 이어받아 더욱 진척시켰기 쉽다. 어쨌든 미국 정부는 인공위성 발사에 대한 자신의 과잉반응이 오늘의 사태악화에 기여했고 북에 대한 압박으로 북의 변화를 이끌어내는 데 성공한 적이 없음을 인정함으로써 오바마가 애초에 표방했던 '단호하고 직접적인 외교'와 마음을 연 대화의 길로 나가야 한다. 다행히 북미관계는 현재의 남북관계만큼 앞길이 캄캄한 정도는 아닌 것 같다.

그에 비해 이명박정부는 분명히 '결자해지'의 책임을 지고 있지만 당장 어떻게 할 수 있을지 문정인 교수 말대로 해법이 안 보인다. 대통령 자신이 대북관계만은 실용적으로 풀어보려는 의욕을 가졌을 수 있으나, 스스로 시동을 다시 걸어놓은 분단체제 수호세력의 악순환 작용 속에서 먼저 돌파구를 마련하기는 힘들 듯하다. 다만 오바마 대통령이 어떤 극적인 계기를 마련할 때 여기에 편승하는 방법이 있을 텐데 미국이 언제 그런 계기를 마련할지, 이명박정부가 과연 그 기회를 활용할 실력이 있는지가 모두 미지수다.

여기서 한국의 민간사회, 특히 시민운동의 결정적인 역할이 기대된다. 이번 위기가 과거와 달리 미국의 적극적인 대북적대행위보다 이명박정부의 북한 적대 내지 멸시 노선이 중요하게 작용했다는 점에서 한국의 시민사회 역시 '결자해지'의 책임을 지고 있다. 한반도 문제 해결의 주된 싸움터가 북미관계로부터 남한사회 내부로 옮겨온 시점에서 한국의 민주세력이 2007년 대통령선거와 2008년 국회의원선거에서 잇따라 패배함으로써 오늘의 북미관계 악화에 크게 일조했기 때문이다.

다행히 한국 시민들은 2008년의 촛불시위와 2009년의 4월 재보선 및 5~6월의 고 노무현 대통령 애도행렬을 통해 그러한 과거를 반성하고 한나라당 승리의 폐해를 최소화하는 작업을 시작했다. 게다가 작년 촛불 때와 달리 올해는 남북관계의 악화가 중요 의제의 하나로 부각되었다. 물론 '3대위기'의 하나로 제시되었을 뿐 그것이 최우선 현안이 된 것은 아니지만, 이는 분단체제 극복운동을 협의의 통일운동과 구별하는 관점에서는 크게 나무랄 일이 아니다. 분단체제 속 남한사회가 그때그때 당면한 가장 절실한 문제를 해결하는 것이야말로 바람직한 통일의 길을 여는 일이며, 역주행과 폭주를 마다 않는 정부를 가장 효과적으로 견제할 의제에 집중하는 것이 올바른 수순인 것이다. 예컨대 6~7월 임시국회에서는 세칭 MB악법을 둘러싼 투쟁, 가을에는 10월 재보선과 정기국회에서의 민주주의와 민생 수호를 위한 예산 및 입법 투쟁, 그리고 2010년 지방선거에 대비하는 정치사업 등에 치중하면서 남북관계 악화에 대한 논의가 자연스럽게 결합되도록 해야 한다.

6·15선언으로의 단순회귀가 아닌 새 출발을

한국정부가 한반도문제 해결에 능동적인 역할을 회복하는 것은 아마도 이런 과제가 상당정도 달성된 후가 될 듯하다. 그리고 그때는 6·15선언으로의 단순회귀가 아니라 저간의 시련과 곡절을 교훈 삼은 새로운 출발이라야 할 터인데, 그게 가능하려면 시민사회 차원에서라도 6·15공동선언과 햇볕정책·포용정책에 대한 몇가지 기본적인 성찰을 지금부터 수행해야 한다.

먼저, 남북공동선언 첫머리의 "조국의 평화적 통일을 염원하는 온 겨레의 숭고한 뜻"과 그 제1항의 "나라의 통일문제를 그 주인인 우리 민족끼리 서로 힘을 합쳐 자주적으로 해결해나가기로 하였다"는 선언에 담긴 평화적인 자주통일원칙을 남한 시민사회, 나아가 인류사회 전체가 공감할 수 있는 방식으로 이해하고 실천할 필요가 있다. 무엇보다 통일에 대한 우리 민족의 염원이 모든 민족이 모든 경우에 단일한 국가를 가져야 한다는 수상쩍은 명제가 아니라, 우리의 최종목표는 한반도 주민들의 평화롭고 인간다운 삶인데 한반도와 한민족의 경우 그 목표를 위해 통일이라는 수단이 필수적이라는 이곳 고유의 실정을 인식하고 이를 밑받침할 과학적 분석을 수행해야 한다. 그리하여 한반도 분단의 평화적인 해소와 한민족의 자주적인 재통합일 뿐 아니라 통일과정에 주민들의 참여가 확보되고 타민족 출신도 결코 배제되지 않는 새로운 통일상을 그려낼 수 있어야 한다. 이때 비로소 "온 겨레의 숭고한 뜻"이 보편적인 설득력을 띠게 되며, 나아가 '탈민족'담론의 유행에 적절한 일침을 가할 수 있다.[18] 통일문제를 "우리 민족끼리 서로 힘을 합쳐 자주적으로 해결"한다는 원칙도 정확히 이런 맥락에서 정당성을 획득한다. 그러한 맥락을 무시하고 매사에 '우리 민족끼리'를 내세우다보면 타민족 성원들이 반발함은 물론, 남한 민간사회를 폭넓게 설득하여 '제3당사자'의 사명을 다하는 일도 불가능해질 것이다.

다른 한편, 자주·평화통일 목표는 한갓 구호로 미뤄둔 채 제3항의 인도적 문제 해결이라든가 제4항의 경제협력 및 사회문화교류 활성화에 안주하는 자세도 넘어서야 한다. 물론 통일방안 등 '근본적인 문제'에 집착하여 우선 가능한 교류마저 못하는 것은 길이 아

___

18) 근자의 탈민족주의 담론이 민족과 민족주의에 대해 지나치게 부정적인 인식을 퍼뜨려왔음을 신중하면서도 자상하게 비판한 예로 김흥규(金興圭) 「정치적 공동체의 상상과 기억 ─단절적 근대주의를 넘어선 한국/동아시아 민족담론을 위하여」, 『현대 비평과 이론』 30호(제15권 제2호, 2009) 참조. 정수일(鄭守一) 박사는 최근에 민족 형성의 한 요소로서 '혈통'의 중요성을 강조하고 좀더 단호하게 민족주의를 옹호한 것으로 보도되었다.(「정수일 "민족의 '피'는 생물학적 실체"」, 『통일뉴스』 2009.6.25)

니고, 그 점에서 "남과 북은 나라의 통일을 위한 남측의 연합제 안과 북측의 낮은 단계의 연방제 안이 서로 공통성이 있다고 인정하고 앞으로 이 방향에서 통일을 지향시켜나가기로 하였다"는 공동선언 제2항의 다분히 애매모호한 합의를 통해 3, 4항에 힘을 실어준 절묘한 타협은 높이 평가할 만하다. 그러나 세월이 흐를수록 교류협력의 궁극적 목표가 무엇인지가 절실한 문제로 되는데, 기왕의 햇볕정책·포용정책이 얼마나 설득력있는 답을 가지고 있었는지 의문이다. 햇볕정책의 창안자인 김대중 대통령 자신은 일찍이 '연방으로의 이행'을 포함한 '3단계 통일'의 비전을 제시한 바 있지만,[19] 정작 취임 이후로는 (여러가지 정치적 고려가 불가피했겠지만) 연합 이후의 과정을 언급하는 일이 없었다. 그보다는 정부와 민간 대부분에 의한 6·15공동선언 이행은 자주·평화통일이라는 목표는 제쳐둔 채 3, 4항에 치중하는 경향이었다. 당시의 햇볕정책을 두고 내가 단기적인 현상관리와 교류증진 외에 아무런 장기적 비전이 없거나 있다면 "본심은 역시 일종의 흡수통일이 아닐까"[20] 하는 의심을 제기한 것도 그 때문이다. 아무튼 포용정책이 작금의 위기상황을 딛고 다시 활성화될 때는 단기정책의 집행에서도 전보다 훨씬 슬기로워질 뿐 아니라 중·장기적 경륜을 제대로 갖추고 '업그레이드'된 상태로 재출범해야 할 것이다. 특히 이 과정에서 한국의 시민운동이 정부당국이 무관심하거나 내놓고 다루기 껄끄러운 문제들을 명석하게 정리할 수 있어야 한다.

19) 아태평화재단 엮음 『김대중의 3단계 통일론 — 남북연합을 중심으로』, 한울 1995.
20) 『한반도식 통일, 현재진행형』 제10장 「한반도에 '일류사회'를 만들기 위해」 189면.

무엇보다 6·15선언 제2항을 시민적 관점에서 해석하고 발전시킬 필요가 있다. 2항에 '연방제'라는 표현이 들어갔다고 해서 남측이 북측의 '고려연방제' 안에 동조했다고 몰아치는 남한 보수세력 일각의 비난은 무지의 탓이 아니라면 악의적 정치공세에 불과하다. 그러나 이에 대한 소극적 방어와 해명에만 머물 게 아니라 시민참여의 공간을 열어놓은 결정적 조항으로 이해하고 평가할 필요가 있다. 쌍방이 평화적이고 자주적일뿐더러 점진적이고 단계적인 통일과정에 합의하고 그 첫 단계가 남북연합일지 '낮은 단계의 연방'일지를 모호하게 남겨두기로 처리한 순간, 서명자 본인들의 의도와 무관하게 한반도 통일과정에 대한 정부당국의 독점적 지배가 흔들리게 된 것이며 제1단계 통일의 시기와 내용도 각 당사자가 얼마나 실답게 기여하느냐에 좌우되기 마련이기 때문이다.

'낮은 단계의 연방'이라는 표현 자체가 북측이 기왕의 고려연방제를 포기하고 남측의 연합제 안에 실질적으로 동의한 결과라는 정상회담 관여자의 증언이 아니더라도,[21] 결말이 연합제와 연방제 중 어느 쪽에 근접할 것인지는 선언 발표자의 의도보다 추후 역사의 진행과 현실적인 역학관계에 달린 일이다. 그 점에서도 제2항이 실행되는 날에 남측 구상에 가까울 것을 예상하기는 어렵지 않다. 그런데 북측의 지금 입장은 연합제나 낮은 단계의 연방제에 다같이 무관심한 듯하며, 체제유지를 지상목표로 삼은 채 분단국 상태로 3년 안에 '강성대국'의 지위에 오를 것을 공언하고 있다.

---

21) 임동원(林東源) 회고록 『피스메이커』(중앙북스 2008) 제2장 '남북정상회담' 중 '연합제 vs. 연방제'(99~106면) 참조.

남북연합 구상은 물 건너갔나

주변국 정부들과 '현실주의적' 전문가들은 애당초 관심이 없던 6·15선언 제2항의 남북연합(또는 낮은 단계의 연방) 구상을 남북 당국마저 외면한다면 그 구상은 물 건너간 상황이라 보아야 하지 않을까?

결코 그렇게만 볼 수 없다는 것이 나의 여전한 신념이다. 첫째, 분단체제의 재안정화가 불가능한 시대적 조건에서 당국자들도 언젠가는 교류협력의 과정으로 되돌아가는 길밖에 대안이 없는데다가, 둘째로 베트남·독일·예멘 같은 통일방식마저 배제된 상태라면 교류협력의 증대와 이에 따른 남북의 점진적 재통합 과정을 관리할 수 있는 어떤 느슨한 ― 단일 중앙정부를 갖는 연방제에 멀리 못 미치는 ― 정치적 연합의 존재가 필수불가결해지는 것이다.

바로 이 대목이야말로 6개국 외의 '제7당사자'이자 남북관계의 '제3당사자'로서 남한 민간사회, 특히 시민운동의 역할이 빛을 발할 기회다. 물론 그러기 위해서는 9·19공동성명의 이행으로 되돌아가는 각국 정부 차원의 결단이 필요하다. 그러나 6자간의 협의가 재개되기 전이라도 시민운동 스스로 준비하고 실행할 일이 많다. 그중 하나는 앞서도 언급한 남한 내부의 정치사업이다. 한국 국내정치의 향방이 동북아 전체의 안전과 평화에 얼마나 지대한 영향을 미치는지 새삼 실감하게 된 이제, 남녘의 정치사업은 남한의 민주주의나 민생을 지키는 데 그치지 않고 한반도문제를 해결하고 동아시아의 지역협력체제를 만들기 위한 종요로운 싸움이 된 것이다.

그런데 이 사업을 제대로 수행하기 위해서도 예의 한반도적 시각이 확고할뿐더러 주밀하고 설득력을 갖춘 것이 되어야 한다. 가령 인권문제만 하더라도, 남북 각기의 특수한 현실이 무시되는 기계적 잣대가 아니면서도 편의적으로 남북에 달리 적용되는 이중잣대도 아닌 단일한 기준을 제시할 수 있어야 한다. 북녘 주민들의 인권문제가 일부 반북인사들의 정치공세와는 별도로 점점 더 세계적인 관심사로 자리잡고 있는데다가, 인권은 원래 한국 시민운동이 표방하고 남녘에서 피 흘려 쟁취해온 가치이기도 하기 때문이다. 더구나 한반도의 긴장이 고조되고 그 일환으로 북측 당국의 공격적 자세가 부각될수록 시민운동은 이 문제를 외면하고 '자기 일'에만 몰두하기가 어려워진다. 그들이 남한 내에서 표방하는 반핵·평화와 인권의 원칙에 따라 북측 정권을 정면으로 비판함으로써 보수세력의 반북선동에 정당성을 보태주는 부담을 떠안거나, 아니면 남북의 화해협력을 이유로 그러한 비판을 자제하다가 다수 국민으로부터 친북내지 이중잣대 보유자로 낙인찍힐 형국인 것이다.

이럴 때 필요한 것이 '분단체제'를 형성하고 있다는 인식이다. 또한 이 '체제'[22]는 한반도에 국한된 자기완결적 체제가 아니라 세계체제의 패권국과 주변 강대국들이 연루되어 한반도를 중심으로 작동하는 일종의 하위체제다. 따라서 한반도에서 발생하는 사태를 두고 "분단체제에 개입하는 국내외의 수많은 주체들에게 각기 얼마

---

22) 이것이 어떤 의미로 '체제'에 해당할 수 있는지에 대해서는 졸저 『흔들리는 분단체제』(창비 1998) 제1장 「분단체제 극복운동의 일상화를 위해」 19~22면 및 제9장 「김영호씨의 분단체제론 비판에 관하여」 206~7면 참조.

만큼의 책임을 물을 것인지는 매우 복잡한 문제며 그때그때 사안별로 결정할 일이다."[23] 물론 북녘 주민의 열악한 상황에 대한 일차적 책임은 북측 당국에 있다. 이 점에 눈감고 북조선에 인권문제는 없고 '미제'의 압박으로 인한 고통이 있을 뿐이라는 북측 당국의 주장을 그대로 따른다면 주체적인 통일운동가로서도 자격미달이다. 하지만 정치적 기본권을 인간안보(human security)라는 좀더 넓은 맥락에서 본다면 그동안 대북경제봉쇄와 군사적 위협을 일삼아온 미국의 책임도 결코 가볍다 할 수는 없다. 게다가 북한 인권상황을 문제삼는 사람이 미국이나 한국 정부에 의한 인권유린에 눈감는 것이야말로 이중잣대다. 그런데 성찰하는 한국 시민으로서 무엇보다 유의할 점은 북녘의 삶이 아무리 이질적인 것 같아도 저들은 동일한 분단체제에 연루된 우리의 타자(他者)이자 일종의 자화상(自畵像)이라는 점이다.

그러한 책임의식을 이행하는 데서도 남다른 지혜와 섬세함이 요구된다. 여하한 행위도 그 단기·중기·장기 효과에 차이가 있게 마련이므로 각자가 어떤 차원의 어떤 효과를 노리는지 스스로 정리할 줄 알아야 하며, 기본적으로 동일한 효과를 노리는 사람들끼리도 적절한 역할분담이 필요할 것이다. 아무튼 인권문제에 대한 치열하고도 일관된 관심은 본래 시민운동의 책무이기도 하지만, 이제 남북관계 개선의 선결요건처럼 된 남한 내 정치사업의 성공을 위해서도 피해갈 수 없는 과제다. 당연히 한국의 시민운동에서 북녘 주민 및 북

<hr>

23) 『한반도식 통일, 현재진행형』 59면.

을 떠나온 '새터민'의 권리와 복지 문제를 더는 외면할 수 없는 것이다. 특히 새터민의 경우는 북에서도 특권층에 속하다가 남에 와서도 계속 특권층의 도구를 자임하는 일부를 빼면 한국사회에서 가장 소외된 소수자집단의 하나다. 이들의 권익문제를 보수단체의 현안으로 내맡기는 것은 인권 차원에서건 시민참여적 통일과정을 위해서건 결코 바람직하지 않다. 아니, 그들을 단순히 보살핌의 대상으로 볼 게 아니라 남한사회의 다양성을 위해서나 민족 재통합을 위해 소중한 인적 자원으로 인식하며 연대의 길을 모색해야 한다.

'시민참여형 통일운동'에 대해 곧잘 제기되는 의문은 북녘에 시민사회와 시민운동이 없는데 남녘에서만 그래봤자 무슨 소용이 있느냐는 것이다. 이 문제는 다른 자리에서도 다룬 바 있지만,[24] 여기서 한두마디 부연하기로 한다.

먼저, 대치상태에 있는 국가나 이익집단 사이와 달리 시민운동에서는 상대가 잘해야 나도 한다는 식의 '상호주의'가 발붙일 여지가 없다. '나부터 잘하세요'가 대원칙이다. 북에 시민운동이 있건 없건 우리 할 일을 하는 것이고, 설혹 한반도식 통일과정에 우리 시민운동만이 기여하더라도 그것 자체로 충분한 보람인 것이다. 더구나 남북연합 건설은 어느날 갑자기 당국자끼리의 협상만으로 결정할 성질이 아니고, 10·4선언에서 합의했던 정상간의 '수시로' 만남과 각급 회담 및 기구와 병행하여 민간 차원의 접촉과 대화, 인도적 지원사업과 경제 및 사회문화 영역에서의 공동사업이 누적되었을 때

■
24) 「2007 남북정상회담 이후의 시민참여형 통일」 192~94면.

'어느날 문득' 당국자들이 추인하는 과정에 가깝게 돼 있다. 그 과정에 대한 인식만 확고하다면 시민사회에서 하는 어느 행위 하나가 시민참여형 통일운동이 아닌 게 없는 것이다. 더구나 남북관계의 발전을 위해 정부와 시민사회가 상당정도 공조하던 시절과 달리 당국이 그런 노력을 거의 포기한 이명박정부 아래서는 한반도 내의 여러 사업뿐 아니라 대미외교를 포함한 국제활동에서도 민간의 독자적인 할일은 더욱 많아지고 중요해진다.

그런데 남쪽과 같은 시민단체나 시민운동이 없다고 해서 분단체제 극복과정에 북녘 민간사회의 기여가 없다고 단정하는 것도 반쪽 잣대를 기계적으로 적용하는 단순화다. 2000년의 남북정상회담과 특히 2002년의 7·1경제관리개선조치 이후 북녘의 인민생활에 엄청난 변화가 보인다는 데는 대다수 연구자가 동의하고 있다.[25] 바닥 민중의 경우 생활형편의 실질적인 악화를 수반하기도 한 이런 변화를 체험하며 생활상의 욕구를 채우기 위해 수행해온 다양한 자발적·창의적 노력들이 모두 일종의 시민참여 행위이자 분단체제 고수세력의 사회 장악력을 이완시킨다는 점에서 한반도식 통일에의 공헌인 것이다. 북의 대외관계가 개선되어 경제도 향상의 기미를

---

25) 란꼬프 교수는 7·1조치 자체는 이미 일어난 변화를 추인한 정도에 불과하고, 실제로 북조선사회는 1990년대 이래 중국·베트남이나 소련·동구권 그 어느 쪽과도 다른 성격의 시장화, 즉 기존의 정권이 위로부터 주도한 시장화도 아니고 공산정권이 몰락하고 자본주의화가 진행된 동구식 시장화도 아닌 "풀뿌리 차원에서의 자연발생적 시장화의 길"(the way of spontaneous marketization at a grassroots level)을 거쳐 공산주의체제로부터 이탈했고 오늘의 북조선은 "더는 '공산주의' 국가―'스딸린주의' 국가는 더 말할 나위 없고―로 규정될 수 없다"고 주장한다(Lankov, 앞의 글 9면).

보일 때 당국은 인민생활에 대한 통제력을 복원하려 할 것이 예상되지만, 한번 독자적인 활동을 시작한 민간사회가 옛날로 되돌아가는 일은 그곳에서도 힘들 것이다. 더구나 남북의 교류협력과 점진적 재통합을 그나마 비교적 안전하게 관리할 유일한 현실적 대안으로 남북연합이 성립할 경우, 북녘의 시민참여도 새로운 단계로 접어들 것이 분명하며 그때는 '제4당사자'의 협동을 기대해도 좋을지 모른다.[26]

5. 중도 공부, 변혁 공부

한반도에서는 베트남식 무력통일이나 독일식 금력통일(즉 자본 위주의 흡수통일)이 모두 불가능하므로 한반도식 통일은 다수 시민들의 각성과 능동적 참여에 의존하리라는 뜻에서 나는 이를 '도덕통일'로 지칭하기도 했다.[27] 그런데 이런 표현은 시민참여형 통일론의 비현실성만 부각시키는 꼴이 아닐까? 한국사회가 온통 도인들의

■

26) 이런 전망과 관련하여 나는 다음과 같이 전망한 바 있다. "북의 민주주의라든가 인권문제에서 대해서도 우리는 점진적·단계적 접근이 필요하지 않은가 하는 겁니다. 통일을 단번에 하지 않고 남북연합이랄까, 낮은 단계의 연방제랄까, 어쨌든 느슨한 결합형태를 거쳐서 한다고 했듯이, 남북한에 걸친 시민참여의 확대와 진전도 단계적으로 다양하게 이루어질 것이라고 내다보는 게 맞겠다는 겁니다. 남북연합이 언제 될지 모르겠습니다만, 남북연합이 이루어지기 이전과 이후는 남쪽 사회에서도 많은 차이가 나겠지만 북측 주민들의 민간참여 방식이나 수준에도 엄청난 차이를 가져올 것이라고 말하고 싶습니다." (「2007 남북정상회담 이후의 시민참여형 통일」 194면)

27) 본서 제3부 「통일시대·마음공부·삼동윤리」 290면 참조.

집단이 된 연후에야 통일이 가능하다는 말인가?

물론 그건 아니다. 하지만 사회 전체는 아니더라도 시민운동가를 포함한 다수 성원들의 부단한 공부와 수련을 병행하지 않고서는 분단체제 극복은 물론이고 남한사회 자체의 온갖 병리현상이 개선되기 어려울 것이 분명하다. 그런 점에서 이명박정부의 등장으로 민주주의와 서민경제, 남북관계의 '3대위기' 정도가 아니라 사회윤리의 기초가 흔들리고 박정희·전두환 정권 아래 국민들이 쌓은 경제적 기반마저 잠식될 위험을 실감케 된 것이 시민들의 각성을 다그치는 고마운 채찍질인지도 모른다.

분단체제가 조장하는 도덕적 타락의 대표적인 사례로 '남의 탓' 습관을 들 수 있다. 물론 남 탓하기는 인류사회 어느 곳에서나 발견되는 폐습으로, 종교마다 '내 탓이오'를 가르치고 있는 것도 그 때문이다. 하지만 분단상황에서는 매사를 상대방 책임으로 돌리고 정당한 비판이나 성찰도 상대방을 이롭게 하는 행위로 매도하기가 유달리 편해진다. 더구나 분단이 오래되어 일종의 체제로 굳어지면 분단체제 속에서 벌어지는 사태에 누구나 다소간의 책임을 공유하게 마련인데도 상대방만을 나무람으로써 사태를 더욱 악화시키곤 한다.

그 점은 최근 남북관계의 악화과정에서도 실감된다. 이번 위기상황에 대한 일차적 책임은 지난날 대한민국 대통령들과 북측의 최고책임자가 서명한 6·15공동선언과 10·4선언의 이행의지를 안 보인 이명박정부에 있다. 이는 물론 어디까지나 '일차적' 책임이고 다양한 주체들의 책임을 총체적으로 규명하는 일은 앞서 말했듯 무척이나 복잡하다. 아무튼 북측이 남측의 무성의에 반발하는 강경조치들을 잇따라 취하고 다시 남측 정부가 강경하게 반응하다보면 남쪽 국민의 정서가 북측을 비난하는 정부와 보수언론에 공감하는 방향으로 급격히 기울어지기 일쑤다. 그 결과 국내에서 매사를 북한 탓, '친북좌파' 탓으로 돌리는 기득권세력에 더욱 힘이 실려서 한반도 문제뿐 아니라 남한 내부의 민생과 민주주의 문제 해결도 그만큼 더 어려워지는 것이다.[28]

이런 식의 '남의 탓'은 불교식으로 표현하면 전형적인 진심(瞋心) 즉 성내고 미워하는 마음의 작용이다. 동시에 사태의 본질을 오인하는 치심(癡心, 어리석음)이요, 타락한 세상에서 자기 몫이나 더 챙기려는 탐심(貪心)의 발로이기도 하다. 물론 자본주의 자체가 기본적으로 탐·진·치 삼독심(三毒心)의 힘으로 운전되는 사회체제라 볼 수 있지만 분단체제라는 하위체제에서는 그 점이 더욱 두드러지며,[29] 이를 이겨내는 마음공부가 없이는 치유할 수 없는 병리현상이 만연하는 것이다. 물론 모두가 선방에 들어가서 입정(入定) 공부를 하자는 말은 아니다. 한반도 분단체제의 실상에 대해 정확히 인식하면서 그 변혁의 과제를 자기 것으로 삼고 이에 합당한 중도(中道)·중정(中正)의 실천을 하는 것도 마음공부의 한 방편이며, 지금

---

28) 최근 이명박 대통령이 유럽 순방 도중 '유로뉴스' 채널과의 인터뷰에서 과거 정부들의 대북지원이 "핵무장을 하는 데 이용됐다는 의혹이 일고 있다"거나 북조선을 두고 "완벽하게 폐쇄된, 우리로서는 잘 이해할 수 없는 지구상의 유일한 나라" 운운한 (『한겨레』 2009. 7. 9, 1면) 것은 이런 북한 때리기와 '좌파정부' 탓하기의 극치랄 수 있다. 물론 개인의 자질문제와 결부된 돌출발언이라는 면도 있지만, 국내정치의 목적을 위해 앞서 말한 '분단체제 특유의 악순환'을 적극적으로 조장하려는 정권측의 의도와도 무관하지 않을 듯하다.

29) 「통일시대·마음공부·삼동윤리」 294~96면.

이곳에서는 그 종요로운 방법이기 쉽다는 것이다.

이렇게 말하면 너무 추상적으로 들릴지 모른다. 그러나 고 문익환 목사의 방북 같은 매우 구체적인 실천행위에서 하나의 본보기를 만난다. 불행히도 문목사의 평양 방문은 북측 노선에 동조하는 통일운동의 한 표본처럼 인식되는 경향이 있으나, 실제로 그는 남 탓하기에 안주하기보다 '통일의 주인은 민중'이라는 신념으로 스스로 몸을 던져 북측 당국을 설득했고 김일성 주석으로 하여금 점진적·단계적 통일방안을 수용하게 만듦으로써 시민참여형 통일운동의 선례를 보여주었던 것이다.[30]

오늘의 시점에서 민중을 폭넓게 규합할 수 있는 노선으로 나는 변혁적 중도주의를 제창해왔다.[31] '중도'가 아니고서는 광범위한 연대가 불가능한데다, 무원칙한 '중도마케팅'이 아닌 줏대있는 중도세력이 되려면 한반도 차원의 변혁과 국내의 개혁작업을 결합하는 일이 필요하기 때문이다. 분단체제라는 용어를 굳이 안 쓰고 그 개념을 명시적으로 공유하지 않더라도 분단체제의 변혁에 실제로 기여하는 쪽으로 기운을 모을 필요가 절실한 것이다.

이런 의미의 변혁이 중도세력의 동원과 개혁적 성과의 축적을 요하는 것은 분명하지만, 실제로 한국사회의 다수가 이런 변혁적인 개

---

30) 문목사의 방북과 '민주도 통일사상'에 관해 이승환(李承煥) 「문익환, 김주석을 설득하다」(『창작과비평』 2009년 봄호), 같은 저자의 후속논의로 「남북 대립구도 하에서의 민간통일운동」, 『민족화해』 38호(2009년 5-6월호) 참조.

31) 『한반도식 통일, 현재진행형』에서 제4장 「분단체제와 '참여정부'」의 덧글 '변혁적 중도주의와 한국 민주주의' 및 제2장 「6·15시대의 대한민국」, 제8장 「통일작업과 개혁작업」 등 참조.

혁운동에 합류할지는 따져볼 문제로 남는다. 그런 일이 벌어지려면 상당한 수준의 중도 공부와 변혁 공부가 필요할 텐데, 아직도 한국사회, 특히 지식인사회는 참 중도의 연마에 무관심하고 분단체제 극복으로서의 변혁에 대한 인식이 태부족한 경우가 많다. 다만 이명박정부의 압박과 자극 덕분에 공허한 급진노선과 안이한 개혁노선이 모두 다분히 그 위세를 잃었고, 남북관계의 위기와 국내 민생·민주의 위기가 맞물려 진행됨을 실감할수록 분단체제의 존재를 인식하고 그 변혁을 모색하는 기운이 커질 것이다. 다만 그것이 진정한 변혁의 기운이 되려면 단순히 MB를 탓하고 외세를 탓하고 심지어 연대해야 할 대상마저 탓하는 구태를 벗고 — 그런 의미에서 고 노무현 대통령 유서의 표현대로 '아무도 원망하지 말고' — 각자가 변혁과 중도 사업에 최선을 다하는 자세가 요구된다.

지식인들의 각성도 중요하지만 더욱 중요한 것은 다수대중이요 '민'이다. 그런데 이 대목에서 나는 2008년의 촛불군중과 2009년에 노무현을 애도한 대중이야말로 지식인들보다 변혁적 중도주의에 오히려 가까이 다가섰다고 믿는다. 그들이 변혁적 중도주의를 부르짖은 건 물론 아니고, 더욱이나 분단체제론에 대한 관심을 기울였을리는 만무하다. 그러나 올해 들어 남북관계도 '3대위기'의 하나로 의제화하기 시작한 저 거대한 자발적 군중에게 변혁적 중도주의 아닌 그 어떤 노선이 먹혀들 수 있었겠는가. 이명박정부가 추진하는 '선진화' 명의의 역진현상에 대한 단호한 거부는 물론이고, 급진자주파나 급진평등파의 주장도 가볍게 일축되는 형국이었으며, 그렇다고 기존의 제1야당이나 시민단체들의 변혁없는 개혁노선이 영도력을 발휘할 수도 없었다. 많은 동학들이 열띠게 토론하는 여러 방안을 폄하하려는 것은 아니지만, 중도 공부와 변혁 공부를 생략한 어떤 노선도 각성중인 민중을 만족시키지 못하리라고 본다.

바로 이렇게 그 어떤 기존의 친숙한 이념에도 포섭되지 않았기 때문에 저들 군중에게 '정치적 미숙'의 딱지가 붙었고, 실제로 그들이 한국정치의 행방을 당장에 바꿔놓을 만한 성숙에 미달했던 것이 어김없는 사실이다. 그러나 기존의 특정 이념은 성숙한데 대중이 그 수준을 못 따라갔다고 생각하는 것이야말로 낡은 타성이요 미숙한 정치의식이다. 오히려 그들이 알게모르게 이미 실천을 시작한 새로운 노선—내가 변혁적 중도주의라 이름짓고 서툴게나마 윤곽을 제시하고자 한 그 노선—이 좀더 확실한 내용과 모양새를 갖추는 노력을 다그칠 일이다.

제1부

1

'5월 광주'에서 시민참여형 통일로

1. 5월 광주의 전국화를 위해

5·18민중항쟁 제26주년을 기념하는 기간에 5·18연구소가 주최하는 국제학술대회에서 기조발표를 하게 된 것은 더없는 영예입니다. 게다가 올해는 6·15공동선언 여섯돌을 맞아 남·북·해외가 함께 치르는 민족통일축전이 이곳 광주에서 열립니다. 6·15공동선언 실천 남측위원회의 대표를 맡고 있는 저로서는 이 자리가 더욱이나 소중할 수밖에 없습니다.

남북의 공동행사가 이제서야 광주에서 열리는 것은 확실히 때늦은 감이 있습니다. 한국의 민주화과정에서 5·18이 차지하는 위치를

■ 이 글은 5·18민중항쟁 제26주년 기념 국제학술대회 '민주주의, 평화, 통일과 시민사회'(2006. 5. 23~24)에서 발표한 강연문이다.

보아서도 그렇고, '5월에서 통일로'라는 구호가 이미 80년대 말에 나온 점을 상기하더라도 그렇습니다. 아무튼 뒤늦게나마 민족 공동의 광주행사가 열리게 되니, 70년대 말 이른바 교육지표사건 때부터 광주 및 전남대학교와 각별한 인연을 맺고 민주화운동에서 나름의 작은 몫을 해온 사람으로서 벅찬 감회를 느낍니다.

다른 한편 솔직히 떨리기도 합니다. 민족의 대사를 정말 5·18의 광주답게, 민주화를 쟁취한 한국사회 전체가 자랑할 만하게 치러내는 일이 결코 간단치 않기 때문입니다.

이 자리는 남측대표로서 행사준비와 관련된 이런저런 문제를 거론할 계제는 아닙니다. 다만 한 사람의 지식인으로서 개인적인 판단을 감히 말씀드리건대, 5월 광주는 이미 아시아의 것이 되고 세계의 것이 되었습니다만·아직껏 충분히 전국화되었다고는 보기 힘듭니다. 우리 사회의 고질적인 지역주의가 주 원인일 텐데, 5월은 특정 지역의 것이요 그마저 일부 운동세력의 것으로 한정해서 보는 경향이 국민들 사이에 엄존하는 것입니다.

따라서 올해의 6·15행사를 전국민의 공감 속에 치러내는 것은 단순히 한차례 민족공동행사의 성공 문제가 아니라, 5·18을 진정으로 전국화하여 한반도 통일사업에 힘을 보태고 한국 민주주의의 세계적 발언권을 높이는 문제이기도 합니다. 이를 위해서는 무엇보다 그동안 전국화가 되지 못한 원인을 통찰해야 합니다. 지역감정을 무조건 탓한다든가 일부 활동가들의 변질만을 나무라는 것은 피상적인 대응에 불과합니다. 전국화가 안된 데에 지역주의가 주 원인이라고 말했습니다만, 지역주의 자체가 한반도 분단체제의 자기재

생산에 복무하는 하나의 이데올로기며 분단체제는 단지 극우반공주의뿐 아니라 지역주의를 포함한 갖가지 이념을 포섭할 줄 아는 잡식성 괴물임을 인식해야 하는 것입니다.

이 괴물과 싸우는 우리들도 그에 못지않게 끈질기고 능란해야 합니다. 특히 분단체제가 드디어 해체기에 접어든 현상황에서는 눈앞에 다가온 한반도식 통일에 대해 뚜렷한 인식을 공유하면서 이 통일과정에 많은 사람들이 다양하게 동참하는 대응이 필요합니다. 인간은 특출한 소수의 성자나 도인을 빼면, 다수의 동시대인들과 뜻있는 역사적 목표를 알게모르게 공유하며 행동하지 않을 때, 광주에서건 어디에서건 초심을 끝까지 유지하며 장기간 활동하기가 어렵기 때문입니다.

2. 한반도식 통일과 6·15공동선언

'한반도식 통일'이라는 말에는 한반도의 통일이 한반도의 실정에 맞는 그 나름의 방식으로 될 것이라는 상식적인 의미 이상이 들어 있습니다. 다시 말해 우리가 상식적으로 생각할 수 있는 몇몇 선례와는 차원이 다른 새로운 방식일 것이라는 적극적인 의미가 담긴 것이지요.

먼저, 베트남식 무력통일이 한반도에서 불가능하다는 점은 오래전부터 명백했습니다. 1953년 휴전 당시, 아니 엄밀히 따진다면 1951년 여름을 지나며 전선이 38선과 크게 다르지 않은 지역에서 교착되면서 이미 기정사실이 되었다고 볼 수 있습니다. 물론 이에 대한 인식이 공유되는 데에는 좀더 시간이 걸렸고, 그것이 상식이 된 뒤에도 분단체제의 기득권세력에 의한 이데올로기 공세로서 '남침위협'설이 되풀이되곤 했습니다. 그러나 "조국의 평화적 통일을 염원하는 온 겨레의 숭고한 뜻에 따라"로 시작하는 6·15공동선언 전문(前文)이 말해주듯이 무력통일의 배제는 한반도식 통일의 첫번째 원칙으로 쌍방 정상이 확인한 바 있습니다.

하지만 평화적 통일 중에는 서독이 동독을 평화적으로 병합한 사례도 있습니다. 실제로 독일이 통일된 1990년 직후 이 선례가 한반도에서 되풀이되리라는 기대에 부푼 사람들이 많았습니다. 1991년 12월에 서명되고 이듬해 발효한 남북기본합의서 제1조가 "남과 북은 서로 상대방의 체제를 인정하고 존중한다"고 못박았음에도 불구하고 미래에 대한 남측 주류세력의 속내는 따로 있었다고 생각됩니다.

그러나 소련·동구 사회주의권의 몰락 후에도 북조선 체제가 붕괴하는 사태는 일어나지 않았습니다. 게다가 세월이 흐를수록, 만에 하나 그런 사태가 야기될 경우 남한이 이를 감당할 처지가 못 된다는 현실감각이 커졌고, IMF위기를 겪으면서는 국민적 공감대로 자리잡은 것 같습니다. 물론 오랜 준비기간을 거친 뒤의 독일식 해결을 전망하는 사람들이야 여전히 적지 않습니다만, 이는 한반도식 해법에 대한 개념이 없기 때문이며 궁극적인 '독일식'에 대해 그런 막연한 기대를 품고 있는 순간에도 현실은 한반도식으로 진행되고 있다는 것이 저의 논지이기도 합니다.

베트남이나 독일에 비해 덜 알려졌지만 예멘의 선례도 있습니다.

독일보다 오히려 조금 앞선 1990년 5월에 자본주의 북예멘과 사회주의 남예멘이 통합을 선포한 바 있습니다. 이는 양국 정부간의 합의에 따른 평화적이면서도 자주적인 통일이었고, 통합정부의 요직을 비교적 대등하게—북에서 대통령을 내고 남에서 부통령을 내며 총리는 남측이 맡고 각료는 20 대 19로 북측이 더 많이 차지하는 등의 방식으로—배분한 일종의 '대등통일'이기도 했습니다. 그러나 실제로 대등하지 않은 세력간의 마찰을 조정해줄 연합제나 연방제 같은 장치가 없는 상황에서 결국은 합의가 깨어졌고, 1994년에 70일간의 내전을 겪은 뒤 북예멘의 승리로 완전통일이 되었습니다.

그러나 이것도 한반도에서는 통할 수 없는 모델임이 분명합니다. 남북 당국자들의 담합만으로 한반도 통일방안에 합의하는 일 자체가 불가능할뿐더러, 이런 합의가 이루어졌다가 이행과정에서 문제가 생겨 무력충돌이 발생할 경우 예멘과는 차원이 다른 엄청난 참화가 필연적인 것입니다.

베트남식, 독일식, 예멘식이 다 안 맞는다고 할 때 그렇다면 분단체제를 그대로 지켜내는 또 하나의 선택을 생각할 수 있습니다. 1972년의 7·4남북공동성명을 유신체제 준비의 포석으로 이용한 박정희의 선택이 그것이었습니다. 현재도 수구세력 중 북한 붕괴를 추구하지 않는 일부와 진보진영 중에서 통일 없는 평화 및 개혁을 꿈꾸는 일각의 구상이 이에 해당하겠습니다. 미국의 입장에서도 북측 체제의 전복이 부시 대통령 마음에 쏙 드는 결과일지 몰라도, 분단을 적당한 긴장상태로 유지하는 것이 무리한 붕괴공작보다 훨씬 안전할뿐더러 현실적인 이득 또한 적지 않을 수 있습니다.

그러나 분단구조를 견지한 채 남한만이 '선진화'를 이룩할 수 있다는 것은 환상입니다. 분단체제는 1987년의 6월항쟁으로 남한사회의 민주화가 시작되고 89~90년에 동서 진영대립이 종식되면서 이미 그 기반을 상실한 것입니다.

87년 이래로 남한에서 어쨌든 민주화과정이 지속되었고 90년대 말의 경제위기를 수습하며 경제성장을 재개했기 때문에, 통일이 안 되었다고 남쪽만이 잘 살지 못한다는 법이 어디 있느냐고 생각하기도 쉽습니다. 그러나 남한사회의 이러한 성취는 노태우정권 아래 이미 시작된 남북관계의 개선과 분단구조의 완화를 떠나서는 불가능한 일이었습니다. 특히 2000년의 6·15공동선언은 분단체제의 흔들림을 확인하고 그 해체작업에 시동을 걸었을 뿐 아니라, 격화되는 신자유주의적 경쟁의 소용돌이 속에서 한국경제가 경쟁력을 갖기 위해 필수적인 한반도의 군사적 안전과 한국민의 심리적 안정, 그리고 이에 따른 세계시장의 신뢰를 확보해주었습니다. 다른 한편, 한국 기업들의 가치가 국제적으로 여전히 저평가되어 있다는 이른바 '코리아 디스카운트' 현상이나 한국사회의 민주적 개혁과 새로운 발전패러다임 모색이 툭하면 이념공세에 시달리는 사태는 분단구조와 직결된 것이며 한반도식 통일의 진전을 통해서만 해결될 수 있는 문제들입니다.

한반도식 통일의 내용은 한반도식이 아닌 선례들을 살펴보는 가운데 어느정도 밝혀진 셈입니다. 이제 한반도식 통일의 장전에 해당하는 6·15남북공동선언을 중심으로 그 독특한 내용을 살펴보려 합니다.

평화통일이 공동선언 전문이 표명한 대원칙이라면, 제1항은 "나라의 통일문제를 그 주인인 우리 민족끼리 서로 힘을 합쳐 자주적으로 해결해"나간다는 자주통일의 원칙을 밝히고 있습니다. 이는 외세의 작용으로 분단되었고 지금도 외세의 간섭이 심한 한반도 상황에서 매우 중요한 원칙입니다. 그러나 자주적이라는 특성 자체는 다른 나라 사례에서도 발견되는 것으로서, 특별히 한반도식이라 할 수 없겠지요.

그 점에서 제2항이야말로 6·15선언에서 특기할 조항입니다. "나라의 통일을 위한 남측의 연합제 안과 북측의 낮은 단계의 연방제 안이 서로 공통성이 있다고 인정하고 앞으로 이 방향에서 통일을 지향시켜나가기로 하였다"라는 두루뭉실한 표현이 얼마나 절묘하며 획기적인지에 대해서는 저 자신 다른 자리에서도 강조한 바 있습니다(예컨대 「6·15시대의 한반도와 동북아평화」, 졸저 『한반도식 통일, 현재진행형』, 창비 2006, 18~19면). 원래 남측의 연합제와 북측의 연방제 사이에는, 통일에 앞서 우선 가능하고 필요한 교류와 통합 작업부터 하나씩 실행해가자는 남측의 '기능주의적' 입장과 근본적인 정치문제를 먼저 일괄타결하자는 북측 입장의 대립이 깔려 있었습니다. 이는 한편으로 통일구상의 차이이기도 하지만, 상대방이 받기 힘든 주장을 내세워서 통일과정을 지연시키는 효능도 없지 않았다고 봅니다.

이 해묵은 대립을 일거에 해소한 것이 제2항입니다. 북측으로서는 일차적 통일방안에 대해 남북이 합의함으로써 '근본문제' 타결에 대한 요구가 충족되었습니다. 북측의 그런 요구는 애당초 연방이 아닌 연합으로서는 분단고착의 위험을 제거하지 못한다는 우려가 강하게 작용한 것이지만, 90년대 이후로는 흡수통일이 아닌 다른 방식에 대한 합의와 보장 없이 기능주의적 상호접근을 허용했다가 결국은 흡수당하고 말 수 있다는 위기의식이 오히려 더 큰 몫을 했다고 생각됩니다. 남북기본합의서 제3장 '남북교류·협력' 조항들이 6·15선언보다 훨씬 구체적이고 상세한 내용을 지녔음에도 불구하고 실천이 뒤따르지 못한 것도 그러한 사정과 무관하지 않을 것입니다.

6·15선언은 북측의 그러한 요구를 충족시키면서도 비현실적인 통일정부 형태나 급속한 일정을 배제함으로써 남측이 주장해온 기능주의적 접근을 적절히 수용하는 결과도 되었다고 볼 수 있습니다. 이는 "남과 북은 경제협력을 통하여 민족경제를 균형적으로 발전시키고, 사회, 문화, 체육, 보건, 환경 등 제반 분야의 협력과 교류를 활성화하여 서로의 신뢰를 다져나가기로" 한다는 제4항의 합의가 6·15 이전에 비해 얼마나 알차게 실천되고 있는가를 보면 분명합니다. 물론 그 실천은 훨씬 더 풍부해져야 하고, 제3항이 규정한 인도적 문제들의 해결이나 제5항의 남북 당국자간 각종 회담도 더욱 촉진되어야 하지만요.

제2항의 합의가 절묘한 협상기술의 산물이라는 점은 쉽게들 인정합니다. 그런데 일각에서는 이것이 어디까지나 협상기술 차원의 성과지 연합제와 연방제를 둘러싼 근본적 대립은 일시적으로 봉합되었을 뿐이라고 해석하기도 합니다. 물론 당사자들의 속마음까지 들여다볼 길은 없지요. 그러나 선언의 한 주역이었던 김대중 전 대통령이나 문안 절충과정에 깊이 관여한 임동원(林東源) 전 장관의 증언에 따르면 협상과정이 합의의 실질적인 내용보다 그 표현 문제에

주로 집중되었다고 합니다.

그러나 더 중요한 것은 우리 일반 시민들이 그 조항을 어떻게 받아들여서 실행하느냐입니다.

당국자들에게만 맡겨둘 경우 근본적 대립은 제2항에 내장되어 있었건 아니건 간에 언제든지 되살아날 가능성이 있습니다. 그러나 남북 민중의 입장에서는 연합제냐 낮은 단계의 연방제냐가 중요한 게 아닙니다. 어차피 베트남식·독일식·예멘식이 모두 불가능한 상황에서 그런 문제로 다투어서 분단 기득권세력을 거들어주는 대신, 하루빨리 인도적 문제를 해결하고 경제협력을 증대하며 사회문화 교류를 확대하고 상호 신뢰구축을 진전시키면서 남북간에 "서로 공통성이 있다고 인정"한 그런 대체적인 방향으로 진행하는 일이 중요한 것입니다. 이렇게 어물어물 진행되다가 문득 통일의 단계로 들어서는 과정이야말로 한반도식 통일의 특성이며 그 적극적 내용인 것입니다.

3. 시민참여형 통일의 길로

또다른 말로 바꾸면 한반도식 통일은 곧 시민참여형 통일입니다. 점진적인 과정이기 때문에 일반시민의 참여 가능성이 그만큼 높아질 뿐 아니라, '과정'과 '종결점'의 구분 자체가 모호한 상태에서 그 과정의 실상에 따라, 즉 사람들이 얼마나 참여해서 어떻게 해가는가에 따라, 통일이라는 목표의 구체적 내용마저 바뀔 수 있는 개방적 통일과정인 것입니다.

시민참여형 통일의 개념 또한 종전의 통일 사례들과 비교할 때 더 분명해지리라 봅니다. 예컨대 이 경우의 시민참여는 베트남식 민족해방전쟁을 위한 총력동원과 성격을 달리합니다. 베트남 통일 과정에서도 남북을 통틀어 엄청난 민중적 에너지가 발휘된 것이 사실입니다. 그러나 전쟁과 무장투쟁을 위한 총동원체제에서는 평범한 시민들이 자신의 일상적 생활과 과제에 충실하면서 분단체제의 구석구석을 각자 자기 나름으로 허물고 새로운 통합사회를 만들어 갈 기회가 크게 제약되기 마련입니다. 그야말로 전시체제니까요.

한반도에서 무력통일은 안된다는 점에는 폭넓은 합의가 이루어 졌지만, 통일과정에 대한 민중참여를 대대적인 민중동원 내지 민중 궐기 형태로 생각하는 경향은 여전히 남아 있는 것 같습니다. 미국의 압박정책과 경제적 궁핍 등 여러모로 사정이 남쪽과 다른 북녘에서 동원체제가 강조되는 것은 좀 다른 문제려니와, 남한사회에서 자주평화통일의 목표를 향해 단결한 대중의 궐기로 분단을 끝장낼 수 있다고 믿는 것은 타성적인 사고에 불과합니다.

독일식 통일에도 민중동원이나 시민참여가 없었던 것은 아닙니다. 알려져 있다시피 동서독의 통일과정은 동독 시민들의 저항에서 시작되었습니다. 시민적 저항에는 동독 내부에서 지식인과 종교인 중심으로 진행된 적극적 형태도 있고, 동독 주민들의 대대적인 국외 탈출이라는 소극적 저항도 있었습니다. 1990년에 실제로 통일이 되는 과정에서도 동독의 총선거에서 승리한 세력의 선택으로 서독 헌법에 따라 독일연방공화국(서독)의 개별 주(州)들로 편입되었던 것입니다. 다만 이 모든 과정에서 서독 정부가 화폐통합을 제공하는 등 통일과정을 서두르는 방향으로 적극 개입했기 때문에 동독 민중의 참여가 갖는 의미가 퇴색했습니다. 게다가 모범적인 전후민주주의를 자랑해온 서독 시민들은 선거 때 투표한 것 빼고는 이렇다 할 참여가 없었다고 볼 수밖에 없습니다.

그런데 이 점에서도 독일의 선례가 알게모르게 작용하여 시민참여형 통일의 추진에 혼선을 빚고 있습니다. 사람들은 흔히 독일의 통일과정에서 당국뿐 아니라 민간 차원에서도 오랫동안 진행된 접촉과 교류가 결정적이었음을 상기하면서, 그에 비해 한반도의 실정은 너무도 낙후했다고 개탄합니다. 그러면서도 교류·협력을 조금이라도 진전시킬라치면 '퍼주기'니 '끌려간다'거니 하고 목청을 높이는 이들도 있습니다. 이럴 때 은연중에 우리의 생각을 (두 경우에 각기 다른 방식으로) 지배하는 것이 독일식 모형이며, 우리식 통일에 대한 인식부족입니다.

이 자리에서 길게 설명할 필요는 없겠습니다만, 패전 독일의 분단은 비록 외세가 강요한 것이지만 한반도 분단처럼 명분없는 처사는 아니었고 따라서 동족상잔의 전쟁도 일어나지 않았습니다. 그리하여 동서독은 1972년의 기본조약을 통해 통일하지 않고 평화적으로 공존한다는 데 합의함으로써 교류의 폭을 크게 늘려갔습니다. 반도의 허리에 온통 철조망을 치고 지뢰를 묻어놓아야 분단이 유지되는 이 땅에서 진행되는 교류와는 질적으로 다른 성격이었습니다. 이를 단순히 양적으로 비교하는 것은 의미가 없습니다.

동서독간의 교류는 그것이 통일을 않기로 하고 추진했다가 일방적인 흡수통일로 귀결했다는 점에서도 전혀 다른 성격입니다. 한반도에서는 그런 통일은 하지 말되 통일을 하기는 하자고 합의해놓고 교류하려는 것입니다. '퍼주기' 이야기가 나오는 것도 그 때문이지요. 만약에 남북간의 민간교류와 대북경제지원이 흡수통일을 위한 전략임이 명백하면 다른 누구보다도 수구세력이 지지하고 환영할 것입니다. 그런데 그것도 아니면서 북을 돕겠다고 하니 저들로서는 그게 퍼주기가 아니고 무어냐고 반발할 법도 하지요.

그러나 현재의 소수 기득권세력보다 더 많은 사람들이 더 고르게 잘사는 한반도를 염원하는 시민들의 입장에서는, 독일식과 다른 한반도식 통일과정의 일부를 이루는 경제협력과 사회문화교류야말로 바로 우리 자신의 일입니다. 큰 정치적 결정은 정부가 내릴 수밖에 없고 대규모 투자는 정부와 대기업에 맡긴다 하더라도, 각자가 형편에 따라 최대한의 성의와 창의성을 발휘하여 이 사업에 나서는 것이 한반도식 통일을 완성하는 길이요 각자의 삶의 질을 높이는 길인 것입니다.

바로 이 점이 앞서 말했던 또 하나의 선례, 즉 예멘식 통일과의 결정적인 차이이기도 합니다. 남북 예멘의 합의가 결국 깨진 데에는 '연합제 내지 낮은 단계의 연방제'라는 안전장치가 빠진 점도 중대하게 작용했지만, 그 근본원인은 시민참여가 배제된 권력자들간의 '나눠먹기'식 합의였다는 점입니다. 그런데 예멘은 어쨌든 예멘식으로 통일을 했으니 그것 자체를 우리가 비난할 일은 아닙니다. 다만 한반도에서는 도저히 통할 수 없는 방식이라는 것이고, 비록 통일을 했어도 한반도식 통일이 달성되는 것과 같은 세계사적 의미를 갖지는 못한다는 것이지요.

아무튼 한반도식 통일은 시민참여가 최대한으로 이루어지는 가운데 문자 그대로 민관합작으로 진행하는 과정입니다. 아직 시민참여가 제대로 활성화되었다고는 보기 힘들지만, 작년의 6·15평양축전이나 8·15서울축전 모두 민관합작의 훌륭한 사례를 보여줍니다. 행사 자체는 민간이 주도하는 가운데 당국자들이 참관했다가, 북측 최고지도자와 남측 특사가 따로 만난다거나 북측의 대표단이 남측 현충원을 참배하는 등의 굵직한 사건을 만들어내기도 한 것입니다. 민관합작에는 무수히 다른 형태도 있겠습니다만, 올해의 6·15광주축전에서도 작년의 선례에서 크게 벗어나지 않는 훌륭한 성과가 나오기를 기대합니다.

그러나 당국자간의 극적인 행동이 중요한 것도 한반도식 통일에서는 무엇보다 민심의 지지를 얻고 시민들의 지지와 자발적 참여를 끌어내는 일이 결정적이기 때문입니다. 서두에 말씀드렸듯이 이 대목에서 광주행사는 하나의 기회인 동시에 도전이기도 합니다. 그 점을 잠시 부연하면서 저의 발표를 마칠까 합니다.

한반도식 통일이 요구하는 시민참여와는 전혀 다른 민중동원의 선례가 일부 활동가들 사이에 타성적 사고를 낳고 있음을 앞서 말씀드렸습니다. 실은 여기에 5·18 광주의 기억이 — 오히려 5·18을 직접 겪어보지 못한 활동가들 사이에 더 흔하게 — 작용하는 바 없지 않습니다. 80년 5월 광주에서 시민들이 궐기하여 해방과 평화의 공간을 만들어냈듯이 한국의 민중이 일치단결하여 자주와 통일을 요구한다면 못 이룰 것이 없지 않겠느냐고 생각하는 것이지요.

하지만 그 공간이 어떤 핏값을 치른 공간입니까. 광주 시민들이 봉기한 것은 군부세력이 5월 18일의 평화적 시위를 무자비하게 진압하면서 무고한 시민들에게까지 끔찍한 국가폭력을 휘두른 결과가 아닙니까. 그리고 시민군과 더불어 확보한 평화와 상생의 공간은, 비록 그것이 항쟁진압 후에도 영원히 지워지지 않을 빛나는 자취를 역사에 남겼다 할지라도, 일단은 엄청난 유혈사태로 끝났던 것입니다.

5·18 광주에 필적할 불행이 없이 5·18과 같은 수준의 민중동원을 기대하는 것은 비현실적입니다. 우리가 5월 광주의 희생에 진정으로 보답하는 길은 5월이 있었던 덕에 그때와 달라진 상황에서 당시 광주 시민들이 추구했던 민주주의와 평화와 통일의 목표를 다른 방법으로 달성하는 길일 것입니다. 실제로 우리는 1987년의 6월항쟁을 통해 그 길을 열었고, 이후로 광주 시민의 명예회복이 본격화되기 시작했습니다.

동시에 군부독재라는 기반을 잃고 극우반공 이념의 약화에 봉착한 분단체제는 지역주의의 강화라는 방식으로 5월 광주의 지역화·고립화를 지속하는 데 일정한 성과를 거두었습니다. 그러나 지역주의 역시 점차 그 위력을 잃어가는 것이 엄연한 현실입니다. 5·18 제26주년을 맞은 올해, 더구나 광주에서 6·15민족공동행사가 열리는 이 기회에, 한반도 특유의 시민참여형 통일을 또 한차례 획기적으로 전진시킴으로써 '5월에서 통일로'라는 구호의 참뜻을 살릴 수 있기를 기대합니다.

〈2006〉

2

남남갈등에서 한반도 선진사회로

어디가 중도며 어째서 변혁인가

1. 시작하는 말

죽은 사회는 갈등이 없다. 그러나 갈등이 생명현상의 일부일지라도, 소모적인 갈등을 가급적 줄이고 불가피한 갈등을 생산적·창조적인 동력으로 활용하는 사회가 훌륭한 사회이며 남들이 본받음직한 선진사회일 것이다. 한국에서 사회통합을 말하는 것도 모든 갈등이 제거된 상태를 겨냥하기보다 소모적 갈등을 생산적 대화로 바꾸려는 것임은 물론이다. 그런 취지에서 '중도개혁주의' '중도보

■ 이 글은 '한반도 갈등, 어떻게 풀 것인가'라는 주제로 열린 '2006 한반도 평화와 상생을 위한 학술회의'(민족화해협력범국민협의회와 한겨레통일문화재단 공동주최, 2006년 9월 29일 서울 여의도 63빌딩 코스모스홀)의 제2부 '남남갈등 해결의 길 — 상호이해와 협력 그리고 사회통합'에서 발표한 내용을 수정 보완한 것이다..

수' '화해와 상생' '사회적 대타협' 등 중도를 표방한 여러 노선이 제시되었고 나 자신 '변혁적 중도주의' [1]라는 것을 내놓기도 했다.

그런데 한국사회 내부의 갈등을 굳이 '남남갈등'으로 표현할 때는 남북간의 갈등을 포함한 남북관계를 염두에 두고 있다.[2] 2000년 6월의 남북정상회담과 공동선언은 남북화해를 위한 획기적 사건이었지만, 남쪽 내부의 갈등을 오히려 격화하는 결과를 낳기도 했던 것이다. 더구나 이것이 남북문제를 둘러싼 다툼만이 아니고, 예컨대 의약분업을 둘러싼 '의료대란'처럼 국내문제에 관한 이해대립이 대대적인 사회혼란으로 치닫기도 했다. 물론 당국의 미숙한 대응 등 여러 다른 요인이 개재했지만, 크게 볼 때 분단체제의 억압적 장치에 짓눌렸던 모순들이 표출된 것이며 과거에는 '안보 차원'에서 억제할 수도 있었을 갈등이 표면화되었다는 점에서 선진화의 한 과정이기도 했다. 사실 그 점은 남남갈등이라는 표현이 나오기 전인 1987년에 6월항쟁으로 독재정권의 철권통치가 완화되자마자 노사갈등이 폭발한 '7·8월 노동대투쟁'의 경우도 역시 마찬가지다.

그러나 이렇게 1987년 이후, 특히 2000년 이후 표출된 내부갈등들이 해결되거나 생산적으로 진화하지 못한 채 지속되는 경우가 많아지면서 한국사회는 소모적 논쟁과 대결이 넘쳐나는 위기를 겪고 있다. 이를 87년 6월항쟁과 그 직접적 후속사태들의 소산인 '87년체

---

1) 졸저 『한반도식 통일, 현재진행형』(창비 2006) 30~31면, 58~69면 참조.
2) 실제로 6·15공동선언 이후의 국내갈등을 대상으로 이 표현이 등장하기도 했다(경남대 극동문제연구소 엮음 『남남갈등 ― 진단 및 해소방안』, 경남대학교 출판부 2004, 13~14면, 102면).

제'가 한계에 달한 현상으로 진단하기도 하는데,[3] 달리 표현해서 '87년체제'로부터 한걸음 더 나아갈 계기에 해당하는 '2000년체제' 내지 '6·15시대'가 아직 충분한 힘을 발휘하지 못하고 있다는 진단도 가능하다.

그 점은 지난 10월 9일 북이 핵실험을 강행하면서 남쪽의 내부갈등이 전에 없이 심해진 데서도 확인된다. 나 자신은 10월말에 6자회담 재개합의 소식이 전해지기 전에도 6·15시대와 한반도식 통일이 여전히 진행중임을 공언하고 다녔지만, 남남갈등의 한쪽 당사자로서 남북의 화해와 협력을 옹호하던 인사들조차 한때 6·15시대의 존속을 의심했을 만큼 공통의 인식이 부족한 실정이다. 그런 가운데서도 이번의 — 물론 아직도 미해결인 — 한반도의 핵위기가 분단현실 및 그 일부로서 북의 존재를 제쳐둔 채 남쪽 사회의 여러 문제와 갈등의 근본적 해결을 논하는 것이 허황된 일임을 일깨워준 점은 불행 중 다행이 아닐 수 없다.[4]

아무튼 기계적인 중간지대 찾기가 아닌 참된 중도(中道)는 당연히 시대현실에 대한 정확한 인식에 근거해야 할 터이며, 그러한 중도만이 불필요한 갈등을 해소하고 적절한 사회통합에 기여할 수 있을 것이다.

---

3) 예컨대 『창작과비평』 2005년 겨울호 특집 '87년체제의 극복을 위하여' 참조.
4) 졸고 「북의 핵실험으로 한가해졌다?」(『창비주간논평』 2006. 10. 24, http://weekly. changbi.com) 참조.

2. '대한민국의 정체성'에 관한 중도적 시각

'보수'와 '진보'가 흑백논리를 내세워 소모적 논쟁을 키우곤 하는 본보기의 하나가 '대한민국의 정체성'을 둘러싼 논란이다. 물론 이것이 공허한 논쟁만은 아니고 현실적 이해관계가 얽힌 다툼이기도 하지만, 기왕이면 좀더 차원 높은 논쟁을 통해 다툴 것을 다투는 것이 선진사회로 가는 길일 터이다.

국가정체성을 즐겨 들먹이는 세력 중에는 1987년 이전의 강압체제와 거기서 비롯한 기득권에 연연하는 사람들이 적지 않다. 이들의 현실적 위세는 결코 무시할 수 없지만, 담론 차원에서는 '보수'와 구별되는 '수구'로 돌려도 무방할 것이다. 그에 비해 1987년의 의의를 인정하고 6월항쟁 이래의 민주화과정이 국가정체성의 중요한 일부를 이룬다고 인식하는 새로운 보수논객들은 대한민국의 정체성을 전면적으로 부인하는 극단론에 비해 상당한 설득력을 지니는 것이 사실이다.

문제는 이들 또한 자신이 설정한 '대한민국의 정체성'에 동조하지 않는 사람들을 '반대한민국 세력'으로 못박아 공인된 담론의 세계에서 배제하기 일쑤라는 점이다. 다음과 같은 발언을 최근의 한 예로 들 수 있겠다.

저는 한국사회의 세력을 크게 셋으로 나눕니다. 반(反)대한민국 세력과 진보, 보수입니다. 반대한민국 세력은 대한민국의 역사적 정통성 자체를 부정합니다. 이들은 흔히들 좌파적 역사관 또는 수정주의 역사관을 갖고 있어요. 기본적으로 역사를 민중과 외세의 대립으로, 가진자와 못가진자의 갈등으로 파악합니다. (…) 이 사람들을 제외한 나머지 세력들에서 진보·보수를 논해야 합니다.[5]

본인이 직접 쓴 기고문이 아닌 대담기사이니만큼 엄밀한 분석의 대상으로 삼을 성질은 아니지만, 이런 식의 3분법이 수구세력의 2분법과 흡사한 결과가 되리라는 것은 쉽게 짐작할 수 있다.[6] 포용과 통합 및 민주적 소통의 논리라기보다 배제와 갈등조장의 논리로 작용하기 마련인 것이다.

물론 이러한 흑백논리가 보수진영에만 있는 것은 아니다. 박세일 (朴世逸) 교수가 비판하듯 대한민국의 기형적 출발을 문제삼아 오늘날까지도 그 국가적 존재를 인정하지 않으려는 태도가 이른바 진보진영 일각에 엿보임은 사실이다. 게다가 진보담론의 또다른 일각에서는 오히려 박세일 교수와 비슷하게 ─ 그러나 물론 박교수와 같은 식으로 '배제'를 주장하지는 않으면서 ─ '분단시대적 시각' 대 '대

---

5) 「경향과의 만남: 박세일 '선진화국민회의' 공동상임위원장」, 『경향신문』 2006. 9. 19.
6) 당일 토론에서 나성린(羅城麟) 교수는 박교수가 지칭하는 '반대한민국 세력'은 대한민국을 전면적으로 부정하는 극소수에 한정될 따름이라고 해명했다. 그런데 한국사회의 3대세력의 하나로 지목한 점이나 "좌파적 역사관 또는 수정주의 역사관" 같은 포괄적인 표현들을 볼 때 박교수가 과연 얼마나 '극소수'를 말하고 있는지도 불분명하려니와, 설혹 대한민국의 정체성을 부정하는 인사들일지라도 그들이 행동을 통해 국가전복을 꾀하는 것이 아니고 담론의 장에서 활약하는 한 대화하고 소통하는 것이 자유민주주의의 기본원리일 것이다.

한민국 인정'이라는 이분법을 구사하기도 한다.[7]

이처럼 일견 다양하게 갈리는 입장들이 결과적으로 서로를 굳혀주고 키워주는 형국이 되는 데는 국가의 정체성(正體性)이라는 것을 너무 단순하게 이해하는 사고방식이 작용하고 있다. 한 국가의 정체성은 '역사적 정통성'과 '현재적 정당성'을 포함하는 복합적인 내용이며, 복수의 잣대로 평가한 결과도 호적에 적자(嫡子)로 올리고 말고 하듯 흑백으로 갈라지는 게 아니다. 역사의 진행에 따라 상대적 비중이 달라지는 사안인 것이다. 대한민국의 경우 일제 식민지 지배에서 벗어나면서 나라가 타율적으로 분단된 상태에서 친일세력이 사회적 우위를 점한 국가로 출발한 것은 엄연한 사실이며, 뒤이은 폭압과 전쟁 및 분단고착의 상황에서 이런 국가의 정통성과 정당성을 의심하는 이런저런 저항논리에는 각기 그 나름의 합리적 근거가 있었다고 보아야 한다.

물론 오늘날 한국의 상황은 크게 다르다. 많은 국민들의 피땀 어린 노력을 통해 한국사회가 민주화와 경제발전에 뚜렷한 성과를 거두었고, 2000년 6월을 기해 정부가 한반도의 평화와 민족통합에 주도적인 역할을 자임하고 나서게까지 된 것이다. 실제로 이 과정에서 직접 싸우고 희생한 저항세력이야말로 대한민국의 이러한 성취에 대해 자부심을 가져 마땅하며,[8] 오히려 사립학교법이 조금 개정

---

7) 후자에 관한 논의로는 『한반도식 통일, 현재진행형』 62~63면 참조.

8) 나는 이러한 자부심을 여러차례의 개인적 발언을 통해서뿐 아니라 6·15공동선언실천 남측위원회 상임대표로서도 올해의 8·15 기념사에서 다음과 같이 표현한 바 있다. "1945년 8월 이후의 61년간이야말로 고난과 통한으로 얼룩진 역사였지만 우리는 1948년에 건립된 기형적인 분단국가를 이만큼이라도 민주화하고 경제적 자생력

되거나 미국조차 합의하는 전시작전통제권 환수가 논의되기만 해도 '국기(國基)'가 흔들린다고 절규하는 인사들이야말로 대한민국의 정체성에 대한 신뢰가 너무 약한 게 아니냐는 의문이 든다.[9)]

동시에 온갖 놀랍고 자랑스러운 성취에도 불구하고 대한민국이 아직도 분단국가이며 일종의 결손국가인 것 또한 엄연한 사실이다. 이는 '자주성'이나 '민중성' 같은 모호한 잣대를 들이대서 이념적으로 재단하는 말이 아니라, 예컨대 '영토'라는 국가구성의 기본요인에 관해서조차 나라 안팎을 막론하고 합의가 안되어 있다는 초보적인 사실을 지목하는 것이다.

우리 헌법 제3조는 이 나라의 영토가 한반도와 그에 딸린 섬들임을 규정하고 있지만, 대한민국은 휴전선 이북을 실효적으로 지배하는 조선민주주의인민공화국과 함께 주권국가로 국제연합에 가입한 상태다. 그렇다고 둘 사이의 군사분계선이 국제적으로 공인된 국경선도 아니다. 양쪽 당국도 스스로 이것이 국경선임을 부정하고 있으니, 대한민국의 국무총리가 서명하고 노태우 대통령이 재가한 남북기본합의서는 남북관계를 "나라와 나라 사이의 관계가 아니라 통일을 지향하는 과정에서 잠정적으로 형성되는 특수한 관계"로 규정함으로써 '대한민국의 정체성'에 대한 단답식 판정을 요구하는

■
을 지닌 국가로 만들어왔습니다."(http://i615.org/zboard/zboard.php?id=report&no=30)

9) 이 대목에 대해 나성린 교수는 "우파의 우려를 너무 가볍게 보는 시각"이라고 비판했다. 나는 사립학교법이나 작통권 문제에 관한 우파 일각의 진지한 우려를 폄하할 생각은 없다. 다만 정책 차원의 문제제기에 그치지 않고 '국기'를 들먹이는 상당수 인사들의 행태가 대한민국에 대한 신뢰부족을 드러냄을 지적하고자 한 것이다.

이에게는 그야말로 뭐가 뭔지 모를 혼란을 낳고 있다. 물론 법리상의 이런 혼란은 안보국가의 존재를 포함하는 분단체제의 온갖 결함들을 단적으로 표상한 데 지나지 않는다.

기본합의서의 이런 모호한 현실인식을 추인하면서 '연합제'와 '낮은 단계의 연방제'가 상통할 수 있는 어느 지점에서 이 혼란에서 벗어날 길을 제시한 것이 바로 6·15공동선언이다. 나 자신 양자의 접점은 일단 국가연합 중에서도 꽤나 느슨한 연합제에서 찾을 수밖에 없음이 시간이 흐를수록 명백해지리라고 믿지만,[10] 요는 6·15공동선언 자체도 대한민국의 정체성이 꾸준히 향상하는 과정을 대표하는 사건이라는 '친대한민국적' 인식이 필요하다는 것이다.

6·15공동선언의 대한민국사적 의의는 1997년의 경제위기, 이른바 IMF사태와의 관계를 고찰함으로써 확인해볼 수도 있다. IMF사태는 87년체제의 한계에 대한 아무런 반성도 없이 무작정 선진화를 추구한 국가경영의 파탄에 해당하는데, 사회의 양극화 심화 등 그 뒤탈은 두고두고 우리를 괴롭히고 있다. 하지만 한국사회의 저력으로 그나마 비교적 단기간에 구제금융사태를 수습하고 2000년에는 '6·15시대'라고도 일컫는 새 전기를 마련하는 데 성공했다. 이것이

---

10) 연방에는 영연방(The British Commonwealth)도 있는만큼 이런 느슨한 연합을 '낮은 단계의 연방제'의 한 유형으로 부르지 못할 이유도 없을 것이다. 실제로 '연방공화국'에 대한 북측의 공식 번역에서 Federal 대신 Confederal이라는 표현을 쓰고 있음을 볼 때 호칭 문제가 결정적인 것은 아니다. 이처럼 정치학 교과서를 따른다면 도저히 통일로 인정될 수 없는 느슨한 국가연합이 한반도 현실의 맥락에서는 '1단계 통일'로 간주될 수 있는 까닭에 대해서는, 졸고 「한반도의 통일시대와 한일관계」, 『한반도식 통일, 현재진행형』 35~37면 참조.

야말로 예의 '저력'을 단적으로 보여준 대목인바, 경제위기가 독재체제로의 회귀나 신자유주의에 대한 완전 투항이 아니라, 위기를 계기로 남북대결 상태에서의 독자적 선진화와 독일식 통일이라는 헛된 꿈을 청산하고 남북의 화해·협력 및 점진적 통합 과정에서 선진사회를 향한 새로운 돌파구를 찾아낸 것이다.[11]

물론 6·15공동선언의 순탄한 실천을 가로막는 국내외의 장애물이 여전히 즐비하고 선언에 대한 양 당국의 해석에도 상당한 거리가 있다.[12] 그러나 대한민국의 역사에서 볼 때, 6·15공동선언 발표는 한국전쟁의 참화가 결단코 되풀이돼서는 안되겠다는 국민적 공감과 4·19를 비롯한 장구한 민주화투쟁, 1960년대 이래 본격화된 산업화의 성과, 1987년 6월항쟁의 성취, 그리고 IMF사태의 시련과 교훈 들의 연장선상에서 평화지향과 민족통합을 국가정체성의 중요

---

11) 손호철(孫浩哲) 교수는 학술회의 당일 배포된 별지의 논평에서, "사실 백교수가 신자유주의에 대해 비판적 견해를 피력하고 있지만〔자료집 54면〕 기본적으로 신자유주의에 대한 문제의식이 부족하다는 느낌을 지울 수 없다. 위에서 비판한 6·15선언과 신자유주의에 대한 관계 분석도 그러하지만, 보다 근본적으로는 이제는 대부분 해체된 87년체제(그리고 6·15시대의 2000년체제)를 이야기하면서 1997년체제에 대해서는 전혀 이야기하지 않는 것이 그 증거이다"(7면)라고 비판했다. 물론 내가 손교수가 명명한 대로의 '1997년체제'를 언급하지 않았고, 87년체제가 비록 한계에 다다랐어도 "이제는 대부분 해체"되었다는 데에는 동의하지 않으며, '2000년체제'에 손교수보다 더 적극적인 의미를 부여하고 있는 것은 사실이다. 그러나 6·15가 열어준 가능성을 십분 인식하고 활용하지 않은 채 '1997년체제'를 극복하는 것은 불가능하며, 한반도 차원의 변혁에 대한 시각을 결한 채 신자유주의 거부를 남쪽에서만 외쳐대는 것이 반드시 신자유주의에 대해 더 충실한 문제의식을 드러내는 것은 아니라는 생각이다.
12) 6·15남측위원회 내부에서도 견해차가 심하며 연합제와 낮은 단계 연방제 사이의 접점에 대한 나의 언급이 어디까지나 개인 의견임은 더 말할 나위 없다.

한 지표로 설정하기에 이른 또 하나의 획기적 진전이다. 이렇게 선진사회 건설의 기반이 한층 튼튼해진 계기가 6·15공동선언이라는 인식이야말로 '대한민국의 정체성'을 가장 정확하게 그리고 적극적으로 인정하는 자세일 것이다.

3. 남북관계와 '북한문제'

남북 정상회담과 공동선언의 이러한 '대한민국사적' 위상에 대해 '대한민국의 정체성'을 유달리 강조하는 보수논객들이 별로 인정을 않는 것이 사실이다. 특히 그 점에서는 참신한 우익을 자처하는 이른바 뉴라이트 인사들이 87년 이전 세력보다 더 부정적이어서 남북교류 자체를 반대하는 주장마저 나온다. 아마도 여기에는 정권교체 이전 시기에 국정의 주역으로 분단현실을 관리하며 더러 북측과 뒷거래도 해본 경험자들과, 자유주의를 내세우며 북한 인권문제 등을 중심으로 이념적 접근을 하는 논객들 간의 차이도 작용했을 것이다.

아무튼 '북한문제'를 둘러싼 입장차이는 남남갈등을 격화시키는 또 하나의 주요 쟁점이다. 그리고 이것도 좀더 정교한 논리와 곡진한 현실인식을 통해 최대한의 접근점을 찾아볼 대목이다.

'북한문제'에 대한 보수진영의 문제제기는 진보진영의 일부 인사들이 아직도 2000년 이전, 아니 1987년 이전의 '북한 바로알기 운동' 수준에 머물고 있는 데 대한 비판으로 유효한 면이 있다. 그렇다고는 해도 남북의 교류와 협력 자체를 반대하는 입장이 국가안보와 경제성장이라는 보수진영 고유의 과제를 얼마나 감당할 수 있는지부터 물어볼 필요가 있다.

예컨대 "현재 한국현대사의 기본과제로 인식되고 있는 선진화와 통일 중에서 선진화가 배타적 국정과제임을 올바로 인식하고 6·15 남북공동선언을 폐기해야 한다"[13]는 단호한 주장이 나온 바 있는데, 공동선언 발표와 이에 대한 국제사회의 전폭적인 지지가 아니었던들 한반도의 전쟁위협이 고조되고 북의 모험주의적 행동이 강화되며 서해교전 같은 충돌사태만 벌어져도 주식시장이 폭락하고 외국자본이 철수하는 '제2의 IMF사태'를 초래하기 십상이지 않았겠는가. 긴장이 긴장을 부르는 악순환 속에서, '대~한민국'을 자랑스럽게 외쳐댄 2002년 월드컵마저 위태롭지 않았을까. 역사에서 실제로 일어나지 않은 일을 가정하는 것이 논증의 효력을 갖지는 못하지만, 한반도의 긴장이 다시 높아진 현시점에서도 남과 북, 미국 등 주요 당사자들이 모두 6·15공동선언과 9·19공동성명의 유효성을 인정하고 있기 때문에 대한민국의 국제신인도가 그나마 유지되고 한국경제가 지속적으로 성장할 수 있다는 것은 상식이라고 봐야 한다.[14]

■

13) 안병직(安秉直)「한국의 정치경제동향—선진화모델의 정립을 위하여」,『시대정신』 2006년 가을호 69면.
14) 안교수는 같은 글 맺음말에서 "선진화는 국제협조노선으로써만 수행될 수 있고, 통일은 김정일체제를 전제로 하는 한 자주노선으로써만 추구될 수밖에 없기 때문에, 이 두 과제는 서로 배척적(排斥的)이다. 그리고 통일은, 김정일체제가 붕괴된다고 하더라도 남북간에 이질화(異質化)가 너무 심하게 진행되었기 때문에 당장 수행될 수 있는 과제가 아니다. 이 때문에 선진화가 한국이 당장 추구할 수 있는 유일한 국정과

6·15시대의 이러한 저력은 북의 핵실험이라는 비상사태를 맞아 더욱 확실하게 입증되었다. 그런데도 포용정책을 폐기하고 미·일의 대북제재에 적극 동참하라는 소란스러운 요구가 나오는 것을 볼 때 우리 사회의 이른바 보수진영이 예의 '국가안보와 경제성장이라는 보수진영 고유의 과제'를 감당할 능력이 과연 있는지가 의심스러워진다. 물론 그동안 한국정부의 대북화해협력정책에 대해서는 그 일관성 부족이나 안이한 정세판단 등 여러 비판이 가능하며, 동시에 핵문제는—6·15공동선언에 평화체제에 대한 언급이 없는 데서 단적으로 드러나듯이—본질상 남북관계보다 북미관계의 자장(磁場)에 속해 있다는 근본적인 한계도 지적해야 한다. 게다가 군사적 대응을 우선시하는 북측 체제의 작동원리가 엄연한 현실인데, 이 논리와 미국의 대북압박노선이 상승작용을 일으키는 가운데서 그나마 한국경제의 안정을 수호해온 화해협력정책을 앞으로 개선하고 보완할지언정 이제 와서 포기할 이유가 없다.

6·15시대가 한국경제에 대해 갖는 의미를 이런 소극적인 차원에

■

제인 것이다"(88면)라고 거듭 강조한다. 나는 안교수를 비롯한 많은 극단적 북한비판자들이 6·15공동선언의 해석이나 '민족자주 대 국제협조'의 배타적 설정 등 여러 문제에서 북측과 입장을 같이하는 점을 볼 때마다 참으로 공교롭다는 생각이 들곤 하는데, 어쨌든 통일(즉 단일 국민국가로의 통일)이 "당장 수행될 수 있는 과제가 아니다"라는 지당한 명제에서 출발하여 "이 때문에 선진화가 한국이 당장 추구할 수 있는 유일한 국정과제인 것이다"로 넘어가는 논리의 비약과 '선진화'에 대한 비현실적 단정을 지적하지 않을 수 없다. '이 때문에 선진화라는 국정과제를 한국이 추구하기 위해서는 6·15공동선언이 제시한 점진적·단계적 통일을 수행할 방안을 모색해야 한다'고 말했더라면 (애초의 이분법적 설정을 수정해야 하는 부담은 있지만) 한결 원만하지 않았겠는가.

서만 볼 일도 아니다. 여러 사람이 지적하듯이 개발독재시대에 경이적인 성장을 이룩한 한국경제는 세계적으로는 탈냉전과 신자유주의, 동아시아 지역에서는 중국경제의 급성장 등으로 특징지어지는 새로운 국면을 맞아 여러가지 구조적 한계를 드러내고 있다. 이제 세계적인 추세와 지역정세를 감안한 새로운 발전패러다임이 요구되는바, 여기에는 6·15공동선언 제4항에 언급된 '민족경제의 균형적인 발전'이라는 한반도경제권에 대한 전략이 필수적이다. 물론 6·15선언이 단계적 통일을 명시했듯이, 경제 역시 일거에 남북을 합친 단일 국민경제를 형성하자는 이야기가 아니다.[15] 남북이 '민족경제의 균형적인 발전'을 장기적인 목표로 공유하면서 교류하고 협동하기만 해도 남한의 선진화나 동아시아 지역협력체제의 구축 작업에서 결정적인 걸림돌 하나가 제거되는 것이다. 다만 정치공동체로서의 남북연합 구성을 한반도의 실정에 맞춰 슬기롭게 추진해야 하듯이, 한반도경제권의 점차적 실현 역시 남북 경제에 가장 이로운 동반성장이라는 관점에서 주밀한 계획을 갖고 진행하는 일이 중요하다. 그렇게 할 때 북녘은 단순한 지원이나 포용의 대상이 아니라 한국경제를 위한 공생의 신천지가 될 수 있는 것이다.

15) 당일 토론에서 '남한만으로도 선진화가 어려운데 북한까지 함께 선진화하는 것이 어떻게 가능하겠는가'라는 문제제기(나성린)가 나왔는데, 이런 질문은 첫째 북과 함께 가는 선진화를 남북의 단일 국민경제 건설로 오해하고 있으며, 둘째로 선진화를 가령 1인당 GDP의 증가 등 물량적 성장을 기준으로 보는 낡은 패러다임에서 벗어나지 못했다는 느낌이 짙다. (계수 위주로 생각한다면 남북의 경제를 합산하는 순간 1인당 GDP가 급락할 것이 분명하다. 대신에, 원만한 남북협력이 진행될 경우 연간 GDP 성장률은 훨씬 높아질 것이지만, 초점은 그런 계량적인 문제가 아닌 것이다.)

더구나 선진화는 단순히 경제성장이나 국민소득 평균치의 증대를 뜻하지 않는다. 정말 남들보다 앞서가는 훌륭한 사회로 진화하는 것이 선진화일 텐데, 사실 나는 대한민국의 선진화가 주춤거리고 있는 데 대한 박세일 교수의 안타까움에 공감하는 바 적지 않다.

　　이렇게 자랑스럽던 대한민국이 21세기에 들어 지금 선진국 문턱에 서서 주춤거리고 있다. 도대체 왜 주춤거리는가? 5천년 고난의 역사를 지나 이제 세계에 당당한 선진국이 될 수 있는 영광스러운 기회가 바로 눈앞에 다가왔는데, 도대체 왜 우리는 머뭇거리고 있는가? 왜 여기까지 와서 심하게 흔들리고 있는가? 나는 몹시 안타깝고 답답하였다. 무엇이 우리를 흔들고 있으며, 무엇이 국가가 풀어야 할 당면과제이고, 어떻게 해야 선진국이 될 수 있을까?[16)]

물론 나는 대한민국의 역사가 자랑스럽기만 한 것은 아니었고 자랑스러운 성취에 대한 정당한 긍지와 우리가 저지른 불의에 대한 적절한 반성을 병행할 필요가 있으며, 그렇게 할 때 또 하나의 자랑거리가 생기리라고 믿는 축이다. 그러나 대한민국이 선진국 문턱에서 주춤거리는 더 중요한 원인은 아직도 분단의 멍에를 지고 있고 분단체제로부터의 탈출전략에 합의하지 못하고 있기 때문이 아니겠는가. 남한만의 선진화가 얼마든지 가능한데 일부 '반대한민국 세력'

---

16) 박세일 『대한민국 선진화 전략』(21세기북스 2006), '머리말' 6면.

때문에 안되고 있다는 발상이야말로 우리 지성계의 후진성을 말해주는 징표의 하나일 게다.

따라서 북의 현실이나 정책이 못마땅하다고 해서 우리가 남북대결 구도로 복귀한다면 이는 대한민국의 선진화 계획에서 결정적인 패착(敗着)이 될 것이 뻔하다. 경제발전을 떠나서도 예컨대 한국사회에서 여성이나 이주노동자, 장애인, 동성애자, 양심에 따른 병역거부자, 한국 국적을 갖지 않았거나 한국어를 모국어로 사용하지 않는 해외동포 들에 대한 관심은 국가의 경제발전수준이나 국민들의 교육수준에 비해서 세계적으로 낙후한 실정인데, 이들의 권리를 찾으려는 운동이 (여성운동의 경우는 연조가 훨씬 오래지만) 최근 몇년 사이에 부쩍 활발해진 것이 결코 우연이 아니었다. 분단체제가 무너지기 시작하면서 한국사회의 후진적 획일성에 그나마 이 정도의 변화가 온 것이며, 6·15공동선언이 폐기되거나 그 실천에 심각한 후퇴가 일어날 경우 가부장주의와 군사문화, 성장지상주의의 온갖 폐해가 더욱 강화될 수밖에 없다.[17)]

앞에서 열거한 여러 집단의 권리를 말할 때 당연히 따라오는 것

■■
17) 이 대목에 관해 손호철 교수가 '분단환원론'이라는 낯익은 비판을 들고 나온 것은 실망스러웠다. "예를 들어, 가부장주의의 원인을 분단체제와 반공주의에서 찾는 분단환원론적 주장에 여성운동가들이 동의할지 의문이다"(별지 자료 6면)라고 했는데, 가부장주의가 분단 이전에도 있었고 오늘날 분단 안된 사회에도 있음이야 너무나 초보적인 상식이며, 분단체제가 자기완결적인 체제가 아니고 근대 세계체제의 모순들이 한반도를 중심으로 구현되는 하나의 양태임은 여러차례 설명해둔 바 있다. 실제로 가부장주의의 문제점들이 분단체제에 의해 가중되고 있다는 주장은 이효재(李效再) 선생을 비롯한 수많은 여성운동가들이 제기해왔으며, 책임있는 사회과학자라면 '여성운동가들이 동의할지'를 기다릴 것 없이 스스로 분석과 점검을 시도할 일이다.

이 북녘 주민들의 인권문제다. 알려져 있다시피 이른바 '북한 인권문제'는 뉴라이트를 비롯한 보수논객들이 특별히 강조하는 현안인데, 남쪽에서 민주화를 위해 싸워온 이른바 진보진영이 유독 북녘 주민이나 탈북동포들의 인권에 대해 무관심하다면 이는 당연히 비판받아야 옳다. 실제로 나는 그러한 '이중잣대'와 '위선'에 대한 비판이 적중하는 사례가 적지 않다는 생각이다. 그런데 '이중잣대' '위선' 등은 말로는 보편적인 인권을 말하면서도 유독 북한의 인권문제에만 열을 올리는 국내외의 상당수 인사들에게도 그대로 적용되는 양날의 칼이라는 점을 차치하고도, '북한 인권문제'에의 관심이 정녕 진실된 것이라면 그 표현방식에 대한 고민도 진지하고 심각해야 한다. 총부리를 겨누고 상대방의 생계수단을 봉쇄해놓은 상태에서 도덕적 비난을 퍼붓는 일이 응분의 효과를 낼지도 의문이려니와, 무엇보다도 인권의 내용과 그 실현방법에 대한 사람들의 진지한 고민을 담아 각자가 놓인 처지에 따라 그때그때 최선의 해답을 찾아내기를 요구해야 옳다.

나아가 '북한문제'를 어떤 시각으로 접근할지를 근본에서부터 다시 생각해볼 필요가 있다. 남북을 아우르는 하나의 '분단체제'가 한반도에 작동하고 있다는 관점[18]은 남한사회의 문제든 북한사회의 문제든 분단체제를 떠나서 제대로 규명할 수 없다는 입장이기도 하

18) '분단체제'라는 용어는 근년에 꽤 자주 쓰이게 되었지만 나 자신의 개념규정 시도가 널리 받아들여졌다고 보기는 어렵다. 여기서 긴 설명을 내놓을 일은 아니고(졸저 『한반도식 통일, 현재진행형』 외에 『흔들리는 분단체제』, 창비 1998 참조), 앞서 밝혔듯이 '분단체제' 또는 '분단시대'를 말하는 것이 '대한민국의 정체성' 자체를 부인하는 논리가 아님을 상기시키고자 한다.

다. (거듭 말하지만 이는 남북의 사회가 반드시 대칭적이라거나 매사가 분단 탓이라는 단순논리와는 무관하다.) 따라서 '북한문제'의 경우도 그 구체적 내용이 무엇이건 간에 분단체제 전체에 귀속하는 측면과 이 체제의 작동에 가담하는 다양한 행위자들 각각의 책임에 해당하는 면을 동시에 고려하며 식별해야 옳다. 물론 휴전선 이북에 관해서는 북측 정권과 그곳 주민들이 일차적 행위자들이다. 그러나 가령 미국처럼 국가 단위로 볼 때는 외부로 분류되는 주체도 북측 주민의 생존권이나 복지를 좌우하는 데 막강한 영향력을 지닌 '분단체제의 행위자'이며, 실제로 선제공격 위협과 각종 봉쇄조치를 통해 북한의 인권상황을 크게 악화시키고 있는 책임을 면하기 어렵다.

남한의 정부와 주민 또한 당연히 중요 행위자들이다. 그런데 분단체제론의 시각과 관련해서 특히 강조할 점은, 북측이 단순한 접경지대라든가 '적성국가'라는 이유, 또는 그곳 주민이 '동포'라는 이유와는 전혀 다른 차원에서 북한의 문제가 남쪽에 사는 우리 자신의 문제가 된다는 것이다. 남한사회에서 벌어지는 이런저런 문제가 나의 직·간접적인 책임사항이 되는 것보다는 정도가 덜하지만, 같은 분단체제에 연루되어 사는 주체적 인간으로서 '북한문제' 또한 원칙적으로 나의 문제다. 따라서 문제의 해결도 그러한 나 자신에 대한 성찰과 나의 책임에 대한 반성에서 비롯해야 하며, 분단체제의 각 행위자들의 책임을 따지는 행동도 이 맥락에서 수행되어야 한다.

그런데 현실에서는 '북한문제'가 도리어 개인이나 집단의 정치적·도덕적 자기성찰을 막는 방패 구실을 하기 일쑤다. 대한민국의

역사나 남쪽 기득권세력에 대한 어떠한 비판도 '북은 더 못하지 않
냐' '북에 가서 살고 싶으냐'라는 응수로 넘어가곤 하는 것이다. 물
론 이런 억압적인 담론행태가 보수진영의 의제에 국한된 것은 아니
고, 툭하면 상대방을 '반통일세력'으로 몰아붙이는 습성도 마찬가
지다. 그리고 딱히 이렇게 노골적이 아니더라도 비슷한 억압과 자
기억압이 분단체제 속에 살아온 우리 누구나의 마음속에 도사리고
있음을 겸허하게 인정할 필요가 있을 것이다. 이런 성찰에서 '북한
문제'에 대한 지혜로운 대응이 나오기를 바라며, 동시에 '북한문제'
의 제기가 그러한 마음공부의 계기가 되기를 기대한다.

4. 어째서 '변혁'인가

한때 우리 사회에서 '변혁'은 '혁명'의 동의어 내지 위장표현으로
쓰였다. 그러나 사회구조의 급격하고 폭력적인 변화라는 의미의 혁
명이 — 그것이 1980년대의 양대 급진세력이 각기 부르짖던 '민족
해방'과 '남한 민중혁명' 중 어느 것이건 — 오늘날 한국에서 가능하
거나 바람직한 현안이라 믿는 사람은 이제 극소수가 되었다. 지구
상 모든 곳에서 혁명이 과거지사가 되었다고까지 말한다면 과언일
테고 언젠가 세계 차원에서 또다른 혁명이 현안으로 등장하지 않는
다고 속단할 필요도 없지만, 어쨌든 살벌하게 무장한 세력들이 일
촉즉발의 위기상황을 관리하고 있는 한반도에서는 남북 어느 쪽도
폭력으로 상대방을 병합할 수 없으며, 한반도와 동북아 전역을 위협

에 빠뜨리지 않고 내부의 폭력혁명을 성공시킬 방도도 없다고 봐야 한다.

그러다보니 지금처럼 갈라져 살면서 남한은 미국에 의존한 채 조금씩 '선진화'하고 북은 '북한문제'로 남아서 국제사회의 골치를 썩이면서도 남한이 얼마나 더 잘사는지를 끊임없이 환기해주는 고마운 악역을 맡는 씨나리오가 달콤하게 여겨질 법도 하다. 하지만 이는 북쪽의 실패가 분단체제에 함께 얽혀들어 있는 남쪽 사회의 선진화에 치명적인 장애가 될뿐더러 자칫 분단체제의 파국적 붕괴로 귀결할 수 있음을 간과한 낭만적인 환상이다. 게다가 신자유주의라는 지구 차원의 상수(常數)에 대해서도 극도로 안이한 계산을 하고 있는 것이다.

남한 단독의 선진화를 주장하는 이들이 공공연하게 신자유주의자로 자처하는 경우는 드물다. 대개는 '자유민주주의와 시장경제'의 절대적 중요성을 강조하거나 '자유주의' '공동체자유주의' '공화주의' 등을 표방하면서 세계화의 불가피성을 역설하는 식이다.[19]

---

19) 이인호(李仁浩) 교수 같은 이는 '시장경제'에 대해서도 이를 '자본주의'와 동일시하는 태도를 경계하며 '사회주의'를 무조건 부정하지도 않는다. "우리나라에서는 흔히 시장경제와 자본주의를 동의어로 쓰는데, 그것이 구분되어야 한다고 생각합니다. 사실 자본주의는 잘못된 체제로 선고받은 지 오래되었어요. 자본주의의 문제점은 맑스 이전부터 이미 지적이 되었고, 특히 20세기에 들어와서는 비맑스주의 계열에서도 비판이 엄청 많이 나왔어요. / 좋은 의미에서 사회주의가 성공을 해서 공동체 전체에 이로운 효과를 발휘하려면 지금 북구나 영국 등의 나라에서 보는 것처럼 건전한 의미의 개인주의가 발달한 위에서 사회주의가 발달되어야지, 개인주의의 전통이 전혀 없는 속에서는 진정한 사회주의가 꽃을 피울 수 있다고 생각하지 않습니다."(한정숙 대담 「이인호 — 보수적 러시아학의 개척자」, 『역사비평』 2002년 가을호 224면)

문제는 이들 모두가 자본주의 발전과정에서 신자유주의가 대두한 필연성과 그에 따른 위력을 간과하거나 과소평가하고 있다는 것이다. 나는 이에 관해 깊은 연구가 없지만 대략 다음과 같이 인식하고 있다. 곧 근대 초기의 자유주의가 부단한 진화를 거쳐 민주주의와 결합하면서 자유민주주의 또는 사회민주주의로 발전했다가, 이러한 공동체주의적 성격이 가미된 자유주의로써는 자본축적이 힘들어진 위기상황에 이르자 원래의(즉 민주주의 이전의) 자유주의 이념으로 되돌아간 것이 신자유주의라는 것이다.[20] 다시 말해 원래의 자유주의 나름의 역사적 진보성마저 결여한 반민주적·반공동체적 이념인 것이며, 자유주의가 강조해온 '개인'의 권리를 웬만한 국가보다 거대한 실체인 다국적기업 법인들에 보장해주는 데 주력한다는 점에서 건강한 개인주의와도 거리가 멀다.

그렇다고 신자유주의를 목청 높여 규탄하고 사사건건 반대만 하는 것은 오히려 신자유주의적 변혁에의 궁극적 투항을 재촉하는 길일 수 있다. 아니, 한반도의 통일이 달성되더라도 그것이 곧 세계시장으로부터의 이탈이나 세계체제의 변혁을 뜻하지는 않으리라는 것이 나의 지론인바, 바꿔 말하면 한반도의 점진적 통합이 원만하게 진행하기 위해서도 신자유주의가 지배하는 세계시장에 능동적으로 참여할 필요가 있다는 것이다. 다만 그것이 일방적 투항이 아니고 진정으로 능동적인 참여가 되려면 신자유주의를 견제하며 독자적인 활동공간을 마련하는 범한반도적 프로젝트가 필수적이다. 다시

■■
20) 이에 관해 졸고 「다시 지혜의 시대를 위하여」, 『한반도식 통일, 현재진행형』 104~5면 참조.

말해 분단체제가 좀더 나은 체제로 바뀌는 '변혁'의 과정에서만 자유민주주의, 사회민주주의, 공동체자유주의, '진정한 사회주의' 등의 미덕을 포함한 대안적 가치를 실현할 틈새가 확보되며 이를 위한 대중의 적극적 참여가 가능해진다.

이 과정에서 시민참여야말로 한반도의 통합과 선진사회 건설이 진정으로 '변혁'의 수준에 이를지 여부를 가늠할 핵심사항이다. 점진적·단계적으로 진행되는 한반도식 통일에 대한 기득권층의 불신과 저항도 바로 시민참여가 열어갈 전인미답(前人未踏)의 경지에 대한 몰이해와 두려움에서 비롯하는 바 크다고 본다. 매사를 권력자와 엘리뜨층이 결정함을 전제할 때 점진적인 통일이 결국 한쪽에서는 기능주의적 접근을 통해 야금야금 흡수하는 과정으로 비치며, 다른 한쪽에서는 ― 훨씬 비현실적인 전망이지만 ― 적화통일로 귀결되는 수순으로 보일 수 있다.[21] 하기야 시민참여의 확대로 소수의

━
21) 실제로 나와 함께 기조발제를 한 이인호 교수가 이런 의구심을 표명했다. "백낙청 교수는 합의하기 어려운 문제들을 이것저것 미리 따질 것이 아니라 '두루뭉술한 표현으로 절묘하게' 절충된 6·15공동선언 제2항의 공식에 따라 통일을 위한 교류를 '어물어물' 진행하다가 '어느날 문득, "어 통일이 꽤 됐네, 우리 만나서 통일됐다고 선포해버리세"라고 말하면 그게 우리식 통일이 된' 것이라고 이야기한다. 그러나 불행히도 이른바 보수-우파 세력이 가장 걱정하는 것은 백교수가 가장 바람직한 것으로 생각하는 바로 그런 상황이 오는 것이다. 폐쇄적 세습독재체제와 개방적 민주주의체제가, 표피적인 교류가 많이 이뤄졌다 해서 불쑥 하나의 '연방'으로 통합된다면 그렇게 통합된 체제는 결국 북한식 독재가 되지 민주주의체제가 될 수 없는 것이기 때문이다."(자료집 63면)
이교수의 이런 의구심은 내가 말하는 '1단계 통일'이 연방제에도 미달하는 느슨한 연합체제로서 북한식이든 남한식이든 하나의 주권국가를 형성하는 것이 아니라는 해명을 통해 상당부분 해소된 것으로 안다. 그런데 설혹 더 높은 수준의 통합이라 할지라도 그것이 "북한체제로 흡수되어버리는 통일이 될 것"(같은 면)이라고 예단하는

잘사는 사람만 점점 더 잘살게 되는 신자유주의 세상에 제동이 걸리는 것 자체를 '적화(赤化)' 현상으로 본다면 할 말이 없다. 그러나 분단체제에 대한 성찰과 중도주의적 대응을 통해 대중 스스로 책임있는 시민으로 성장하는 과정을 수반하는 통일사업이라면, 그 결과는 민주의 원리에 충실하면서도 기존의 어떤 유형의 민주주의에도 국한되지 않는 새로운 창안이 될 것이다.

그때 한반도에 이룩되는 사회가 모든 면에서 남보다 우월하리라는 말은 아니다. 다만 신자유주의라는 자본주의의 살기등등한 새 국면에 분단체제의 질곡과 온갖 후진성을 떨쳐내고 성취한 새로움이라는 점에서 진정 선진사회의 이름에 값할 것이며, 한반도는 인류 문명의 일대전환을 추동하는 하나의 거점으로 자리잡을 것이다. 이는 '선(先)선진화, 후통일'도 아니려니와 '선통일, 후선진화'도 아니고, 우리에게 주어진 유일한 활로요 진정한 중도인 '선진화와 통일의 병행'이다. 좀더 구체적으로는 6·15공동선언의 화해·협력 및 점진적·단계적 통일노선에 근거한 선진화전략인 것이다.

⟨2006⟩

■■

것은 앞서 말한 바 '대한민국에 대한 신뢰부족'을 또 한번 드러내지 않는가 한다.

한가지 덧붙인다면, 종착점을 정해놓지 않고 어물어물 진행하는 통일과정을 내가 긍정하는 것은 어디까지나 시민참여형 통일을 전제하고 있기 때문이다. 통일을 집권자들만이 좌우한다고 할 때, 어떤 통일을 할지도 모르면서 진행하는 것은 무책임한 일이요, 속으로 알면서 국민에게 감추고 어물어물 해나간다면 국민을 속이는 짓이 된다. 그러나 통일의 내용이 시민참여·민중주도로 정해지도록 내맡기기 때문에 당국이 미리 결론을 낼 필요가 없다는 것이라면, 이것이야말로 민주주의의 원리에 충실한 자세이며 시민들의 책임이 그만큼 무거워질 따름이다.

3

한반도의 시민참여형 통일과
전지구적 한민족 네트워크

이 글의 바탕이 된 것은 2006년 10월 28일 토오꾜오 일본프레스 쎈터에서 '동북아시아 평화를 위한 한국과 일본의 역할'이라는 주제로 한국의 민주화운동기념사업회가 주최하고 일본의 여러 단체[1]가 후원하여 열린 국제학술회의의 기조발표문이다. 그것이 본고로 완성되기까지는 몇가지 곡절이 있었는데 글머리에 약간의 설명이 필요할 것 같다.

발표문을 미리 번역해서 일본측 토론자에게도 보이고 토론문들을 다시 한·일 양국어로 준비하기 위해서는 원고를 일찌감치 받아야겠다는 독촉이 성화같았다. 하지만 10월 2일에야 겨우 탈고해서 넘겼는데 바로 이튿날 북한의 핵실험 예고가 나왔고 9일에 핵실험

---

1) 일본가톨릭정의와평화위원회, 일본기독교협의회, 동아시아의화해와평화위원회, 재일대한기독교회, PEACE BOAT, 6·15공동선언실현재일동포의모임.

에 성공했다는 조선중앙통신의 보도가 있었다. 번역문 초고를 일별해달라고 내게 보내온 것이 바로 그날이었는데, 핵실험에 관해서는 발표 당일에 나의 입장을 정리하겠고 당장에 나의 기본논지를 바꿀 필요는 느끼지 않는다는 각주를 첨가하는 것으로 만족해야 했다.

심포지엄이 열린 10월 28일은 유엔 안전보장이사회의 대북제재 결의안(1718호)이 통과된 이후이고 6자회담 재개소식은 아직 들려오기 전이어서 긴장이 최고조에 도달한 시점이었다. 약속대로 나는 강연 첫머리에 내 생각을 4개 항목으로 정리해서 발표했다. 그 내용을 거의 그대로 본고의 '시작하는 말' 앞대목으로 싣는다. '거의 그대로'라고 하는 것은 당시에 원고 없이 발언했기에 말한 그대로의 기록일 수는 없는데다, 그후의 사태변화에 대한 언급도 일부 포함시켰기 때문이다.

그밖에 당일의 토론을 감안한 내용을 본문 또는 각주로 보완했고 원고에 약간의 잔손질을 보태기도 했다. 주최측과 그날 논평해준 모든 분에게 고마움을 전하며, 수정 보완해서 활자화할 기회를 준 『역사비평』 편집진에도 감사드린다.

1. 시작하는 말

10월 9일에 북이 핵실험을 단행함으로써 한반도의 긴장이 다시 한번 드높아진 시점에 이곳 일본에서 발표를 하게 되었다. 당연히 많은 분들이 한국의 지식인으로서, 또 6·15공동선언실천 남측위원회를 대표하는 사람으로서 내가 이 사태를 어떻게 보는지 궁금해하실 것이다. 미리 못박아둘 점은 오늘 나는 6·15남측위원회 대표로서 발언하려는 것이 아니라 어디까지나 개인 의견을 말씀드리려 한다는 것이다. 나의 입장은 대략 다음 네가지로 정리할 수 있을 듯하다.

첫째, 군사적인 관점에서 볼 때 그동안 미국의 대북압박정책이 계속되어왔고 선제공격의 위협마저 없지 않았던 상황에서 '군사적 억지력 확보'를 위한 핵무장이라는 북측의 주장에는 일리가 있다고 본다. 따라서 이런 사태가 오게 된 데 대한 미국측의 책임문제를 빼놓은 채 북측만 일방적으로 비난하는 것은 공정한 태도가 아니다. 더구나 북의 행위에 대한 책임추궁을 재일동포들에게 돌려, 무고한 청소년들에게까지 박해를 가하는 일부의 행태에 대해서는 일본 국민들이 깊이 반성할 필요가 있을 것이다.

둘째, 단순한 군사적 억지력을 위해서가 아니라 궁극적인 한반도 비핵화를 목표로 외교적 협상력을 강화하는 수단으로 핵무기를 보유한다는 것이 기존의 다른 핵보유국들이 내걸었던 명분과 구별되는 특징인데, 이번의 핵실험이 북측이 바라는 협상카드로서 얼마나 유효할지는 지켜볼 문제이며, 설혹 협상이 재개되더라도 이 시점에서 그런 선택을 하는 것이 최선이었는지는 두고두고 논란의 대상으로 남을 것이다. 외교에는 상대가 있기 때문이기도 하지만, 외교의 궁극적 목표가 북측 사회가 안고 있는 온갖 문제들의 해결에 있는만큼 핵실험으로 인해 문제가 악화되는 면을 함께 고려하는 종합적인 정치적 판단이 필요하기 때문이다. (이 점은 북측이 6자회담 복귀를 선언해서 협상재개가 예상되는 상황에서도 마찬가지다.)

셋째, 나 자신을 포함해서 남쪽의 민간운동이 강조해온 '시민참여형' 통일운동의 관점에서는 북의 핵실험이 매우 불행한 사태가 아닐 수 없다. 일반시민들과 함께 이룩해가는 통일과정을 중시할 때, 핵실험으로 인해 많은 남쪽 국민들이 6·15공동선언의 정당성과 유효성에 의문을 갖게 된 상황은 비록 일시적일지언정 중대한 타격이다. 뿐만 아니라 보편적 대의를 중시하는 시민운동의 경우, 예컨대 반전반핵의 원칙이 생명인 평화운동이라든가 남한에서 핵발전소의 건립마저 반대해온 환경운동이 북의 핵실험에 대한 분명한 입장표명 없이 남북교류를 지속할 수는 없게 되었다. 실제로 6·15공동선언 실천운동에 참여해온 몇몇 단체가 강력한 비판을 공개적으로 표명하기도 했다.

넷째, 그럼에도 불구하고 한반도에서의 시민참여형 통일과정은 진행중이라는 것이 나의 판단이다. 다른 대안이 없음은 본론에서 더 설명할 참이지만, 핵실험의 충격으로 남쪽 내부의 담론지형이 재정비되고 있는 것도 하나의 희망적인 사태전개다. 당장에는 반6·15 담론이 크게 위세를 떨치고 있기는 하다. 그러나 결국은 그것이 대안 없는 담론이라는 점이 시간이 흐를수록 분명해지게 마련이며, 낡은 통일지상주의와 반미 일변도 단순논리의 국민설득력이 떨어진 것도 하나의 전진이라고 본다. 게다가 그동안 한반도의 분단현실과 북의 존재를 제쳐둔 채 남한만의 선진화 또는 진보와 변혁을 주창해온 담론들 또한 그 공허함이 드러났다. 시민참여형 통일이 제대로 진행될 또 하나의 계기가 주어진 것이다.

한가지 덧붙이자면, 앞에 제시한 첫번째와 두번째 명제는 국가 위주의 관점인 반면, 세번째와 네번째 명제는 시민 위주의 관점을 대표한다. 나는 시민운동·민중운동을 하는 사람은 누구나, 그리고 정책입안자들이라도 한반도의 경우에는 불가피하게, 후자의 관점을 중시하는 발상의 전환이 필요하다고 믿는다. 그런데 민간활동가나 민중사관을 지지하는 학자들조차 남북관계를 다룰 때면 국가 위주의 담론으로 슬그머니 빠져드는 경우가 흔하다. 물론 핵무기 같은 군사적인 문제에 민간이 직접 끼어들 소지는 작다. 그러나 핵실험이 야기하는 전반적인 사태는 넓은 의미의 정치문제이며, 한반도식 통일의 특수성 때문에 시민 위주의 관점이 특별히 중요하다는 것이 이 발표의 논지이기도 하다.

오늘의 국제심포지엄은 단순한 한일교류 차원을 넘어서는 의의를 지닌다고 생각한다. 이 자리에 나온 한인(조선인)만 해도 한반도(조선반도)의 남북으로 국적을 달리하는 이들이 포함되었는가 하면 재일조선인들은 민단·총련·한통련 소속과 그 어느 단체에도 속하지 않는 인사 등으로 다양하게 구성되어 있다. 일본인 참가자도 일본 공론계(公論界)의 폭넓은 스펙트럼을 대표하는 것으로 안다.

이러한 모임에서 기조발표를 맡게 된 것을 기쁘게 생각하며, 더구나 존경하는 정경모(鄭敬謨) 선생과 나란히 발표하는 것은 큰 영광이다. 선생께서는 평생을 한국의 민주화와 한반도의 통일을 위해 헌신해왔다. 그러고서도 남한의 상당수 민주화운동가들이 영달의 길에 오르고 해외 통일운동가들 대다수가 남북을 드나들며 예우를 즐기게 된 오늘까지 여전히 일본 땅에서 외롭게 당신의 소신을 지키며 살아가고 있다. 나는 이런 상황이 되도록 빨리 바뀌기를 충심으로 기원하지만, 그의 완강한 고독이 불의와 굴종으로 얼룩진 우리 현대사의 불명예를 씻어내는 데 크게 일조했다고 믿는다.

정경모 선생의 업적 가운데 1989년 문익환(文益煥) 목사와 함께 방북한 사실은 널리 알려져 있다. 하지만 그가 문안작성에 직접 참여한 북측 허담(許錟) 조국통일평화위원회 위원장과 문익환 목사 명의의 '4·2남북공동성명'은 세상 사람들의 기억에서 많이 흐려진 것 같다. 나는 이 문건이 '한반도식 통일'의 과정에 중요한 이정표 하나를 세운 것이라고 믿어 뒤에 다시 언급할 터인데, 정선생님과 함께한 자리에서 그럴 기회를 갖게 되어 더욱이나 기쁘다.

2. 6·15남북공동선언과 시민참여형 통일

6·15공동선언은 한반도가 베트남식 무력통일이나 독일식 병합, 그리고 국가연합 같은 중간단계를 생략했던 예멘식 통일 그 어느 것과도 다른 한반도 고유의 방식으로 통일돼야 한다는 원칙을 제시했다. 이러한 '한반도식 통일'은 결과적으로 '시민참여형' 내지 '민중주도형'으로 갈 확률이 높으며 당연히 그리되어야 한다는 것이 나의 주장이다.[2]

---

2) 졸저 『한반도식 통일, 현재진행형』(창비 2006)의 제1~3장 및 본서 제1부의 「'5월 광주'에서 시민참여형 통일로」 참조.

시민참여라고 하건 민중주도라고 하건 그 뜻은 '참된 민주'와 다르지 않을 터이며, 4·2성명에 담긴 "민주는 민중의 부활"이라는 문익환 목사의 그리스도교적 표현과도 통한다. 다만 시민참여 내지 민중주도 통일이 현실적인 노선으로 설득력을 지니려면, 그것이 통일과정에서 정부당국이 응당 내려야 할 조치들마저 일반시민이나 시민단체가 떠맡겠다는 유토피아적 또는 무정부주의적 발상이어서는 안된다. 어디까지나 주어진 조건에서 민중의 능동적 참여가 극대화되고 제반 정치적 결정에서 의미있는 몫을 차지해야 한다는 뜻이지, '민중주도'를 절대화할 일은 아닌 것이다. 아무튼 한쪽의 기득권세력만을 강화한 독일의 통일과정이나 쌍방 기득권세력들의 담합 성격이 짙었던 남북 예멘의 통일합의에서는 상대적 의미의 민중주도성마저 발휘되었다고 보기 힘들며, 베트남 민중의 대대적인 참여의 경우는 그것이 무력통일을 위한 전시동원(戰時動員)이었다는 점에서 한반도식 통일이 요구하는 시민참여와는 성격을 달리한다.

평화통일의 원칙 자체는 6·15공동선언 전에 이미 1972년의 7·4공동성명에서 합의된 바 있다. 그리고 1991년에 체결되어 이듬해 발효한 남북기본합의서는 "나라와 나라 사이의 관계가 아닌 통일을 지향하는 과정에서 잠정적으로 형성되는 특수관계"가 한동안 지속될 것을 전제로 교류·협력에 관해 매우 상세한 합의를 만들어냈다. 그런데도 2000년 이전까지 그러한 합의의 실행이 극히 한정되었던 것은, 국내외 환경에 따른 제약도 물론 많았지만, 예의 '통일을 지향하는 과정'의 구체적 성격을 어떻게 규정하느냐는 '근본문제'가 해결되지 않았기 때문이다. 이 문제를 제쳐둔 상태에서의 '기능주의적 접근'은 현실사회주의권 붕괴 이후 극도로 불리한 정세를 맞은 북의 입장에서는 흡수통일을 자초하는 길로 인식되었을 것이다.

"남측의 연합제 안과 북측의 낮은 단계의 연방제 안이 서로 공통성이 있다고 인정하고 앞으로 이 방향에서 통일을 지향시켜나가기로 하였다"라는 6·15공동선언 제2항이 이 근본문제에 대한 명료한 답은 물론 아니다. 그러나 국가연합 또는 그와 유사한 어떤 중간단계를 통일과정의 1차 목표로 설정한 것만은 분명하다. 동시에 그 이상의 명쾌한 규정을 안한 것 자체가 한반도의 통일과정이 시민참여의 양과 질에 따라 얼마든지 달라질 여지를 남겨놓은 결과가 되었다. 실제로 민중의 입장에서는 민족의 근본문제들이 당국자끼리의 만남에서 단숨에 해결되는 것이 결코 바람직한 현상만은 아닌 것이다.[3]

---

3) 당일 토론에서 김영작(金榮作) 교수는 '가치중립적인 통일'이 있을 수 있겠는가라고 질문했다. 자유민주주의 원칙에 따른 통일인지, 북한식 사회주의를 따를 것인지, 아니면 양자를 어떻게 절충하겠다는 건지, 정치인이 아닌 학자의 입장에서는 밝혀야 하지 않느냐는 취지였다. (자신은 공동체지향적 자유민주주의를 진지하게 검토할 단계라고 생각한다는 말을 나중에 덧붙이기도 했다.) 나는 이 문제를 당국자들이 미리 정하지 않고 '시민참여의 양과 질에 따라 얼마든지 달라질 여지를 남겨놓은' 것 자체가 민주적인 방식이며 내 입장이 결코 '가치중립적인 통일'이 아님을 강조했다. 뿐만 아니라 오랜 분단과 대결의 역사를 지닌 남과 북이 자유민주주의를 할지 북한식 사회주의를 할지 미리 정해놓고 통일과정을 시작하자고 하는 것은 통일하지 말고 계속 싸우자는 말밖에 되지 않는다는 점을 지적했다. 학자적 자세에 관해서는, 학문하는 사람이 통일 후의 정치체제나 사회구조에 대해 미리 연구해두는 것은 물론 바람직하고 순수한 학문적 모임에서 자신의 의견을 거침없이 개진할 수도 있으나, 공인으로서 공개석상에서 발언할 때는 그때그때의 상황에 걸맞은 만큼 자기 소신을 밝히고 말을 아낄 만큼 아끼는 것이 곧 '인문적 교양'이라고 생각하는바, 내가 그러한 교양을 얼마나 발휘했는지는 몰라도 공부하는 사람으로서 적절하게 발언하기 위해 최선을 다했노라고 해명했다.

물론 이러한 모호성은 논란의 소지를 남기기도 했다. 그런데 논란이 지속된 것은 연합제와 '낮은 단계'라는 수식어를 붙인 연방제의 개념상의 차이가 — 더구나 '고려연방민주공화국'의 북측 공식 번역에 Confederal이라는 단어가 쓰여온 상황에서 — 절대적이어서라기보다, 한반도식 통일에 대한 태도의 차이에 기인하는 바가 크다. 예컨대 제4항의 "남과 북은 경제협력을 통하여 민족경제를 균형적으로 발전시키고, 사회, 문화, 체육, 보건, 환경 등 제반분야의 협력과 교류를 활성화하여 서로의 신뢰를 다져나가기로" 한다는 합의는 제2항에 힘입어 남북기본합의서의 상세한 조항들보다 훨씬 큰 힘을 발휘하게 되었는데, 남쪽 당국이나 일부 민간운동은 제2항의 실현방식을 구체적으로 연구하고 실천하기보다는 제4항에만 치중하여 그들이 애초부터 선호해온 기능주의적 접근에 몰두하려는 경향을 보인다.

　　북측은 당연히 이를 경계하기 마련이고, 그러다보니 북의 우려에 공감하는 남측 통일운동가들 중에는 '연합제와 연방제 사이의 넘을 수 없는 강'을 다시금 강조하는 경우도 생긴다. 대신에 이들이 주로 의존하는 것은 공동선언 제1항, 즉 "남과 북은 나라의 통일문제를 그 주인인 우리 민족끼리 서로 힘을 합쳐 자주적으로 해결해나가기로 하였다"는 조항이며, 그중에서도 '우리 민족끼리'라는 구절이다. 물론 민족자주는 통일의 중요한 원칙이다. 그러나 한반도의 통일문제에서 "우리 민족끼리 서로 힘을 합쳐 자주적으로" 해나간다는 문맥을 벗어나 '우리 민족끼리'가 지나치게 일반화될 경우, 국제적인 고립과 세계인식의 단순화를 자초함으로써 시민참여형 통일에 불리하게 작용할 수 있다.

아무튼 제1항과 제4항 중 어느 것을 더 부각시킬지를 놓고 다투는 가운데 6·15공동선언의 획기적으로 새로운 내용이자 그 핵심이랄 수 있는 제2항이 소홀히 취급된 느낌이 없지 않다. 제2항을 외면한 채 교류·협력의 확대만을 강조하는 것은 경제력의 우위를 빌미로 상대방 체제에 대해 국가연합이라는 최소한의 보장마저 안해주겠다는 노선으로 후퇴하는 결과가 될 수 있으며, 국가연합 또는 낮은 단계의 연방제를 향한 실질적인 준비를 게을리하면서 제1항에 배타적 의의를 부여하려 한다면 이 또한 남북 모두 상대방이 받을 수 없는 명분을 고집함으로써 통일과정의 진행을 지연시키던 6·15 이전의 관행으로 되돌아가는 꼴이 될 것이다.

남북 정상이 제2항의 합의를 이루기까지는 북에서의 '고난의 행군'과 남에서의 IMF위기 등 수많은 민중의 고통이 있었고, 북측은 '통미봉남(通美封南)' 정책을, 그리고 남측은 흡수통일 노선을 포기하는 결단이 수반되었다. 그런데 좀 다른 차원에서 문익환·허담의 4·2공동성명도 중요한 준비작업을 수행했음을 기억할 필요가 있다.

문익환 목사와 정경모 선생의 방북 당시에는 권위주의 정권이 '창구단일화'라는 명분으로 민간교류를 가로막던 장벽을 돌파한 투사적 면모가 주로 부각되었다. 4·2성명의 내용에서도 그때까지 남쪽에서 금기이던 연방제 통일방안을 수용한 점이 주목을 끌었다. 그러나 남쪽의 금령(禁令)을 어긴 두 분은 북에 가서도 북측의 공식 입장과 다른 의견을 당당히 주장했음을 잊어서는 안된다. 이러한 주체성의 과시를 통해 북측 구상의 변화 가능성을 열었던 것이다.

연방제에 대한 그들의 동조도 당시의 맥락에서 살펴야 한다. 1989년 4월은 노태우 대통령이 9월의 국회연설을 통해 '한민족공동체 통일방안'을 발표하고 남북연합을 제안하기 전이었을 뿐 아니라, 연방제를 배제한 채 완전한 통일로 직행한다는 남측 당국의 구상은 현실성이 떨어지며 통일의지가 박약하다는 혐의가 짙었다. 이에 맞서 문익환 목사 등이 "연방국가의 단계적 창설방안을 모색하는 것이 긴급한 과제"라는 적절한 문제제기를 한 것이었다. 그리하여 4·2공동성명은 "쌍방은 누가 누구를 먹거나 누가 누구에게 먹히우지 않고 일방이 타방을 압도하거나 타방에게 압도당하지 않는 공존의 원칙에서 연방제 방식으로 통일하는 것이 우리 민족이 선택해야 할 필연적이고 합리적인 통일방도가 되며 그 구체적인 실현방도로서는 단꺼번에 할 수도 있고 점차적으로 할 수도 있다는 점에 견해의 일치를 보았다"라는 제4항의 합의를 도출했다. 이후의 진행을 보면 6·15공동선언에서 두 정상은 '단꺼번에' 하는 방식 대신에 '점차적으로' 한다는 문목사측 주장을 수용한 셈이다.

한반도의 현실을 살피건대 남북이 실제로 추구함직한 '국가연합 내지 낮은 단계의 연방'은 어느 면에서 — 가령 화폐의 통합이나 주민이동의 자유가 아직은 시기상조일 거라는 점에서 — 유럽연합보다도 낮은 수준의 연합이 될 공산이 크다. 그러나 영연방(英聯邦, British Commonwealth)도 연방이라고 부른다면 이런 수준의 남북연합을 '낮은 단계의 연방'이라 못 부를 이유도 없다. 더 중요한 것은 이런 느슨한 연합이야말로 평화공존을 최우선시하는 쌍방 당국 및 대다수 주민들의 입장과도 정확히 일치한다는 점이다. 이를 두고 비록 '1단계'라는 토를 달더라도 도대체 통일이라 부르는 것이 말장난이 아니냐고 반문할 수도 있지만, 유럽 통합과 전혀 다른 한반도 재통합의 과정에서는 그 정도의 국가연합만 달성해도 더 높은 수준의 통일을 향한 움직임이 불퇴전(不退轉)의 단계에 안착하며 통일과정에서 발생할 수 있는 온갖 위험을 관리할 요긴한 장치가 마련된다는 점이 바로 한반도식 통일의 특징인 것이다.[4]

이처럼 '어물어물' 진행되는 한반도식 통일이 일종의 말장난이라는 비판과 별도로, 그런 식으로 어물어물 나가다가 문득 통일된다면 그것은 곧 적화통일(赤化統一)이 아닐까라고 우려하는 문제제기도 있다.[5] 이러한 걱정은 내가 말하는 통일이 기존의 통일 개념에 대한

■■
4) 이 점에 대해서는 『세까이(世界)』지 인터뷰(「우리는 지금 '통일시대'의 들머리에 있다」, 타까사끼 소오지高崎宗司, 이순애李順愛의 백낙청 인터뷰, 2006년 1월호)를 통해 일본 독자들에게 직접 설명할 기회가 있었는데, 그 일부를 여기 인용한다. "유럽연합도 아직은 매우 느슨한 연합이지만, 남북간의 국가연합은 어떤 점에서 그것보다 더 느슨해야 합니다. 가령 남북간의 화폐통합이 국가연합의 전제조건이 되어야 한다면 그건 어렵지 싶고, 또 유럽의 경우는 유럽연합 내에서 진작부터 이동의 자유가 있는데 남북한의 경우는 오히려 인구이동의 일정한 통제를 전제해야 연합이 가능하리라고 봐요. 이에 대해, 그것이 국가연합일지는 모르지만 통일은 아니지 않느냐 하는 반론이 이론상으로는 가능합니다. 그런데도 이것을 한반도 특유의 통일방식이라고 내가 주장하는 이유는, 유럽연합은 각각의 국가가 통일된 주권국가로 일단 성립한 상태에서 그 나라들이 합쳐나가는 연합인 데 비해, 남북의 국가연합이 이루어진다면 그것은 오랫동안 한 민족, 한 국가로 살아오던 한반도 주민들이 외세에 의해 강제로 분단되었다가 합쳐가는 과정이기 때문에 작용하는 동력이 전혀 다르다는 것입니다."(185면)
5) 예컨대 지난 9월 29일 한겨레통일문화재단 창립 10주년 기념 학술대회 '남남갈등' 쎄션에서 나와 함께 발제한 이인호(李仁浩) 교수의 지적(이인호 「남남갈등 해결의 길―상호이해와 협력 그리고 사회갈등」, '2006년 한반도 평화와 상생을 위한 학술회의' 자료집 『한반도 갈등 어떻게 풀 것인가』, 63~64면).

대폭 수정을 뜻함을 간과한 탓도 있지만, '근본문제'를 (자본주의로 통일하는 방향으로) 해결하고 출발하지 않으면 상대방에 흡수되고 만다는 논리가 북측이 때로 강경하게 나올 때의 논리와 어쩌면 그리도 닮았는지 모르겠다. 북의 경우는 적어도 남북간 경제력 격차가 엄청난데다 미국의 압박이 지속되는 상태임을 감안할 때 반드시 기우(杞憂)랄 수도 없지만 말이다.

시민참여형 통일론에 대해 한국 내에서 흔히 제기되는 또 하나의 반론은 북녘에 시민사회가 존재하지 않으므로 시민참여는 기껏해야 반쪽에 불과하며, 더구나 분단체제에 맞서는 남북 민중의 연대를 주장하는 분단체제론은 공염불에 불과하지 않느냐는 것이다. 북측 민중의 생활양태나 행동방식에 대해 나의 지식은 극히 제한되어 있으며, 내가 이 문제를 토의하기에 가장 편한 위치에 있는 사람도 아니다. 그러나 반론에 답하여 크게 두가지 원론적인 지적만 한다면, 첫째로 북의 민간사회에 대해 남쪽의 시민운동 내지 민중운동의 잣대로 판단하는 것은 적절한 접근법이 아니며, 둘째로 '시민참여' 또는 '민중주도'는 앞서 말했듯이 상대적인 개념이므로 남북을 막론하고 한반도식 통일의 과정에 대중이 능동적이고 효과적으로 참여하는 정도에 따라 그 주도력이 증대하는 것이지, 남과 북에서의 참여양상이 대칭적일 필요는 없다는 것이다.

3. 한반도 통일과정의 현 국면에 관하여

이러한 이론적 비판보다 요즘은 도대체 한반도의 통일과정이 진행중이기는 하느냐라는 현실적인 의문이 더 흔하다. 그만큼 한반도에 다시 긴장이 높아진 것이다. 뻬이징 9·19공동성명이 나온 지 1년이 넘도록 그 이행에 아무런 진전이 없으며 6자회담이 언제 재개될지도 모르는 상태다. 미국은 북이 회담에 안 나올 경우 금융제재에 이은 추가제재를 단행할 것을 내비치고 있는가 하면, 북은 북대로 금융제재를 먼저 풀지 않으면 회담에 복귀하지 않겠다고 버티는 중이다.[6]

6·15공동선언 및 9·19공동성명의 실천에 대한 장애요인은 물론 한반도 내부에도 있다. 남쪽의 경우 지난 5·31지방선거에서 한나라당이 압승한 이후, 특히 7월초 북에서 미사일 실험발사를 강행한 이후, 6·15선언 자체를 폐기해야 한다는 주장이 기세를 더하고 있다. 그런저런 요인들을 감안하고도 나는 당면한 가장 큰 장애요인은 미 행정부의 완강한 대북봉쇄정책이라고 생각하는데, 이 문제를 좀더 구체적으로 논하기 전에 나는 남북관계의 일시적 후퇴 내지 답보 사태가 시민참여·민중주도형 통일을 위해 전적인 불행은 아니라는 신념을 되풀이하고 싶다.[7] 물론 지금은 미사일 발사사태로 당국간

---

6) 이 대목은 핵실험 이전에 쓴 그대로인데, 그 뒤로 6자회담 재개 합의라는 진전이 있었지만 북의 핵실험과 국제사회의 제재강화라는 새로운 변수를 안고 있는만큼 한반도식 통일의 전망에 대한 일반의 의문은 여전한 수준이라고 봐야 할 것이다.

의 대화가 단절됐을 뿐 아니라 남한 내에서 민간통일운동의 입지도 좁아진 상황이다. 그러나 남쪽의 민간운동조차 아직은 시민참여형 통일과정에서 종속변수의 수준을 못 넘어선 실정이라면, "북미관계 및 남북의 당국자관계가 쉽게 풀리지 않는 것이 일면 안타깝기는 하나 '타격을 가장한 선물'인 면도 없지 않다. 민간통일운동이 아직껏 한반도식 통일과정의 한 주역으로서의 자기 위상에 대한 인식이 부족하고 주역으로 행동할 준비도 부실한 마당에 더욱 단련되고 성장할 시간을 주고 있기 때문이다."[8]

당면 관심사는 지난 9월 14일 한미정상회담에서 합의된 '공동의 포괄적인 접근방안'이 어떤 형태로 구체화될 것인가이다. (이 주장은 북의 핵실험으로 무의미해진 듯 보였지만 6자회담이 재개되면서 어떤 식으로든 다시 부각될 것이다.) 그런데 이 자리에서 나는 좀더 근본적인 문제로 눈을 돌려 미국의 대북압박정책을 시민참여형 통일운동의 관점에서 어떻게 이해하고 대응할 것인지 생각해보고자

7) 2002년, 즉 9·11테러 이후의 시점에서도 나는 이렇게 주장한 바 있다. "우리가 아무런 통일이나 다 좋다는 입장이 아니라 진정으로 분단체제 극복에 해당하는 변화, 즉 민중의 참여가 최대한으로 실현되는 통일과정을 목표로 삼고 있다면, 정부가 주도하는 남북관계의 일진일퇴는 부차적인 문제라는 것이다. 정부주도일지언정 앞으로 나아가는 일이 중요한 건 물론이다. 특히 분단체제 극복의 초기단계에서는 6·15와 같은 정부 정상간의 결단과 돌파가 긴요하다. 그러나 계속되는 정상들의 '역사적 결단'에 시민들은 박수나 치고 당국이 마련해준 이산가족 상봉장면을 지켜보고 눈물 흘리며 따라만 가기보다는, 당국간의 합의가 더러 깨지는 불행한 상황을 겪으면서 민중의 몫을 늘려가는 것이 바람직한 것이다."(「한반도의 2002년」,『창작과비평』 2002년 봄호;『한반도식 통일, 현재진행형』164면)

8) 졸고 「시민참여형 통일과 민간통일운동」,『창비주간논평』 2006. 7. 25. 핵실험 이후의 국내정황에 관해서는 「북의 핵실험으로 한가해졌나?」,『창비주간논평』 2006. 10. 24 참조.

한다.

미국 정부 스스로 제시하는 대북압박의 일차적 명분은 북측 정권에 적절한 압력을 가함으로써 6자회담 복귀를 유도할 뿐 아니라 궁극적으로 평화적인 정권교체 내지 체제변화를 촉진하여 북측 주민의 인권과 생활수준을 개선한다는 것이다. 그러나 6자회담 재개가 언제 어떤 경위로 실현될지는 별개의 문제로 치고, 미국의 압박과 봉쇄가 북의 정권을 오히려 굳혀주고 체제의 진화(進化)를 늦추어온 것은 역사적 사실이다. 봉쇄하에서의 평화적인 정권교체란 더욱이나 상상하기 어렵다.

따라서 미국의 진짜 속셈은 무력침공 또는 군사적 압박에 의한 정권전복이 아니냐는 의심이 생길 법하다. 북측은 일단 이것을 미국의 목표로 간주하여 일전불사를 외치고 있다. 또한 핵무기를 포함한 '억지력' 개발에 박차를 가한 결과 미국의 이런 의도를 좌절시키는 데 성공했다고 자부하기도 한다.

실제로 미국의 '네오콘'들이 무력공격과 강압적 정권교체를 공공연하게 주장한 바 있고 부시 대통령 자신이 때로 그들에게 동조하는 태도를 보인만큼, 북의 이런 주장은 일리가 있다고 봐야 한다. 그런데 그것이 미국의 정책옵션의 하나이며 부시 개인에게 특히 흡족한 옵션일지는 몰라도, 미국 같은 나라의 정책수립자들이 그것을 유일한 목표로 설정해놓고 좌절과 실패를 거듭해왔다는 것은 너무 안이한 해석일 것이다.[9]

---

9) 김대중(金大中) 전 대통령도 『르몽드 디플로마티크』 한국판 창간호(2006. 9. 14) 인터뷰에서 "현실적으로 볼 때 미국의 네오콘이나 일본의 우파세력들에게는 북한에

여러 사람이 이미 지적했듯이 북의 정권전복까지 가지 않고 한반도의 긴장이 유지되기만 하는 상태 역시 미국의 입장에서 달콤한 면이 적지 않다. 미사일방어(MD) 등 미국의 국방예산 확대에 유리하고 일본의 우경화와 미일동맹 강화에 즉효약으로 작용하며 미국과 좀더 대등한 동맹관계를 달성하려는 남한의 노력에 제동을 거는 구실로도 안성맞춤이다. 미국으로서는 굳이 북의 정권전복 또는 체제변화에 모든 것을 걸 이유가 없는 것이다.

한국인의 처지에서, 특히 시민참여형 통일을 주장하는 입장에서 나는 미국의 이런 정책이 남한을 향한 '북한카드'라는 면에 주목하고 싶다. 원래 '북한카드'는 남북대결 국면에서 북을 도울 뜻을 비침으로써 남을 압박하는 것이었지만, 남북이 화해와 협력을 추구하는 상황에서는 오히려 북을 압박함으로써 남을 묶어두는 방식으로 진화한 것이다. 실제로 미국의 세계전략에서 북 정권의 전복보다는 세계 10위권에 근접한 경제대국 남한을 예속적인 위치로 잡아두는 일이 훨씬 더 절실한 문제다. 이를 위해 남측 당국 및 민간의 운신폭을 좁히고 '남북화해 대 한미동맹' 따위의 이분법을 조장하여 남한 내 숭미세력을 북돋우고자 할 때, 한반도의 긴장을 높여서 북의 강경대응을 유발하며 북녘 주민들의 생활조건 개선을 지연시키는

대해 강경한 정책을 펴는 것 자체가 의미가 있다"고 지적한 바 있다. 서동만(徐東晩) 교수는 미국 정책의 초점이 '한미동맹 재조정'에 줄곧 맞춰져왔음을 더욱 분명하게 지목한다. 「미국의 초점은 애당초 북핵이 아니었다」, 『프레시안』 2006. 10. 4. 2006년 10월 17일자 『창비주간논평』에 실린 「북한의 핵실험과 미국의 '성동격서' 전략」에서 서교수는 미국의 대북정책을 일종의 '성동격서(聲東擊西)' 전략으로 규정하기도 했는데 나의 '북한카드'론과도 일치하는 생각이다.

것만큼 효율적인 방법도 드물 터이다.

만약 이런 해석이 옳다면 미국의 대북압박정책은 장기적 안목에서 클린턴 행정부의 포용정책(engagement policy)만큼 현명한 것은 못 될지라도 '대남정책'으로서 미국의 단기적 국익을 챙기는 데는 상당히 성공해온 정책이라 봐야 한다. 따라서 우리의 대응 또한 그에 상응하는 고차원의 사려(思慮)를 담아야 할 것이다. 예컨대 북에 대한 전쟁위협은 단호히 규탄해야 하지만, 미국의 의도에 대한 단선적 해석에 근거하여 북을 엄호하는 일을 최우선 순위에 두는 미국 비판은 남한 당국 및 민간운동의 자주화를 견제하려는 미국의 더 큰 목표에 이바지하는 결과가 되기 쉽다. 종속변수의 수준에서 벗어나야 할 시민참여 통일운동의 주체적 관점에서 남쪽 민중의 이익을 우선시하면서 미국 정책에 반대하는 복합적인 방안을 개발할 필요가 있다.

해외와의 연대도 그런 차원에서 추구할 일이다. 여기서 한민족 네트워크 문제를 논하기 전에 일본에 대해 한마디 덧붙이고자 한다.

일본의 우경화와 대미의존 강화는 대북압박을 통해 미국이 거둔 수확의 일부이고 한반도나 동북아 평화에 결코 유리한 사태가 아니다. 그러나 나는 미국과 일본의 대북 및 대남 정책을 대칭적으로 볼 일은 아니라고 생각한다. 예컨대 일본은 한국에 대해 미국의 대북압박과 같은 의미의 '북한카드'를 사용할 위치에 있지 않다. 오히려 한국과의 마찰은 일본 국내의 독자적인 사정에 따른 교과서문제나 독도문제, 야스꾸니 참배 등을 통해 직접 일으키는 경우가 많다. 그렇기 때문에 한국인(및 조선인)을 더욱 분개하게 만들지만 이는 미국의 고도화된 세계전략보다는 낮은 차원의 자해행위(自害行爲)에 가까우며, 미국의 '북한카드' 행사가 없다면 한반도 민중의 공동노력으로 상당정도 감당할 수 있는 성질이다.

일본 정부가 북일관계 개선의 전제조건으로 꼽는 납치문제도 미국의 북한 인권문제 제기와는 성격을 달리한다. '보편적 인권'의 문제도 아니고 유독 자국민의 피해만을—그것도 식민지시대에 대대적인 조선인 납치를 자행했던 나라가—그처럼 외쳐대는 데 대해 한국인들이 비판하는 것은 당연하다면 당연하지만, 미국의 인권문제 제기와는 달리 자기 나라의 무고한 양민이 실제로 피해를 입은 데 대해 가족들과 여타 시민이 분노하는 것 또한 당연한 일이다. 이 점을 헤아리지 못하는 도덕적 감수성이라면 '선진사회' 수준에 미달한다고 볼 수밖에 없다.[10] 다만 한국사회가—특히 시민참여형 통일운동이—요구할 것은, 우리가 납치문제에 대한 일본측 피해자들의 마음을 역지사지(易地思之)해야 하듯이, 일본인 또한 한국인(및 조선인)들의 아픈 역사와 분노를 헤아릴 줄 알아야 한다는 점이요, 동시에 대북관계에서 납치문제의 해결을 마땅히 추구하기는 하되 어디까지나 실사구시(實事求是)적인 자세로 접근할 일이며 국내정치용으로 악용하거나 미국의 대북압박정책에 편승하지 말아야 한다는 것이다.

아베(阿部) 내각의 출범이 한일관계 및 북일관계에 어떤 구체적인 변화를 가져올지는 나의 예측능력을 넘어선다. 다만 한반도에서 우

---

10) 일본인 납치사건에 관해서는 앞에 언급한 『세까이』 인터뷰 190~93면 참조.

리가 하기에 따라 일본사회에 영향을 미칠 가능성은 미국사회에 대해서보다 훨씬 크다는 점만은 분명하다고 믿는다.

4. 전지구적 한민족 네트워크에 대한 기대

여기서 말하고자 하는 '전지구적 한민족 네트워크'는 종전에 내가 한민족의 '다국적 민족공동체'(multinational ethnic community)라는 이름으로 제기했던 내용과 다를 게 없다. 이는 한반도에서의 국가연합 같은 새로운 국가형태의 창안구상과 서로 보완하는 관계이긴 하지만 그것과는 별개의 구상으로서,[11] 세계시민의 입장에서도 이러한 민족공동체의 존재가 바람직하다는 나의 주장에 논란의 여지가 있음은 사실이다. 그러나 오늘날 지구 전역에 퍼져 사는 한민족 성원 중 압도적인 다수는 각자의 거주지에서 흡족하고 품격있는 삶을 살기 위해서도 한민족으로서의 일정한 정체성과 상호연계를 유지하고 싶어한다고 본다. 다만 이들은 거주지뿐 아니라 국적도 다양하여 하나의 정치적 공동체를 이루는 것이 불가능함은 물론, 경제적 또는 문화적으로도 느슨한 연관을 맺을 수밖에 없을 터이므로 '공동체'보다 '네트워크'라는 표현이 적절할 듯하다.[12]

■

11) 양자를 혼동하는 독자가 많았던 것이 사실인데, 나의 한민족공동체 구상에 대해서는 졸저 『흔들리는 분단체제』(창비 1998)에 실린 「독일과 한반도 통일에 관한 하버마스의 견해」, 183~85면(일역본 『朝鮮半島統一論』, 李順愛·文京洙·鄭章淵·朴一 옮김, 東京: クレイン 2001, 199~201면) 및 「21세기 한민족공동체의 가능성과 의의」, 187~99면(일역본 206~17면)을 참조해주기 바란다.

이러한 네트워크를 구체적으로 어떻게 형성·유지하며 한민족 디아스포라의 성원들이 각자 소속한 국가에서의 다양한 위치와 어떤 조화를 이룰지, 나아가 한민족 네트워크 성원의 기준을 어떻게 정할지 등 수많은 난제가 널려 있다. 그러나 이 자리에서는 어떤 의미로든 하나의 정치 및 경제 공동체를 지향하여 움직이고 있는 한반도와의 관계를 중심으로 간략히 논함으로써 마무리를 대신할까 한다.

남북대결 구도가 유지되고 민간통일운동의 자유가 크게 제약되었던 2000년 이전의 시기에는 남측 당국과 민간이 각기 자신의 한반도 내 당면목표를 위주로 해외동포를 대하는 경향이 강했다. 즉 당국은 북과의 체제경쟁 차원에서 그들을 관리하고자 했고, 재야운동은 독재정권과의 싸움에서 우군을 확보하기 위한 연대운동에 치중했다. 어느 경우든 '한반도중심주의'가 두드러졌던 것이다.

그러나 해외의 관점에서 보면 이런 한반도중심주의가 반드시 달가운 것이 아닐 게다. 물론 초기 이주자들은 고국의 상황에 집착하는 경향이 강했고 지금도 통일문제 등 한반도의 과제에 헌신하는 인사들이 적지 않지만, 세월이 흐를수록 디아스포라 성원들에게는 현지의 생활상의 과제들이 더 큰 비중을 차지하게 마련이다. 따라서 이들 과제와 한반도에 대한 관심을 어떻게 조화시킬지가 절실한 문

---

12) 『한반도식 통일, 현재진행형』에서는 "국적과 거주지역을 달리하는 느슨한 범세계적 민족공동체(ethnic community) 내지 네트워크로서의 한인공동체"(83면)라는 표현을 썼다. '공동체가 아닌 네트워크로서의 모색'을 강조한 예로는 현무암(玄武岩)「동아시아와 코리안 디아스포라 — 공동체에서 네트워크로」, 『창작과비평』 2006년 봄호 참조.(일본어 원문은 창비 웹싸이트 일본어페이지 http://www.changbi.com/jp 에서 찾아볼 수 있다.)

제가 되며, 이때 한반도중심주의는 많은 성원들, 특히 젊은 세대에 대해 설득력이 미약해질 수밖에 없는 것이다.

이런 상황에서 한반도문제 해결에 그들이 계속 동참하게 하려면, 첫째 한반도의 문제가 민족의 문제만이 아니라 인류의 문제라는 명분이 뚜렷해야 하고, 둘째 해외의 삶에서 자신들이 일상적으로 부딪치며 해결해야 하는 과제들과도 구체적으로 연결된다는 실감이 있어야 한다. 예컨대 한민족 네트워크는 당연히 민족을 중시하고 그 중에서도 혈연관계를 중시하는 성격이지만, 각자가 사는 나라와 고장에서 민족주의, 특히 종족적 민족주의가 강화되는 것은 경계하게 마련인 것이 디아스포라의 현실이기도 하다. 이럴 때 '우리 민족끼리'라는 자주적인 자세와 '세계와 함께' 나누는 가치들을 지혜롭게 결합하는 한반도 통일운동의 존재야말로 한결 편안하게 연대할 수 있는 대상일 것이다.

한반도의 관점에서는—적어도 남한 민간운동의 관점에서는—한민족 네트워크가 지구촌 곳곳에 뿌리내려서 한반도의 통일과정을 직접적으로 도와줄뿐더러 전세계 민중의 지지를 이끌어내는 데도 기여해주기를 소망하는 것이 당연하다. 그 구체적인 방법은 너무도 다양하여 일괄적으로 말하기 어려우나, 시민참여형 통일의 필수조건이자 6·15공동선언의 핵심적 합의사항인 '국가연합 내지 낮은 단계 연방'의 성취를 우선적인 목표로 공유할 필요가 있을 것이다. 이러한 연합의 일차적 주체는 당연히 남과 북의 정부와 시민(공민)일 터이므로 해외동포들에게는 써포터즈〔應援團〕 역할이나 맡기는 또 하나의 한반도중심주의가 아니냐는 반론이 나올지도 모른다.

그러나 이러한 통일과정을 통해 구성되는 국가가 애초부터 민중주
도와 범세계적 시민연대를 원리로 하여 건설되는 새로운 형태의 정
치공동체라는 점에서, 그리고 해외동포들에게 제기되는 요구가 어
디까지나 그들의 현지생활에 대한 존중을 전제한다는 점에서, 무작
정 민족통일의 대의에 동참하며 희생하라는 다그침과는 성격을 달
리하는 것이다.

끝으로 이 과정에서 재일동포가 차지하는 특별한 위치를 강조하
고자 한다. '재일(在日)'은 수적으로도 중국과 미국의 한민족 인구에
버금가는 큰 규모지만, 친북과 친남 및 중립적 성향의 인사들이 모
두 상당수를 차지하는 특이한 디아스포라 집단이기도 하다. 여기에
일본이 한반도의 가까운 이웃나라이자 세계 제2의 경제대국이라는
점까지 덧붙인다면 '재일'사회의 향방이 한반도 통일과정의 궁극적
내용에 큰 영향을 미칠 소지는 분명하다.

그런 점에서 지난 5월 민단과 총련 사이의 화해협약이 파기된 사
태는 매우 유감스럽다. 그러나 남북의 교류·협력과 점진적 통합이
거스를 수 없는 대세이고 전지구적 한민족 네트워크의 발전 또한 한
반도 안팎 민족성원들 대다수의 염원인 이상, 두 단체의 화해가 조
만간 다시 진행되는 것은 불가피하리라 본다. 물론 북의 핵실험으
로 두 단체 사이의 간격이 커졌을 뿐 아니라 조선적(朝鮮籍) 동포들
에 대한 일본사회의 압력이 가중되고 재일조선인 사이에 귀화성향
이 강화되는 현상황에서 너무 낙관적인 기대를 하는 것 아닌가라는
의문이 들 법하다. 그러나 한반도식 통일이 느슨한 연합체를 지향
하듯이 두 단체의 화해 또한 각자의 정체성을 유지하면서 화해와 협

력을 강화해나가자는 것이라 할 때, 한반도에서든 일본에서든 이 대세가 변하리라고는 생각되지 않는다.

언젠가 새로운 계기를 맞아 재개될 재일동포들의 화해 노력과 이에 따른 동포사회의 쇄신은 한반도의 시민참여형 통일에 대한 해외참여의 새로운 차원을 개척할 뿐 아니라, '한반도 중심'과 '재일 중심' 사이의 창조적 균형을 찾는 데 기여함으로써 세계 곳곳의 동포들에게 모범이 되고 희망을 줄 것이다. 오늘의 심포지엄이 그러한 발전에 뜻있는 보탬이 되기 바란다.

〈2006〉

4

북의 핵실험 이후: 남북관계의
'제3당사자'로서 남쪽 민간사회의 역할

여러분 반갑습니다. 평일 오후에 그것도 날씨가 이렇게 청명한데 여기까지 와주신 여러분의 성의가 대단하다고 생각합니다. 오늘 드릴 말씀은 어디까지나 제 개인적인 의견이라는 것을 미리 밝힙니다.

북핵실험으로 새 국면, 그러나 '한반도식 통일' 멈출 수 없다

결론부터 말씀드리자면, 10월 9일 북의 핵실험으로 6·15시대가 새로운 국면에 들어섰다는 것, 그러나 '한반도식 통일'은 여전히 진행중이고 앞으로 민간의 몫이 점점 중요해질 것이라는 점입니다.

■ 이 글은 2006년 11월 23일 『프레시안』 창간 5주년 기념 특별기획 강연에서 발표한 강연문으로, 원제는 '한반도식 통일과 북의 핵실험'인데 이후 『여럿이 함께』(프레시안북 2007)에 수록하면서 제목을 고쳤고, 글을 손질했다. 덧글은 같은 책에 수록하면서 새로 쓴 것이다.

핵실험 이후 6·15시대가 완전히 끝났다는 이야기도 보수언론에서 많이 나오고 있습니다. 보수층뿐 아니고 6·15공동선언의 실천활동에 함께해온 분들, 남북의 화해를 주장해온 분들 가운데서도 6·15시대가 흔들리고 있다는 표현이 나오곤 합니다. 저는 6·15시대라는 것이 본질상 애초부터 흔들거리면서 진행되어온 것이고 앞으로도 그럴 것이라 생각합니다. 요즘 좀 많이 흔들리긴 합니다만, 6·15시대는 여전히 진행중이라는 말입니다.

한편 통일운동 일각에선 "북의 핵실험이 그다지 새로운 것은 아니다. 북측이 핵보유를 선언한 것은 작년(2005년) 2월이고 핵실험으로 인해 바짝 긴장했었지만 6자회담도 재개되고 하니까 핵문제로 너무 떠들 것은 없다. 원래 하던 대로 통일운동을 하면 된다"는 주장도 있습니다. 그런 주장에 대해 어느 일면은 맞다고 생각합니다. 그러나 핵실험으로 벌어진 이 새로운 국면을 너무 가볍게 보는 태도 또한 옳지 않다고 봅니다. 객관적 환경에 중대한 변화가 일어난 것은 분명합니다. 이제는 이 상황을 제대로 점검해서 자세를 가다듬을 시점입니다.

한마디로 핵실험이 일깨워준 것은 우리에게는 통일도, 분단도 정말로 장난이 아니라는 것입니다. 누가 통일을 장난이라고 했느냐고 묻는다면 할 말이 없겠습니다만, 통일운동이든, 분단 속에서 사는 생활에 대해서든 타성에 젖어서 좀 너무 쉽게 넘어온 면이 있는 게 사실입니다. 그 점에 대해선 북의 핵실험이 우리의 정신을 번쩍 차리게 해줬다고 말할 수 있겠죠. 제가 드리고 싶은 말씀은, 역설적이지만 핵실험으로 인해 남녘 민간운동의 몫이 더 커질 것이라는 점입니다. 요즘 흔히 선진화를 말합니다만, 우리가 민간운동의 그러한 증대될 몫을 제대로 감당해내기만 한다면, 그래서 '한반도식 통일'을 성공적으로 수행하고 나면 그야말로 비로소 멋진 한반도 선진사회가 건설될 것이라는 점을 말씀드리고자 합니다.

먼저, 제가 '한반도식 통일'이란 말을 내세웠는데, 도대체 어떤 것을 말하는 것인가부터 말씀드리겠습니다. 물론 한반도에서 통일은 딴 지역의 통일과 다른 상황에서 진행되게 마련입니다. 굳이 이것을 '한반도식'이라고 이름붙일 때에는 우리 한반도에서 진행되는 통일은 그동안 우리가 보아온 다른 분단국의 통일과 근본적으로 다른 특징이 있을 것이라는 가정을 담고 있습니다. 우선 몇가지 선례와 비교해보면 그 차이는 쉽게 발견됩니다. 가장 두드러진 예는 베트남과의 차이입니다. 베트남에서는 무력으로 통일을 했습니다. 하지만 우리는 한국전쟁 이후 남에서든 북에서든 "다시는 전쟁이 있어서는 안된다. 평화적인 통일을 해야 한다"는 점에 국민적 합의가 이뤄진 지 오래입니다. 물론 정부가 공인하는 합의가 되는 데에는 시간이 걸렸지요. 옛날에는 평화통일 말하면 잡아갔습니다. 북진통일을 이야기해야 했습니다. 하지만 그 시기에도 대중은 전쟁을 원하지 않았고, 지금은 남북한 그리고 국제사회 모두가 평화통일의 원칙을 받아들이고 있습니다. 베트남식 통일에도 장·단점이 있겠습니다만 그런 것을 떠나서 우리가 그런 무력통일을 하지 않는다는 것은 분명합니다.

다음, 독일의 통일이 있습니다. 우선 평화적 통일이었다는 점, 그리고 강대국과의 절충이 필요하긴 했지만 어쨌든 독일 사람에 의해 이뤄진 자주적 통일이었다는 특징이 있습니다. 그런 점에선 우리가 바라는 평화통일, 자주통일의 원칙에 부합된다고 할 수 있습니다. 그러나 아시다시피 처음에는 동독 내에서 시민들의 자발적인 움직임으로 통일의 계기가 생겼으나, 서독 정부가 개입하면서 인위적으로 통일과정을 촉진시키고, 동서 화폐의 단일화라든가 이런 작용을 해서 결국은 동독이 서독에, 기존의 독일연방공화국에 개별 주(州)로 편입되는 일방적 흡수통일로 귀결됐습니다.

한반도에서는 우선 북측에서 이것을 절대로 받아들이지 않기 때문에 이를 시도하다가는 전쟁이 날 위험성이 있습니다. 또 독일은 통일 이후 엄청난 후유증을 겪었습니다. 서독에 비해 경제력이 훨씬 약한 대한민국이 이를 감당할 수 없습니다. 햇볕정책이 나온 이후에는 독일식 통일은 하지 않는다는 것이 국가의 정책이고 남북간의 합의입니다.

예멘의 통일은 다른 사례에 비해 덜 알려졌지만 역시 크게 보면 평화적 통일이었죠. 물론 나중에 전투가 있었습니다만, 남북 예멘 정부당국이 대등하게 협상해서 타결했습니다. 얼핏 한반도의 통일에 어울리는 모델처럼 생각될 수 있습니다. 그러나 사실 예멘의 경우는 당국자들간의 나눠먹기식 담합이었습니다. 한쪽에서 대통령을 하면 다른 쪽은 부통령, 한쪽에서 국무총리를 하면 다른 쪽이 국무위원을 조금 더 차지하는 식으로 담합해서 통일했습니다. 나중에 이 담합이 깨지다보니 양쪽이 충돌해서 결국 북예멘이 남예멘을 군사적으로 압도해 통일했습니다. 그 과정에서 몇천명이 희생됐습니다. 그런데 한반도에서 그런 일이 있으면 몇천명의 희생으로 끝날 수 없습니다. 게다가 우리 실정에서는 당국자들이 국민을 제쳐두고 밀실에서 마치 3당합당 하듯 통일하는 것은 불가능합니다.

독일식도, 베트남식도, 예멘식도 다 한반도식 통일의 방식은 아닙니다. 그렇다면 '이런저런 것은 아니다'라는 식이 아니라, 그 내용을 적극적으로 말하면 뭘까요?

저는 종전의 그 어느 통일에도 없던 한반도 통일의 특징을 들라고 한다면 남북 정상이 6·15공동선언을 통해 점진적 통일방안에 대해 일정한 합의를 도출했던 데 있다고 생각합니다. 6·15공동선언의 핵심은 "남측의 연합제 안과 북측의 낮은 단계의 연방제 안이 서로 공통성이 있다고 인정하고 앞으로 이 방향에서 통일을 지향해나가기로 하였다"는 제2항입니다. 상당히 모호한 합의이기는 하지만 한 가지 분명한 점은, 베트남에도 없었고 독일에도 예멘에도 없었던 점진적 통일의 중간단계, 국가연합이든 낮은 단계의 연방제든 중간단계를 거쳐간다는 점을 명시한 것입니다.

예멘의 경우를 보더라도 남북의 합의로 통일됐지만 갑자기 단일국가가 됐고 그러면서도 군대는 따로 갖고 있었습니다. 싸움이 날 수밖에 없는 상황이었죠. 남북 예멘도 6·15선언이 제시한 방식을 따라 국가연합으로 출발했다면 훨씬 원만한 과정을 겪지 않았을까 상상해봅니다. 어쨌든 제2항을 통해 "중간단계를 두고 점진적으로 통일해나가겠다, 그다음에 어떻게 할지는 모호한 상태로 남겨두자"고 합의했기 때문에 전부터 추진해오던 인도주의 사업, 경제협력, 사회문화교류 등이 비로소 힘을 얻게 돼서 6·15 이전 시대에 비해 남북교류사업이 엄청나게 늘어난 것입니다.

그런데 지금 말씀드린 단계적이란 점은 말하자면 통일과정의 형식상의 특징에 해당합니다. 그렇다면 내용상의 어떤 특징이 생길 것인가라고 할 때 저는 그것을 시민참여형 통일 혹은 민중주도형 통일의 가능성이라고 봅니다. 물론 이 가능성을 얼마나 현실화하는가는 다분히 한반도 주민과 한민족 성원들이 어떻게 하느냐에 달렸습니다. 이에 대해서는 뒤에서 다시 이야기하겠습니다.

북핵실험에 관한 네가지 명제

이제 북의 핵실험에 대한 저의 생각을 말씀드리려고 합니다. 국내의 여론은 비판과 비난이 압도적입니다. 여론을 맹신할 필요는 없지만, 이런 여론을 너무 가볍게 보는 것은 민중주도·시민참여 통일운동의 자세는 아니라고 봅니다.

논리적으로도 그렇습니다. "북의 핵실험이 이미 기정사실이고 6자회담도 재개됐는데 굳이 핵실험 갖고 이러쿵저러쿵 따져서 남북관계를 더 어렵게 만들 필요가 있느냐"는 주장이 있습니다. 또 "핵실험을 한 것은 북측이지만, 사태의 책임은 미국에 더 있다. 이것을 따져야지 북측을 비판해서 무엇하는가" 하는 주장도 있습니다. 그러나 논리적으로 따지더라도 북의 핵실험이 불행한 사태니까, 이러한 불행을 불러온 미국에 책임을 따져야 한다는 논리가 성립합니다. 핵실험이 잘된 일이라고 하면 미국의 책임을 굳이 논할 필요도 없어지는 거지요.

민주노동당 대표단이 방북할 때 많은 내부진통을 겪은 끝에 '강한 유감'을 표명하는 선에서 정리가 됐습니다. 지금 우리는 방북하면서 공식적인 입장을 정리하는 자리도 아니고, 이렇게 우리끼리 모여서 핵실험 이후 사태를 의논하고 성찰하는 시간입니다. 따라서 유감의 강도를 정하는 일보다 북의 핵실험이 유감스럽다면 어떤 견지에서, 왜 유감스러운가를 밝히는 일이 더 중요하다고 생각합니다.

제가 지난달 말께 일본에 가서 국제심포지엄에 참여했습니다. 그 원고를 미리 달라고 하기에 북측이 핵실험을 하기 전에 원고를 써줬습니다. 그 직후에 북이 핵실험을 하겠다는 발표가 나왔고 10월 9일에 실험이 있었습니다. 그래서 10월 28일 심포지엄 당일에 가서 핵실험에 대한 저의 태도를 원고에 없던 네가지 명제로 정리해서 발표했습니다. 그 내용이 활자화돼서 『역사비평』 겨울호에 실리게 됐습니다만(「한반도의 시민참여형 통일과 전지구적 한민족 네트워크」, 본서 제1부에 수록), 겨울호가 서점에 나오려면 다음주 초가 되어야 한다고 합니다. 당시 정리한 네가지 명제를 일단 인용하는 것으로 논의의 출발점을 삼겠습니다.

첫째, 군사적인 관점에서 볼 때 그동안 미국의 대북압박정책이 계속되어왔고 선제공격의 위협마저 없지 않았던 상황에서 '군사적 억지력 확보'를 위한 핵무장이라는 북측의 주장에 일리가 있다고 본다. 따라서 이런 사태가 오게 된 데 대한 미국측의 책임문제를 빼놓은 채 북측만 일방적으로 비난하는 것은 공정한 태도가 아니다. 더구나 북의 행위에 대한 책임추궁을 재일동포들에게 돌려, 무고한 청소년들에게까지 박해를 가하는 일부의 행태에 대해서는 일본 국민들이 깊이 반성할 필요가 있을 것이다.

둘째, 단순한 군사적 억지력을 위해서가 아니라 궁극적인 한반도 비핵화를 목표로 외교적 협상력을 강화하는 수단으로 핵무기를 보유한다는 것이 기존의 다른 핵보유국들이 내걸었던 명분과 구별되는 특징인데, 이번의 핵실험이 북측이 바라는 협상카드로서 얼마나 유효할지는 지켜볼 문제이며, 설혹 협상이 재개되더라도 이 시점에서 그런 선택을 하는 것이 최선이었는지는 두고두고 논란의 대상으로 남을 것이다. 외교에는 상대가 있기 때문이기도 하지만, 외교의 궁극적 목표가 북측 사회가 안고 있는 온갖 문제들의 해결에 있는만큼 핵실험으로 인해 문제가 악화되는 면을 함께 고려하는 종합적인 정치적 판단이 필요하기 때문이다. (이 점은 북측이 6자회담 복귀를 선언해서 협상재개가 예상되는 현상황에서도 마찬가지다.)

셋째, 나 자신을 포함해서 남쪽의 민간운동이 강조해온 '시민참여형' 통일운동의 관점에서는 북의 핵실험이 매우 불행한 사태가 아닐 수 없다. 일반시민들과 함께 이룩해가는 통일과정을 중시할 때, 핵실험으로 인해 많은 남쪽 국민들이 6·15공동선언의 정당성과 유효성에 의문을 갖게 된 상황은 비록 일시적일지언정 중대한 타격이다. 뿐만 아니라 보편적 대의를 중시하는 시민운동의 경우, 예컨대 반전반핵의 원칙이 생명인 평화운동이라든가 남한에서 핵발전소의 건립마저 반대해온 환경운동이 북의 핵실험에 대한 분명한 입장표명 없이 남북교류를 지속할 수는 없게 되었다. 실제로 6·15공동선언 실천운동에 참여해온 몇몇 단체가 강력한 비판을 공개적으로 표명하기도 했다.

넷째, 그럼에도 불구하고 한반도에서의 시민참여형 통일과정은 진행중이라는 것이 나의 판단이다. 다른 대안이 없음은 본론에서 더 설명할 참이지만, 핵실험의 충격으로 남쪽 내부의 담론지형이 재정비되고 있는 것도 하나의 희망적인 사태전개다. 당장에는 반6·15담론이 크게 위세를 떨치고 있기는 하다. 그러나 결국은 그것이 대안 없는 담론이라는 점이 시간이 흐를수록 분명해지게 마련이며, 낡은 통일지상주의와 반미 일변도 단순논리의 국민설득력이 떨어진 것도 하나의 전진이라고 본다. 게다가 그동안 한반도의 분단현실과 북의 존재를 제쳐둔 채 남한만의 선진화또는 진보와 변혁을 주창해온 담론들 또한 그 공허함이 드러났다. 시민참여형 통일이 제대로 진행할 또 하나의 계기가 주어진것이다.

첫번째 명제에서 "일리가 있다"고 한 것은 물론 전면적 긍정은 아닙니다. 그러나 미국은 1994년 북미 제네바합의를 통해 여러가지를약속했고, 그중 하나가 정치학자들이 말하는 소극적인 안전보장입니다. 핵보유국인 미국이 핵이 없는 북에 대해 핵공격을 시도하지는 않는다는 약속이었습니다.

그런데 제네바합의를 먼저 파기한 것은 미국이었습니다. 뒤이어부시가 '악의 축' 운운하면서 말하자면 소극적인 안전보장 약속도철회했습니다. 미국이 필요하면 언제든지 쳐들어갈 수 있다는 것이이른바 부시 독트린입니다. 그런 점에 비추어본다면 군사적 관점에서 북이 "우리가 핵을 가져야만 국가와 체제의 안전을 보장할 수 있겠다"고 하는 것을 터무니없다고 할 수는 없을 것입니다.

다만 안전보장이라고 할 때 군부에서 원하는 100퍼센트 보장이란 것은 불가능하다는 점이 있습니다. 어느 선에서 최대한 안전보장을 도모하면서 어느정도는 리스크를 부담하면서 가야 합니다. 만일 북측이 핵무장을 하지 않았더라면 과연 미국이 북한에 쳐들어갔겠느냐 하는 문제에는 논란의 여지가 남습니다. 어쨌든 핵실험을 한 주체는 북측이지만, "안전보장을 해주면 핵을 포기한다"는 거듭된 북측의 주장을 묵살했던 미국의 책임을 묻지 않고 북측만 비판하는 것은 공정치 못합니다.

과거와 달라진 미국의 '북한카드'

그런데 미국의 책임을 따질 때 북측에서는 거론하지 않는 점이 하나 있습니다. 미국이 북에 대해 압박을 가할 때 과연 미국의 유일한 정책목표가 실제로 북에 쳐들어가겠다고 하는 것이었나 하는 점입니다. 큰 희생 없이 북한에 쳐들어갈 수 있으면 부시 같은 사람은 그렇게 하겠지만, 오로지 북에 대한 침공만을 위해 정책목표를 세웠다가 북측의 미사일이나 핵무기에 막혀 좌절했다고 하는 것은 미국을 너무 만만히 보는 것입니다. 미국 같은 나라는 언제나 여러 차원의, 여러 수를 동시에 노리게 마련입니다.

저는 미국이 북측에 압박을 가한 것은 북에 대한 압박 그 자체의 효과도 있지만, 긴장을 조성해 자기들의 군사적 이익, 일본의 우경화 등 여러 목적을 동시에 노렸던 것이라고 생각합니다. 무엇보다도 우리 한국이 그나마 한미동맹의 관계를 재조정하고, 좀더 건강하고 자주적인 관계로 나아가겠다고 하는 움직임을 견제하는 효과가 있는 것입니다.

옛날 미국이나 주변 국가가 '북한카드'라는 것을 우리와의 외교 관계에서 행사했는데, 남북이 대결하는 상태에서 "남쪽이 말을 안 들으니 북한에 잘해주겠다"고 해서 남한을 꼼짝 못하게 하는 것이었습니다. 요즘 미국의 경우는 '북한카드'의 성격이 바뀌었습니다. "북한에 압박을 가해 한국이 끌려오게 만든다"는 전략입니다. 그러니까 한국에서는 "이라크 파병을 해주면 미국이 한반도문제 해결에 조금 더 건설적으로 나오지 않을까, 전략적 유연성을 들어주면 우리를 봐줄까"라는 식으로 계속 끌려들어갑니다. 이런 점에서 미국의 대한반도정책은 실패가 아니라 상당히 재미를 보아왔다고 할 것입니다.

남쪽에서 통일운동을 하는 사람들은 이 점에 주목하는 것이 중요합니다. 그러지 않으면 미국과 북측의 군사 독트린이 설정한 논의 구도를 그대로 받아들이게 됩니다. 그 구도를 전제로 "미국의 잘못이냐, 북한의 잘못이냐"를 따지게 될 때, 미국의 잘못을 말하면 말할수록 다수 국민들 사이에 "저 사람들은 북한이 무조건 잘했다고 옹호하는 친북세력이구나"라는 인상을 주게 마련입니다. 아무튼 북의 핵실험에 대한 책임이 북측에만 있는 것이 아니라고 할 때 대북제재 조치도 한반도 비핵화를 달성하기 위한 대화와 협상의 수단으로서만 정당화될 수 있다고 봅니다. "다른 누구도 잘못하지 않았고, 북한만 잘못을 했으니 응징을 해야겠다"는 식의 제재에는 동의할 수 없는 것입니다.

응징의 방법으로 북에 쳐들어가자든가 폭격하자는 것은 미국도 안하겠다는 것이니까 논외로 하겠습니다. 다른 방식으로 이른바 PSI가 있습니다. 최근 우리 주변에서 보면 잘 알지 못하는 영어를 약자로 써서 본질을 흐리는 경향이 많은데, PSI도 마찬가지입니다. Proliferation Security Initiative라고 풀어 써도 여전히 아리송하긴 하지요. '대량살상무기 확산방지구상' 뭐 이런 정도로 번역이 되는데, 쉬운 말로 바꾸면 "북녘을 드나드는 선박은 선적이 어디든 상관없이 공해상에서라도 아무 때나 검색하고, 필요하면 나포하겠다"는 것 아닙니까? 그러면서 우리더러 같이 하자는 것입니다. 그 외에도 하자는 게 많습니다만, 핵심은 한반도 주변의 바다에서 북측 선박을 검색하는 데 한국 해군이나 해안경비대가 같이 하자는 겁니다. 이것은 유엔결의안에도 없는 이야기입니다. 우리로서는 함께할 이유가 없습니다. 우선, 너무 위험한 짓입니다. 꼭 그 배를 검색하다가 그 배하고 교전이 일어난다든가, 거기서 충돌이 벌어지지 않더라도 위험합니다. 서해교전이라는 것이 두차례 있었는데, 제3, 제4의 서해교전이 있을 수 있습니다. 그것은 북방한계선(NLL)이라는 것이 휴전선이 아니기 때문인데, 자세한 사실관계를 말하자면 이야기가 길어지니까 일단 넘어가도록 하겠습니다.

PSI의 취지는 북측이 핵물질을 배에 싣고 다른 나라에 가져가는 것을 막겠다는 것인데, 그렇다면 한반도 주변에서 한국이 막지 않아도 얼마든지 할 수 있는 일이지요. 한반도 주변만 항해하는 배라면 러시아, 일본, 중국 아니면 한국에 오는 배입니다. 북측이 핵물질을 싣고 그중 어디로 가겠습니까? 일본이나 중국, 러시아, 한국에 핵물질을 왜 갖다주겠습니까? 만약에 가져간다면 먼 바다를 지나 딴 나라로 갈 테니 미국이 먼 바다에서 잡으면 되는 거예요. 우리 정부가 참여하지 않기로 했는데 대단히 잘한 일입니다. 미국 입장에서 떨떠름하긴 하겠지만 이것 갖고는 아직 정면으로 시비를 못 걸고 있습니다.

셋째, 개성공단과 금강산관광을 포함한 경협을 중단한다는 것은 특정 외국, 까놓고 말하면 미국이지요, 미국과 국내 수구세력의 압력에 굴복한 자해행위가 될 것입니다. 넷째로 인도적 지원이 일시적으로 축소되는 건 불가피하더라도 이를 '제재수단'으로 삼아서는 안됩니다. 북의 핵실험 이후 여론이 나빠서 민간에서 모금이 잘 안될 수는 있습니다. 그러나 인도적 사업의 중단을 제재수단으로 명시한다는 것은 명분과 실리를 다 잃는 일입니다. 다만 현실적으로 미국과 일본의 원안을 대폭 완화해서 유엔 안전보장이사회가 만장일치로 통과시킨 1718호 결의안[1]은 우리 정부가 엄격히 해석해서 준수하는 것이 필요하리라고 봅니다.

핵실험은 대미 협상과 북 내부문제 해결을 위한 최선의 선택인가?

두번째 테제로 넘어가겠습니다. 북측의 핵실험은 다른 나라의 핵실험과 다른 특징이 있습니다. 다른 나라들이 핵실험을 할 때는 국방을 위해, 또는 국가의 위신을 위해 핵무기를 갖기로 하고 실험을 했습니다. 북측에서는 "궁극적인 비핵화를 실현하기 위한 수단으

---

1) 유엔 결의안 1718호는 북한에 대해 핵 관련 물질과 기술의 이전을 금지하자는 것이 골자다.

로 핵을 보유하겠다"고 나오는 것이 아주 특이한 면입니다. "말이 그렇다는 거지 실제로 포기하겠느냐"라고 하는 시각도 있지만 두고 볼 일이고, 하여튼 북측에서 내세운 명분은 궁극적 비핵화를 위한 협상력을 높이고자 핵을 만들었다는 것입니다. 그리고 10월말 북측이 6자회담 재개에 동의하고 부시가 한국전쟁 종전선언의 가능성을 내비치는 상황에서는 일정한 협상력을 발휘했다고 볼 만합니다.

그렇기는 하지만 미국의 태도가 이만큼 변한 데에 북의 핵실험과 미국 중간선거에서의 민주당의 압승 가운데 어느 것이 더 큰 영향력을 발휘했는가 하는 것은 더 분석해봐야 할 일이지요. 가령 핵실험을 하지 않은 상태에서도 미국의 민주당은 북미대화를 촉구했었는데, 북이 핵실험을 안했다고 해서 미국이 끝내 협상을 거부했을 것인가에 대해서도 논란의 여지는 남습니다. 더 중요한 것은 실제로 6자회담이 재개됐을 때 협상이 얼마나 진행되느냐 하는 것입니다. 이것이야말로 더욱 미지수입니다. 미국의 부시나 백악관 대변인의 유화적 발언이 더러 있었으나, 9·19공동성명에는 '말 대 말, 행동 대 행동'의 원칙을 명시하고 있습니다. 서로가 하나씩 주고받으며 핵폐기를 진행하고 그 과정에서 구체적 조치를 말하자면 매칭 (matching)해나간다는 것입니다. 아직 이것을 얼마나 성의있게 하겠다는 건지 확인된 바가 없습니다.

북측의 경우도 그렇습니다. 협상능력의 확보를 위해 핵무기를 만들었다는 것을 거짓말이라고 볼 필요는 없으나 일단 핵을 가진 이상 상황은 달라진 거죠. "이젠 핵폐기보다는 핵군축이다, 군축이라면 우리가 가진 핵무기 얼마를 줄일 테니 미국도 얼마 줄여야 한다"고 나올 수도 있는 것이죠. 재일 총련의 기관지 『조선신보』는 "구태여 말한다면 현시기 지역에 형성된 국제관계의 구도는 '4 대 2'다. 동북아시아의 리해당사자들 가운데 조, 미, 중, 로의 4개국이 핵보유국이란 것이야말로 엄연한 사실이다"라고 보도한 바 있습니다. 이정철(李貞澈) 교수는 지난(2006년) 11월 17일 세교포럼에서 "향후 북한은 4+2회담의 틀을 주장할 것으로 보인다"고 전망하기도 했지요.

만일 북측이 핵폐기가 아니라 핵보유 지속을 전제로 핵군축을 하겠다고 나온다면 쉽게 타결되지 않을 것이고, 그렇다면 타결을 위한 협상력이란 면에서는 핵실험의 약효를 제대로 발휘하지 못한 것이라고 봐야겠지요. 미국에 대폭 양보를 강요할 만큼 북핵이 미국에 무서운 존재도 아니라고 봅니다. 처음 북측에서 핵보유 이야기가 나왔을 때, 온건파라고 하는 콜린 파월 당시 국무장관도 "북한이 두세개의 핵폭탄을 가져봤자 두세개 핵폭탄을 가진 것뿐이다"라고 말한 적이 있습니다. 아프지도 가렵지도 않다는 뜻이지요. 더구나 군사적 안전을 넘어 경제회생과 인민의 생활향상이 국가의 궁극적 목표라 할 때 핵무기 보유가 최선의 선택이었는지는 쉽게 판정할 수 있는 문제가 아닐 것 같습니다. 핵카드를 통해 북미관계가 쉽게 타결돼 북녘 인민의 생활이 획기적으로 개선된다면 이건 북측이 원래 노렸던 목적을 달성한 것이 되겠지만, 타결에 시간이 한참 걸린다면 그동안 고생할 인민들의 문제 등을 따져봐야 한다는 문제가 있습니다.

핵실험이 남측 시민참여에 미친 영향

이제까지 첫번째와 두번째 테제는 주로 국가전략의 차원에서 말씀드린 것인데, 세번째와 네번째 명제는 시민 위주의 관점에서 하는 이야기가 되겠습니다. 시민참여형 통일을 추진하려면 시민 위주, 민중 위주의 관점을 오히려 우선시해야 됩니다. 물론 이것이 국가전략 차원을 도외시하는 관념적 민중주의가 돼서는 안되지만요.

시민참여형 통일은 일반시민들을 6·15공동선언 실천에 최대한으로 동참시킴으로써 성취되는 것이니만큼, 남북의 교류협력에 대한 국민들의 지지를 크게 떨어뜨리고 6·15공동선언의 폐기마저 주장하는 냉전세력의 목소리를 키워준 사태는 불행이 아닐 수 없습니다. 이때 국민들의 냉담이나 비난이 냉전세력, 수구·보수언론에 오도된 탓일 뿐이라는 태도는 사태의 심각성을 간과한 것이라고 봅니다. 그것은 6·15 이전 시대의 타성을 보여주는 면도 있습니다. 6·15공동선언이 한반도식 통일의 윤곽을 제시했고 시민참여형 통일의 가능성을 열어주었는데, 자주평화통일의 원칙과 민간통일운동의 공간 확보를 위해 투쟁해야 했던 과거의 태도를 아직도 답습하는 면이 있지 않은가 하는 것입니다.

북의 핵실험이 시간이 지나면 흐지부지될 일시적인 불행이 아닌 것은 지속적인 시민운동, 민중운동을 가능케 해주는 원칙의 문제가 걸려 있기 때문입니다. 예컨대 '반전평화'는 북측도 강조하는 원칙이지만, 세계적으로 평화운동은 핵무기 반대를 최대의 과제로 삼아왔습니다. 반전운동에서 '반핵'을 빼고, 그 '반핵'을 '반김반핵' 진영에 넘겨주는 것은 평화운동의 자기부정이자 통일운동의 패배를 자초하는 길이 됩니다. 환경운동의 경우도 핵발전소 건설마저 반대해온 입장에서 핵무기 개발과 국토 내에서의 핵폭발을 용인하면서까지 대북협력을 추진하기는 어려워집니다.

그뿐 아니라 핵무장 상태가 성립해서 관리되는 분단상황은 극소수의 정책결정자와 전문가에게 권력이 집중되고 시민참여의 폭이크게 제약되는 상황이 되게 마련입니다. 불행 중 다행인 것은 이미상당기간 흔들리며 해체기에 들어선 분단체제는 북의 핵보유 이후에도 안정적인 관리가 불가능하다는 사실입니다. 최악의 사태는 재개된 6자회담이 결렬되어 북측이 추가 핵실험을 하고 국제사회의제재가 강화되는 등 악순환이 지속되는 상황입니다. 이는 한반도의통일과정을 훨씬 험난하고 위태로운 과정으로 만들지만 분단체제를 안정시키지는 못할 것입니다. 반대로 6자회담이 비교적 순항해9·19공동성명의 이행과정으로 들어간다면 한반도식 통일과 분단체제 극복이 가속화될 것입니다. 이것이 우리가 가장 바라는 바이지만 쉽게 될 것이라는 안이한 태도로 임해서는 안될 것입니다.

이도저도 아니고 지루한 협상이 계속되는 경우도 가능합니다. 이제껏 미국과 북은 서로 시간이 자기편이라고 주장해왔습니다. 저는만일 이런 지루한 교착이 계속된다면 상황에 대한 각 국가들의 통제력이 점점 약화되고, 동아시아 전반에 대한 미국의 통제력도 약화될것이라고 봅니다. 이 경우, 시간은 결코 북조선의 편도 미국의 편도아니게 됩니다. 두 정부 모두 현지주민이나 동아시아 지역에 대한통제력과 영향력이 줄어드는 사태가 예상됩니다.

북측의 '핵군축' 주장과 미국의 '핵물질 확산억지' 방침이 맞아떨

어져 북의 핵보유를 명시적 또는 암묵적으로 시인하는 '4 대 2' 협
상구도가 마련되더라도 결과는 마찬가지일 것입니다. 저 자신 핵보
유국들끼리의 4자회담은 어렵다고 봅니다. '4 대 2' 구도에서는 일
본이 빠지게 되는데, 미일관계에서 미국이 그렇게 할 수는 없다고
봅니다. 그렇게 하는 순간 일본이 핵무장을 할 텐데, 미국이 일본의
우경화는 지지해도 핵무장은 원하지 않을 것이기 때문입니다. 중국
은 중국대로 6자회담 구도를 깨지 않으려 할 것입니다. 아무튼 핵폐
기가 전제되지 않은 조건에서 미국이 북측이 원하는 만큼의 지원과
보상을 할 수가 없을 겁니다. 그러다보면 교착상태가 계속될 텐데,
불안정 요소는 점점 커지고, 불안정해진 분단체제가 다시 안정되는
일은 없으리라는 것이 제 생각입니다.

남한 시민은 한반도문제 해결의 '제7당사자'

여기서 네번째 테제로 넘어갑니다. 결국 전쟁이 일어나지 않는
이상 한반도식 통일을 막을 길은 없으며, 그 통일이 얼마나 고비용
의 과정, 비싼 비용을 치르는 과정이 될 것인가 하는 것만이 문제입
니다. 이때의 비용은 군사비를 포함한 금전상의 지출만이 아닙니
다. 북녘의 민중이 한번 겪었고 어쩌면 벌써 다시 겪고 있을지도 모
르는 '고난의 행군'도 포함되는 것이고, 남쪽에서 일어나는 온갖 후
진적이고 병리적인 현상도 심화될 것입니다. 또 한반도경제권과 동
아시아 지역협력체제의 지연에서 오는 '기회비용'도 포함하는 것입
니다.

이 비용을 줄이는 데 6자회담의 당사국들이 모두 나름의 역할이

있을 것이지만, 저는 '제7당사자'로서 남한 시민의 존재를 강조하고 싶습니다. 노무현정부가 한반도문제에 대한 3대원칙을 세우면서 한반도에서 한국의 '주도적 역할'을 명시했습니다. 이 주도적 역할이란 것은 그 취지는 좋은데 두가지 문제가 있습니다. '주도적 역할'이란 영어로 '액티브 롤'(active role) 즉 능동적 역할이라는 뜻인데, 문자 그대로 '주도'하는 것과는 거리가 좀 있지요. 가령 핵문제는 우리가 주도할 수 있는 문제가 아닌데 마치 이것도 미국을 제쳐놓고 우리가 주도하겠다는 말처럼 들립니다. 그러니 북에서 핵을 만들자 보수 쪽으로부터 "너희들이 주도한다더니 어떻게 된 거냐, 북핵의 책임은 포용정책에 있지 않느냐"고 공격당하게 되는 것입니다.

또 하나의 문제는 한국이 능동적 역할을 제대로 하려면 정부뿐 아니라 민간의 능동성이 극대화되어야 한다는 점인데, 여기에 대한 정부의 인식이 부족했습니다. '제7당사자'라고 하는 것은 제8, 제9의 당사자도 있을 수 있다는 뜻입니다. 그러나 아직은 가령 국가 차원에서 유럽연합이라든가, 민간 차원에서 북측의 시민사회를 거론하기에는 이르다고 봐야겠지요. 북측 민간사회의 경우에는 남한의 기업이나 시민사회에 필적할 실력과 정부당국으로부터의 독자성을 갖춘 별도의 주체가 안 보이는만큼, 현재로서는 6개국을 제외하고 또 하나의 중요한 당사자가 있다면 바로 남쪽의 민간사회입니다. 문제는 우리 자신도 '제7당사자'라고 말할 수 있는 수준에 와 있느냐 하는 것이겠습니다.

이런 '당사자'로 성립하려면 기존의 통일운동가들뿐 아니라 한반도식 통일의 독특한 형식에 따라 '어깨에 힘 빼고' 자기의 일상에 충실하면서도 한반도식 통일과정에 참여하는 일반시민이 많아야 합니다. 또 시민사회라고 할 때는 흔히 경제계를 빼고 이야기하는데, 기업 전부는 아니라 하더라도 이미 고(故) 정주영 회장 같은 사람이 역할을 한 것처럼 기업들도 포함되어야 할 것입니다. 이렇게 광범위하게 포괄된 주체들이 시민참여형 통일의 비전을 얼마나 공유하며 그 실현을 위한 창의적 행동을 얼마나 개발하느냐가 관건이 될 것입니다.

일사불란한 행동을 하자는 것은 아닙니다. 그것은 허황된 생각이고 그런 게 필요하지도 않습니다. 한반도식의 통일은 일사불란한 것이 아닙니다. 각자 나아가는 것인데, 큰 뜻을 공유하면서 가는 것입니다. 이러한 민간사회라면 6개국에 더해 '제7당사자'로 불릴 자격이 생기리라고 봅니다. 이를 위해서는 관성적인 통일운동이나 교류협력사업을 통해 분단이 극복되리라거나, 아니면 분단을 그대로 둔 채 대한민국만이 평화와 번영을 누리고 민주주의의 심화 등 '선진화'를 달성할 수 있다는 환상을 접는 것이 급선무입니다. 북의 핵실험이 이러한 담론쇄신의 계기가 되었다는 점도 불행 중 다행일 것입니다.

내 마음속의 '분단괴물'까지 퇴치해야

이제 '접근을 통한 변화'라는 명제를 좀더 적극적으로 재해석할 필요가 있다고 봅니다. 이 말은 원래 구서독 사람들이 동방정책을 펼치며 통일이 아니라 평화공존의 구호로서 내걸었던 것입니다. 결과적으론 접근을 통해 동독이 변화했고, 또 통일이 됐습니다. 이 과정의 문제로는 그것이 한반도에는 적용될 수 없는 처방이라는 점 외에도, 아까 말했듯이 급격하고 일방적인 흡수였다는 아쉬움이 있습니다. 접근을 통해 변한다면 너도나도 변하는 것이 진정한 변화인데, 독일의 경우 서독은 별로 안 변했습니다. 구서독 민주주의와 현재 독일 민주주의를 비교하면 오히려 후퇴한 측면이 있지요. 서독은 별로 안 변했는데 동독만 급격히 변화했습니다. 그래서 흡수통일이란 것입니다. 그런 것이라면 당연히 북에서 받아들일 리가 없습니다.

남한에서도 그런 용어를 쓰면서 내용상으론 북의 변화만을 생각하는 사람들이 적지 않습니다. 그럴 때 북측이 최소한의 변화만 하면서 접근을 통해 경제적 실리만 챙기는 일에 치중하겠다고 나오는 것은 당연합니다. 적어도 한반도문제 해결에 있어 남측 민간사회가 '제7당사자'가 되고자 한다면 남북의 접근을 통해 분단체제 속에서 일그러진 자신의 사고와 감정의 쇄신을 포함한 총체적 남쪽 사회의 변화를 감내할 각오까지 해야 합니다.

분단체제가 괴물이란 말을 더러 합니다. 잊지 말아야 할 것은 분단체제가 괴물이라면 분단체제 속에서 오랫동안 살아온 우리 모두가 마음속에 괴물 하나씩을 갖고 있다는 점입니다. 이 점을 성찰하면서, 바깥의 괴물을 이겨내는 일과 내 마음속 괴물의 퇴치를 어떻게 동시에 수행할 것인가에 대해서는 훨씬 더 많은 공부를 해야 한다고 생각합니다. 이 공부에서 아직 갈 길이 멉니다. 그래서 남북간의 관계가 금방 안 풀리는 것이 꼭 나쁜 일만은 아니라고 생각하는 것입니다. 통일의 과정에 중요하게 참여해야 할 당사자로서 필요한 공부를 하고 준비하고 사업을 하는 데에는 시간이 필요하니, 물론 너무 오래 걸린다면 곤란하지만 약간의 시간을 버는 것은 나쁘지 않습니다. 그래서 우리가 열심히 한다면 시간은 오히려 우리의 편이라고 말하고 싶습니다.

미국에 대해서도 '핵무기 폐기' 요구하라

마지막으로 시민참여형 통일운동의 몇가지 현안에 대해 이야기하겠습니다.

첫째, 핵문제인데요, 핵무기 반대는 대원칙이며 당연히 북핵에 대해서도 끝까지 폐기를 주장해야 한다고 믿습니다. 그러나 원칙적인 반대는 미국 등 기존 핵보유국을 동시에 겨냥하는 철저함을 보여야 합니다. 동시에 현실적으로는 한국의 시민사회든 정부당국이든 북의 핵보유를 방지하거나 철회시킬 실력이 없다는 점을 냉정하게 인식해야 합니다. 정부가 '북핵 불용'을 대원칙으로 내세울 때 북의 핵보유를 끝까지 반대하고 폐기를 주장하겠다는 뜻이지, 핵보유를 했을 때 쳐들어가겠다는 것은 아니지 않습니까? 미국도 못한 일을 대한민국 포용정책의 실패인 것처럼 떠드는 사태가 오지 않도록 해야 합니다. 끝까지 반대하지만 핵문제는 북측과 미국이 결자해지(結者解之)의 원리에 따라 풀어가도록 내버려두고 우리는 우리가 잘하는 일에 치중하는 게 중요한 것입니다. 원칙적 입장을 견지하면서 거기에 입각한 시민운동을 벌이고 이를 전세계적으로 확대해나가되, 핵문제에 너무 애면글면 매달릴 필요는 없다는 것입니다. 북핵문제를 너무 심각하게 보지 말자는 주장에 동의하는 면도 있다고 서두에 말씀드렸는데, 북의 핵실험으로 도래한 새로운 국면을 가볍게 봐서는 안되지만, 우리 힘으로만 해결할 수 없는 문제인 게 뻔한데 마치 인도적 지원이나 경협을 끊으면 북이 핵을 포기할 것처럼 나대는 것은 허장성세요, 경거망동에 지나지 않습니다. 북미간 타결이 빠르건 늦건, 계속 진행되기 마련인 한반도식 통일의 현장작업을 추진할 일입니다.

국민들의 상상력을 사로잡는 창의적 협력사업 개발을

그중에 가장 중요한 것이 경제협력입니다. 기존의 사업을 지속함은 물론 남북 서로에 이득이 되고 국민의 상상력에 호소할 수 있는 창의적 협력사업을 개발해야 합니다. 처음 개성공단과 금강산관광이 시작됐을 때 얼마나 국민의 상상력을 사로잡았습니까. 그러나 지금은 그보다 한걸음 더 나아가야 할 때입니다.

가령 개성공단에서는 중소기업 위주로 경협을 진행하고 있습니다. 북측에서는 성에 안 찹니다. 금강산관광도 정주영 회장 때는 그래도 현대'그룹'이 감당했습니다만, 지금은 현대아산이라는 특정한 기업의 사업입니다. 현대중공업, 현대자동차 등이 떨어져나가고 꽉줄어든 현대그룹의 사업이 된 것이지요. 더 많은 기업들이 함께 참여하는 새로운 사업들도 개발해야 합니다.

'북한 퍼주기'라는 비판도 수구세력의 악의적인 왜곡이 있긴 하지만 여기에는 인도적 지원과, 남한의 경제에 직접적인 이득을 가져오는 경제협력을 구분해줄 논리가 부족했던 점도 작용합니다. 각종 사회문화교류의 진행도 필수적입니다. 이 경우 남측은 사회문화교류를 독자적인 영역으로 설정하고 매우 적극적인 태도를 보여온 데 비해, 북측은 정치사업의 일환으로 보는 발상의 차이가 있습니다. 그 때문에 핵문제가 아니더라도 순항을 기대하기는 어려운 분야인 것이 사실입니다. 북측은 정치사업의 일환으로서 당장의 어떤 정치적 목표에 부합하든가, 경제적 이득이 따라오는 사업이 아니면 소극적으로 나오곤 하지요. 이러한 어려움을 감내하면서도 꾸준히 확대해갈 필요가 절실한데, 특히 강조할 점은 이 사회문화교류사업이 남북의 연합 혹은 낮은 단계 연방제의 실질적 기반을 하나씩 만들어간다는 뚜렷한 목적의식입니다. 이러한 목적의식 속에서 사회문화교류를 끈덕지게 추진한다면 '제7당사자'로서 남한의 시민운동은 여타 6개의 당사자들보다 비교우위를 갖게 될 것입니다.

인도적 사업 또한 당연히 지속·강화되어야 하지만 이를 인권담론과 적절히 결합하는 지혜가 요구되지 않는가 생각합니다. 한국은 이번에 유엔 인권결의안에 찬성표를 던졌습니다. 그 명분으로 유엔 사무총장 배출국의 위상과 북핵실험에 따른 여론악화를 내세웠는데 둘다 본질에서 벗어난 논거지요. 북한 인권개선에 대한 관심의 진정성을 보이려면 중단된 인도적 지원사업을 재개하면서 미국 등 국제사회에 대해서도 북녘 인민의 '인간안보'를 위한 획기적인 조치들을 취하도록 촉구해야 할 것입니다.

이밖에도 현안은 많지만 이만 마칠까 합니다. 끝으로 제가 '제7당사자'라는 표현을 쓴 것은 6자회담의 당사국들을 빗대고 한 말인데, 남북의 양자관계로 말하자면 남한의 민간부문은 '제3의 당사자'가 됩니다. 우리가 '제7당사자'로서 한반도와 동아시아 문제 해결에 기여하고 또 '제3당사자'로서 남북관계 발전에 이바지해서 성취되는 한반도문제 해결은 그야말로 세계 역사상 유례가 없는 사태가 될 것입니다. 또 이를 통해 구축될 동아시아 평화체제는 동아시아와 인류 문제의 해결에도 새로운 계기를 제공할 것입니다.

북의 핵실험 이후 남북관계가 많이 어려워졌지만 한반도식 통일은 여전히 진행중이고 다른 대안이라는 것은 전쟁 외엔 없다는 점을 말씀드렸습니다. 이런 한반도식 통일의 실질적 특징이자 세계사적 의미는 시민참여·민중주도가 가능해진 과정이란 점을 강조하면서, 제가 관여하고 있는 6·15남측위원회도 그 과정에 더 큰 기여를 할 수 있도록 많은 성원과 편달을 부탁드리고 제 이야기를 마치겠습니다.

〈2006〉

| 덧글 | 2·13합의 이후의 '제3당사자'

강연 당시 9·19공동성명의 실행이 지지부진하던 상황은 그후 크게 달라졌다. 2007년 2월 속개된 뻬이징 6자회담에서 '2·13합의'를 통해 초기 이행계획이 제시되어 많은 가시적 성과가 나오고 있는 것이다. 2·13합의는 9·19성명 이행의 첫 단계에 국한된 매우 제한적인 합의다. 그러나 전에 없던 북미 직접대화의 산물일 뿐 아니라, 구체적인 '행동 대 행동'의 합의가 얼마만큼 이행되고 있는지, 일정에

차질이 났다면 어디서 얼마만큼 났는지 그때그때 확인 가능하다는 장점을 지녔다.

이 글을 쓰는 현재 북핵시설의 폐쇄(shutdown)라는 1단계 목표가 4월 14일 마감날짜까지 완수되기는 힘들 것으로 예상된다. 하지만 그 원인이 방꼬델따아시아은행 북측 계좌의 동결해제라는 미국 측 약속의 이행이 지연된 데 있고 이 지연사태가 과거와는 달리 다분히 기술적인 성격이라는 인식이 공유되고 있기 때문에, 2·13합의가 심각한 도전에 직면했다고는 안 보는 분위기다. 머지않아 6자회담이 다시 열리고 2단계의 불능화(disablement) 조치에 대한 그림도 무난히 그려내지 않겠느냐는 예측이 우세하다.

여기서 나는 이런 국제정세의 흐름에 대한 해설을 시도하기보다, 한반도식 통일의 시민참여형 성격에 대한 지론을 약간 부연해보려 한다.

한반도문제 해결을 위한 6개 당사국간의 협의가 원활해질수록 '제7당사자'로서 남한 민간사회의 몫은 줄어드는 면이 있다. 적어도 핵문제 같은 군사·안보 사안을 정부들끼리 신속하게 합의하고 처리해나갈 때 장외의 민간세력이 끼어들 여지가 많지 않을 것은 당연하다. 반면에 남북관계에서 두 정부에 더한 '제3당사자' 역할은 훨씬 커질 것이다. 또한 한반도 평화체제에 초점을 맞춘 4자포럼이 열릴 경우에 '제5당사자'로서 어떤 힘을 발휘할지도 남북관계 '제3당사자'의 몫을 어떻게 해내느냐에 크게 좌우될 것이다.

북핵문제가 해결의 기미를 보이면서 우리 사회의 타성적인 사고가 되살아나는 느낌도 없지 않다. 사태호전의 주원인이 북의 핵실험이라 보건 아니건 국가전략 차원의 담론으로 국한되는 경향이 눈에 띄는가 하면, 다른 한편 분단현실을 괄호 속에 넣은 채 남한의 독자적인 발전이나 변혁에 몰입하려는 경향도 한숨 돌리고 다시 나서는 형세다. 이럴 때 시민참여형 통일론이 던지는 질문은 크게 두가지다. 첫째, 핵문제가 해결되고 북미국교가 수립되어 남북교류가 대폭 증대하는 과정이 남북연합(또는 '낮은 단계의 연방')이라는 정치적 해법을 수반하지 않고도 순조로울 것인가? 둘째, 만약 이런 정치연합—해석하기 따라서는 '1단계 통일'—이 필수적인 것이라면 민간사회의 대대적인 참여 없이도 그것이 가능하겠는가?

북핵문제 해결과 북미관계 정상화로 조선민주주의인민공화국은 일단 군사적 안전을 보장받고 경제회생의 호기를 잡을 것은 분명하다. 그러나 이것이 반드시 한반도의 안정을 뜻하지는 않는다. 미국의 침공위협과 경제봉쇄가 끝나더라도 미국이나 국제사회, 남한의 정권 또는 시민사회 등이 인권문제 등을 내세워 북에 대한 압박을 재개할 가능성은 언제나 열려 있다. 아니, 대북포용정책과 남북의 경제협력·사회문화교류가 본격화하는 것 자체가 북의 체제에는 최대의 위협이 될 수도 있지 않은가.

이런 가능성에 대해 남측 정부와 상당수의 포용정책 지지자들은 한반도의 긴장이 완화되고 북에 대한 외부지원이 활성화될 때 북도 '중국이나 베트남처럼' 개혁·개방으로 나아갈 수 있으리라는 전망을 제시하곤 한다. 그러나 이 또한 분단체제의 존재를 과소평가한 발상이 아닐까? 베트남민주공화국(왕년의 북베트남)이 개혁·개방정책으로 전환한 것은 미국과의 전쟁에서 승리하여 통일을 달성한 뒤였다. 중국의 경우는 대만해협을 사이에 둔 분단이 여전한 상태였지만, 이는 '분단체제'라기보다 '대만의 분리독립 가능성'과 무력충돌 위험을 안은 비대칭적 분열이었으며 아무튼 중국이 대만에 의한 흡수통일을 우려하는 상황은 아니었다.

물론 북이 중국과 베트남의 선례를 상당부분 따를 가능성을 배제할 필요는 없으며, 어떤 식으로든 개혁과 개방의 길을 찾아야 하는 것 또한 필연이다. 다만 분단체제 해체기 속의 북측 사회가 중국이나 베트남 정도의 안정성과 자신감을 갖고 개혁과 개방의 거대한 실험을 수행하기 위해서는 6자회담 또는 그 후속기구 수준의 보장으로는 태부족이다. 따라서 국제적 보장과 지원은 그것대로 제공하되, 남북이 좀더 긴밀하게 공조하며 한반도의 재통합과정을 관리해갈 정치적 연합기구가 필요해진다. 그게 아니라면 북조선이 철저히 중국에 예속됨으로써 안정을 도모하는 길이 있을 뿐인데, 미국의 적대정책이 계속 강화되지 않는 상태에서 북측이 그 길로 가리라고는 상상하기 힘들다.

남북의 연합 또는 낮은 단계의 연방제는 6·15공동선언 제2항에 명시되었음에도 불구하고 남북 당국이 모두 그동안 큰 관심을 보이지 않아왔다. 당장에 체제위기가 긴박한 북측은 '우리 민족끼리의 리념'을 앞세워 남북의 점진적 통합과정이 가져올 또다른 위험에 대한 논의를 미뤄두는 경향을 보였고, 남측은 교류협력을 통한 개혁·개방 유도라는 낙관론 속에 '일정기간 이후 흡수통일'이라는 단꿈을 꾸고 있는지 모른다. 그 내막이야 어떻든, 국가연합기구로의 극히 제한된 권력이양도 자발적으로 이루어지기 힘든 것이 권력의 속성이라고 한다면, 이를 위한 추동력이 민간으로부터 나오지 않고서는 수습책이 마련되기 힘들 것으로 예상된다.

여기서 남쪽의 민간사회라는 '제3당사자'의 필수적인 몫이 떠오른다. 물론 북쪽 민간사회도 '제4의 당사자'로서 독자적인 목소리를 내는 상황이라면 더욱 바람직하겠지만, 중요한 것은 남북의 통합과정을 2개 당사자에게, 즉 정부당국에만 맡겨두지 않는다는 원칙이다. '제3당사자' 자체도 기업, 정당, 사회단체, 종교조직, 개별시민 등 복잡한 구성인데다 현재 통일문제에 대한 남쪽 민간사회 구성원들의 반응은 차라리 중구난방에 가까운 실정이다. 그러나 어쨌든 베트남식 무력통일이나 독일식 흡수통일뿐 아니라 예멘식 담합통일마저 불가능하게 할 만큼은 뚜렷한 비중을 확보했으며, 남북의 화해협력에 적극적인 세력들만으로도 이미 국가연합 건설작업에 중대한 실질적 기여를 하고 있다.

그런데도 민간통일운동 역시 국가연합을 의식적인 목표로 설정한 예는 드문 편이다. 한편에서는 여전히 '민족공조'의 원칙론을 되풀이하는 데 몰두하는가 하면, 다른 한편에서는 정부당국자와 별반 다를 바 없는 막연한 낙관론에 빠진 채 일상적 교류협력사업의 수행에 만족하기도 한다. 하지만 북핵문제가 해결에 다가가고 남북교류가 대폭 확대되는 국면에 들어서면 이런 대응만으로 격변하는 사태를 따라가지 못할 것이다.

당연히 남쪽 내부의 '중구난방'을 정리하는 데도 힘이 되지 못한다. 남북연합 — 영어로는 Confederation 외에도 Union 또는 Commonwealth [of Korean States] 등 다양한 선택이 가능한데 —

또한 만병통치약은 아니다. 그러나 적어도 무조건적인 자주통일 주장이나 통일 없는(또는 흡수통일 구상을 뒷전에 숨겨놓은) 교류협력 주장보다 좀더 대중에게 다가갈 수 있는 현실적인 방안이 되리라는 것은 분명하다. 국가연합은 기존 두 국가의 주권을 존속시킨다는 점에서 갑작스런 통일에 대한 대중의 우려를 불식해주는 동시에, 분단체제를 그대로 둔 채 경제통합을 달성한다는 허황되며 위태롭기까지 한 발상을 '통일'을 굳이 앞세우지 않고도 견제할 수 있을 것이기 때문이다.

평화공존이냐 통일이냐라는 소모적인 대립을 넘어서는 데도 국가연합 방안이 결정적으로 중요하다. 국가연합 단계의 평화체제는 국제정치학적 통념으로는 두 주권국가의 평화공존이면서, 한반도의 특이한 역사적 맥락에서는 남북의 재통합과정에서 돌이킬 수 없는 발걸음을 내디딘 '1단계 통일'일 수 있기 때문이다. 마찬가지로 대북경제지원에 대한 논란과 관련해서도, 다양한 경제협력사업—순수한 인도적 지원과 단기적으로도 남측에 이득이 되는 사업 그리고 한반도의 경제통합을 지향한 장기적 사업 등—을 각기 남북연합 건설작업이라는 맥락 속에 자리매김으로써 '퍼주기' 또는 '흡수통일을 위한 노림수'라는 쌍방 기득권세력의 반대를 잠재울 수 있다.

무엇보다 이것이 시민참여에 의해 추동되는 과정임을 인식하는 일이 중요하다. 그 점에서 '제도로서 통일'이라는 표현도 적절한 것은 아니다. 한반도에서의 연합국가 건설은 당국자들이 통일국가의 다양한 제도를 놓고 선택하는 것과는 전혀 다른 차원의 문제다. 점진적·단계적 통일과정이 시민참여의 폭을 넓혀줌을 알면서도 그 밖에 다른 선택이 없었던 당국자들이 앞으로 이 과정이 어떤 내용으로 채워져 어떤 제도를 갖출지조차 모른 채 미지의 길로 내몰리고 있는 한반도식 통일의 핵심인 것이다.

거듭 말하지만 이는 권력의 속성상 결코 달가울 수 없는 길이다. 그러나 무력통일은 한반도 주민 거의 전부가 거부했고 일방적 흡수통일에는 주민 다수와 적어도 한쪽 권력이 강력하게 반대하고 있으며 협상통일도 당국자들끼리의 담합으로는 도저히 안될 정도로 '제3당사자'의 비중이 커진 상황에서, 한반도의 평화와 안정을 미국이나 중국 같은 외세에 의탁하지 않으려면 다른 무슨 길이 있었겠는가? 게다가 국가연합(내지 낮은 단계의 연방)이라는 해법이 제시된 이상 당국간 교류·협력 외에도 민간 차원의 다각적인 준비가 필요함은 물론, 준비가 무르익었을 때 밑으로부터의 압력이 가해짐으로써만 그 목표가 달성될 것이다. 그리고 이러한 유례없는 정치적 창안이 이루어졌을 때 남북의 민중이 함께하는 새로운 '제3당사자'의 형성도 가능해질 것이다.

〈2007〉

5

남북정상회담과 한미FTA

남북정상회담과 한미FTA라는 두개의 굵직한 현안이 임기 막바지의 노무현 대통령 앞에 놓여 있다. 둘다 아직 성패를 예측하기 어렵지만 이들 현안의 처리결과에 따라 참여정부에 대한 역사적 평가가 크게 갈릴 것이며, 두 과제만 잘 풀어도 노대통령이 다짐한 대로 '레임덕'은 없을 공산이 크다.

남북정상회담은 6·15공동선언이 남긴 숙제 가운데 하나다. 햇볕정책 계승과 한반도의 화해·협력을 추진해온 참여정부로서는 당연히 겨냥할 목표이기도 하다. 회담을 위한 여건 또한 최근에 부쩍 좋아졌다. 무엇보다 북미관계가 획기적으로 개선되기 시작했으며 국내 지지여론이 과반수를 훨씬 넘는데다 얼마 전까지 '정략적'인 정상회담 기도를 규탄하던 한나라당 지도부조차 반대의사를 거둬들이고 있다.

이것만으로도 노대통령의 정치적 입지가 강화되었고, 비록 곡절은 있었지만 참여정부가 공들여온 한반도 평화·번영 정책 및 '한반도문제에서의 한국주도' 노선이 정당성을 인정받게 된 셈이다. 결과적으로 남북정상회담에 정략을 개입시키려는 유혹이 오히려 감소했으며, 이 문제에 신중하게 접근할 여유를 갖게 된 것이다.

실제로 북미관계가 급박하게 진전하는 도중의 어느 대목에 남북정상회담을 끼워넣는 것이 마땅할지는 치밀한 계산을 요한다. 너무 서둘러서 북미관계 진전에 혼선을 일으킬 필요는 없지만, 미국하고 다 잘 풀린 뒤에나 움직이려 해서는 북·미 어느 쪽에서도 옳은 대접을 못 받게 마련이다.

여기서 정부가 최적의 시기를 찾아내어 정상간의 만남을 성사시킬 때 적어도 한반도 평화문제에 한해서만은 뚜렷한 성과를 남길 것이다. 그 만남이 김정일 위원장이 일찍이 (막연하게) 약속했던 '서울 답방'일 필요는 없고, 2000년 평양회담에 견줄 획기적인 내용을 갖추지 않아도 좋다. 오히려 굳이 획기적이지 않아도 되는 남북 정상간의 만남들을 정착시켜간다는 데 더 큰 의미를 둘 수 있다.

한반도 평화체제 선포를 위한 부시 대통령과의 3자 정상회담(또는 중국을 포함한 4자회담)도 빠를수록 좋다. 그러나 만약에 연내 실현이 어려울 경우 미국에서는 부시의 임기중이지만 한국에서는 새 대통령 취임 이후가 될 내년 상반기쯤으로 일정을 잡는 데에 남북 지도자가 공감하는 것 자체가 특별한 의미를 지닐 수 있다. 평화체제 구축에 한발 다가가는 동시에 미국측과 국내 대권주자들의 협력의지를 북돋는 데 일조할 것이기 때문이다.

정상회담 문제가 정교한 판단을 요하면서도 전반적으로 노대통령에게 편한 국면으로 진전해왔다고 한다면, 한미FTA는 그것과 사뭇 대조적이다. 한편으로 4월초 시한을 어떤 식으로 넘기건 대통령이 편해지기는 힘들리라는 점에서 대비가 되고, 다른 한편 대통령의 판단이 의외로 그다지 정교할 필요가 없을지 모른다는 점에서도 대조적이다.

판단의 기준은 사실 노무현 대통령 자신이 명쾌하게 정리한 바 있다. "철저하게 경제적으로 실익 위주로 면밀하게 따져서 이익이 되면 체결하고 이익이 안되면 체결 안할 것"이며, "(미국 행정부에 부여된) 신속절차 안에 하면 아주 좋고, 그 절차의 기간 내에 못하면 좀 불편한 절차를 밟더라도 그 이후까지 지속해서 갈 수 있다"라는 지난 3월 13일 국무회의 발언이 그것이다.

이 말이 한갓 면피용이 아닌 한, 여기 제시된 기준이야말로 우리의 외교와 국방에서 '자주 대 동맹' 같은 이념적 구도를 배격하고 실익 위주의 자주성과 동맹관계를 추구해온 정부노선의 재연이 아니겠는가. 아울러 한반도문제 해결에는 한국이 주도적으로 참여해야 한다는 원칙과도 정확히 부합하는 것이다.

이 점을 새삼 강조하는 것은 그간의 한미FTA 협상이 "철저하게 경제적으로 실익 위주로 면밀하게 따져서 이익이 되"는 방향으로 진행되어왔다고는 도저히 믿어지지 않기 때문이다. 물론 세부사항으로 들어가면 전문적인 식견 없이 뭐라고 말하기 힘든 대목이 많다. 그러나 첫째, 협상내용 대부분을 전문가들에게조차 비밀에 부쳐온 그간의 과정이 우리 쪽의 협상력을 상대국으로부터 보호한다는 대외적인 목표보다 협상팀을 국내제약으로부터 좀더 자유롭게 해주겠다는 대내적인 동기에서 비롯된 바 큰 것 같다. 동시에, 알려진 내용만으로도 수많은(결코 쇄국주의자도 교조적인 진보주의자도 아닌) 전문가들이 협상이 우리 실익에 위배됨을 거듭 지적해왔다. 이들의 지적이 다 맞는다는 보장은 없고 설혹 맞는다 해도 매번 우리의 실익을 챙기기를 기대하는 건 무리다. 하지만 그 정도로 문제점이 지적되고 사회적 논란이 뜨거워졌으면 미국 정부의 일정에 맞추기보다 "좀 불편한 절차를 밟더라도 그 이후까지 지속해서" 점검하고 토론하면서 진행하는 것이 상식일 터이다.

남북정상회담과 연관시켜서 살피면 이런 상식의 중요성은 더욱 명백해진다. 전시작전통제권이 없는—최소한 그걸 넘겨받을 약속조차 못 얻어낸—남쪽 대통령이 북측 정상과 만나서 한반도 평화체제를 논의하기가 면구스러울 것이듯이, 정부의 공공정책 수행이 미국의 투자자에 의해 언제든지 제소당할 수 있는—더구나 그랬을 때 자국 사법부의 판결을 받아볼 기회마저 박탈당한—국가의 지도자가 '민족경제의 균형적인 발전'이라든가 '한반도 경제통합'을 자신있게 토론할 수 없을 것이기 때문이다.

더구나 정상회담은 전국민적인 지지 속에 이뤄져야 제대로 힘을 받는다. 그런데 노무현정부의 평화·번영 정책을 가장 적극적으로 지지해온 국민들이 '한미FTA 빅딜' 타결에 맞선 투쟁을 벌이는 형국이라면, 회담은 이 난국을 돌파하기 위한 '정략'의 혐의를 다시금 뒤집어쓸 것이고 실제로 국면전환에 큰 성과도 없을 것이다. 자칫하면 정상회담을 성사시키고도 참여정부는 '평화·번영 정책 하나도' 제대로 마무리하지 못한 정권으로 낙인찍힐 수 있다. 이 과정에서 스스로 표방해온 참여민주주의에 대한 훼손이 점점 더 심각해질 것 또한 충분히 예상되는 일이다.

끝으로 노대통령은 "경제외적 문제는 고려하지 말라"고 강조했지만, 나로서는 그가 한미FTA 협상을 상식에 맞게 해결해서 장기적인 과제로 끌고 갔을 때 펼쳐질 신명나는 판국을 꿈꾸지 않을 수 없다. 유독 한미FTA에 관해서만 대통령에게 지지를 보내면서 한미경제통합 달성과 '레임덕' 촉진이라는 일석이조(一石二鳥)의 단꿈에 젖었던 보수언론은 당연히 실망할 것이다. FTA 강행타결의 결과로 극단적인 진보주의가 유일한 대안으로 부각되기를 은근히 기대하던 일부 세력도 그러리라 짐작된다.

하지만 시민사회의 광범위한 연대운동, 일부 관료 및 국회의원들의 분발, 여기에 대통령의 자주실리 외교노선에 따른 소신있는 결단이 합쳐 한미FTA의 졸속타결을 방지하는 데 성공한다면 우리 역사는 또 한번 진정한 의미의 진보와 선진화를 이룩할 것이다. 평화·개혁·진보를 추구해온 우리 사회의 다수는 용기백배할 테고, 각자의 강조점이 다른 것이 지리멸렬의 원인이 아니라 화이부동(和而不同)의 계기로 바뀔 것이다.

이럴 경우 미국은 어떻게 나올까? 참여정부 초기의 자주성 강조가 한미동맹의 파탄을 가져왔다고 한숨짓던 이들의 우려와 달리, 미국이 옛날만큼 고분고분하지 않은 한국에 대한 일시적인 불쾌감을 떨치고 새로운 현실에 점차 익숙해진 경험을 상기하면 그 답은 명백하다. 당장에 어떻게 반발하건, FTA 졸속강행 실패에 대한 불만을 조만간 삭여낼 것이다. 우리가 미국과의 협정을 아주 안하겠다는 것도 아니고 "좀 불편한 절차를 밟더라도 (4월) 이후까지 지속해서 갈" 작정이라는데, 세계 10위권에 근접한 경제대국을 쉽사리 등질 수는 없을 테니까. 아니, 그렇게 또 한번 우리 사회의 저력과 자주성을 과시한 뒤에야 비로소 한국에 대한 존중심을 제대로 보여주기 시작할지 모른다.

이런 바탕 위에 성사되는 남북정상회담이야말로 금상첨화(錦上添花) ─ 비단 천에 꽃수를 놓은 격이 되지 않겠는가.

〈2007〉

6

6월항쟁 20주년에 본 87년체제

우리는 어디까지 왔고 어디로 갈 것인가

1. 6월항쟁과 87년체제

1987년 6월의 전국적인 봉기는 전두환정권의 폭압정치를 끝장내고 한국현대사의 새로운 장을 열었다. 그 배경에는 물론 1960년의 4·19혁명이 있고 1979년의 부마항쟁이 있으며 80년 5월의 광주민주항쟁이 있다. 하지만 5·16이나 5·17 같은 결정적인 반전이 없이 20년을 이어온 민주화의 과정에 시동을 걸었다는 점에서 6월항쟁은 확실히 새로운 차원의 성취였다. 동시에 오늘의 한국사회에는 1987

■ 이 글은 2007년 5월 12일 민주화운동기념사업회, UCLA 한국학연구소, 민화협 미주 한인협의회 공동주최로 미국 로스앤젤레스에서 열린 '6월항쟁 20주년 기념 국제심 포지엄'의 기조연설문으로, 원제는 '6월항쟁 이후 20년, 어디까지 왔으며 어디로 갈 것인가'이다. 이후 『황해문화』 2007년 여름호에 게재했고 『87년체제론』(창비 2009)에 수록하면서 글을 손질하고 제목을 고쳤다.

년 6월 이후 형성된 이른바 '87년체제'가 이제 한계점에 달했고 새로운 타개책이 필요하다는 위기의식이 퍼져 있다.

그러한 모색의 일환으로, 6월항쟁을 통해 형식적·절차적 민주주의 내지 정치적 민주주의는 달성했으나 경제·사회 면에서의 실질적 민주주의는 여전히 부실하거나 심지어 후퇴했다는 진단이 나오기도 한다. 이는 진실의 일면을 짚어내고 있지만 그런 식의 이분법에는 경계할 면도 많다. 새로운 헌법과 대통령 직선 등의 기틀이 마련된 뒤에도 정치적 민주화 자체가 노태우, 김영삼, 김대중 정권을 거쳐 노무현정부에 이르는 고비고비마다 힘겹게 확장되어왔거니와, 비록 군부 쿠데타에 의한 역전 가능성은 거의 사라졌지만 '불가역적 달성'이라 보기에는 아직 이르다. 게다가 87년 7~8월의 노동자 대투쟁이 민중복지의 개선인 동시에 절차적 민주주의의 진전이기도 했듯이, 민주화를 '형식'과 '실질'로 가르는 것도 편의상의 구별에 불과하다.

이러한 구분법의 배경에는 6월항쟁의 진정한 목표가 한국사회에서 민중민주주의 또는 사회주의 — 아니면 최소한 사회민주주의 — 를 건설하는 일이었다는 전제가 깔려 있기 쉽다. 그런 전제로 보면 6·29선언이야말로 민중항쟁의 완전한 목표달성을 가로막은 '속이구' 선언이요, 이후의 20년은 민주주의의 모양새만 얻고 알맹이를 놓친 좌절의 역사가 되고 만다.[1] 내가 보기에 이는 한국의 현실에

---

1) 김명인 「1987, 그리고 그 이후」(『황해문화』 2007년 봄호)의 논지를 이렇게 단순화할 수는 없지만, "6·29선언과 개헌, 그리고 그해 겨울의 대통령선거"를 주로 '지배블록의 재편과정'이라는 시각에서 보고 문민정부의 "군부숙정, 금융실명제, 전직 대통령

대한 매우 일면적인 해석이다. 그 일면성을 넘어서는 것 또한 6월항쟁 20주년을 맞은 우리들의 중요 과제 가운데 하나가 아닐까 한다.

아무튼 6월항쟁과 직후의 일련의 사건들이 만들어낸 정치·경제·사회적 질서를 '1987년체제'라 부를 때, 그것이 이전보다 한결 개선된 질서이긴 하지만 수많은 일시적 타협을 담은 불안정한 체제이며 오늘날 거의 그 한계점에 도달한 체제라는 인식이 지배적이다. 물론 1997년 경제위기와 IMF 구제금융사태를 계기로 '97년체제'에 의해 이미 대체되었다는 주장도 있다. 그런가 하면 한미FTA 협상의 강행타결로 87년체제가 2007년에 드디어 최종적으로 무너졌다는 진단도 있고, 일부 '뉴라이트' 논객들은 대통령선거에서 '친북좌파' 정권을 종식시키는 좀 다른 의미의 '2007년체제'를 출범시켜야 한다고 벼르기도 한다. 아무튼 87년체제가 여전히 건재하며 계속 유지되어야 한다는 주장은 찾아보기 힘들다.

2. 87년체제를 넘어서기 위해

87년체제를 넘어서려는 구상은 87년체제라는 것이 무엇의 하위범주인지, 다시 말해 어떤 더 큰 체제의 일부이며 어떤 더 포괄적인 시대구분 속에 자리잡고 있는지에 따라 그 내용이 달라진다. 예컨

구속 등 구체제의 청산과 민주화의 확장"에 대해서도 "이 역시 길게 보면 신자유주의체제 정착을 위한 정치사회적 지반 다지기의 과정"(16~17면)으로 평가하는 점에서 '87년 이후'에 대해 매우 부정적인 평가를 내리는 입장인 것은 분명하다.

대 앞서 말한 97년체제론을 포함해서, 6월항쟁 이후의 정치적 민주화가 신자유주의의 득세를 수반하는 실질적 민주화 실패의 역사라고 보는 관점은 최근 20년의 한국사회를 1980년대 초에 시작되는 자본주의 세계체제의 '신자유주의 국면'을 중심으로 파악하는 발상이다.

한국사회가 자본주의 세계체제의 일부로 존재함은 엄연한 사실이며, 따라서 신자유주의라는 세계적 대세가 6월항쟁 이후의 역사에 커다란 규정력을 행사해온 것을 부인할 수는 없다. 그러나 정확히 얼마만큼의 규정력을 어떤 식으로 행사했는지, 또 이에 대한 한국사회의 가장 적절한 대응책이 무엇인지를 밝히기 위해서는 신자유주의가 무엇인지에 대해서도 좀더 정밀한 이해가 필요하거니와, 한국사회에 신자유주의가 작용하는 구체적인 방식이 어떤 것인지에 대해서도 정확한 분석이 요구된다.

나 자신은 그 어느 하나에 관해서도 충분한 연구가 없지만, 신자유주의에 대한 나의 기본적인 이해는 그것이 실은 '구'자유주의(내지 자유민주주의)보다 더욱 오래된 초기 자유주의로 회귀하려는 시도인바, 초기 자유주의가 그나마 힘겨운 역정을 거쳐 민주주의 및 복지사회와 일정한 결합을 성취했던 것을 축적의 위기를 맞은 20세기 종반의 자본주의가 되물리고 시장만능의 논리로 회귀하는 움직임이라는 것이다. 이러한 신자유주의는 초기 자본주의가 지녔던 봉건질서 타파라든가 건강한 개인주의 창달 같은 진보성마저 상실한 채 현대 자본주의가 만들어낸 불평등질서를 고착시키려 한다는 점에서 그것이 과연 '자유주의'인지조차 의심스러운 이데올로기이다.

그렇다고는 해도 신자유주의의 영향은 때와 장소에 따라 달라진다. 한국의 경우 신자유주의 득세의 결정적인 계기가 1997년의 구제금융사태였지만, 그 결과 중에는 당시의 한국사회가 절실히 필요로 하던 자유주의 또는 민주주의 개혁을 추동하는 내용도 없지 않았다. 관치금융의 타파가 하나의 두드러진 사례며, 크게 볼 때 1998년에 여야간 정권교체가 일어나고 김대중정부 초기의 각종 정치개혁이 수행되는 과정에 힘을 실어주기도 했던 것이다. 그래봤자 자유주의 정치의 확산과 자본주의 제도의 정착에 기여한 것뿐이라는 반론도 가능하지만, 이런 반론이라면 '신자유주의'라는 개념 속에 온갖 것을 쓸어담기보다 자유주의 자체 또는 자본주의 자체를 정면으로 비판하면서 설득력있는 단기·중기·장기적 대응책을 제시할 수 있어야 한다.

　87년체제의 구체적 성격을 밝히는 데 긴요한 것이 세계적인 시각만은 아니다. 한국이 분단국가인 이상 한반도적 시각이 동시에 필요한 것이다. 6월항쟁 10주년을 기념하는 학술대회에서도 나는 "6월항쟁을 단지 남한의 역사 속에서 보는 대신 남북한을 아우르는 분단체제 속의 사건으로 파악하고 평가할 것을 제의"(「6월민주항쟁의 역사적 의의와 10주년의 의미」, 『흔들리는 분단체제』, 창비 1998, 212면)한 바 있는데, 국토가 처음 분단된 것은 1945년이었고 남북에 단독정권이 수립된 것은 1948년이지만 분단이 일종의 체제적 성격을 띨 만큼 굳어진 것은 한국전쟁이 교착상태로 끝난 1953년 이후라고 말할 수 있다. 그후 4·19와 5월 광주 등 수많은 도전을 견뎌낸 분단체제는 6월항쟁으로도 종식되지 않았으며, 그런 의미에서 87년체제는 53년체제의 한 아(亞)체제 내지 하위범주인 셈이다.

그러나 한반도 분단체제의 큰 버팀목이던 남한의 군사독재가 무너짐으로써 분단체제는 동요기로 접어들었다. 뒤이은 동서냉전 종식으로 지구 차원의 종요로운 버팀목도 잃어버렸다. 그리고 2000년 6월의 남북정상회담과 6·15공동선언으로 드디어 53년체제를 넘어설 전망이 열린 것이다.

이런 간략한 요약에도 드러나듯이, 87년체제에 대해 한반도적 시각을 갖는다는 것은 결코 남한 내부의 변화나 세계사적 사건을 배제하고 남북관계만을 부각시키는 '분단환원론'이 아니다. 87년체제라는 표현 자체가 한국사회의 내부요인을 중시하는 명명법으로서, 민주화의 지속이라든가 새로운 발전모델의 모색, 신자유주의의 수용 또는 배격 등 국내 현안들을 주요 내용으로 삼고 있다. 다만 이런 국내 현안의 해결조차 분단체제의 자장(磁場) 안에서 벌어지게 마련이고, 실제로 53년체제 아래서도 줄곧 이어져온 민간의 통일운동이나 87년체제에 힘입어 전개된 노태우정권의 북방정책 같은 정부측의 남북대결 완화노력이 모두 민주화의 중요한 변수로 작용했음을 망각해서는 안된다는 입장인 것이다.

그러므로 분단체제론에서 2000년의 획기성을 인정하는 것도 이른바 민족해방론 혹은 자주통일우선론의 시각과는 거리가 있다. 2000년을 기점으로 삼는 '6·15시대'는 1953년 이후 처음으로 남북이 공유할 수 있게 된 시대구분이라는 점에서 분명히 획기적이지만, 그것이 남북 각기의 사회현실로 구체화된 내용은 아직 제한적이다. 물론 순전히 선언적·관념적인 수준에만 머문 것은 아니고 일상생활에도 적잖은 파급효과를 가져왔다. 그러나 남쪽에 국한해서 말하더라도 6·15가 53년체제를 청산하지 못했음은 물론 87년체제를 끝냈다고 보기조차 힘들다.

남한 주민들에게 미친 직접적인 영향으로만 본다면 97년의 IMF 사태가 훨씬 위력적인 것이었다. 그러나 이를 신자유주의 지배하의 '97년체제' 성립으로 해석하는 것은 어떤 의미에서 87년체제의 진보성에 대한 과대평가라 할 수 있다. 다시 말해 엄연히 53년체제의 일부로서 분단체제의 여러 문제점을 그대로 안고 있으면서도 87년 이전보다 더욱 무모하게 '선진국 진입'과 '흡수통일'의 꿈에 들떠 있던 90년대 한국사회의 모습이 97년의 경제위기에서 극적으로 드러난 점이 간과되고 있는 것이다.

다른 한편 IMF사태로 87년체제의 긍정적 동력이 완전히 소진되었다는 진단 또한 지나친 단순화다. 좀더 원만한 평가를 위해서는 역시 한반도적 시각에서의 접근이 요구되는데, 이때 1987년과 1997년 그리고 2000년의 관계는 훨씬 복잡하면서 어떤 일관된 그림을 제시한다. 87년은 남한 민주화의 결정적인 전환점이며 한반도 분단체제 동요기의 시작이지만, 87년체제의 헌법과 정당정치 및 대부분의 사회운동이 '분단체제 극복'을 뚜렷한 시대적 과제로 설정하고 출발한 것은 아니었다. 이에 따른 온갖 문제들이 누적된 끝에 남녘에서는 97년의 구제금융사태가 발생했고, 이것이 식량난 등 북녘의 위기와 겹쳐 분단체제의 흔들림이 본격화했다. 이때 나온 6·15공동선언은 범한반도적 위기상황의 직접적인 산물인 동시에, 남북 각자가 현상고수나 대외종속보다 상호간의 화해·협력 및 점진적 통합에서 새로운 활로를 찾고자 한 능동성과 저력의 산물이기도 했다.

나는 분단체제가 2000년을 분기점으로 '동요기'에서 '해체기'로 들어섰다고 주장한 바 있지만(『한반도식 통일, 현재진행형』, 창비 2006, 6면), 한반도 전체를 분석단위로 삼는 시대구분과 그 절반만을 대상으로 하는 시대구분이 일치할 필요는 없다. 따라서 남한의 87년체제가 2000년 이후에도 지속되고 있다는 판단은 '분단체제 해체기' 설정과 모순되지 않는다.[2] 다만 분단체제가 제대로 해체되어 더 나은 체제로 이행하려면 한계점에 다다른 87년체제를 극복하는 일이 필수적이다. 한반도 평화체제 성립을 위한 국제적 여건이 그 어느 때보다 유리해졌고 국내에서는 87년체제의 말기현상이 날로 두드러져가는 6월항쟁 20주년의 현시점이야말로 새로운 시대를 향한 결정적인 발걸음을 내디딜 계제가 아닐 수 없다.

3. 2007년 한국의 선택

2007년은 마침 한국에서 대통령선거가 있는 해이기도 하다. 올해가 결정적인 분기점이 될 수 있는 또 하나의 이유이다.

한국의 보수진영에서도 금년 대선이 단순한 정권탈환을 넘어 한

---

2) 서동만 「남북이 함께하는 '2008년체제'」(『창작과비평』 2007년 봄호)에서도 남북에 각기 다른 시대구분을 적용하여 북에서는 '선군정치' 체제가 확립되는 1998년을 중요한 분기점으로 설정한다. 그러나 이제는 남북이 모두 새로운 시기로 진입하여 "한반도 전체의 2008년체제"(174면)를 공유해야 한다는 과제를 제시한다.

반도의 운명을 가르는 선택의 갈림길이라는 주장이 나오곤 한다.[3] 1987년 이래의 방황의 시간, 그중에서도 '친북좌파' 세력의 10년 집권을 드디어 청산하고 새로운 '선진화'체제를 출범시키겠다는 것이다. 그러나 내가 보건대 대선에서 보수야당이 집권한다고 해서 87년체제가 극복될 것 같지는 않다. 이른바 뉴라이트의 논객들이나 야당 내 수구인사들의 강경발언에도 불구하고 87년 이래의 정치적 민주화과정을 근본적으로 되돌려놓거나 6·15공동선언을 폐기할 수 있으리라고는 생각되지 않기 때문이다.

반면에 87년체제가 새로운 체제로 이행하지 못한 채 '나쁜 교착상태'가 연장되면서[4] 그 말기현상이 더욱 심해질 개연성은 충분하다. 이는 특정 정당의 집권을 무작정 배격하는 정파적 주장이 아니다. 53년체제 — 더구나 1987년 이전의 53년체제 — 에 대한 비판의식이 희박하고 민주개혁정권 시기를 '잃어버린 10년'으로 간주하는 세력의 주도 아래 집권하는 한, 그 정당이 어느 당이건 87년체제의 어려움은 가중되리라는 판단일 따름이다. 아니, 개혁성과 참여민주주의를 자랑삼던 정권 스스로가 보수층의 지지를 업은 한미FTA 강행으로 일종의 '대연정'을 구성해도 결과는 마찬가지리라는 것이다.

---

3) 예컨대 다음과 같은 주장이 있다. "집권 민주화세력의 '의도하지 않은 매국(賣國)' 행위가 지속될 것인가, 아니면 폐기될 것인가? 그런 점에서 2007년 대통령선거는 한반도의 운명을 결정하는 분수령이 될 것이다."(신지호 「북한정세를 읽는 새로운 눈, 국가해체론」, 『시대정신』 2006년 겨울호 76면)

4) 김종엽 「분단체제와 87년체제」(『창작과비평』 2005년 겨울호; 『87년체제론』, 창비 2009)에서는 이를 갈등하는 두 세력간의 "지루하고 고통스러운 참호전 양상"으로 표현했다.

오늘날 한국사회에 필요한 노선을 나는 '변혁적 중도주의'로 규정하고 있다(『한반도식 통일, 현재진행형』 30~31면, 58~60면 참조). 명시적으로 그 표현을 쓴 것은 비교적 최근의 일이지만, 실은 6월항쟁 이후에 새로운 단계가 열리면서 급진운동권의 양대산맥을 이룬 '민족해방'과 '민중혁명' 노선이나 변혁의 전망을 결한 온건개혁노선 들이 모두 시대의 요구에 부응할 수 없음이 분명해졌다. 분단정권의 폭압통치 기간에는 자주평화통일의 원칙 또는 평등사회의 원칙을 주창하고 시민의 정치적 권리를 확보하는 것만으로도 분단체제를 흔드는 효력을 지녔었다. 그러나 군부독재가 끝나고 좀더 실질적인 작업의 공간이 열린 상황에서는 분단체제 변혁이라는 목표를 확실히 간직하면서 그 실현을 위해 다양한 세력들의 다양한 문제의식을 수렴하는 중도적 노선이 필요해졌다.

20년 가까운 세월이 더 흐른 오늘의 한국에서 그런 의미로 변혁적이면서 중도적인 노선의 필요성은 더욱 절실해졌다. 87년체제가 기본적으로 53년체제의 일부로서 그 문제점 중 많은 것이 분단체제 자체의 대내적 억압성과 대외적 취약성에서 오는 이상, 분단체제 변혁이라는 큰 구도 속에서 수행되지 않는 어떠한 87년체제 극복노력도 정곡을 찌르기 어렵게 되어 있다. 53년체제에 안주하려는 보수적 논리는 더 말할 나위 없고, 분단체제의 규정력을 과소평가하는 '반신자유주의' 논리나 분단 극복을 최우선 과제로 내걸지만 분단현실의 체제적 성격에 둔감한 '반미자주통일'노선도 미흡하기는 마찬가지다.

실제로 한국의 진보적 개혁세력은 한미FTA 협상과정을 비판하는 운동에서 꽤나 광범위한 연대를 형성했었다. '자주' 또는 '평등'을 이유로 원칙적인 반대입장을 취한 세력과 더불어 협상의 진행방식과 일부 내용에 반대한 인사들이 졸속타결을 저지하려는 움직임에 동참했던 것이다. 결과는 알다시피 미국의 통상촉진법 시한에 맞춘 4월초 타결을 저지하지 못하고 실패했다. 실패의 가장 큰 원인은 노무현 대통령과 참여정부가 오히려 강행추진에 앞장섰기 때문이고, 2006년 10월 북의 핵실험으로 저지운동의 기세가 일시적으로 꺾인 점도 작용했을 것이다. 그러나 운동 자체가 각기 속내가 다른 세력들의 다분히 전술적인 연대에 머물렀기 때문에 대다수 국민을 설득하는 데 한계가 있었다는 점도 인정해야 옳다.

협상이 타결되면서 지금은 전술적 연대마저 다분히 손상된 형국이다. 신중론을 펼치던 세력 중 일부가 졸속협상의 결과를 거부해야 한다는 반대론으로 옮겨갔지만, 다른 일부는 비준의 불가피성에 체념하면서 그나마 이만큼 해냈으니 최선의 사후대책을 강구하자는 자세로 전환하고 있다. 반면에 일체의 자유무역협정, 적어도 미국과의 모든 FTA를 배격해온 쪽에서는 협상타결에 분노하면서도 국내의 정치지형이 한미FTA 찬성과 반대의 두 진영으로 확연히 갈라지는 것을 반기는 기색이 없지 않다.

문제는 이런 구도가 87년체제 극복을 위해 과연 바람직하냐는 것이다. 이 구도가 가져올 급진적 진보진영의 세력확장이 그 나름의 의미가 없는 것은 아니나, 자기쇄신의 필요를 느끼지 않는 보수야당의 손쉬운 승리와 단순한 양적 확대에 만족하는 급진정파들의 존재로 87년체제의 내리막길이 더욱 길어지고 고달파질 위험도 크다.

한미FTA 협상타결로 어중간한 '중도개혁'세력의 입지가 축소된 지금이야말로 변혁적 중도주의 노선에 충실한 — '변혁적'이라는 용어가 선거과정에서 유리할지는 물론 별개문제로 치고 — 진보적 개혁세력의 재결집이 이루어져야 할 것이다.

한미FTA라는 분열요인에 시달리는 진보적 개혁세력이 이런 통합을 이룩할 수 있을지는 확실치 않다. 그러나 협상의 졸속타결 저지를 위해 연대했듯이 협정의 국회비준과정에서 졸속과 온갖 비민주적 행태를 막기 위한 연대는 가능하고도 필요한 것이며, 협상내용과 향후 전망에 대한 철저하고 책임있는 검증을 통해 다수대중이 공감할 수 있는 행동에 합의하는 일도 불가능하지는 않으리라 본다. 다만 이번에야말로 단순한 전술적 연대를 넘어 87년체제에 대한 통찰과 그 실질적인 극복방안을 갖고 대중을 설득할 수 있어야 할 것이다.

4. '한반도식 통일'과 '제3당사자'의 역할

'변혁적 중도주의'가 현실적 대안일 수 있는 것은 한반도의 독특한 현실 때문이다. 한반도는 아직껏 분단상태에 있다는 점에서도 특이하지만, 그 재통합의 과정이 국토통일의 어떠한 선례와도 다른 성격이라는 점에서 그야말로 미증유(未曾有)의 현실이다. 한마디로 이곳에서는 무력통일이 불가능함은 물론, 평화적인 통일도 점진적·단계적으로나 가능한 상황인데, 실제로 6·15공동선언을 통해 남북의 정상이 그 점에 이미 합의해놓은 상태인 것이다.

이러한 합의는 당국간의 관계에 한정되지 않는 엄청난 파급효과를 지닌다. 폭력적으로든 평화적으로든 통일이 일거에 달성될 경우 평범한 시민들의 자발적이고 능동적인 참여는 제한될 수밖에 없다. 반면에, 점진적이며 단계적인 통일과정은 시민참여의 공간을 열어준다. 그리고 한국처럼 시민사회가 이런 공간을 활용할 의지와 능력을 갖춘 경우에는 통일과정의 중간단계들을 언제 어떤 내용으로 채워갈지에 대한 시민들의 발언권은 계속 증대하게 마련이고, 끝내는 시민참여의 영역이 한반도 전역으로 확대되는 일도 막을 수 없을 것이다.

이런 관점에서 나는 남녘의 (민간기업을 포함하는 넓은 의미의) 시민사회가 남북관계에서 두 당국과 함께 '제3의 당사자'로 기능해야 함을 주장해왔다. 아직은 나머지 두 당사자에 비해 미약하기 짝이 없고, 한국의 시민사회가 '제3당사자'로서의 자기인식이나 긍지도 부족한 것이 사실이다. 그러나 북미관계가 개선되고 남북교류가 활성화할수록 시민참여의 확대가 불가피한데, 여기서는 '제3당사자'의 역할이 결정적일 수 있는 두가지 경우를 생각해보기로 한다.

하나는 북핵문제 해결의 과정에서다. 이 글을 쓰는 2007년 4월말 현재 BDA(마카오의 방꼬델따아시아은행)와 관련된 금융제재 문제가 여전히 안 풀렸고, 2·13합의의 1단계 이행조치도 완수되지 못했다. 그렇긴 하지만 제2단계의 '불능화'까지는 시간이 좀 걸리더라도 성사되리라는 전망이 우세한데, 마지막 제3단계의 완전한 '폐기' (dismantlement)가 이행될지에 관해서는 회의적인 시각도 적지 않다. 물론 "한반도 비핵화는 김일성 주석의 유훈"이라는 북측의 강력한 원칙표명이 있고 미국도 '폐기'에 미달한 상태에서 충분한 반대급부를 제시하지 않을 터이므로, 제3단계 역시 언젠가는 실현되리라는 희망을 버릴 필요는 없다.

문제는 응분의 보상을 하지 않은 채 적당히 제어된 '저강도 북핵위기'를 유지하는 것이 차라리 이롭겠다는 미국측의 계산과 핵무기 보유보다 더 확실한 체제유지 수단은 없다는 북측의 계산이 맞아떨어질 경우다. 이는 어디까지나 하나의 가상이지만, 이런 상황이 벌어졌을 때 남쪽 당국이 이를 돌파할 실력이나 강한 의지를 지닐지는 의문이다. 한반도 비핵화가 북측 주석의 유훈일 뿐 아니라 생활하는 남북 민중의 최대 현안임을 내세우는 민간사회의 개입이 필수적이 되는 경우다.

'제3당사자'의 특별한 몫이 요구될 또 한가지 상황은 핵문제가 순조롭게 풀리면서 북미관계가 정상화되고 남북교류가 대폭 활성화될 때이다. 반드시 수구세력의 강경논리가 아니더라도 이런 상황이 북의 체제에 대한 위협을 내포할 가능성을 배제할 수는 없다. 분단국가는 그 본질상 불안정한 체제인데, 현재의 남북간 세력균형으로 보면 심각한 위협을 느끼는 쪽은 북측이다. 중국 또는 베트남식 개혁·개방이 분단체제 아래서 순조로울 개연성은 낮다고 봐야 한다.

그렇다고 쌍방이 영구분립에 합의하거나 빨리 통일을 해버림으로써 분단국가의 불안정성을 해소하는 일도 불가능한 것이 한반도의 현실이다. 바로 그래서 나온 것이 통일을 하기는 하되 서두르지 않고 '연합제' 또는 '낮은 단계의 연방제'에 해당하는 중간단계를 거처간다는 6·15공동선언의 합의였다. 그런데 이 합의를 실천에 옮기는 일을 당국자들에게만 맡겨서는 성사되기 어려우리라 본다. 두개의 주권국가를 존속시키는 연합제조차 북측의 체제유지에 대한 충분한 보장은 될 수 없는데다가, 남북을 막론하고 정치권력의 속성은 상대를 압도하는 통일이 아니면 현상유지를 원하지, 약간의 권한이라도 연합기구에 넘겨주기를 달가워하지 않기 때문이다.

그러나 남북 민중의 생활상의 욕구에 부응하는 화해·협력과 재통합의 과정을 계속하면서 그 위험요인들을 관리할 최소한의 장치는 여전히 필요하다. 유일한 해답은 국가연합 — 또는 'Commonwealth'로 번역해도 좋을 낮은 단계의 연방 — 이라고 할 때, 이를 위한 연구와 주장을 적극적으로 해나갈 세력은 지금으로서는 '제3당사자'뿐이며, 남북간 각계각층의 다양한 접촉과 연결망의 형성을 통해 국가연합 건설의 토대를 만들어가는 작업도 이 '제3당사자'의 대대적인 참여 없이는 불가능한 일이다.

끝으로 해외동포들의 몫을 간략히 거론함으로써 결론에 대신하고자 한다.[5] 87년체제 아래서, 특히 2000년 6월 이후로, 한국 내에서의 민간 통일운동공간이 확장되고 남북간 직접교류가 확대됨으로써 반독재투쟁과 민족화해를 해외의 헌신적 활동가들에 의존하던 비중은 한결 줄어들었다. 더욱이나 국가연합(또는 낮은 단계의 연방) 건설이 중대 현안으로 떠오르게 되면, 연합은 남북간의 연합이지 남·북·해외의 3자연합이 아니므로 해외동포사회가 똑같은 비

---

5) 해외동포의 역할과 '전지구적 한민족 네트워크'에 관해서는 졸고 「한반도의 시민참여형 통일과 전지구적 한민족 네트워크」, 본서 제1부 116~20면 참조.

중으로 기여하기는 어렵다. 어느 재일 통일운동가의 말대로 "해외 동포도 다같이 통일의 주인이지만 주도는 남북이 할 수밖에 없는" 형국인 것이다.

하지만 바로 이러한 상황이 6·15시대의 남녘에서 그렇듯이 해외에서도 다수대중이 폭넓고 다채롭게 참여할 길을 열어준다. 초인적인 자기희생을 각오하지 않은 평범한 동포들이 각자 자기 사는 곳에서의 삶에 충실하면서, 한반도 주민들이 갖지 못한 경험과 경륜 및 현지에서의 영향력을 한반도의 통일과정에 보태줄 수 있는 것이다. 세계의 초강대국이자 뛰어난 인재들이 가득한 미국의 동포사회라면 더욱이나 그렇다. 이런 공헌을 통해 남북연합 건설을 포함한 한반도식 통일의 내용이 더욱 풍부해짐은 물론, 전지구적 한민족 네트워크의 형성 또한 더욱 뜻깊은 작업이 될 것이다. 그리하여 미래의 인류문명이 좀더 공정하고 다양한 사회를 이루는 데도 무시 못할 공헌을 할 수 있으리라 믿는다.

〈2007〉

7

변혁과 중도를 다시 생각할 때

'한국사회 미래 논쟁'에 부쳐

1987년의 6월민주항쟁은 한마디로 남한사회의 성공한 시민혁명이었다. 물론 그 성과에 한계가 있고, 이에 대한 진지한 검토가 필요하다. 그러나 6월항쟁은 4·19에서 비롯하여 부마항쟁, 광주민주항쟁으로 이어진 남한의 독재타도운동이 드디어 확실한 열매를 맺은 획기적 사건이었다. 전국적 민중참여의 규모에서도 4·19를 능가했으며, 무엇보다도 5·16이나 5·17 같은 군사독재로의 반전이 없는 '민주화 20년'의 새 역사를 출범시켰다.

6월항쟁 또는 그 결과로 성립된 이른바 87년체제의 한계가 무엇이건 이 기본적인 사실에 대한 인식과 자부심 그리고 이에 따르는

■ 이 글은 『한겨레』가 기획한 '한국사회 미래논쟁'의 일환으로 집필했고 같은 신문 2007년 6월 16일자에 권태선 편집인과의 대담(『백낙청회화록』, 창비 2007, 제5권에 수록)과 함께 실렸다.

사명감을 저버려서는 안된다. 그런데 6월항쟁을 폄하하는 태도는 진보를 자처하는 인사들 사이에 오히려 흔한 것 같다. 절차적 민주주의와 실질적 민주주의를 기계적으로 구분하여 87년 이후 전자가 달성됐을 뿐 후자는 차라리 후퇴했다거나, 6·29선언이라는 기만적 술책 때문에 다 잡은 민중승리를 놓치고 말았다는 식의 주장이 그렇다.

다른 한편 6월항쟁에 좀더 적극적인 의미를 부여하는 경우라도 87년체제의 진보성은 97년 국제통화기금(IMF) 구제금융사태로 소진되었으며 지금은 신자유주의에 의한 민중탄압이 주조를 이루는 '97년체제'에 해당한다는 해석도 있다.

이런 주장들이 각기 일면의 진실을 담았을 만큼 87년체제의 한계는 엄연하다. 더구나 이 체제가 20년이 지난 오늘에도 순탄하게 돌아가고 있다고 믿는 사람은 거의 없다. 무언가 또 한번의 돌파를 통해 다음 단계로 도약해야 할 필요성을 많은 사람들이 절실히 느끼고 있는 것이다.

요는 87년체제의 성취와 실패를 좀더 정확하고 종합적으로 파악하는 길을 찾는 일이다. 첫머리에 나는 6월항쟁을 남한사회의 성공적인 시민혁명으로 규정했는데, 이때 '남한사회'가 분단국가임으로해서 갖는 특성과 한계에 대한 인식이 따라야 한다고 본다. 이 점은 문자 그대로 전국적인 항쟁이었던 3·1운동과 비교하면 금세 실감할 수 있다.

따라서 6월항쟁이 1953년 휴전협정 이후 본격화된 한반도 분단체제를 흔들기 시작한 것은 사실이나, 87년체제는 53년체제를 대체

했다기보다 그 큰 테두리 안에서의 새 단계를 열었을 따름이라는 한계를 직시해야 한다. 이 사실을 지적하는 것은 매사를 분단 탓으로 돌리는 '분단환원론'도 아니고, 통일만 되면 모든 문제가 해결된다는 '통일지상주의'도 아니다. 자본주의 세계체제의 신자유주의적 국면이라는 전지구적 차원의 현실을 감안함은 물론, 통일이라는 한반도적 과제도 남녘에서 6월항쟁과 87년체제가 이룩한 성취를 굳건히 딛고 그 문제점들은 문제점대로 차근차근 풀어나가는 과정과 결합됨으로써만 가능해지고 분단체제의 극복이라는 내용을 갖출 수 있음을 강조하는 것일 따름이다.

이런 의미의 한반도적 시각은 한국사회 분석에서 필수적인 조건일 텐데도, 우리 학계의 논의에서는 의외로 만나보기 힘들다. 그러다보니 '선진화'를 강조하는 쪽에서는 남북대결이 지속되는 상황에서도 남한만의 선진화가 가능하다는 환상에 젖어 남북의 화해협력을 부질없는 친북행위로 매도하는가 하면, '평화'나 '평등'을 앞세우는 진보세력 일각에서는 남북의 재통합과정을 슬기롭게 추진하며 관리하지 않고도 한반도에 평화가 가능하고 양극화 해소가 가능한 듯이 온갖 비현실적인 주장과 단순논리를 쏟아내기 일쑤다. 심지어 마치 분단한국에 정상적인 정당정치가 이미 확립이라도 된 것처럼 여당이 잘못했으니 야당이 집권하는 게 당연하다는 '원칙론'이 나오기도 한다.

정작 중요한 것은 선진화, 평화, 민주주의와 평등 같은 하나같이 소중한 가치를 분단된 한반도의 현실 속에 구현하는 일이 아니겠는가. 이를 위해서는 남북을 막론하고 이들 목표의 실현에 결정적 제약이 되는 분단체제를 '변혁'한다는 목적의식을 갖고, 분단체제의 실상과 동떨어진 단순논리로 인해 분열되어 있는 여러 세력이 새롭게 힘을 합쳐 참된 '중도'를 찾을 때이다. 이런 의미의 '변혁적 중도주의'가 득표전략에 치중한 정치권의 '중도통합'론과 구별됨은 물론이다. 동시에 진보노선으로서도 분단체제의 변혁작업을 건너뛴 채 곧바로 세계체제를 바꾸거나 시장논리를 극복하기를 꿈꾸는 급진노선과 다르고, 남북 각기의 내부적 변화와 개혁을 소홀히한 채 단번에 통일국가를 건설하려는 입장과도 다르다.

그런데 2007년 한국의 정치현실은 급진세력이나 온건개혁세력보다 그동안 53년체제에 안주해왔으면서도 유독 87년체제에 불만을 품고 올해 대선을 통해 '선진화'체제를 새로 출범시키겠다는 세력이 우세한 실정이다. 나는 이들이 선거에 이기더라도 (일부 강경론자들이 호언하듯이) 지난 10년의 개혁성과를 완전히 뒤엎거나 6·15공동선언을 폐기할 거라고 걱정하지는 않는다. 그보다는 87년체제를 극복하기는커녕 그 남은 목숨을 연장하여 소모적인 남남갈등과 남북대결을 더욱 부추길 위험이 크다고 본다.

진정한 '진보논쟁'이라면 마땅히 이런 현실적 위험에서 출발하여 그 원인을 캐고 대응책을 궁리해야 할 터인데, 처음부터 정권의 실패냐 개혁세력의 실패냐를 따지는 식으로 출발하는 것은 누구 좋으라고 하는 논쟁인지 모를 일이다.

끝으로 '변혁'과 '중도주의'라는 얼핏 상충되는 개념들의 결합이 가능한 것은 우리가 한반도식 통일이라는 특유의 역사 한복판에 자리하고 있기 때문임을 상기하고자 한다. 남북은 6·15공동선언을 통해 기왕의 어떤 분단국가도 못 가본 평화적일뿐더러 점진적이고 단계적인 통합의 길에 합의해놓은 상태니만큼, 이 합의의 실천에 양극단이 배제된 광범위한 세력이 동참할 때 전쟁이나 혁명이 아니면서도 점진적인 개혁의 누적이 참된 변혁으로 이어지는 일이 가능할 것이다. 6월항쟁 20주년을 맞은 한국사회가 이러한 개혁과 변혁을 위한 대통합을 이룩할 수 있기 바란다.

⟨2007⟩

8

2007 남북정상회담 이후의 시민참여형 통일

지난 2007 남북정상회담에 특별수행원으로 다녀온 이후에 제가 강연이랄까 공적인 발언을 서너번 한 것 같습니다. 그중에는 발표문을 만들어서 한 적도 있지요. 자유총연맹과 6·15남측위원회가 공

■ 이 글은 2007년 10월 24일 민주사회를위한변호사모임(민변) 월례회에서 구두로 발표한 내용을 녹취하여 첨삭한 것을 토대로 작성되었다. 월례회에서는 본론에 들어가기 전에 발표자의 신변사를 중심으로 사회자와 잠시 대화가 있었지만, 이 글에서는 생략했다. 그리고 발표 후의 질의응답과 토론 내용은 그 일부를 각주에 반영했다.

이후 이 글은 민주화를위한변호사모임 월례회팀 엮음 『시대와 소통』(아웃사이더 2008)에 「시민참여형 통일운동 제안」이라는 제목으로 실렸고, 약간의 첨삭을 가해 졸저 『한반도식 통일, 현재진행형』의 일역판 『朝鮮半島の平和と統一』(東京: 岩波書店 2008)에도 포함되었다. 『시대와 소통』에서는 각주가 모두 생략된 상태로 수록되었는데, 『의향(義鄕)』지에 게재하는 기회에 원래의 각주에다 일역판을 위해 새로 정리한 각주를 함께 복원했고, 최근 상황과 관련해 한마디 덧붙이기도 했다.

기회를 마련해주고 여러가지 생각할 거리를 던져주신 데 대해 백승헌(白承憲) 회장을 비롯한 민변 여러분께 감사드린다.

동 주최한 토론회(2007.10.17)에서 권정달(權正達) 총재와 함께 기조발언을 한 내용이 있고, 그에 앞서 통일연구원 주최 학술회의(2007. 10. 9)에서의 기조연설 요지를 사후에 정리한 문건이 있어서 여러분께 미리 배포해드렸습니다. 안 읽으셨다 하더라도 민변 변호사님들 상대로 길게 되풀이할 이야기는 아닌 것 같습니다. 그래서 오늘은 조금 더 원론적인 문제, 장기적인 방향에 대해서 제 생각을 말씀드리고 여러분의 의견을 듣고자 합니다.

우선 이번 정상회담에 관해서 몇마디 하고 시작하지요. 이번 정상회담에 제가 미리부터 상당한 기대를 걸었던 것이 사실입니다. 무엇보다도 한반도를 둘러싼 주변상황이 워낙 좋아지고 있는 시기이기 때문에 두 정상이 만나면 상당한 성과를 거둘 수 있지 않겠는가 생각했지요. 게다가 6·15공동선언 이후 7년간 여러가지 접촉이 진행되면서 7년에 걸쳐 정상회담 준비를 했다고 볼 수 있기 때문에 상당히 준비된 정상회담이 되리라고 생각했습니다. 그런데 실제로는 기대 수준을 훨씬 뛰어넘는 성과였다고 저는 평가합니다. 우선 6·15공동선언은 역사적인 문건이긴 하지만, 내용 자체는 간략하고 추상적인 면이 많았습니다. 그런데 이번에는 아주 구체적인 실행계획들이 나왔고, 단순히 6·15의 이행계획만이 아니라 6·15에서 빠졌던 평화문제가 정면으로 논의된 것이 의미가 있다고 봅니다.

6·15선언에서 평화체제를 논의할 수 없었던 것은 한반도 평화문제는 남북 정상들이 둘이서만 어떻게 해볼 수 있는 문제가 아니기 때문이었습니다. 원래는 6·15공동선언에 뒤이어서 북미관계가 타결되면 비로소 평화체제가 구축되는 그런 예상 씨나리오가 있었지

요. 그것이 미국에서 행정부가 바뀌는 바람에 이행이 안되다가 2005년 뻬이징에서 9·19공동성명이 나오면서 비로소 한반도 평화체제 문제에 대해 6자회담 참가국들간에 원칙적 합의가 이루어졌고, 금년 들어서 2·13합의가 진행되면서 이제는 남북 정상이 평화를 논할 수 있는 상황이 된 것입니다. 그래서 '평화'를 이번 합의문에 집어넣었습니다. 구체적으로 평화체제 구축과 관련된 군사문제도 언급이 되었고, 또 제가 강조하고 싶은 것은 평화와 경제협력 문제가 사실은 서로 맞물려 있는 것인데 이번 선언 이름도 '평화번영'에 관한 선언이라고 했듯이 평화와 번영이 거의 한 단어로 묶이게 되었습니다.

정상회담의 성과가 이렇게 착실하긴 하지만, 6·15공동선언과 이번 10·4공동선언을 비교해보면 역시 6·15선언이 새로운 시대를 여는 획기적인 장전에 해당하는 것이고 10·4선언은 같은 급의 문건은 아니라고 봅니다. 6·15시대를 마감하고 10·4시대를 열었다는 그런 차원은 아니고 6·15시대 안에서 새 국면을 연 것이라고 봐야 합니다.

제가 어디 가서 강연하면서 받은 질문 가운데 이런 것이 있습니다. 이번 선언에서 통일방안도 빠져 있고 그래서 6·15공동선언보다 후퇴한 것 아니냐는 거였지요. 두 선언을 같은 차원에 놓고 보았을 때 그런 인상을 받을 수도 있습니다. 그러나 10·4선언은 그 제1항에서 보듯이 6·15공동선언을 적극 고수하고 구현한다고 하면서 6·15선언이라는 큰 틀 안에 스스로를 자리매긴 것이기 때문에 6·15공동선언 제1항과 2항의 통일 관련 합의를 재확인했다고 보면 후퇴라고 생각할 이유는 없습니다.

사실은, 그때 저한테 질문하신 분도 그랬지만 6·15공동선언보다는 1991년에 남북이 서명해서 이듬해 발효한 남북기본합의서 있지요? 그 기본합의서에 비해서 구체적인 내용이 아직도 너무 부족하지 않느냐 하는 비판이 더 흔한 것 같습니다. 남북기본합의서를 보면 남북간의 교류라든가 협력사업에 대해서 6·15공동선언보다 훨씬 구체적으로 명시되어 있고, 또 이번 10·4선언보다 앞선 면이 있는 게 사실입니다. 어떤 조항은 너무나 앞서 있어서 아직도 한동안은 실현 불가능하지 않을까 싶은 것도 있습니다. 가령 기본합의서 10조를 보면 남북 주민들간에 자유왕래를 한다는 조항이 있는데, 저는 남북관계가 잘 발전한다고 하더라도 여러해 동안은 주민이동에 대한 상당한 통제를 가할 수밖에 없지 않느냐는 생각이거든요. 어쨌든 그런 여러가지 좋은 내용들이 기본합의서에 있는데 이게 전혀 실현이 안됐던 거죠. 실현이 안된 이유를 여기서 다 말할 겨를은 없습니다. 그러나 어쨌든 6·15공동선언이 기본합의서에 비해 구체성이 떨어지지만, 남북 두 정상이 직접 대화하고 서명함으로써 구체적 이행을 할 수 있게 해준만큼 6·15공동선언이 더 나아갔다고 보는 게 옳습니다. 그러다가 이번 10·4선언에서는 좀더 구체적인 내용이 들어감으로써 어떤 의미에서는 남북기본합의서의 좋은 내용들이 복원되기 시작했다고 생각합니다.

그중에서 노무현 대통령 자신이 이번 합의에서 가장 진전된 내용이라고 평가하는 '서해평화협력특별지대' 합의 같은 것도 그 기본발상은 남북기본합의서의 내용이 복원된 것이라고 말할 수 있습니다. 말썽 많은 NLL(북방한계선)과 관련해서도 기본합의서 5조에서 휴전협정 준수를 확인하면서 11조에서는 휴전협정에 의한 군사분계선뿐만 아니라 기존의 관할경계선을 존중한다고 되어 있는데 동시에 부속문서에서는 앞으로 계속 협의한다고 했습니다. 지금도 북에서는 NLL 자체를 인정하고 있지 않지만, NLL을 인정하느냐 마느냐로 다툴 게 아니라 일단 해상경계선으로서의 존재를 명시적으로 '인정'하지는 않더라도 북에서 암묵적으로 '용인'하면서, NLL의 존재에도 불구하고 평화와 협력, 경제협력과 여러가지 협조를 해나가는 방식의 합의에 도달한 것입니다. 그래서 저는 획기적인 성과라는 대통령의 평가에 동의합니다.[1]

그밖에도 2007년 정상회담에서 많은 구체적인 성과가 있었다고 봅니다. 물론 아쉬운 점도 있습니다. 그러나 오늘 여러분과 이야기를 나누고 싶은 것은 정상회담 자체에 대한 평가보다도 제가 '한반도식 통일'이라는 것을 말해오면서 그 내용을 '시민참여형 통일'이라고 규정했는데, 그러한 통일의 진행과정이랄까 앞으로의 전망에 대해서 말씀드려볼까 합니다.

1

여러분의 모임이 '민주사회를 위한 변호사 모임'인데, 실은 민주

---

[1] '서해평화협력특별지대'에 관한 합의가 실제로 이행되기까지에는 처음부터 많은 우여곡절이 예상되었지만 남한에서의 정권교체로 조속한 실현을 기대하기가 더욱 어렵게 되었다. 그러나 비록 부분적인 파국상태를 거치더라도 남북화해의 대세를 완전히 바꾸지는 못하리라 믿는다.

주의 문제가 남북간의 합의에서 한번도 명시된 적이 없습니다. 7·4 공동성명에는 자주·평화·민족대단결의 세 원칙만 들어가 있고, 기본합의서에도 상호 체제 인정, 존중 그런 것만 있지 민주주의에 관한 언급이 없어요. 6·15공동선언에도 인도주의 사업에 대한 언급은 있지만 민주주의에 대한 언급은 없습니다.

왜 그런가 하는 것은 쉽게 짐작할 수 있는 일이지요. 민주주의의 개념이나 내용에 대한 남북간의 인식이 너무 차이나기 때문에, 민주주의 얘기가 나오면 결국은 현단계에서 가능한 화해·협력조차 불가능해질 염려가 많으니까 뒤로 미뤄놓은 것이겠지요. 그런데 시민참여형 통일이라는 것은 사실 민주주의적 방식의 통일이라는 의미이기도 합니다. 절차적인 민주주의라 할 때 일반국민이 국정운영에 참여하는 절차를 규정해놓고 그것을 준수하는 것을 말하지요. 좀더 실질적인 민주주의를 말할 때는 여러가지 내용이 있지만, 일반시민들이 자기 삶의 주인으로서 실질적인 권리행사를 얼마나 하느냐, 경제를 포함한 사회의 운영에 얼마나 참여하는가 하는 것이 중요한 기준이 된다고 봅니다. 그런 민주주의 문제가 당국자간의 합의에서는 10·4선언에서도 여전히 빠져 있는 상태입니다.

그런데 시민운동에서는 바로 이런 것이 기본적인 가치 아닙니까. 이것이 통일의 원칙에 포함된 것은 1988년 개신교 쪽에서 한국기독교교회협의회(KNCC)가 '민족의 통일과 평화에 대한 한국 기독교회 선언'에 5개 원칙을 내놓을 때가 그나마 처음이었던 것 같습니다. 남쪽의 진보적인 통일운동에서는 말이지요. 물론 요즘 통일과 관련해서 민주주의 문제를 가장 강렬하게 제기하는 것은 북한 민주화와

'반핵·반김'을 주장하는 그런 쪽입니다만, 1988년에는 그러한 운동이 있기 전이지요. 그때 5개 원칙이 7·4공동성명의 통일 3대원칙 즉 자주·평화·민족대단결에다 인도주의, 그리고 '민중주도'라는 표현을 씁니다. 민주주의라는 단어를 딱히 쓰지는 않았지만 민주주의의 원칙이 포함된 거지요. 그러다가 1992년에 '통일 희년(禧年)을 향한 그리스도인의 신앙고백' 10개항을 발표했는데, 거기서는 지금 말씀드린 5개 원칙에다가 남녀평등, 경제정의, 환경보존, 교회일치, 그리고 남북교회 공동선교를 꼽았습니다. 마지막 두 항목은 개신교 내부의 문제라고 할 수 있겠습니다만, 민중주도의 원칙 표명에 이어서 그 구체적인 내용을 좀더 채워넣은 셈이지요. 그후로는 특별한 전진이 없었던 것 같습니다.

이제 통일운동에서 우리가 민주주의 문제, 시민참여 문제를 좀더 구체적으로 인식하고 대응할 때가 되었습니다. 실제로 그사이에 민주적인 통일을 향해서 엄청난 진전이 있었다고 생각합니다.

첫째는, 6·15공동선언 중 자주적이고 평화적인 통일은 그전부터 합의돼 있던 원칙입니다만, 그것을 점진적이고 단계적으로 한다는 데에 합의했기 때문에 통일과정에 시민들이 제대로 참여할 공간이 열렸습니다. 물론 베트남 같은 데서 무력통일을 하면서 대대적인 민중동원이 있었지요. 또 그것을 꼭 일방적인 동원, 민중이 그냥 피동적으로 끌려간 것으로 볼 필요는 없다고 생각합니다. 하지만 무력통일은 기본적으로 우리 한반도에는 안 맞는 모델인데다 전쟁중의 민중동원은 우리가 말하는 시민참여하고는 다릅니다. 시민참여라 할 때는 시민들이 일상적인 자기 생활을 영위하면서 민주적인 권리행사를 하고 각자의 창의력을 발휘해서 참여하는 이런 것을 말하는데, 전쟁중에는 그것이 불가능하지요. 전쟁이 아니고 평화적으로 통일을 하더라도 독일에서처럼 갑자기 통일이 되어버리면 민중이 참여할 여지가 크지 않습니다. 독일의 경우에도 물론 상당정도의 민중참여·시민참여가 있었고 특히 동독 쪽에서의 시민참여 운동으로 통일과정의 발단이 마련되었지요. 그러나 어느 단계 이후부터는 서독 정부가 주도하는 급작스러운 통일로 됐기 때문에, 동독에서 시민운동 했던 사람들도 금방 소외되어버렸고 서독 주민들은 선거를 통해 그 과정을 추인하는 것 외에는 별로 역할이 없었다고 봅니다. 그러니 평화적이고 자주적인 통일일지언정 시민참여형 통일은 아니지요. 예멘의 경우는 따로 설명 않겠습니다만, 시민참여형이 못되기는 마찬가지입니다.

우리 경우는 통일을 천천히 하고 평화적으로 할 뿐 아니라 남북연합이라고 할까, 또는 북의 표현을 따르면 낮은 단계의 연방제라는 중간단계를 거쳐서 한다고 합의했기 때문에 이 과정에 시민이 끼어들 여지가 많이 생긴 거지요. 6·15공동선언을 통해 그런 기본적인 여건이 마련된 것입니다. 그런데 1단계를 거친 다음에 무엇을 할 것인가에 대해 토론을 시작하면 합의가 안되기 때문에, 6·15선언은 일부러 다음 이야기를 회피한 면도 있지요. 하지만 단계적 진행이라는 이런 기본여건이 마련되고 일반시민들이 대거 참여하기 시작하면, 그때는 정부당국자들이 지금 시점에서 1단계에 남북연합을 만든 뒤에 2단계는 뭐를 하리라는 확정된 계획이 설혹 있었다 하더라도 자기들 맘대로 안되지요. 1단계 하는 과정에서 시민들이 얼마나 참여해서 어떤 내용을 부여하느냐에 따라서 그것이 성취되는 시기가 좌우될 뿐 아니라 그 내용도 달라지기 마련이고, 그에 따라 2단계가 어떻게 전개되느냐도 달라지게 됩니다. 사실 그 모든 것이 열린 과정으로 변해버리는데, 저는 이거야말로 민주주의의 원칙을 관철하는 방식이라고 생각합니다. 그래서 이렇게 주어진 공간을 최대한으로 활용하려고 하면 — 물론 시민참여라고 해서 정부를 빼고 시민들이 다 하겠다는 것은 말이 안되지만, 가능하면 정부보다 민간이 더 많이 참여를 하고 민간 중에서도 대기업이라든가 이런 힘있는 기득권세력보다는 평범한 시민들의 참여가 확대될수록 바람직한 결과가 나올 겁니다.[2] 일반시민들의 참여가 확대되면 확대될수록

---

2) 남북의 경제협력이 본격화되면 대자본이 주도하는 '투자형' 통일이 되는 것이지 '시민참여형'이 아니지 않겠냐는 질문이 질의응답 과정에서 나왔다. 이에 대해 나는 '시민참여형 통일'은 어디까지나 상대적 개념임을 재차 강조하면서 다음과 같이 답했다. 즉, "남북이 통일된다고 해서 현단계에서 우리가 세계시장에서 이탈하는 일은 가능하지 않을 것이라는 아주 원론적인 차원에서 자본주도를 인정할 수밖에 없"지만, "실제로 통일하는 과정에서 자본의 이해관계와 일반민중의 이해관계 중에서 어느 것이 많이 관철되느냐 하는 것은 해봐야 할 일이고, 결국은 일반시민들의 이해관계를 극대화하기 위해서 우리가 노력하면 노력한 만큼 무슨 성과가 있을 것"이라고 했다. 뒤이어, "통일과정의 시민참여를 꼭 경제협력사업에 국한해서 생각할 문제도 아니라고 봅니다. 왜냐면 일반시민이 통일과정에 참여하는 방법이 남북교류에 직접 나서는 방법도 있고, 나서는 사람들을 지원하는 방법도 있고, 또 국가가 나서는 일에 시민들이 개입해서 좀더 민주적이고 건설적인 방식으로 나아가도록 유도하는 방법도 있거든요. 우리가 통일이라고 할 때 덮어놓고 합치자는 것이 아니라 이런 열린 과정을 통해서 민주주의나 여러가지 우리가 바라는 가치가 실현되는 사회를 만들자는 것이라면, 그 실행과정의 일부로서 우리 남쪽 사회를 어떻게 변화시키느냐 하는 것도 대단히 중요합니다. 그래서 제가 단순한 분단 극복이 아니라 분단'체제'의 극복이라는 말을 하는데, 이것은 우리 남북이 살고 있는 분단체제보다 나은 사회를 남쪽 북쪽 모두에 걸쳐 건설하는 작업이기 때문에 그 일을 남북접촉의 현장에서 할 수도 있고 남쪽 사회의 내부문제에 치중해서 할 수도 있는 것이지요. 따라서 남북간 경제협

이것이 형식논리상으로도 민주적인 과정이 되는 것이고 실제 내용 상으로도 양질의 통일사회를 이루게 될 것입니다.[3]

그래서 민간통일운동 내부에서도 우리가 흔히 시민사회진영이라고도 말하는 시민사회 활동가들의 역할이 중요하다고 생각합니다. 6·15남측위원회가 2005년에 결성이 되었는데요, 그전에 있던 민족공동행사추진본부하고 달라진 것이 별도의 구성요인으로서 '시민진영'의 참여가 처음으로 이루어진 점입니다. 원래 통일운동을 해오던 큰 진영 내지 집단이라고 하면 통일연대가 있고, 남북교류와

력에 대한 투자능력에서는 일반시민들이 국가나 대기업과 상대가 안되지만, 투자의 우선순위나 방식을 결정하는 데 일정한 영향을 미칠 수 있고, 더구나 경협에 국한해서 보지 않는다면 우리가 하기에 따라서 통일과정이 상당히 달라질 수 있지 않을까 하는 그런 이야기였습니다"라고 말했다.

3) 시민참여형 통일과 관련된 또 하나의 질문은, 시민참여형 통일이 아닌 당국자 위주의 통일을 하면 그런 과정에서 각 체제가 가지고 있는 무언가가 손상될 것이라는 우려를 하는 것 같은데 이북 체제에서는 어떤 부분들이 계속 남는 것이 바람직하다고 보느냐는 것이었다. 나는 "다른 나라들의 통일과 달리 시민참여가 상대적으로 많이 이루어지는 통일이 한반도에서 진행되고 있다는 것은 목표가 아니고 현실"임을 강조하면서, 북의 현체제 중 우리가 보전하고 싶은 것의 하나로 토지공개념을 들었다. "독일에서처럼 흡수통일돼서 서독 법률에 의한 사유재산권이 동독에 그대로 적용되는 식의 사태가 발생한다면 한반도는 완전히 사회적 갈등과 막개발의 난장판이 되고 남북 모두가 불행해질 거라고 봅니다. 다만 현재 북에는 토지공개념은 있지만 시장에 대한 개념이 거의 없는 상태고, 우리는 그야말로 시장만능주의라고 할 수 있죠. 따라서 국가연합 단계를 활용해서 북의 토지공개념을 유지하면서 그것을 시장과 조화시키는 방법을 찾아나가다보면 남쪽은 남쪽대로 이렇게 난개발만 하고 살 게 아니라 다른 길도 있겠구나 하는 반성을 해서 남쪽 사회도 개선되지 않겠는가 하는 겁니다. 연구해보면 다른 예도 많으리라 봅니다. 그리고 역시 가장 중요한 것은 이런 문제, 뭐를 지키고 뭐를 버릴 것인가 하는 문제의 결정을 당국자들에게만 맡기는 게 아니고, 자본만이 참여하는 것도 아니고, 일반시민들이 참여하고 환경운동가들도 발언하고 여성운동가도 발언하고 법조인들도 발언하고, 이렇게 되는 것이 과정 자체도 민주적인 과정이고 결과도 더 좋지 않겠는가 하는 거지요."

남남갈등 완화에 주력해온 민화협이 있고, 다음으로 6·15 이후에 남북공동행사 추진에 가세한 7대종단이 있습니다. 그 3대세력이 추진본부를 꾸려오다가 6·15남측위원회를 만들면서 시민진영이라는 것을 더해서 4자구도로 출범한 것입니다. 그것도 하나의 획기적인 진전이었는데, 앞으로 6·15남측위원회 틀 안에서도 시민사회가 기여할 일이 더 많으리라 생각합니다. 이분들의 역할이 커지면 커질수록 시민참여형 통일이 내실을 갖게 되리라고 생각합니다.[4]

4) "시민사회의 진보진영, 운동진영 내에 통일에 대한 논의를 별도로 하고 있지 못했던 분야나 통일운동을 주도적으로 했던 그런 진영에서도 특별히 극복되어야 할 부분에 대해서 가지고 계신 생각"을 묻는 질문을 받고 나는 다음과 같은 답을 했다. "저는 6·15남측위원회 대표지만 어떻게 보면 시민진영 활동가들과 '입학동기'이기 때문에 그분들에게 늘 강조를 해요. 시민분야가 6·15운동에 참여하게 된 것이 정말 의미가 있다는 점을 명심해서, 그냥 끌려서 한 발만 담그는 식으로 하지 말고 정말 적극적으로 참여해주기 바란다는 거지요. 모두가 통일연대나 민화협처럼 통일운동과 남북교류사업의 전문가로 나서라는 것은 아니고, 각자 시민운동의 자기 영역에서 할 일을 하면서 거기서 부딪히는 과제가 분단에 의해서 어떻게 규정되고 있는가 하는 것을 통찰하고, 꼭 남북관계에 직접 뛰어들지 않더라도 시민운동의 과제들이 시민참여형 통일을 확산시켜서 한반도에서 제대로 된 통일사회를 만드는 데 어떻게 기여할지에 대한 어떤 큰 그림을 머릿속에 갖고 하자는 거예요. 그렇게 하면 같은 일을 하더라도 더 신이 날 것이고 또 많은 사업에서 그 두가지 차원을 동시에 충족할 수 있음을 알게 될 것이라고 주장해왔습니다. 앞으로 사람들이 이 점을 더욱 실감하게 될 것 같아요. 정부 내에서만 보더라도 이제까지 남북관계는 통일부 전담사업이고, 가령 경제문제의 경우 재경부에서 차관 중 하나가 남북경제협력추진위원회에 나가는 정도였어요. 그런데 이번 정상회담을 앞두고 각 부처에 제안을 내라고 했대요. 그런데 적어도 통일부측에서 봤을 때 대부분의 제안들이 별로 쓸모가 없더랍니다. 각 부처가 자기들이 남쪽에서 하던 일의 연장선상에서 이것도 합시다 저것도 합시다 이렇게 제안했지, 그것이 남북관계에서 도대체 통할 수 있는 일인지에 대한 개념이 없더라는 거예요. 그런데 앞으로는 그렇게 하기가 어려울 겁니다. 정상회담도 자주 열기로 했거니와 남북회담의 주역이 통일부장관에서 국무총리로 격상되지 않았습니까? 또 경제관계 협력회담은 재경부 차관이 아니라 부총리가 맡도록 되었거든요. 앞으로 총리나

2

　제가 시민참여형 통일이라는 이야기를 하면 자주 받는 질문 중 하나가 북측에는 시민참여가 없는데 어떻게 시민참여형 통일이 가능하냐는 것입니다. 북측에 우리 남쪽에서 말하는 의미의 시민참여라든가 우리에게 익숙한 시민사회운동이 없는 것은 사실입니다. 또 그런 것이 없다고 할 때 시민참여에 한계가 지어진다는 것도 사실이겠지요. 하지만 시민참여형 통일이라는 것은 어디까지나 상대적인 개념이죠. 여태까지 우리보다 앞서 통일한 나라의 어느 경우를 보더라도 제대로 된 시민참여가 없었다고 할 때, 거기에 비해 우리 한반도의 통일은 저들보다 한결 높은 수준의 시민참여를 수반하는 통일이 될 수 있으며 되어야 하고 또 실제로 그렇게 되어가고 있다는 것입니다. 하지만 어디까지나 상대적으로 그렇다는 것이, 우리 남쪽에서만 하더라도 시민참여라 해서 모두가 똑같은 정도로 참여하는 건 아니잖아요. 또 열성이 있고 준비가 있는 사람들이 자기 의지

■
　경제부총리를 임명할 때도 그가 남북관계에서 담당할 역할과 능력을 대통령이 반드시 고려해야 할 겁니다. 정부의 각 부처도 총리나 부총리를 보좌하기 위해서도 남북관계를 늘 연구해야겠지만, 실제로 거의 모든 부처에 남북 관련 업무가 늘어날 것입니다. 시민사회단체들도 마찬가지라고 봐요. 환경이면 환경, 민주주의와 법치 문제라든가 여러 문제에서 자기들이 하는 일이 그날그날 당장의 발등에 떨어진 불을 끄는 방식이 아니라, 소위 social design, 사회설계를 한다고 할 때도 급속도로 접근하고 있는 한반도 전체를 염두에 두지 않고는 그 디자인이 안 먹히리라고 봅니다. 그런 점에서 시민진영이 종전보다 훨씬 더 많은 한반도 차원의 공부를 하고 참여를 하는 것이 불가피해질 테고, 또 그렇게 해주시기를 바랍니다."

를 더 관철하는 것이 참여민주주의의 원칙이라고 할 수도 있습니다. 남측에서 고른 참여가 아니듯이 남북간에도 꼭 대칭적인 참여가 실현될 필요는 없는 거지요. 남측 시민들이 북측보다 더 많이 참여해서 남쪽의 시민의식이 더 많이 관철된다면, 그건 일차적으로 남쪽 시민들 자신이 벌어서 이룩한 성과예요. 그러나 물론 남측 시민사회가 그런 시민참여를 할 때 남쪽만의 집단이기주의에 빠지지 않고 한반도 전체를, 북녘 주민들의 이익도 함께 배려하는 자세가 필요하겠지요.

그런데 북쪽에 우리가 말하는 의미의 시민참여가 없는 건 사실이라 하더라도, 북측의 사회가 유지되고 발전하는 과정에서 민간참여, 그것도 자발적인 민간참여가 없다는 뜻일 수는 없습니다. 우선 북측의 공식적인 입장은 당과 인민이 한치의 차이도 없이 움직인다는 것인데, 실제로 그러한 측면도 아주 무시할 수는 없어요. 당국이 하는 일을 인민이 어떤 이유로든 자발적으로 지지해서 따르는 것도 참여의 일종이지요. 게다가 그렇지 않은 참여도 많이 있다고 생각합니다. 우선 쉽게 생각할 수 있는 것은 북에서 경제관리제도가 바뀌고 국가경제의 어려움이 겹치면서 배급체계가 옛날처럼 돌아가지 않게 되면, 주민 각자가 살길을 찾아서 움직이게 됩니다. 전에 없던 주민들의 이동도 생기고 여러가지 창의적인 경제행위도 발생하고 심지어는 불법행위도 많아지게 되는데요. 물론 가장 극단적인 불복행위는 탈북사태겠지요. 못 살겠으니까, 물론 탈북하는 사람들이 다 못 살아서 나오는 사람만은 아닙니다만, 못 살겠어서 떠나온다는 것도 좀 예외적인 형태이긴 하지만 일종의 민간참여활동이라고 볼 수 있어요. 아무튼 생활상의 필요에 따라 다양한 민간활동, 민간참여가 존재하는 것이 분명합니다. 민간생활 실상의 변화라는 면에서 본다면 지금 북의 내부에 엄청난 변화가 진행되고 있지 않은가 짐작됩니다. 그래서 북은 전혀 변하지 않고 민간사회도 없고 시민참여가 없다, 완전히 철통같은 체제를 유지하고 주민들을 통제하고 있기 때문에 시민참여형 통일은 말이 안된다는 주장이 사실은 묘하게도 북측 정권이 내놓은 체제선전, 즉 당과 인민 사이에 한치의 틈도 없다 하는 주장과 묘하게 맞아떨어져요. 그런 선전과 이쪽에서 특히 수구적인 분들이 북한 주민들은 완전히 세뇌가 돼서 변화의 여지가 전혀 없다고 하는 주장이 공교롭게도 상통하는 거예요. 저는 그것이 북측에서 나오는 주장이든 남쪽에서 하는 주장이든 사실과 다르다고 생각합니다.

한가지 더 말씀드릴 것은 북의 민주주의라든가 인권문제에서 대해서도 우리는 점진적·단계적 접근이 필요하지 않은가 하는 겁니다. 통일을 단번에 하지 않고 남북연합이랄까, 낮은 단계의 연방제랄까, 어쨌든 느슨한 결합형태를 거쳐서 한다고 했듯이, 남북한에 걸친 시민참여의 확대와 진전도 단계적으로 다양하게 이루어질 것이라고 내다보는 게 맞겠다는 겁니다. 남북연합이 언제 될지 모르겠습니다만, 남북연합이 이루어지기 이전과 이후는 남쪽 사회에서도 많은 차이가 나겠지만 북측 주민들의 민간참여 방식이나 수준에도 엄청난 차이를 가져올 것이라고 말하고 싶습니다.

3

제가 오늘 남북연합을 몇번이나 거론했습니다만, 남북연합 건설에 관해서 조금 더 말씀드릴까 합니다. 이번 10·4합의와 관련해서 사람들이 별로 지적을 안하는 사실인데요, 제가 볼 때 이번 합의의 또다른 의미는 6·15공동선언 제2항의 실천을 긴박한 과제로 만들었다는 점인 것 같습니다. 사실 6·15공동선언의 핵심은 제2항에 있습니다. 6·15선언 전문(前文)에 평화통일 이야기가 나오는데 그건 전부터 해오던 이야기고요. 또 제1항은 "통일문제를 그 주인인 우리 민족끼리 힘을 합쳐 자주적으로" 해나간다고 했는데, 이 자주의 원칙도 7·4공동성명에서 이미 합의했고 기본합의서에서도 재확인한 내용입니다. 그리고 경제협력이라든가 사회문화교류에 관한 제4항의 합의 같은 것은 아까도 말씀드렸듯이 기본합의서에 비해 오히려 후퇴한 면이 있는데, 기존의 어느 합의에도 없던 것이 제2항입니다. 다시 말해서 "남측의 연합제 안과 북측의 낮은 단계의 연방제 안이 서로 공통성이 있다는 것을 인정하고 앞으로 통일문제를 그 방향으로 지향시켜나가기로 하였다"는 점입니다.

이게 굉장히 모호하게 표현되어 있죠. 법전이 이렇게 되어 있으면 소송전문가인 변호사님들은 일거리가 많아져서 좋으실지 모르겠습니다만(웃음). 연합제와 연방제를 말하면서 연방제에다가 낮은 단계라는 토를 달아놔서 그게 뭔지도 분명치 않은데, 둘이 같다고 하지 않고 서로 공통점이 있다고 했고 앞으로 '그 방향으로 지향시켜'나가겠다고 하니까 아주 두루뭉술한 표현입니다. 아시다시피 그 때까지 남북간의 최대 쟁점이 북측의 연방제 안을 받느냐 마느냐 하는 것이었고, 남측은 노태우정권 때 남북연합을 제안한 이래로 그것이 정부의 통일방안이었다고 할 수 있습니다. 그런데 연합제라는 것을 거쳐서 연방제로 가자는 게 아니고 연합에서 바로 완전통일로 가자는 것이 남쪽 안이었어요. 그러니까 북측에서는 통일 안하겠다는 이야기 아니냐라는 식으로 공격하기 마련이었고 남측의 통일운동가들도 그런 식의 비판을 많이 했었지요.

6·15공동선언 제2항에 대해서도 아직껏 남북간의 일치된 해석은 없습니다만, 서명 당사자인 김대중 전 대통령이나 문건작업을 직접 담당했던 임동원(林東源) 전 장관 말씀을 들어보면 내용상으로는 북이 남쪽 연합제 안을 받아들인 것이라고 합니다. 김정일 위원장이 고려연방제는 냉전시대의 산물이라고까지 말했다고 합니다. 다만 내용은 같은 것이니까 표현을 연방제로 하자고 김위원장이 주장했다는 거예요. 그래서 그걸 가지고 끝까지 다투다가 이렇게 두루뭉술한 표현으로 타협을 했는데, 당시의 과정에서는 단지 외교적 기술의 문제였는지 모르겠습니다. 그러나 역사적으로 볼 때 더 중요한 것은 우리가 통일을 하긴 하는데 중간단계를 거쳐서 한다는 합의입니다. 적어도 그 점은 전혀 두루뭉술하지 않고, 의문의 여지가 없는 조항이지요. 중간단계가 정확히 무엇이냐에 대해서 해석의 차이가 있는 것이지, 독일이나 예멘이나 베트남의 통일과정에 없었던 중간단계를 우리는 둔다 하는 점에 대해서는 명백한 합의를 한 것이고, 그로 인해서 시민참여형 통일이 가능해졌다고 말할 수 있는 것

입니다.

그런데 이제까지 보면 남북 모두가 이 제2항에 대해서는 특별한 관심을 기울이지 않았습니다. 북측에서는 제1항, 통일문제를 주인 인 우리 민족끼리 힘을 합쳐서 해나간다 하는 그 조항에서 '우리 민족끼리'라는 말을 따가지고 이것을 '리념'으로까지 승격시켰지요. '우리 민족끼리의 리념'으로 해결하면 안될 것이 없다는 식으로 제1항만을 강조하는 경향입니다. 반면에 남쪽 당국은 제3항의 인도주의 사업, 그리고 4항에서 경제협력과 사회문화교류를 해서 상호신뢰를 구축한다고 했는데 그런 것만 주로 강조해온 것 같아요. 물론 6·15공동선언 제2항의 모호한 타협으로 연합제와 연방제를 둘러싼 다툼을 제거했기 때문에 3, 4항 그리고 5항이 힘을 받게 되었고 2항을 더이상 거론 안하는 것 자체가 2항을 활용하는 길이었던 것도 사실입니다. 원래 6·15공동선언에서 제1항이 어떤 대원칙이자 궁극적 목표에 해당하는 것이고 2항이 그것을 실행하는 통일방안이며 3, 4, 5항은 그리로 가기 위한 준비과정을 이야기한 셈인데, 2항에 대해 관심을 별로 안 갖기는 북이나 남이나 비슷했던 것 같습니다.

이번 10·4선언에서 남북연합이나 낮은 단계의 연방제에 대해 6·15 때보다 더 분명한 합의를 굳이 했어야 한다는 말은 아닙니다. 정상회담 이후 적어도 우리 남쪽에서는 수시로 정상회담을 열며 총리회담, 부총리회담 등 여러 장치에 합의한 것이 남북연합을 향한 진전이라는 해석이 나오기도 합니다. 그러나 실제로 남북연합이 얼마나 절실한 현안이 되었으며 남북연합 건설을 어떻게 추진할지에 대한 진지한 인식은 없는 것 같아요.

그렇다면 쌍방 당국이 6·15공동선언 제2항의 실천을 핵심과제로 생각하지 않는 이유가 무엇일까요? 우선 북의 경우는 어느정도 짐작이 가는 것이, 그동안 체제에 대한 위협이 워낙 절박하고 북미대립이 첨예하니까, 말로는 줄곧 연방제 통일을 주장해왔습니다만 지금까지는 낮은 단계의 연방조차, 아니 느슨한 남북연합조차 실은 너무 위험하게 볼 수밖에 없는 상황이었을 것입니다. 그렇다고 통일 안하자는 것은 아니니까 제1항을 부각시켜가지고, 우리 민족끼리 하면 될 텐데 왜 남쪽이 미국에 매여서 못하느냐 이렇게 주장하며 몰아치는 근거로 삼았던 거지요. 다른 한편 남쪽 당국은 흡수통일을 안한다고 선언했고 실제로 급격한 흡수통일은 포기했습니다만, 사실 길게 볼 때 흡수통일 이외에 다른 복안은 없는 것 같아요. 당장은 안하지만 경제협력을 하고 사회문화교류를 하다보면 저쪽이 흡수되지 별수 있겠느냐 하는 자세로 나가니까 북에서는 경제협력의 경우에는 당장 아쉬워서 선별적으로 수용하면서도 항상 의심을 갖고 견제를 하는 것이고, 경제적 실익이 수반되지 않는 사회문화교류에 대해서는 훨씬 소극적인 거지요.

그런데 이것이 남북 각기의 그런 사정 탓도 있지만 어떻게 보면 그게 당국이라는 존재의 속성인 면도 있다고 봅니다. 권력을 쥔 사람의 입장에서 보면 자기식으로 통일하든가 아니면 그냥 현상유지 하는 것이 제일 좋은 거지요. 남북연합이라고 하면 기본적으로 남북에 두개의 정부가 그대로 존속하면서 연합하는 모양새이긴 하지만, 그 정도의 연합기구가 생기는 것만으로도 지금 갖고 있는 권한 중 많은 것을 남측이면 남측, 북측이면 북측이 자기들 마음대로 행사 못하게 돼서 그만큼 권력이 축소됩니다. 게다가 더 중요한 것은 이렇게 연합기구를 만들기로 합의하는 순간 시민참여의 공간이 더욱 넓어지기 때문에 시민들과의 관계에서 당국자의 권한이 축소가 되는 거지요. 남에서도 그렇고 북에서도 마찬가지입니다. 그러니까 당국자들한테만 맡겨서는 될 문제가 아니라고 봐요. 그들이 절박한 상황에 오지 않는 한은 남북연합 같은 것을 그렇게 열심히 추진할 이유가 없는 겁니다.

그런데 이번 정상회담을 거치면서 이것이 절박한 문제로 대두했다는 것이 제 생각입니다. 그 한가지 예가 개혁·개방에 대한 논란입니다. 여러분이 아시다시피 우리가 그동안에 북과 경제협력을 하고 북을 지원하는 명분으로 북의 개혁·개방을 유도한다, 이렇게 남쪽에서 말해왔지요. 개혁·개방 자체가 나쁜 것도 아니고 해서 대개는 그런 식으로 말해왔는데 두 정상이 만나서 이야기하는 과정에서 김위원장의 반응은 전혀 다르더라는 거예요. 노대통령이 개혁·개방이라는 용어를 그 자리에서 사용한 건 아니라고 해요. 개성공단 이야기를 하면서 대통령은 개성공단에서 남북이 참 잘하고 있다는 식으로 말했는데, 김정일 위원장은 개성공단 해서 우리가 득본 게 뭐 있느냐, 굉장한 전략적 요충지를 내줬는데 사업 시작하는 데도 몇년씩 걸렸고 지금도 겨우 냄비나 만들고 신발이나 만들고 그러면서 그걸 가지고 개혁·개방의 사례로 정치적으로 이용이나 하고 있다는 취지로 반박했다고 합니다. 그날 노무현 대통령이 우리 남측 대표단끼리 하는 오찬에 와서 보고했는데, 김위원장의 그 말을 들으면서 아 이게 우리는 그냥 좋은 거라고 생각하고 얘기해왔는데 북의 관점에서는 저렇게도 보겠구나 하는 것을 당신이 비로소 깨달았다고 해요. 조금 늦게 깨달으신 것 같긴 한데(웃음), 아무튼 그래서 역지사지(易地思之)를 해야겠노라고 했습니다. 오찬에서 그런 발언을 한 것은 여러가지 계산을 한 거라고 봐야겠지요. 김정일 위원장한테 아 미안하다, 개혁·개방이란 말 앞으로 안 쓰겠다, 이렇게 말할 수는 없는 것이고, 개혁·개방이 뭐 나쁘냐고 논쟁을 벌일 일도 아니었지요. 그래서 우리끼리 오찬 하는 자리에 와가지고 역지사지하자 이렇게 말해서 그 말이 돌아서 김위원장에게 들어가게 한 거겠지요. 그것 때문인지 어쩐지 몰라도 그후에 오후회담이 잘 풀렸다고 합니다.

아무튼 그후로 당국에서는 되도록 개혁·개방이라는 말을 안 쓰기로 한 모양입니다. 통일부 홈페이지에서도 그 말을 삭제하고 그래서 보수언론의 공격을 받기도 했는데, 이 문제가 남측에서는 대충 정리된 것 같습니다. 다시 말해서 정부당국은 개혁·개방이라는 말을 써서 북을 자극할 필요가 없다, 그러나 민간에서 개혁·개방이란 말 쓰는 거야 정부가 막을 수도 없고 막을 필요도 없다는 식으로 대충 정리가 되었는데, 근본적인 해결책은 아니라고 봐요. 근본문제는 용어의 문제라기보다 양쪽 각자가 처한 딜레마입니다. 북에서는 개혁·개방을 체제변혁을 뜻하는 것으로 받아들이고 실제로 현존체제에 대한 위협이 되는 것이 사실이지만, 그렇다고 명칭이야 뭐라 하건 상당수준의 개혁을 하고 개방을 하지 않아도 체제유지가 어려워지는 딜레마가 있지요. 남쪽의 입장에서는 개혁·개방이라는 말조차 안 쓰고 경제협력을 하고 특히 지원사업을 하면 '퍼주기' 논란을 감당하기가 어려워지게 마련입니다. 이제까지 그나마 국회나 보수언론을 설득할 때, 지원하고 협력하다보면 북이 개혁·개방 하게 되니까 그것을 유도하는 것이라고 말해왔는데, 그 말을 못 쓰게 되면 퍼주기라는 비판에 어떻게 답할 것인가 하는 문제가 생깁니다.

사실 저는 이것이 국민설득 전술의 차원을 넘어 더 근본적인 문제와 관련되어 있다고 봅니다. 남북의 화해·협력을 주장하는 많은 분들이 꼭 보수진영을 설득하기 위해서가 아니라, 실제로 경제협력을 계속하면 북이 베트남이나 중국처럼 개혁·개방을 하게 될 거라고 진심으로 믿고 있는 것 같아요. 그런데 저는 이 점에서만은 보수측 논객들과 공감하는 면이 있습니다. 북이 중국이나 베트남처럼 되지는 않을 것 같거든요. 왜냐하면 우리는 분단상황 아닙니까? 베트남은 미국과 전쟁해서 승리하고 통일을 이룬 다음에 개혁·개방을 한 것이고, 중국도 대만이 있습니다만 대만은 흡수통일을 위협할 수 있는 존재가 아니지요. 사실 중국은 국공내전(國共內戰)에 이기면서 1949년에 일찌감치 무력통일에 성공한 나랍니다. 그랬다가 미국과 화해하고 국교가 이루어진 뒤에 자신을 갖고 개혁·개방을 하게 되었는데, 북의 경우는 북미수교가 이루어지고 남측하고 교류가 활발해진다 하더라도 남한이라는 상대가 없어지는 건 아니거든요. 남한의 존재 자체가 엄청난 위협인데 그 앞에서 중국식 내지 베트남식 개혁·개방을 할 수 있겠는가, 물론 개혁·개방에 해당하는 조치가 전혀 안 나온다는 건 아니고 그 과정에서 중국과 베트남에서 배울 것이 많겠지만, 중국이나 베트남식의 개혁·개방과는 매우 다른 길이 아니고는 불가능하다고 봅니다.

근본적으로 북조선은, 남한도 마찬가집니다만, 베트남이나 중국과 같은 수준의 독자성을 지닌 사회단위라기보다는 한반도 분단체제 속에 포섭되어 있는 매우 특수한 사회 즉 분단사회이기 때문에, 중국이나 베트남의 개혁·개방 선례를 그대로 따르기가 어려운 것입니다. 그러면 해결책이 뭐냐? 저는 유일한 해결책은 남북연합이라 봅니다. 전혀 다른 두 체제를 무리하게 통일하지 않으면서도 지금처럼 남북이 연합조차 안한 채 분립하는 게 아니라, 북이 중국이나 베트남과는 다른 방식으로 최소한의 안정성을 보장받은 상태에서 필요한 개혁을 하고 개방을 할 수 있게 하는 겁니다. 이럴 경우 우리의 표현도 개혁·개방 자체를 목표로 내세우는 게 아니라, 북에서나 남에서나 남북연합 건설이 목표가 되고 개혁·개방은 그 수단에 불과하게 됩니다. 또 그 내용도 남북연합 건설에 필요한 만큼의 개혁·개방, 남북연합의 틀 안에서 진행할 수 있는 성격의 개혁·개방이 됩니다. 그러니까 개혁·개방은 어디까지나 6·15공동선언 제2항에서 합의한 통일방안을 실천하는 수단으로서의 개혁이며 개방이고 그 이상도 이하도 아니다, 이렇게 설정해야 될 것 같습니다. 그렇게 되면 북에서도 개혁·개방을 남측이 무턱대고 강요한다고 반발하기 힘들 것이고, 남에서는 단기간에 통일도 안한다면서 무작정 퍼주기만 할 거냐고 비난할 여지가 줄어들 것입니다.

4

제가 국가연합 이야기를 하니까 민간통일운동 한다면서 왜 이렇게 제도적인 문제에 집착하는가 의아해하는 분도 계십니다. 국가기구의 성격에 대한 논의를 앞세우는 것을 제도통일론이라고도 하지요. 교류협력이나 통합의 실질적 내용보다 제도문제를 앞세운다는 뜻도 되고, 먼저 제도를 어느 수준에서 통일하기로 합의해놓고 출발하는 통일과정이라는 뜻도 됩니다. 그러나 제 입장은 그런 의미의 제도통일론이 아닙니다. 거듭 말씀드리지만 저의 기본 입장은 시민참여형 통일론이고, 다만 시민참여가 보장되고 최대화되는 통일과정을 확보하기 위해 지금 시점에서는 다른 제도는 모르겠지만 국가연합이라는 제도를 만드는 것이 중요한 단계에 왔다 하는 주장입니다. 사실 '제도통일'의 비근한 예는 남북 예멘의 통일이지요. 당국자들이 만나서 우리가 이제부터 통일할 텐데 대통령은 이쪽에서 하고 부통령은 저쪽에서 하고, 그래서 정·부통령제를 만들고, 내각에서는 대통령을 차지하지 못한 쪽에서 국무총리를 하고 국무위원 수도 미리 정해서 국무총리가 안 나온 쪽에서 위원을 한 사람 더 하고, 이런 식으로 제도에 대해 양쪽에서 합의를 한 겁니다. 좋게 말하면 제도통일이고 나쁘게 말하면 담합통일, 더 나쁘게 말하면 야합통일이지요. 저는 언젠가 이걸 '3당합당식 통일'이라고 표현한 바 있지요.

그런 식으로 당국자끼리 국가연합을 어떻게 설치하고 그러면서 어떤 식으로 남북이 자리를 나눠먹을까 하는 식의 제도통일이 아니고, 시민참여가 제대로 되고 경제협력이나 사회문화교류가 앞으로 더 활발해질 텐데 그것이 큰 부작용을 안 낳고 역풍을 안 만나고 진행하려면 6·15공동선언 제2항에 합의된 그 통일방안을 이제는 우리가 실천할 때가 되었다, 더 급격한 통일도 불가능하지만 그렇다고 국가연합조차 없이 중국식 또는 베트남식으로 개혁·개방하는 것도 불가능하니까 연합 말고는 길이 없다 하는 이야기입니다.[5] 그래서 민간운동에서 국가연합 건설을 강조하는 이유가, 하나는 당국이 공동선언 제2항의 이행에 별로 관심을 안 보이니까 우리 민간이라도 그리하는 것이고, 더 중요한 것은 시민참여형 통일과정의 여건을 확보하기 위해서 그것이 필요해졌기 때문에 그러는 것입니다.

물론 현실적인 난관이 많습니다. 그런데 이제까지는 제일 큰 난관이 북미관계였지요. 국가연합이라는 게 통념상의 통일국가를 만

---

5) 강연 당시에 미처 논할 겨를이 없었지만 개혁·개방을 수행하고 있는 오늘의 중국이나 베트남을 따르는 것이 정녕 우리가 분단체제를 극복하고 한반도에서 건설하고자 하는 과정에서 가장 바람직한 목표냐는 것도 진지하게 검토할 문제다. 개혁·개방 이후의 중국과 베트남이 현재의 북조선보다 낫다는 점에는 남녘의 다수가 동의할 테고 북측 지도부에서도 중국과 베트남을 여러모로 학습대상으로 삼고 있는 것으로 알려져 있다. 그러나 통일된 한반도 전역이 그 모델을 따른다고 한다면 반대하는 이가 많을 것이 분명하다. 남한 자본주의의 현실에 만족하는 사람은 만족하는 사람대로, 이 현실의 진정한 극복을 원하는 사람은 또 그들대로, 오늘의 중국이나 베트남을 모범으로 삼지는 않을 터이다. 다만 통일 한반도사회의 모형으로서가 아니라 분단체제 극복과정의 한 단계로서 북이 중국이나 베트남을 따르는 것이 바람직하다는 주장은 별개문제다. 하지만 이는 우선 분단상황에서 실현 가능성이 희박한 구상이요, 동시에 설혹 그것이 가능하더라도 앞의 주 2에서 언급한 '우리가 보전하고 싶은' 분단시대의 자산마저 포기하는 길이 아닌지를 진지하게 검토해야 할 것이다.

드는 것은 아니고 두개의 국가가 존속하면서 연합하는 거라고는 하지만, 그러나 그중 한쪽은 미국과 동맹관계에 있는데 다른 한쪽은 미국과 철천지원수지간이라면 그런 두 국가가 연합한다는 것은 불가능한 일이죠. 그래서 북미수교는 남북연합의 당연한 전제조건입니다. 북미수교가 얼마나 빨리 될지는 모르겠지만 이제는 대체로 그런 방향으로 가고 있기 때문에 우리도 국가연합 건설을 추진할 기본 여건이 갖춰진 것입니다.

더 큰 난관은, 아까도 말씀드렸습니다만 북미수교가 되고 남북교류가 활발해지면 해질수록 체제유지에 대한 북측의 위기의식이 커질 가능성입니다. 그래서 남북연합이라는 느슨한 결합조차 너무 위험하다고 판단해서 북이 동의하지 않을 수가 있는데, 저는 그 문제를 두고서는 얼마 안 가서 북측 당국도 결단을 해야 할 때가 오리라고 봅니다. 남북연합이 체제에 대한 리스크가 전혀 없는 방안은 아니지만 그래도 그것이 제일 위험부담이 덜한 방법이 아니겠느냐, 남북이 대치하고 있는 상태에서 그대로 체제유지를 하려고 할 때 북미간에 적대관계가 청산되고 남북교류가 활발해질수록 더 위험한 사태가 오지 않겠는가, 그럴 적에 남북연합이라는 장치는 통일로 가는 중간단계이기도 하지만 다른 한편으로는 통일과정의 엄청난 폭발성과 위험부담을 관리하는 하나의 장치임을 북측 지도층에서도 인식하게 되지 않을까 하는 것입니다. 저는 북측에도 다른 선택이 없다고 생각합니다.

또 하나의 장애요소는 남측 기득권세력의 반발입니다. 남쪽은 북측하고 달라서 남북연합을 한다고 해서 대한민국의 존재가 위협받는 상황은 전혀 아니지요. 그러나 남북연합이 건설됐을 때 남측 내의 정치지형이나 사회지형도 엄청나게 변하게 되어 있습니다. 그렇게 되면 이제까지 유리한 고지를 차지했던 사람들이 그런 변화로 인해 자신의 기득권 상실을 우려해서 아마도 격렬한 저항이 있을 것입니다. 사실은 이번 정상회담에 대해 이런저런 트집잡기가 나오는 것도 그런 저항의 일환이라고 생각합니다. 그러나 남쪽에서든 북측에서든 다른 대안이 없기 때문에 저는 이게 머지않아 실현되리라 봅니다. 최근에 제가 『회화록』[6]을 내고서 기자간담회를 했는데, 일부 신문에 제가 7~8년 내에 남북연합이 이루어질 것이라고 예측한 것으로 나왔습니다. 제가 비슷한 말을 하기는 했는데요, 딱 집어서 지금부터 7~8년에 된다가 아니고, 2005년에 6·15와 8·15행사를 치르고 9·19공동성명이 나온 직후에 제가 일본 『세까이(世界)』지와 인터뷰하면서 10년 내로 국가연합이 될 거다, 이렇게 말한 적이 있습니다. 그러니까 지금 시점에서 따지면 7~8년이 남았는데 저는 그때 말한 10년보다 더 앞당겨질 가능성도 있다고 보고요, 아무튼 인터뷰 당시의 전망을 굳이 수정할 필요를 안 느낀다고 말했던 겁니다.

더구나 7~8년 내에 안되면 한반도는 정말 불행해지리라 봅니다. 굉장히 큰 혼란을 겪어야 될 것 같습니다. 어쨌든 우리 남쪽은 이미 민주화가 되어 있고 사뭇 복잡한 사회가 되었기 때문에 당국이 언제 어떤 식으로 국가연합을 만들겠다고 자기 마음대로 정할 수 없게 되어 있어요. 민간도 참여해 꾸준히 준비해서 그 성과가 축적이 됐을

6) 『백낙청 회화록』(전5권), 창비 2007.

때, 당국은 오히려 그것을 추인하는 형태로, 자 이 정도면 어지간히 됐으니까 우리 국가연합이라고 부르자 하면서 정상회담을 통해 몇 가지 추가적인 조치를 취하고 국가연합을 선포하는 수순이 될 것입니다. 북이 김정일 위원장의 영도 아래 일사불란한 체제라고 하지만, 거기도 김위원장이 모든 걸 맘대로 할 수 있는 체제는 아니라고 봅니다. 그가 지도력을 유지하는 것 자체가 사회가 어떻게 돌아가고 있고 시국이 어떻게 돌아가고 있는데 이러저러하게 하는 것이 북측 사회나 국가에 이롭겠구나 하는 판단을 자기 나름대로 해서 움직이기 때문에 영도력을 유지하는 것인데, 북측 사회 내부의 변화라든가 남북관계의 진전 이런 것들을 바탕으로 어느 시점에 가서 남북연합이 가능하다거나 남북연합이 불안하고 맘에 별로 안 들지만 불가피하다라는 판단이 설 때 국가연합이 이루어진다고 봅니다. 그래서 이것이 언제 어떻게 이루어질지는 우리가 하기 나름이고 그다음에 무엇이 이루어질지도 우리가 하기 나름이라고 생각합니다.

끝으로 남북연합이라는 것이 교과서적인 의미로 보면 이게 통일이 아닙니다. 두개의 국가가 별개로 존속하면서 연합하는 것이 연합제고, 지방정부의 권한이 아무리 강하더라도 하나의 중앙정부 아래 두개 또는 그 이상의 지역정부가 있는 것이 연방제지요. 그 개념의 차이는 뚜렷합니다만, 우리 한반도의 경우는 남북연합 건설만 하더라도 광범위한 시민참여에 의해 돌이킬 수 없는 과정으로서 한걸음 한걸음씩 나아간 결과이기 때문에, 남북연합 단계만 가면 그다음 단계의 더 긴밀한 연합이나 연방국 형태 또는 단일국가 형태로 진전하는 것은 불가피해진다고 봅니다. 그래서 교과서상의 의미로는 통일이 아니지만 저는 그것을 1단계 통일이라고 불러도 무방하다고 말하는 것입니다.[7] 1단계 통일을 향해서 6·15공동선언 이래로 7년 동안을 움직여왔고 지금 움직이는 속도가 더 빨라지고 있습니다. 그래서 잘되면 앞으로 7년씩 안 걸리고도 그 지점에 도달할 수 있으리라 믿습니다.

한마디 덧붙인다면, 정상회담이 7년 만에 열리니까 굉장히 늦게 열렸다고 생각하는데요, 물론 만시지탄이 있긴 합니다만 독일의 경우에 1970년에 브란트 서독 총리가 처음으로 동독에 가서 울브리히트 공산당 서기장하고 정상회담을 했죠. 그후 동서독 정상회담이 많았던 것처럼 생각하는 분들이 있는데, 그건 동독의 총리가 서독을 답방하고 그 뒤로 동서독 총리회담이 여러차례 있었기 때문이지요. 하지만 동독의 체제상 동독 총리가 서독 총리 만나는 것은 정상회담이 아닙니다. 공산당 서기장이 만나야 하는데 두번째 정상회담은 1981년에야 열립니다. 브란트와 울브리히트의 만남 이후 11년 만에 서독의 슈미트 총리와 동독의 호네커 서기장이 회담한 것입니다. 그러다가 고르바초프가 등장하고 나서 전혀 다른 상황이 돼버렸지요. 아무튼 동서독간의 교류가 많았다고는 하지만 정상회담은 그렇게 힘들었고 실제로 드물었던 겁니다. 더군다나 독일의 정상회담은요, 우리 경우는 서로 싸우고 있다가 통일하자고 만난 정상회담인데 그쪽은 서독에서 통일하자고 그러다가 브란트가 통일을 포기하기로 하면서 정상회담이 이루어졌습니다. 그렇게 본다면 우리가 독일

■■
7) 이와 관련하여 졸저 『한반도식 통일, 현재진행형』(창비 2006) 35~37면 참조.

보다 여러가지로 모자라지만 남북의 점진적이고 단계적이고 시민들이 광범위하게 참여하는 통일을 위해서는 훨씬 착실하게 준비하고 있는 셈입니다. 그래서 그 결과 내용상으로도 우리가 독일 통일보다 훨씬 의미있는 통일을 이룩할 수 있으리라 희망하고 또 그렇게 믿고 있습니다.

덧글(2008. 5)

이 강연을 행한 작년 10월 하순 이후 많은 사건이 일어났다. 11월의 남북총리회담에서는 10·4선언의 실행을 위한 구체적인 합의들이 추가로 이루어진 반면, 12월 대통령선거에서 이명박 후보가 당선되어 금년 2월 25일에 새 정부가 출범한 이래 남북관계는 여러모로 역전과 후퇴를 경험하고 있다. 이 덧글을 쓰는 5월초의 시점에서 당국간의 신뢰는 거의 바닥에 이르렀으며, 그간의 남북간 합의 중 이행의 전망이 어두워진 것이 한두가지가 아니다.

이명박정부 출범 이후에 집필한 졸저 『한반도식 통일, 현재진행형』 일본어판(이와나미쇼뗑岩波書店 간행)의 서문에서 나는 "새 대통령이 거듭 강조하는 '실용'과 경제우선의 원칙이 존중되는 한, 김대중·노무현 대통령 이래 추진되어온 교류와 협력노선에 근본적인 변화를 상상하기는 어렵다"는 전망을 내놓았다. 그러나 "반면에 '핵폐기 먼저'를 내걸고 통일부 폐지를 기도했던 집권세력의 천박한 현실인식이 교정되는 데는 상당한 시간이 걸릴 것이며, 그사이 북미간에 새로운 긴장관계가 조성되기라도 한다면 남북관계는 현재와 같은 관망상태를 지나 정체기간으로 돌입할 수도 있다"라는 우려도 표시했는데, 그후의 사태진전은 일단 '정체기간'이 시작되었다고 볼 만하다.

그러나 이런 대립상태가 무한정 지속될 수 없음은 물론이다. 아니, 정체기간이 1년도 갈 수 있다는 비관론에도 나는 동의하지 않는다.[8] 그 첫째 이유는, 거듭 말하지만, 이명박정부가 '경제 살리기'를 최고의 국정목표로 삼고 있는 한 남북간의 긴장완화를 서두르지 않을 수 없기 때문이다. 둘째로 북미관계의 개선이 꾸준히 진전되고 있다는 점도 그 어느 사실 못지않게 중요하다. 북핵문제 해결은 그동안 상당한 지체가 있었지만 최근의 '싱가포르합의' 이후 핵시설의 불능화라는 제2단계 작업이 드디어 마무리될 조짐이며, 이달 안으로 6자회담이 재개되리라는 관측이 우세하다. 물론 이를 계기로 북이 '통미봉남' 정책을 더욱 매몰차게 추진할 것이라는 분석도 있으나, 북 또한 이제 와서 남쪽과의 협력의 끈을 놓기에는 2000년 6월 이후로 남북관계가 너무 멀리 왔다고 본다.

더구나, 일본어판 서문에서 다시 한번 인용하자면, "시민참여형 통일을 추구하는 입장에서는 이런 일시적인 후퇴가 결정적인 문제는 아니다"라는 점도 지적해야겠다. "한반도의 재통합은 돌이킬 수 없는 대세이고 그것이 점진적·단계적으로 진행되는 것 외에 다른 방도가 없는 이상 시민참여의 공간이 열려 있는 것도 기정사실이

---

8) 이것이 지나친 낙관론이었음은 그로부터 1년 이상이 지난 시점에서 명백하다. 그래도 '무한정 지속'은 불가능하다는 주장을 이 책의 서장에서 펼친 바 있다.

다. 반면에 이 공간을 충분히 활용할 시민역량이 아직 미흡한 것 또한 사실인바, 당국간의 원활한 교섭이 우리의 준비작업을 촉진하기도 하지만, 민중의 준비가 태부족인 상황에서 당국들이 남북 양자든 예의 6자든 너무 쉽게 모든 것에 합의해서 일종의 '담합통일'로 귀착하는 것은 바람직하지 않기 때문이다."

시민역량의 부족은 지난번 대선에 이어 4월 총선을 거치면서 더욱 실감된 바 있다. 하지만 그런 경험을 통해 시민사회가 새롭게 각성하는 모습도 여기저기서 확인된다. 나는 이런 공부와 준비가 쌓여서 우리 사회가 새로이 방향감각을 되찾을 때, 남한의 '87년체제'가 드디어 그 말기국면을 졸업하고 한반도 차원에서는 '1단계 통일'을 눈앞에 두게 되리라 믿고 있다. 민변의 성원들을 포함한 뜻있는 시민사회 활동가들이 모처럼의 공부 기회를 제대로 살릴 수 있기를 기대한다.

〈2007〉

제 2 부

9

6·15공동선언 실천의 새로운 고비

6·15 남북공동선언 8주년을 기념하는 이 뜻깊은 자리를 마련하고 저에게 발언의 기회를 주신 김대중평화쎈터측에 감사드립니다. 특히 이사장이신 김대중 전 대통령께서는 6·15공동선언의 서명자이실 뿐 아니라 퇴임 이후에도 6·15정신이 도전에 직면하는 고비마다 이성적인 대응의 목소리를 나라 안팎으로 발신하여 위기를 기회로 바꾸는 데 공헌하셨습니다. 이 자리를 빌려 경의를 표하며 특별한 감사를 드립니다.

6·15공동선언 발표 여덟돌을 앞둔 오늘 남북관계는 또 한번의 고비를 맞고 있습니다. 출범 초기의 이명박정부는 6·15선언과 10·4선언으로 이어져온 남북 정상간의 합의를 평가절하하고 나아가 그

■ 이 글은 2008년 6월 12일 김대중평화쎈터가 주최한 6·15 여덟돌 기념행사에서 발표한 강연문이다.

역사적 정당성마저 인정하지 않는 듯한 태도를 취했습니다. 이에 북은 북대로 새 정부를 격렬하게 비난하며 당국간의 모든 대화와 접촉을 거부하고 있습니다. 만약 남과 북이 낡은 이념의 틀에 갇혀 서로간의 소모적인 대결과 갈등의 시대로 되돌아간다면, 오랜 시간 공들여 조성해낸 모처럼의 역사적 기회는 도리어 질곡이 되어 한반도와 동아시아의 장래에 큰 부담이 될 것입니다.

남북관계의 새로운 긴장국면이 특별히 안타까운 것은 6·15 이후의 수많은 교류와 접촉의 성과가 바야흐로 활짝 꽃필 수 있는 국제환경이 마련되는 지점에 우리가 다다른 참이기 때문입니다. 지난 수년간 더디게 진전되어오던 6자회담과 북미관계 개선논의가 급물살을 타고 있습니다. 단정할 수는 없지만, 머지않아 북미간에는 북핵시설의 불능화와 그에 대한 반대급부가 교환되는 이른바 '북핵 해법의 2단계'가 완료될 가능성이 높습니다. 이 경우, 지난 반세기동안 이어져온 한반도의 불안한 정전체제에 종지부를 찍을 시간이 우리 앞에 성큼 다가올 것입니다. 이처럼 명암이 엇갈리는 고비를 맞아 우리는 8년 전의 정상회담과 공동선언의 의의를 되새기고 이를 실천할 우리 모두의 창조적 노력을 다짐할 때입니다.

2000년 6월의 정상회담은 분단 이래 처음으로 남과 북의 최고책임자가 만났다는 사실만으로도 커다란 역사적 사건이었습니다. 게다가 6·15공동선언을 발표함으로써 한반도의 평화정착과 공동번영 및 재통합을 위한 역사적인 장전(章典)을 마련했습니다. 최근 남쪽 정부와 사회의 일부 인사들 사이에는 1991년의 남북기본합의서를 유독 강조하면서 6·15선언을 폄하하려는 움직임이 있었습니다.

반면에 북측은 최고지도자의 서명이 들어가지 않은 기본합의서를 외면하고 6·15선언과 10·4선언만을 내세우는 경향이 있습니다. 그러나 7·4공동성명에서 남북기본합의서와 비핵화공동선언을 거쳐 6·15선언, 10·4선언으로 이어지는 남북간의 공식합의는 하나같이 소중하며 그 내용도 상충하지 않습니다. 어느 하나를 내세워 다른 합의를 폄하하는 일은 신의에 어긋날뿐더러 합리적인 근거도 없는 것입니다.

동시에 그 많은 합의 중에서 6·15공동선언이 갖는 독보적인 의의를 인정해야 합니다. 우선, 남북의 최고지도자들이 직접 서명했다는 사실의 무게도 결코 작지 않습니다. 북측에서 자기네 지도자의 서명을 유달리 신성시하는 자세가 남쪽 시민들의 정서에 안 맞는 면이 있습니다만, 신성시하는 만큼 그 내용을 부정하기 어려워진다면 이 또한 모두에게 유리한 일이 아니겠습니까.

모두에게 유리하다고 말하는 근거는 얼마든지 있습니다. 6·15공동선언의 결과로 남북간의 군사적 긴장과 심리적 적대감이 크게 완화되어 한반도는 물론 동북아 전체의 평화에 힘을 실어주고 있습니다. 남북기본합의서 시절부터 합의했던 각종 교류와 협력이 드디어 활성화되어 남북 쌍방에 실리를 안겨주고 있는 것도 6·15 이후의 일입니다.

그런데 제가 오늘 특히 강조하고 싶은 6·15선언의 또다른 독보적인 의미는 분단 이래 남과 북이 처음으로 통일방안에 합의했다는 점입니다. 6·15선언 제2항에서 두 정상은 "남측의 연합제 안과 북측의 낮은 단계의 연방제 안이 서로 공통성이 있다고 인정하고 앞으로

이 방향에서 통일을 지향시켜나가기로" 선언함으로써 그동안 평행선을 달려온 남북의 통일해법 사이에 절묘한 절충을 이루었습니다. 그 표현이 모호한데다, 남쪽에서는 '연방제'라는 문구가 들어갔다는 이유로 보수층의 정치공세에 시달리기도 했습니다. 그러나 '낮은 단계'라는 토가 달리고 '남측의 연합제 안'과의 공통성이 인정된 연방제는 6·15시대 이전의 '고려연방제'가 이미 아닙니다. 이름을 무엇이라 하고 세부적인 내용을 어떻게 정하건 간에 통일의 제1단계는 남북의 느슨한 결합일 수밖에 없음을 인정한 것입니다.

그렇습니다. 제2항의 표현이 아무리 모호할지라도, 통일을 일거에 하지 않고 남북의 느슨한 결합이라는 중간단계를 거친다는 합의 자체는 선명하기 이를 데 없습니다. 이로써 한반도는 베트남이나 예멘 또는 독일 그 어느 곳과도 다른 이곳의 현실에 걸맞게 한반도 고유의 방식으로 점진적이고 단계적인 통일과정을 밟기로 정상간에 공식합의를 이룬 것입니다.

민간분야에서 활동해온 제가 이 점에 특히 주목하는 이유는 단순히 평화통일의 유일무이한 현실적 방안을 제시했기 때문만이 아닙니다. 통일과정이 평화적이고 점진적이며 단계적으로 진행될 것이 확실해지는 순간, 평범한 시민들의 광범위한 참여가 보장되고 고취되기 때문입니다. 그리고 이 나라의 시민들은 최근의 촛불시위가 또 한번 보여주듯이 참여의 공간을 십분 활용할 열정과 적극성, 창의력을 갖추었습니다. 아직은 이런 대대적이고 창의적인 시민참여가 분단체제 극복이라는 목표로 쏠리지 못했고 그 책임의 일부는 통일운동세력의 낡은 사고와 운동방식에 있다고 믿습니다만, '한반도식 통일'은 결국 세계 역사상 유례가 드문 창의적이고 축제적인 대중참여의 과정이 될 것입니다. 저는 이것을 '시민참여형 통일'이라 부르기도 합니다.

분단체제 속의 삶에 안주하려는 사람들은 아직도 남북분단을 적당히 관리하는 선에서 항구적인 현상유지를 희망하고 있습니다. 그러다가 어느날 북이 무너지고 흡수통일이 되면서 저들의 기득권이 더욱 강화되는 꿈도 꾸곤 합니다. 물론 갑작스러운 통일은 피해야 하고 통일과정은 지혜롭게 관리되어야 합니다. 그러나 '현상유지'는 세계적인 차원에서나 한반도 차원에서나 또는 한국사회 내부에서나 승산이 없는 과제가 된 지 오래입니다. 그래서 남북연합을 거치는 완만하고 비교적 질서정연한 현상타파 방안을 6·15 남북공동선언을 통해 발표했던 것입니다.

그런 방안이 이미 8년 전에 나왔다는 사실을 잊고 사는 사람들이 의외로 많습니다. 이제까지는 평화공존과 교류협력이라는 기반조성 작업에 몰두하는 것이 더 시급했던 면도 있습니다. 그러나 6·15 공동선언 자체가 도전에 직면한 오늘의 상황에서 우리는 이 선언이 단순히 긴장완화에 도움을 준 합의가 아니라 한반도식 통일의 기본 윤곽을 제시하고 시민참여형 통일의 가능성을 확보한 문건임을 다시금 되새길 필요가 있는 것입니다.

지난 2007년 10월 2차 정상회담에서 발표한 10·4남북정상선언에 대한 냉대와 무관심은 요즘 더욱 심합니다. 6·15선언과 달리 대통령의 임기를 얼마 안 남기고 너무 야심적인 합의들을 해낸 탓도 없지 않습니다. 그러나 참여정부가 늦게라도 정상회담을 성사시키지 못했을 경우 6·15정신이 얼마나 힘을 잃었을까를 상상한다면, 그것만으로도 10·4선언의 의의는 지대합니다. 더구나 그 선언에 담긴 한반도의 평화와 공동번영을 위한 여러 계획들은 그 이행의 쉽고 어려움에 차이는 있을지언정 모두가 남북의 주민들에게 두루 이익이 되는 것들입니다.

예컨대 노무현 대통령이 특히 자부심을 보인 '서해평화협력특별지대'에 관한 합의는 지금 거의 관심 밖으로 밀려난 상태입니다. 실제로 이 구상은 설혹 이명박정부가 의욕을 갖고 계승하더라도 그 실행이 결코 간단치 않은 내용입니다. 그러나 이 합의의 참된 의의는 당장의 이행 여부에 달린 것이 아닙니다. 이른바 북방한계선에 관한 다툼에 빠져 당장 실행 가능한 다른 교류와 협력도 못하는 상황을 우회하고 실질적으로 돌파하면서 앞으로 더욱 획기적인 교류협력의 가능성을 열어놓은 데에 그 의미가 있습니다. 6·15공동선언 제2항의 애매모호한 합의를 통해 남북 화해협력의 길을 연 지혜가 다시 한번 발휘된 것입니다.

다행히 새 정부도 최근에는 남북관계를 전향적으로 풀어보려는 의지를 드러내는 듯합니다. 오늘 통일부 장관께서 이 자리에 참석하여 축하의 말을 해주신 것도 그런 전향적 움직임의 일환일 것입니다. 이는 한반도 정세의 대국(大局)을 보건, 실용을 중시하겠다는 정권측의 대국민약속을 보건, 국민을 무시하고는 견디기 힘든 이 나라 시민의식의 수준을 보건, 너무도 당연한 것입니다. 앞으로 6·15공동선언과 10·4선언을 더욱 확실히 존중함으로써 상생·공영의 남북관계 발전을 이룩할 것을 기대합니다.

오늘의 행사 외에 해마다 6월 15일에 남·북·해외동포들의 민족 공동행사가 있습니다. 원래 올해의 여덟돌 기념축전은 남북의 당국 자들도 참여하는 가운데 서울에서 열기로 작년 11월의 남북총리회담에서 합의된 바 있습니다. 유감스럽게도 10·4선언 이후의 많은 합의사항이 외면당하는 상황에서 이 약속 또한 지켜지지 않게 되었습니다. 그래서 민간끼리만, 그것도 규모를 축소하고 장소를 금강산으로 옮겨서 모이기로 했습니다.

하지만 어려운 여건에서 남북접촉의 맥을 민간이 이어간다는 자부심은 그 어느 때 못지않습니다. 나아가 오늘의 기념행사와 15~16일의 금강산대회를 포함한 민간의 다양한 노력들이 합류하여, 머지 않아 시민참여형 통일의 물결로 한반도의 변화를 주도하리라는 믿음에도 흔들림이 없습니다. 그리고 그것은 최근의 촛불시위에서 보듯이 한편으로 분단체제의 질곡과 맞부딪쳐 싸우는 저항의 움직임인 동시에, 각자가 새로운 삶을 창의적으로 개척하는 기쁨의 축제가될 것입니다.

〈2008〉

10

선진화 담론과 87년체제

2008년과 2009년

1. '선진화 원년'과 '잃어버린 10년'

2008년은 한국인에게 여러모로 획기적인 해였다. 어떤 점에서 그
랬는지는 사람마다 생각이 다를 것이다. 아니, 같은 사람도 시간이
흐르면서 생각이 달라질 수 있다. 예컨대 이명박 대통령은 취임식
에서 '선진화 원년'을 선포함으로써 이명박정부의 출범이 하나의
신기원임을 표방했다. 실제로 10년 만의 정권교체가 대한민국의 역
사에서 하나의 획을 긋는 사건임은 부인하기 어려운 사실이다. 하
지만 채 1년이 못 된 지금 '선진화 원년'이라는 표현은 정부와 여당

■ 이 글의 원제는 '2008년과 2009년'인데, 『월간중앙』 2009년 1월호에는 「'선진화 원
년'과 '잃어버린 10년'」으로 제목을 바꾸어 게재했고, 이후 『87년체제론』(창비 2009)
에 수록하면서 글을 손질하고 제목을 고쳤다.

인사들의 입에도 별로 오르내리지 않는다.

한국사회가 아직도 여러가지 후진적 증상에 시달리고 있다는 점에서 '선진화'는 다분히 매력있는 구호였다. 근년에 학계에서 논의되던 이른바 87년체제론—즉 1987년의 6월민주항쟁 이후 한국사회가 전보다 개선된 사회제도를 이룩하긴 했으나 이제는 그 약효가 다 되어 새로운 돌파의 대상이 된 '87년체제'에 관한 논의—도 일종의 선진화 담론이랄 수 있다. 뉴라이트 지식인들이 주도한 이명박진영의 '선진화 원년'론도 87년체제에 대한 그 나름의 인식을 전제하고 있었다. 즉 한국사회가 1960~80년대의 '산업화(=공업화)시대'와 87년 6월 이후의 '민주화시대'를 거쳐, '선진화시대'라는 87년체제 이후 단계로 넘어갈 전환점에 왔다는 것이다.

2008년은 또한 '건국 60주년', 좀더 엄밀히 말해 대한민국 정부수립 60주년이 되는 해였기에 '선진화 원년'이 더욱 빛날 소지가 있었다. 게다가 새로운 집권세력으로서는 10년간 잃었던 권력을 되찾은 기쁨의 한해가 아니었던가!

그런데도 '선진화 원년'이 채 가기 전에 신기원으로서의 실감이 사라지고 만 것이다. 어쩌다가 이렇게 되었는지 현실적 진행의 차원에서도 경위를 밝혀볼 일이지만, 선진화 담론 자체가 내장한 문제점을 정직하게 대면하는 일도 중요하다.

앞서도 말했듯이 선진화 구호가 매력적일 수 있었던 것은 그것이 공업화와 민주화라는 한국현대사의 무시 못할 업적을 부각시키면서 이를 딛고 더욱 선진적인 사회로 나아가자는 호소를 담은 덕분이었다. 더욱 선진적인 어떤 사회인가? 그 대목은 사실 처음부터 좀

석연치 않았다. 80년대 전두환정권의 구호만 해도 '정의사회 구현' 이었고 노태우정권은 '보통사람의 시대'를 표방했던 데 비해, 이명박진영은 온통 70년대식 경제성장의 구호가 넘쳐났기 때문이다. 그러나 국제경쟁력 문제는 어쨌든 엄연한 현실이고 개선된 경제체제가 공업화 달성 이후에 더욱 절실해졌으며 '민주화'도 원래의 동력을 거의 소진하여 교착상태에 빠진 형국이었기 때문에, 87년체제를 뛰어넘는 '선진화'는 상당한 호소력을 갖게 마련이었다.

문제는 이런 의미의 '선진화'라면 집권세력의 또다른 담론인 '잃어버린 10년'론과 양립하기 힘들다는 점이다. 김대중-노무현 정부가 잘못한 일이 물론 많지만, 지난 10년을 온통 잃어버린 시기로 간주해서는 '산업화와 민주화의 업적을 딛고 더 나아가는 선진화'를 이룩할 길이 없어진다. 아니, 그런 식으로 지난 10년을 부정하다보면 민주정권들의 성취를 준비했던 김영삼정부의 개혁작업이나 노태우정부에 의한 대북화해작업의 성과마저 도거리로 부인하게 되는 것이다.

불행히도 '건국 60주년' 담론도 그러한 모순을 완화하기보다 강화하는 쪽으로 작용했다. 정부수립 60주년을 계기로 대한민국의 역사를 차분하게 되돌아보며 그 정당한 성취를 기념하는 일은 나라의 선진화를 위해 반드시 필요한 작업이었다. 그런데 우리 사회의 의식을 실질적으로 선진화하는 대신 느닷없는 광복절 폐지, 건국절 제정 논의로 분란을 자초하는가 하면, 최근 교육과학기술부가 제작 배포했다가 회수소동을 벌인 다큐멘터리 「기적의 역사」처럼 4·19는 '데모'요 6·15공동선언은 없었던 일인 양 넘기는 식의 무리수를 연발하다보니, '건국 60주년'이 '선진화 원년'에 힘을 실어줄 수 없었다.

2. 세계적 요인과 한반도적 요인

정권의 '선진화 원년' 구상이 뜻대로 안된 것을 이론상의 문제로만 볼 수는 없다. 집권세력의 역량과 그때그때의 대응방식 또한 당연히 따져야 한다. 다만 그 자체로 심각한 자가당착을 내포한 구상이었기에 현실의 저항에 부딪힐 때 더욱 허약할 수밖에 없었다는 것이다.

현실적인 저항이라면 무엇보다도 지난 2008년 5월초부터 약 3개월간 지속된 촛불시위를 들 수 있다. 그러나 촛불시위가 일단락된 뒤에도 계속해서 이명박정부의 선진화 구상을 파탄시키고 있는 세계적 요인도 있다. 누구나 알다시피 미국 금융시장의 위기에서 비롯된 세계적인 경기침체다. 경제성장을 최고목표로 삼았던 정권으로서는 뜻밖의 거대한 복병을 만났다고 비명을 지를 만도 하다.

그러나 '복병'이란 표현이 과연 적절한가? 위기의 정확한 규모와 양상은 외국의 한다 하는 전문가들도 대부분 예견 못했으니 그런 의미로는 분명히 복병이다. 하지만 미국 금융회사들의 부동산담보대출 문제가 2007년에 이미 불거졌는데도 이른바 '747'을 비롯한 허황된 성장주의 공약을 성안한 것은 매복에 걸렸다기보다 적의 대군이 포진해서 북소리가 울리고 연기가 피어오르는 곳으로 자진해서 달려간 행위에 가깝다. '선진화'가 '잃어버린 10년 되찾기'와 동일시되어 민주화의 성취를 후퇴시키는 역주행이 되었듯이, 산업화＝공업화의 업적도 이를 바탕으로 변화된 세계정세에 적합한 창의적 경제모델을 개발하기보다 이미 과거지사가 된 70년대식 성장모델과 파탄에 직면한 미국의 금융모델을 재연하려는 또 하나의 역주행이 벌어진 것이다.

한국사회 선진화 구상의 순조로운 진행을 위해서는 이렇듯 국내 요인뿐 아니라 세계적 요인에 대한 그야말로 선진적인 인식이 필요한데, 그에 못지않게 긴요한 것이 **한반도적 요인**을 감안하는 능력이다. 대한민국이 남쪽만의 단독정권으로 출범했다고 해서 이후 60년 역사의 성취를 부정하거나 폄하해서는 안되지만, 지금도 분단된 한반도의 반쪽에 해당하고 그에 따른 온갖 질곡에 시달리고 있다는 사실마저 부인해서는 적절한 현실대응이 힘들어진다. 아니, 이런 분단현실이 오랫동안 자리잡다보니 그것이 일종의 '분단체제'에 해당하는 자기재생산 능력을 갖게 되고 그 체제에서 혜택을 입는 기득권 세력을 남북 양쪽에 보유하게 되었다는 인식으로까지 나아가지 않으면 안된다.

이러한 분단체제에 변화의 계기를 마련한 것이 2000년의 남북정상회담과 6·15공동선언이었다. 이로써 남북대결이 아니라 이명박 정부도 표방하는 남북의 상생과 공영을 향한 길이 열렸고 한반도와 동북아시아에 평화체제를 구축할 기반이 조성되었다. 그리고 이것이야말로 대한민국이 경제성장과 민주화를 동시에 달성했기에 가능했던 일이며, IMF위기를 거치면서 흡수통일의 비현실성을 깨닫게 된 국민적 성숙의 소산이기도 했다. 이렇게 대한민국의 성취를 딛고 나온 6·15선언은 다시 한국사회에 수많은 혜택과 전진을 선사했다. 한반도의 긴장이 완화되고 한국경제의 국제신인도가 올라갔을 뿐 아니라, 이산가족들의 한이 약간이나마 풀리고 휴전선 너머로의 왕래가 잦아지는 등 삶의 질에 직접적인 향상이 일어났다. 나아가 정부가 '남침 위협'을 내세워 국민들의 정당한 요구를 '안보 차원'으로 다스리기 어려워졌다는 점에서 사회 전반에 걸쳐 인권과 민주주의의 신장을 가져왔다. 한마디로 한국사회가 후진성을 탈피하고 선진화하는 중대한 계기가 되었던 것이다.

하지만 바로 이런 성과들도 '선진화 원년'과 더불어 거의 원점으로 되돌아가는 또 하나의 역진현상이 펼쳐지고 있다. 물론 그동안 남북관계에서 남측 정부가 성급했거나 서툴렀거나 국민들 앞에서 진솔하지 못했던 점에 대한 당연한 반발도 있다. 그러나 6·15공동선언에 대한 일부 국내세력의 터무니없는 비난을 대하면 분단체제의 흔들림 자체가 자신의 특권적 위치를 위협하는 것으로 느끼는 사람들의 두려움을 읽게 되고, 한국의 선진화 과정에 한반도적 요인이 차지하는 비중을 다시금 실감하곤 한다.

정작 공동선언문에는 대한민국 자체에 위협이 될 내용이 없다. 오히려 부담을 느껴야 하고 실제로 느끼는 쪽은 북조선이다. 이산가족상봉 같은 인도적 조처만 해도 북으로서는 꺼려지는 일이며 대부분의 사회문화교류도 마찬가지다. 경제협력의 경우는 경제적 실리가 따르므로 한결 적극적이지만, 체제에 대한 잠재적 위협으로 받아들이기 때문에 항상 내부반발에 시달리는 형국이다. 남쪽의 보수세력이 집중공격의 대상으로 삼는 제2항의 합의, 즉 "남측의 연합제 안과 북측의 낮은 단계의 연방제 안이 서로 공통성이 있다고 인정"하는 조항의 경우도 '북의 고려연방제를 수용했다'는 비난은 무지의 결과가 아니면 의도적 왜곡이다. 이 조항이 노태우정부 이래 남측이 주장해온 남북연합 구상을 북측이 실질적으로 수용한 결과라는 점은 문안작성에 직접 참여한 임동원(林東源) 전 통일부장관이 자신의 회고록 『피스메이커』(중앙북스 2008)에서 소상하게 기록하고 있기도 하다. 더구나 이 조항의 탄생배경보다 더 중요한 것은 북측이 보여주는 현실적 자세다. 평양 당국은 자주통일의 원칙을 선언한 제1항에서 뽑아낸 한 대목을 '우리 민족끼리의 리념'으로 확대하여 그 자체가 해결책인 듯 내세우고 있을 뿐, 연합제건 낮은 단계의 연방제건 제2항에 대해 별다른 관심을 보이는 바 없는 것이다.

'선진화 원년'은 바로 이러한 6·15공동선언 ─ 그리고 당장에 실행하기 힘든 합의가 적지 않다 해도 6·15선언과 남북기본합의서의 실천강령을 처음으로 마련한 10·4정상선언 ─ 을 계승하면서 경제협력의 확대뿐 아니라 북측이 꺼리는 남북연합의 결성을 향해 힘차게 재출범하는 계기가 되었어야 한다. 더구나 이 경우는 세계적 요인이 매우 유리한 대목이다. 10·4선언 자체가 미국의 부시 대통령이 6년에 걸친 대북강경정책을 포기한 덕에 가능했거니와, 새로 당선된 오바마는 더욱 적극적인 대북외교를 펼칠 것을 다짐하고 있다. 그런데 여기서도 선진화 담론의 내용을 '잃어버린 10년'론으로 채우는 바람에 6·15선언 및 이명박정부 스스로 표방한 '상생과 공영' 정책이 설 자리가 좁아지고, 실제로 '건국 60주년'을 기념한 예의 다큐멘터리에서는 6·15가 자취를 감추기에 이르렀다.

3. 촛불과 촛불 이후

출범 직후, 아니 인수위 시절부터 비롯된 이명박정부의 질주를 일찌감치 가로막은 것은 2008년 5월초에 시작하여 8월까지 지속된 대규모 촛불시위였다. 사람에 따라서는 이 촛불시위야말로 2008년을 획기적인 해로 만든 최대의 사건으로 규정할 것이다.

실제로 그렇게 볼 소지가 많다. 우리 사회에 대규모 촛불시위가 처음 발생한 것은 아니지만 규모 면에서도 여중생 추모시위나 노무현 대통령 탄핵반대시위를 능가했을뿐더러, 시민참여의 폭과 자발성, 창의성과 발랄함, 그에 따른 축제적 분위기 등에서 한국은 물론 세계적으로 유례없는 장관을 연출했다. 물론 대중의 반정부 또는 반체제 시위가 민중의 잔치마당을 이루는 예는 일찍이 프랑스대혁명 때도 있었고 가까이는 1968년 프랑스의 5월에서 재연되기도 했다. 하지만 그때와 달리 2008년 한국의 시위와 축제는 인터넷 강국이라는 새로운 '물적 토대'를 갖고 벌어졌기에, 온라인과 오프라인을 넘나드는 참여자를 대량 확보했고 이에 힘입어 자발성의 아름다움에다 수준높은 질서의식과 합리적인 의사결정 능력을 더함으로써 유례없는 시위문화를 창출할 수 있었다. 수많은 시민들의 의식을 일거에 바꾸고 새로운 희망을 체험케 했다는 점에서 그 어떤 권력이동이나 정책변화보다 획기적이었다고 할 만하다.

다른 한편 대선 결과에 직접적인 영향을 미친 2002년의 촛불집회나 대통령 탄핵을 막아내고 민주개혁세력의 17대국회 장악을 이끌

어낸 2004년에 비할 때, 2008년의 촛불이 눈에 띄는 성과를 거둔 것
은 많지 않다. 한때 '뼈저린 반성'을 공언했던 대통령 이하 집권세
력 전원이 오히려 촛불의 악몽을 지우고 이른바 MB정책을 밀어붙
이기 위해 다시금 돌진하는 형국이다. 이를 두고 촛불의 패배를 말
하고 이명박정부가 촛불을 거치면서 더욱 강해졌다고 판단하는 것
은 지극히 근시안적인 발상이지만, 촛불시위가 지녔던 그 나름의 문
제점과 자기모순도 냉정하게 짚어볼 필요가 있다.

시위의 직접적인 계기가 된 미국산 수입쇠고기의 광우병 위험에
논의를 한정한다면, 그 개연성에 관한 확실한 과학적 자료가 부족한
상태에서 군중이 과잉반응을 했다는 주장도 얼마든지 가능하다. 그
러나 이명박정부의 대응은 문제가 광우병 쇠고기에 머물 수 없게 만
들었다. 위험이 얼마간이든 있다는데도 없다고 얼버무리는 무성의
와 무감각, 국민이 싫다는 일을 굳이 서두르는 오만과 독단, 게다가
설혹 광우병이 발생할 경우에도 대응을 못하게끔 검역주권을 미리
포기한 무능과 무책임 등이 건강권과 생명권에 새롭게 눈뜬 대중으
로 하여금 민주주의라는 해묵은 표제를 다시 꺼내들게 한 것이다.
그리하여 '미친 소 반대'가 곧바로 '대한민국은 민주공화국이다'라
는 표어로 이어졌다.

다른 한편 민주주의가 문제될수록 촛불의 딜레마가 부각되었다.
경위야 어떠했건 지난 20년간 한국 민주주의의 전진에 힘입어 또
한번의 정권교체가 이루어지면서 압도적인 표차로 당선된 지 몇달
도 안된 대통령을 어찌할 거냐는 문제였다. 억지로 밀어낼 실력이
모자랐던 것만이 아니다. 우리 국민은 명분이 뚜렷할 때면 막강한

권력도 무너뜨린 전력을 지니고 있다. 하지만 '우리가 합법적으로 뽑은 대통령인데……', 그리고 '취임한 지 몇달이나 됐다고……'라는 성찰 앞에서 '이명박 OUT'의 구호는 '나는 MB가 싫다'는 정서적 표현에 머물 수밖에 없었다.

촛불집회에서 별로 주목받지 못한 우리 사회의 중요 과제에 대한 성찰도 시간이 지날수록 더 많이 나온다. 예컨대 실직자나 비정규직 노동자의 아픔이 화려한 축제 분위기 속에 묻혀버리기 일쑤였으며, 안전한 쇠고기는커녕 변변한 옥수수죽도 못 먹는 북녘 동포의 고난과 이에 대한 이명박정부의 무관심도 쟁점이 되지 못했다.

특히 후자의 경우는 촛불집회의 '배후'를 들먹이는 당국의 의도를 알기에 사람들이 조심한 면도 있지만, '북녘 동포의 고난'이라는 표현 자체가 촛불군중의 감수성과 다소 어긋나는 바 없지 않다. 전세계와 소통하는 데 익숙하면서 정작 북녘 동포들과는 단절된 채 살아온 인터넷세대의 관점에서는, 북녘 동포를 굳이 지구촌 다른 곳의 난민과 구별해서 특권화하는 것이 낡은 민족주의로 비칠 수도 있겠다. 반면에 민족주의를 넘어선 보편적 인도주의 문제라면 그것이 당장에 촛불을 들어야 할 만큼 절박하게 다가오기는 힘든 것이다.

대중의 이런 실감이 틀린 것만은 아니었다. 동포애와 인도주의적 감정이 선진사회 시민에게 필요한 덕목임이 분명하지만, 그것 자체가 항쟁의 주요 쟁점이 되기는 어려운 일이다. 동족이요 같은 인간일 뿐 아니라 동일한 분단체제에 얽혀든 한반도 주민으로서의 동류의식, 그중에서도 남녘 민중보다 더욱 절박한 궁핍에 시달리는 북녘 주민들에 대한 책임감, 장차 분단체제보다 나은 사회를 한반도에 함께 건설해야 할 잠재적 동지들에 대한 연대의식, 그리고 남북 민중의 이런 동류의식과 연대감을 저지하는 데 열중하는 정부에 대한 분노와 질책 — 이러한 차원의 인식에 도달했을 때 비로소 남북관계가 민주주의 문제, 국민의 건강과 자존심을 지키는 대미협상 문제 등 촛불군중의 화급한 관심사와 별개가 아님을 실감할 수 있을 것이다.

4. 2009년을 내다보며

2009년은 어떤 해가 될까? 민주주의와 경제발전, 남북관계 등 모든 분야에서 참된 선진화에 역행하는 자세를 보여온 이명박정부는 그러한 행보를 계속할 것인가? 2008년의 촛불은 2009년에 다시 타오를 것인가?

다른 건 몰라도, 만약에 정권의 역주행이 계속될 경우 언젠가 대규모 촛불시위가 또 벌어질 것만은 분명하다. 문제는 어떤 촛불이며 그 성과가 무엇이냐일 따름이다.

2008년에 시작된 세계경제의 위기가 어디까지 가고 그 와중에서 한국경제의 침체가 얼마나 심각할지는 내가 말할 수 있는 사안이 아니다. 다만 2009년의 대부분 기간에 걸쳐 국민생활이 지금보다도 훨씬 더 힘들어지리라는 데는 국내외의 여러 기관과 전문가 들이 동의하는 듯하다. 여기에 한가지 소견을 덧붙인다면, '잃어버린 10년' 동안 정권 말고는 별로 잃은 것도 없이 유형·무형 재산의 고도성장을 구가해온 집단이 자신의 잇속부터 챙기는 정치를 계속하는 한,

경제회복의 속도도 느려지려니와 거시경제 지표가 개선되기 시작하더라도 서민생활은 줄곧 더 곤궁해지리라는 것이다.

그렇다면 다음 촛불시위는 '안전한 먹을거리' 이전에 '기본적인 의·식·주'와 '최소한의 안정된 일자리'를 요구하고 나올 공산이 크다. 하지만 이럴 경우 2008년 촛불의 자랑인 유쾌하고 평화적인 축제 분위기는 어찌되는가? 더 절박하고 강렬한 투쟁력이 확보되는 대신 정부가 입만 열면 지탄하며 어느 면에서는 유도해온 '불법 폭력시위'가 주류를 이루지 않을까?

유의할 점은 2008년과 달리 2009년에 가면 정부로서도 폭력화하는 시위를 무난하게 진압하리라는 보장이 없다는 것이다. '취임한 지 몇달이나 됐다고……'라는 생각은 취임 1년 — 그것도 몇년이나 된 것 같은 느낌을 주는 1년 — 이 지나면서 약효가 급감할 것이고, '우리가 합법적으로 뽑은 대통령인데……'라는 논거가 여전히 남기는 하겠지만 합법적으로 선출된 집권자라도 실정이 지속되면 정당성을 상실하기 때문이다. 대규모 촛불이 대규모 횃불로 변하는 일은 경제위기 한복판의 국가에 위험천만의 사태임은 물론, 정권으로서도 극도로 불안한 상황이 될 것이다.

정권비판세력도 막연히 2008년 촛불의 재연에 기대를 걸 수는 없다. 어차피 그런 꿈같은 잔치마당은 '리바이벌'을 할 때 제맛이 안나게 되어 있다. 더구나 아름다운 축제만으로 정부를 움직이지 못함을 실감한 시민들이 별다른 마련 없이 또 그런 일에 혼신의 힘을 다하지도 않을 것이다.

그렇다면 어떤 '마련'이 필요한가? 정부가 뒤늦게라도 촛불의 교훈을 되새겨 '선진화'의 방향을 올바로 잡는 것이 최선이지만, 그러지 못해서 국민들이 다시 촛불을 들어야 할 경우를 위해 어떤 대비를 해야 하는가?

어떤 경우에든 2008년 촛불의 평화적이고 축제적인 기조는 유지할 수 있어야 한다. 나는 무조건적인 비폭력주의자는 아니지만, 폭력보다 비폭력이 원칙적으로 바람직할뿐더러 현시점의 한국사회에서는 그것이 강력한 시민행동의 최선책이라 생각한다. 그런데 대중의 생활고가 극심해지고 정부에 대한 시민들의 반감이 고조된 상황에서 촛불의 기본정신이 유지되려면, 첫째 시위군중의 자발성과 창의성이 여전히 존중되면서도 그들의 합리적인 판단을 유도하고 지원할 수 있는 일정한 지도력이 확보되어야 하며, 둘째로 시위가 시위로만 끝나지 않고 구체적인 정책과 제도의 조정으로 연결되리라는 전망이 서야 한다.

그 어느 한가지도 지금은 마련되지 않은 실정이다. 야권의 정당들과 시민사회가 연대를 모색하고는 있지만 일시적이고 불안정한 어울림 이상을 가능케 해줄 합의점을 못 찾은 상태다. 대선과 총선에서 대패한 충격도 충격이지만 참여정부와 17대국회의 '호시절'에 오히려 지리멸렬해진 바가 컸기 때문에, 분단체제의 변혁이라는 이 시대의 원대한 과제를 중심으로 폭넓은 연대를 가능케 할 중도노선을 정립할 겨를이 없었던 것이다. 다른 한편 이른바 보수진영은 보수진영대로 오랜만의 선거승리에 도취해서인지, 정권의 합리적 행보를 유도하고 중도주의적 국민통합에 기여하기는커녕 어쩌면 지난날의 진보개혁세력보다 더욱 급속히 국민적 신뢰를 잃어가고 있는 것 같다.

이래저래 2009년은 세계의 다수대중에게나 한반도와 한국의 주
민들에게나 만만찮은 시련을 준비하고 있는 것으로 보인다. 하지만
2008년에 이미 큰 공부를 했고 아직도 향상심을 놓지 않고 있는 우
리 국민이 2009년의 시련도 헛되이 흘려버리지 않을 것만은 믿어도
좋을 것이다.

〈2008〉

11

거버넌스에 관하여

2009년을 맞이하며

영어의 거버넌스(governance)와 거번먼트(government)는 원래 '다스림〔政〕'을 뜻하는 동의어다. 다만 후자가 공권력을 갖고 다스리는 '정부'라는 뜻으로 자주 쓰임에 따라, 더 넓은 의미의 이런저런 다스림을 가리킬 때 '거버넌스'라는 낱말을 택하기도 한다. 그래서 국가가 아닌 기업(business corporation)이 다스려지는 방식을 corporate governance라 하며 우리말로는 '기업의 지배구조'라고 (약간 부정확하게) 번역한다. 또한, 정부가 일방적으로 통치하지 않고 시민사회의 여러 세력과 협동하고 합의해서 나라를 다스리는 정치행태를 거버넌스라 칭하면서 더러 '협치(協治)'로 옮기곤 한다.

그러나 완전한 전제정치가 아닌 한에는 정부권력의 행사 자체가 여러 세력의 협동을 통해 이뤄지게 마련이다. 예컨대 입헌군주제만 해도 군주가 의회 등 헌법기관들과 '더불어 다스리는' 체제이며, 여기에 정당정치가 가세하면 민·관 사이에 '정치권'이라는 독특한 국정참여집단이 형성된다. 삼권분립은 국가의 입법·행정·사법부가 일정하게 분리돼서 협동하며 통치하는 체제요, 언론을 '제4부'라 일컬을 때는 언론도 국가 거버넌스의 한몫을 담당하고 있음을 인정하는 셈이다. 정경유착은 정치권과 재계가 서로 상대방의 다스림에 간여하는 나쁜 협동체제지만 그 또한 거버넌스의 한 형태다. 이 모든 것을 '협치'라는 새 낱말을 만들어 지칭하는 데에 굳이 반대할 이유는 없을지라도, 그것은 '거버넌스'의 특정 용법에 대한 해석이지 정확한 번역은 아닐 터이다.

나라 다스리기가 고장난 대한민국

2009년 새해를 맞으며 이런 낱말풀이를 해보는 것은 대한민국의 나라 다스리기(=거버넌스)에 심각하게 고장이 난 징후가 뚜렷하기 때문이다. 이는 일차적으로 이명박 대통령이 이끄는 정부(=거번먼트)의 고장 사태이기도 하다. 정상적인 의회 기능이 실종되고 독립된 사법부 권력이 위축되는 등 삼권분립이 무너져가는 가운데, 정부 권한을 온통 틀어쥔 행정부는 행정부대로 스스로 내건 목표를 달성할 능력이 태무함을 드러내고 있다. 이에 더하여 언론이 자신의 탐욕 때문이건 정부의 탄압 때문이건 제 기능을 하지 못하고 시민사회의 운동들도 국정의 방향설정에 참여할 능력을 결한 상황이라면, 나라의 거버넌스가 총체적인 위기에 들어섰다 해도 과언이 아니다.

이명박정부의 난조는 다분히 예견 가능한 것이었다. 2007년 대선에서 후보의 도덕성 문제는 '경제 살리기' 구호 속에 묻혀버렸지만, 지도자의 도덕성을 개인윤리 차원에서보다 그의 통치능력과 연관시켜 판단할 것을 촉구하는 발언이 당시에도 없지 않았다. "국민 앞에서 거짓말을 너무 거침없이 한다는 것은 주권자인 국민을 무시하는 짓이요, 시민들의 신뢰를 바탕으로 부패를 척결하며 서민생활을 안정시킬 능력을 원천적으로 내팽개치는 길입니다."(각계인사 33인 시국성명, 2007. 12. 17)

신뢰의 결여가 통치능력의 결함으로 작용한다는 사실은 경제위기 국면에서 거듭 확인되고 있다. 그런데 신뢰만 해주면 문제를 풀어갈 다른 능력은 있는 걸까? 함부로 단정할 일은 아니지만, 지금 세간의 불신이 '능력'에 대한 불신마저 포함하게 된 것만은 분명하다. 'CEO 대통령'의 신화는 어느새 무너졌고, 정주영 회장 휘하에서 진짜 CEO(최고경영자)가 배출될 여지가 없었으리라는 깨달음이 뒤늦게 확산되고 있다. 더구나 지금은 정주영식 거버넌스가 통하는 시대도 아니지 않는가.

이명박정부의 신뢰성은 2008년 촛불시위 과정에서 일차적으로 심하게 손상되었다. 끝없이 꼬리를 문 촛불행렬을 청와대 뒷산에서 내려다보며 옛날에 즐겨 부르던 「아침이슬」을 들었다던 눈물겨운(?) 고백 이후에 곧 대대적인 촛불탄압이 자행되었다. 그러다가 경제위기에 대응하는 모습에서 정부의 권위는 거의 완전한 파탄에 빠졌다. 정치지도자가 국민 앞에서의 말바꾸기를 아무렇지 않게 여기는 바람에 설혹 좋은 정책을 내놓아도 실효를 보기 어렵게 되었거니와, 세계적인 경제위기를 빙자해서 미국을 포함한 세계의 흐름에 역행하는 규제완화와 부자들의 특권 강화에 몰두하는 행태는 도덕성의 문제를 넘어 초보적인 통치능력의 문제를 제기하고 있는 것이다.

이 글을 쓰는〔2008년 12월 말〕현재 정부와 여당은 자신들의 입법현안을 국회의 정상적인 절차를 무시하고 달성할 것을 공언하며 '전쟁'을 선포하고 '속도전'을 다짐한 상태다. 비록 국회의장의 입장표명 이후 원내대표들의 회담이 열림으로써 한 박자 늦춰지기는 했으나 다수 국민의 반대와 야당의 저항을 물리력으로 진압하고 방송법 개악 등 세칭 'MB악법'을 통과시킬 가능성은 여전히 남아 있다. 다만 그럴 경우 대통령과 여당은 승리를 해도 이른바 '피루스의 승리'(Pyrrhic victory), 즉 전투에는 이겼으나 너무나 많은 사상자를 낸 끝에 결국 멸망하고 만 고대 그리스 피루스왕의 전례를 고스란히 재연하기 십상이다.

하지만 이명박정부가 스스로 운명을 재촉할 때 나라는 어찌되는가? 경제위기의 한복판에 헌정위기마저 겹친다면 민생이 완전히 망가질 것은 물론, 극도로 심란해진 국민이 또 한번 불행한 선택을 할 가능성도 배제할 수 없다. 그렇다고 막연히 4년 뒤에 보자고 벼르는 것은 4년을 어찌 견딜 거냐고 한숨짓고 앉아 있는 것만큼이나 한가한 짓거리다.

그러니 어찌할 건가?

유일한 해답은 남은 4년 동안 대통령으로서 꼭 해야 하는 일과 잘할 수 있는 일을 대통령에게 남겨주면서 나머지는 내각과 입법부, 사법부, 언론, 시민사회 등의 몫으로 배분하는 정교한 사회적 장치를 만들어내는 것이다. 다시 말해 이 나라의 거버넌스 체계를 다시 짜는 일이다.

이것이 말처럼 쉬울 수는 없다. 대통령의 '대오각성'으로 될 일이라면 애초에 사태가 이 지경에 오지도 않았을 테지만, 실은 이명박 대통령 아닌 그 어느 대통령이라 해도 자기가 획득한 권력을 그런 식으로 선선히 나눠줄 사람은 없다. '참여정부'를 표방한 노무현 대통령의 경우도, 정부 내에서 책임있게 행사할 권력을 상당부분 자진해서 방기한 전례를 남기기는 했으나 정부와 비정부 분야의 진정한 파트너십을 설계할 의지도 경륜도 갖고 있지 않았다.

다른 한편 민주정부 아래서는 시민사회도 거버넌스 혁신을 위해 총력전을 펼칠 동기가 약하다. 죽기살기로 달려들어도 될까 말까 한 일이건만 정부가 알아서 해주기를 촉구하거나 안해줄 때 질책하는 역할에 안주하기 일쑤인 것이다.

그런 의미에서 이명박시대야말로 획기적인 시민참여 확대를 위한 절호의 기회다. 지금은 나라 다스리기의 새로운 체계를 만들지 못하면 국가 전체가 일대 혼란에 빠지고 민주화 20년의 성취, 아니 대한민국 60년의 성취마저 물거품이 될 위험에 처해 있기 때문이다. 시민사회가 다양한 분야에서 국가 거버넌스의 일부를 담당할 만한 책임성과 전문성을 함양하면서, 정당·사회단체·노동조합·종교계 들이 연대하여 입법부의 활성화, 사법부의 독립, 언론의 건전성 등을 확보할 범국민적 합의를 이끌어내야 한다. 이는 현재로서는 요원해 보이는 일이지만, 지금까지와는 다른 발상과 열성으로 연대를 추구해야 된다는 성찰이 여기저기서 이미 시작된 것 또한 사실이다.

시민참여를 획기적으로 늘리는 '거버넌스'의 개편까지 안 가고 '거번먼트' 차원에서 국정위기에 대처하는 전통적인 방법은 거국내각이다. 그러나 이따금 거론되는 박근혜 전 대표나 그 어떤 인물이 총리가 되더라도 대통령의 역할에 관한 일종의 범국민적 협약이 없는 상태라면 실제로 얼마나 힘을 쓸 것이며 도대체 그 자리를 맡으려고나 할 것인가? 이처럼 거국내각도 거당내각도 안되다보면 한국의 이른바 보수세력에도 분화가 일어날 수밖에 없을 것 같다. 자신들의 단기적 잇속 챙기기에만 급급한 세력으로서의 정체가 만천하에 드러난 무리들과, 대한민국의 정당한 성취를 간직하고 지키려는 진정한 보수주의자들이 갈라설 때가 온다는 것이다. 당장에는 후자가 비록 소수일지라도 그들이 가세함으로써 대한민국 거버넌스의 쇄신은 큰 힘을 얻게 될 것이다.

어차피 선택은 파국 아니면 새로운 거버넌스다. 내년 봄에 대규모 군중시위가 벌어지는 일은 그 누구도 막기 어려울 듯하며, 정권이 하기에 따라 겨울이 채 가기 전에 그런 사태가 도래할 수도 있다. 그 주력부대가 "대한민국은 민주공화국이다"를 노래하는 촛불군중일지 아니면 횃불 들기도 마다 않는 배고프고 성난 군중일지는 예측하기 어렵다. 아마도 양자의 결합으로 시작되기 십상인데, 정부로서는 후자의 '불법 폭력시위'를 오히려 선호할 가능성도 크지만 그것이 정부에 꼭 유리한 씨나리오가 되리라는 보장도 없다. 어느 경우든 2008년 초여름의 별처럼 아름다운 축제마당이 그대로 재연되는 일은 없을 것 같다.

관건은 '촛불소녀'로 상징되는 발랄함과 유쾌함이 한층 절박해진 군중과의 결합을 통해 또 한번 새로운 시위문화를 창출하는 일이다. 그리고 이번에는 대중의 토론과 합의를 이어받아 언론과 여러 전문집단, 권익집단을 포함한 시민사회가 정당들과 함께 건설적으로 국정에 기여하는—단순한 시위참여가 아니라 국가 거버넌스에 참여하는—길을 마련해야 한다. 그러자면 길을 닦는 작업이 상당 정도 미리 진척되어 있어야 하며, 그랬을 때 한국사회에서 국민주권과 민중자치, 그리고 한반도 분단체제의 극복이 2009년의 새로운 촛불과 함께 큼직한 발걸음을 내디딜 것이다.

물론 2009년이 종착점은 아니다. 도중의 가장 눈부신 이정표가 못 되어도 좋다. 그러나 전진이 계속됨을 실감할 때 어떤 경제위기도 정치혼란도 견뎌낼 만해지고 이겨낼 수 있게 될 것이다.

〈2008〉

12

비상시국 타개를 위한 국민통합의 길

먼저 관훈클럽에서 정·관계 인사뿐 아니라 시민사회의 목소리도 듣기로 하신 데에 경의를 표합니다. 그 첫 순서로 제가 초청된 것이 개인적인 영광이기도 하지만, 저의 경의가 단순히 개인적 감사의 뜻이 아님을 강연 도중에 아시게 될 것입니다. 대한민국은 지금 단순한 경제위기를 넘어 국가적인 비상시국에 처해 있다는 것이 저의 생각입니다. 그 어느 때보다도 각계각층의 다양한 소통과 참신하고 과감한 발상을 요구하고 있습니다. 그러기에 언론계의 현장에서 중임을 맡고 계신 관훈클럽 회원 여러분과 얼굴을 맞대고 소통하는 기쁨이 남다릅니다. 아무쪼록 이 소중한 기회를 살리게끔 저의 생각을 차분하고 진솔하게 말씀드리도록 하겠습니다.

■ 이 글은 2009년 2월 18일 프레스센터에서 가진 '관훈클럽 초청강연'의 강연문이다.

국민통합, 무조건 좋은 것은 아니지만…

정치하는 분들은 국민통합이 무조건 좋은 것으로 전제하고 발언하기 일쑤입니다. 언론에서도 대체로 그런 경향이고요.

하지만 완전한 국민통합은 불가능할뿐더러 바람직한 목표도 아닙니다. 지구상에는 대한민국의 국민이 아닌 사람들이 훨씬 더 많습니다. 그들을 모두 따돌리고 한국 국민들끼리만 똘똘 뭉쳐 통합하는 게 한국인들 자신에게조차 이로운 일일까요? 더구나 시대는 우리에게 세계시민이 되고 동아시아의 지역시민이 되기를 요구하고 있습니다.

한국 내부로 한정하더라도 이 땅에는 국적이 다른 수많은 사람들이 살고 있습니다. 한국인끼리만 단결해서 그들을 배척하거나 차별하는 길을 가서는 곤란합니다. 아니, 같은 국민들 사이에도 남녀의 차이, 계급의 차이, 기타 수많은 차이가 존재하는데 통합만 강조하다 보면 이런 차이를 호도하고 때로는 차이에 따른 차별을 옹호하는 결과가 됩니다.

게다가 한국은 분단국가입니다. 한반도 북녘에는 대다수 한국인과 같은 민족이고 법률상 대한민국 국민이기도 하지만 엄연히 다른 주권체제 아래 60년이 넘도록 살아온 주민들이 있습니다. 현시점에서 이들과 함께 가는 국민통합이란 허상에 불과한데, 그렇다고 이들을 도외시한 남한만의 국민통합은 법리상 헌법위반일 뿐 아니라 국민으로서나 민족으로서나 분열과 기형성(奇形性)을 심화시킬 것입니다.

이처럼 '국민통합'은 많은 함정이 따르는 개념입니다. 그때그때 어떤 성격 어떤 수준의 통합이 상대적으로 바람직한가를 판단해서 추구할 목표인 것입니다. 하지만 세계화시대건 분단시대건 또는 다문화사회이건 한 나라가 제대로 돌아가기 위해 일정한 수준의 국민통합이 필요하다는 것은 상식에 속하겠지요. 더구나 지금과 같은 국가적 위기에서는 평상시보다 훨씬 높은 수준의 통합이 필요하다는 점이 너무도 명백합니다.

국민통합의 현황

불행히도 이런 상식적인 목표가 오늘날 한국에서 달성되고 있다고 믿는 분은 드문 것 같습니다. 국민통합을 약속하며 집권한 이명박 대통령 자신도 국민통합이 되어야 한다고, 국민통합을 위한 자신의 노력을 국회와 국민이 뒷받침해주어야 한다고 역설할 뿐이지 통합이 이뤄지고 있다는 주장은 못하는 형국입니다.

그런데 경제위기는 평상시에 갈라졌던 국민들을 뭉치게 만드는 효과를 내기도 합니다. 1997년 IMF 구제금융을 받아야 했을 때가 생생한 본보기입니다. 당시의 금 모으기 운동에 대해 장기적인 시각에서 여러가지 성찰이 가능하겠습니다만, 어쨌든 보기 드문 국민통합의 사례였고 IMF사태의 '단기졸업'에 크게 기여한 것이 분명합니다.

지금도 경제위기는 여론의 대통령 지지도를 받쳐주는 역할을 하고 있다는 게 저의 판단입니다. 현재의 난국이 세계적인 경제위기의 일환으로서 우리 정부의 책임으로만 돌릴 일이 아니라는 점에 누구나 합의하고 있는데다가, 나라살림이 어려울수록 국정책임자에게 일단 힘을 실어주자고 생각하는 것이 인지상정입니다. 따라서 취임 1주년도 안된 정부에는 경제위기가 정치적 플러스 요인이 되는 면이 분명히 있습니다. 위기가 더 지속되고 살림살이가 더욱 비참해졌을 때 어떻게 될지는 별개문제지만요.

그런데 이런 플러스 요인이 가세하고도 대통령의 국정운영에 대한 여론 지지가 반대를 훨씬 밑돌며 국민통합이 잘되고 있다고 아무도 주장하지 못하는 이유는 무엇일까요? 저는 그 책임이 어느 한 사람에게, 또는 어느 일방에 있다고 생각하지는 않습니다. 그러나 국정의 최고 권한을 쥔 대통령과 집권세력이 가장 직접적인 책임을 지는 것은 당연합니다. 게다가 실제로 지난 1년간 이명박정부의 정책과 행태가 국민통합을 저해한 바는 너무나 많았습니다. 국민들을 전혀 설득하지 못한 일련의 인사결정이 그렇고, 계층간의 격차를 줄이기보다 확대하는 방향의 경제·사회 정책들이 그러합니다. 하지만 아마도 위기에 처한 국민이 대통령을 중심으로 뭉치는 데 가장 방해가 되는 점은 대통령 자신의 태도가 아닌가 합니다. 수시로 말이 바뀌는 가운데도 일관된 주장은 자기는 잘못한 게 없고 지금도 잘하고 있는데 남들이 문제라는 것입니다. 미국경제가 나쁘고 세계경제가 나쁘기 때문에, 야당과 일부 불순세력이 발목을 잡기 때문에, 그리고 국민들이 너무 몰라주고 너무 말을 안 들어주기 때문이라는 것이지요. 그러니 국민들이 감동할 리가 없고, 당신들끼리 잘 해보시오 하고 등을 돌리게 되는 겁니다.

하지만 저는 대통령의 실정을 열거하며 규탄하려고 이 자리에 나온 것이 아닙니다. 현실이 이러한 마당에 우리 자신은 어떻게 할까를 함께 고민해보자는 것입니다.

책임지는 국민이라야

대통령이 국민통합을 주도하지 못하는 가장 큰 이유가 자기 잘못은 외면하고 남의 탓만 하는 것이라는 말씀을 드렸습니다. 그런데 우리가 대통령더러만 반성하라고 다그친다면 우리 또한 통합에 아무런 기여도 못할 것입니다. 대한민국이 민주공화국이고 나라의 주인이 국민이라면 대통령이라는 상머슴의 잘못도 궁극적으로는 주인의 책임입니다. 노예는 주인을 탓하면서 노예생활을 계속할 수 있지만, 주인은 머슴을 나무라면서도 결국은 자신을 돌아봐야 진정한 주인입니다.

실제로 우리 국민은 합법적인 선거를 통해 이명박 대통령을 압도적인 표차로 당선시켰습니다. 그 결과에 대한 책임이 이명박 후보를 찍은 사람들에게 한정될 수는 없습니다. 작년의 촛불시위에서 10대 소녀들이 '우리가 찍은 것 아니에요'라는 팻말을 들고 나왔는데, 그들처럼 정치과정에서 원천적으로 배제된 세대라면 그렇게 말할 수 있지요. 하지만 그들 역시 성년이 되어 이 나라의 헌정질서 속에서 생활하다보면, 대한민국의 이름으로 행해진 온갖 과거사에 대한 책임에서 완전히 벗어날 수 없을 것입니다. 일본 제국주의의 만행에 직접 참여한 바 없는 오늘의 일본 국민에게 우리가 반성과 사과의 책임을 지우는 것과 마찬가지로요.

국민의 책임은 단순히 대통령 당선의 합법성에서 오는 것만도 아닙니다. 실제로 이명박 후보는 대다수 국민의 욕망을 대변한 면이 많습니다. 그의 지지자들뿐 아니라 반대자들의 마음속에도 자리잡은 묻지마식 '성공'의 꿈 말입니다. 게다가 이런 욕망을 비판하는 사람들에게서도 이명박정부와 똑같은 '남의 탓' 습성을 발견하곤 합니다. 그렇다고 이를 두고 한국인의 '국민성'이나 '민족성'을 나무라는 것도 또 하나의 남 탓하기입니다. 한국인들은 일본의 식민통치와 강대국에 의한 국토분할을 경험하면서 남을 탓할 정당한 이유도 많았지만, 분단이 일종의 '분단체제'로 굳어지면서 남과 북이 서로 상대방을 탓하고 외세나 내부의 적을 탓하는 것이 체제유지의 동력으로 작용하게 되기도 한 것입니다. 이런 현실에 대해 좀더 체계적이고 심층적인 인식을 갖는 것도 우리가 책임지는 방식의 하나입니다.

그러나 당장에는 어떻게 해야 이런 정부를 출범시킨 국민의 책임을 다하는 길일까요?

우리가 뽑은 책임이 있으니까 다음 선거 때까지 꾹 참는 게 도리라는 주장은 극도의 무책임일 뿐입니다. 민주시민의 권리와 책무가 법에 정해진 시기에 투표만 하는 걸로 끝난다는 논리야말로 모든 반민주적 정권이 애호하는 논리인 것입니다.

그렇다고 국민이 들고일어나서 당장에 정권을 갈아치우자는 주장도 무책임합니다. 백성들의 정권교체 권한은 봉건사회에서도 맹자 같은 분이 인정했던 것이지만, 정권교체의 구체적 절차를 규정하는 헌법에 동의했던 국민의 경우 대중봉기를 통한 초헌법적인 정권교체는 삼가는 게 옳습니다. 그러나 이런 원론적 문제를 떠나서, 당장에 대통령을 끌어내릴 실력이 있느냐, 또 끌어내리더라도 그 뒷감당을 어떻게 할 거냐라는 현실적인 물음에 대한 답이 없는 이상 무책임하다는 비판을 면할 수 없을 것입니다.

그 점에서 '이명박 OUT'의 구호를 외치기는 했지만 정권퇴진운동까지는 안 가고 정권에 대한 엄중한 경고에 멈추면서 주권자들의 한바탕 축제를 벌인 작년의 촛불시위는 이명박정부 출범 벽두의 시점에서 국민들이 자기 책임을 이행하는 적절한 수준과 창의적 방식이었다고 생각합니다. 문제는 올해입니다. 원래 지난여름 같은 축제는 '리바이벌'을 해서는 제맛이 안 나거니와, 올해는 세월이 더 흘렀고 상황이 달라진만큼 국민이 책임지는 방식도 달라져야 할 것입니다.

2009년의 비상시국

작년 여름과 달라진 2009년의 상황에 관해 저는 주로 세가지를 주목하고 있습니다.

첫째, 그사이 경제위기가 본격화되었습니다. 아직도 이를 충분히 실감 못하는 국민이 적지 않다고 생각됩니다만, 여기저기서 기업부도와 정리해고가 속출함과 동시에 기업이나 정규직의 경우보다 훨씬 취약한 자영업자, 비정규직 노동자, 그리고 새내기 대졸자를 포함한 미취업인구 들의 빈민화가 급속히 진행될 때, 작년처럼 유쾌하고 비교적 온순한 군중의 시위주도권이 위태로워질 수밖에 없습니다. 걷잡을 수 없는 사회적 폭발의 위험이 날로 증대하고 있습니다.

둘째, 남북 당국간의 단절이 국내 위기의 일부를 이룬다는 인식이 아직은 부족한 편이지만 경제위기 극복의 결정적 장애로 작용하리라 봅니다. 굳이 북측이 군사충돌을 일으켜 한국경제의 국제신인도에 타격을 주지 않더라도, 남북관계의 단절은 세계적인 경제위기 속에서 한국만이 손에 쥔 희귀한 카드를 날려버리고 있습니다. 당장에 남북교류가 부진해서 우리 기업들이 얼마나 손해를 보느냐는 계산을 넘어, 치명적인 '기회비용'을 물고 있는 것입니다. 올해의 시위대중이 남북관계 개선을 요구하든 안하든 정부가 국내정세의 악화를 자초하고 있는 셈입니다.

셋째, 무엇보다 불행한 점은 이명박정부가 지난해 '촛불'의 평화적이지만 엄중한 경고를 무시했다는 사실입니다. 무시한 정도가 아니라 완전히 엇나가기로 작심했지요. 그러한 역주행이 곳곳에서 접촉사고와 인사사고를 유발하고 있는데도 달라질 기미가 안 보입니다. 앞으로 시민들이 설혹 축제 분위기의 촛불집회를 선호하더라도 정부가 강경진압으로 나올 게 분명합니다. 한층 절박해진 시위군중과 정부의 강경책이 맞부딪칠 때 '용산참사'의 연쇄발생과 대형화가 우려되지 않을 수 없습니다.

이런 참사가 일어났을 때 시민들이 분노를 삭이며 물러서리라고 기대하는 것은 우리 국민과 한국의 현대사를 너무나 모르는 순진한 발상입니다. 동시에 정부가 자진해서 바뀔 공산도 현재로서는 희박합니다. 결과는 최악의 교착상태일 것이며 나라 다스리기 체계의 붕괴에 다름아니겠지요. 집권세력이 말하는 '잃어버린 10년' 중 결코 잃어서는 안될 성과가 치명적으로 손상됨은 물론, 그들이 실질적으로 부정하고 있는 김영삼정부의 개혁작업과 노태우정부의 대북화해협력정책도 없었던 일이 될 것이요, 심지어 박정희·전두환 정권 시기에 이룩된 한국경제의 기반과 세계경제에서 확보한 위상마저 유실되고 말 것입니다.

저는 이런 위기를 기존의 틀 안에서 수습할 길은 없다고 판단합니다. 민주적 통치를 확보하는 전통적인 방법으로는 삼권분립이라는 헌법적 제도의 활용이라든가 '제4부'로서의 언론의 비판적·건설적 역할 등이 대표적입니다. 그러나 지금은 그 어느 것도 제대로 작동하고 있지 않으며, 그나마 남은 의회 및 사법부의 독자적 권력과 중소신문 및 방송계 일각에 국한된 독립언론마저 제거하려는 집권세력의 총공세가 진행중입니다. 지방자치의 민주적 견제기능도 지역주의로의 퇴행이 가속화되면서 제대로 발휘되지 못하고 있습니다.

위기국면에서의 전통적 수습책으로는 거국내각이 떠오르기도 합니다. 그러나 이것도 지금은 답이 못 된다고 봅니다. 예컨대 이따금씩 거론되는 박근혜 총리설은 거국내각이라기보다 거당내각에 해당하는 구상이지만, 그마저도 실현 가능성이 희박한데다 실현되더라도 지금의 위기를 타개할 방책은 못 될 것입니다. 물론 집권 초부터 박 전 대표를 총리로 기용했다면 대통령이 포용의 정치를 하겠다는 상징적 선언으로서 이후의 정국진행이 달라지게 만드는 효과가 있었겠지요.

읽으신 분도 계시겠지만 제가 지난 연말(2008. 12. 30) 『창비주간논평』으로 발표한 「거버넌스에 관하여」(본서 제11장)라는 시론은 저의 이러한 현실인식과 문제의식의 표현이었습니다. 일부 언론보도에는 제가 '올봄에 대규모 시위가 일어난다'고 예측 내지 선동한 것으로 비쳐졌습니다만, 저로서는 올해 국내정세가 악화될 때 우리가 무엇을 할 거냐를 전혀 새로운 발상으로 고민하자는 취지였습니다. 진보개혁세력에 속한다는 사람들도 정부를 규탄하고 반성을 촉구하는 습관화된 대응을 넘어서야 한다는 것이었지요. 기본적으로 저는 우리 사회의 합리적인 보수와 책임있는 진보가 협력하여 폭넓은 중도세력을 형성하면서 정부 및 정치권과 시민사회가 동참하는 새로운 거버넌스 체계, 일종의 거국체제를 구성해야 된다는 입장입니다.

아슬아슬한 상생의 길

이런 시도가 어떻게 진행되고 얼마나 성공할지를 생각해보면 아슬아슬한 느낌을 금할 수 없습니다.

우리의 목표는 상생이지만 이를 위해 상극의 다툼을 일단 거쳐야 한다는 쓰라린 현실이 있기에 그렇습니다. 이명박정부가 '입법전쟁'이나 특공대투입 식의 공권력지상주의로는 입법도 안되고 법질서 확립도 안되고 경제회생도 안된다는 것을 스스로 깨달아서 바꿔어주면 더 바랄 나위 없지만, 자발적인 변화가 없을 때 뼈아픈 체험을 통해 깨닫도록 만드는 수밖에 없는 것입니다.

하지만 정부의 독주에 제동을 건 뒤에 어떻게 하겠다는 마련이 없이는 상극의 싸움에 그칠 뿐입니다. 저 자신 이에 관한 경륜이 부족함은 물론입니다. 다만 이 시기에 필요한 국민통합을 이룩하기 위한 저 나름의 구상을 하고는 있습니다.

먼저 원론적인 이야기로, '사후대책'에 대한 준비는 목전의 싸움과 동시에 진행돼야지 당장의 싸움이 급하니 이기고 난 뒤에 보자는 태도로는 옳은 방안이 나올 수 없습니다. 아니, 싸움에 이길 확률 자체가 줄어듭니다. 동시에 대책마련을 위한 협의와 검토는 여러 층위, 여러 범위로 진행되는 것이 옳으며 처음부터 어떤 수준, 어떤 집단들이 수행할지를 놓고 다툴 일이 아니라는 점을 강조하고 싶습니다.

이른바 진보개혁세력 사이에서도 종전에 비하면 훨씬 유연하고 다양한 협의과정이 진행되고 있습니다. 하지만 아직도 너무나 동조세력 중심으로, 더러는 아예 운동가들 중심으로 생각하는 경향을 홀쩍 벗어버리지 못한 것 같습니다. 그렇다고 이미 형성된 민생민주국민회의 준비모임이라든가 지금 시작단계인 '민주연합' 시도를 굳이 포기할 필요는 없으며, 정치권과 시민사회의 소통 자체를 시민운동의 '순수성' '중립성'을 해치는 일로 배격하는 것도 현재의 비상시국에 둔감한 발상입니다. 물론 시민단체들이 풀뿌리 민중과 멀어져 있으니 지역의 현장으로 내려가야 한다는 충고는 경청해 마땅하지만, 이 경우에도 현장에 밀착된 움직임과 여러 다른 층위 및 범위의 운동들을 상호배타적인 것으로 볼 일은 아닌 것입니다.

아무튼 지금은 폭넓은 국민통합을 위해 온갖 방도를 시험해볼 때입니다. 지난번 '1차 입법전쟁'에서 이른바 'MB법안'의 저지에 성공한 것이 진보진영의 힘만이 아니었음도 유념해야 합니다. 물론 민주당과 민주노동당의 원내에서의 결연한 저항과 언론노조를 비롯한 진보적 시민단체들의 원외투쟁이 주된 동력을 제공했지만, 대중투쟁을 거부하면서도 강행통과를 원칙적으로 반대한 자유선진당, 그리고 여당 내부에서 박근혜 전 대표의 거리두기 등이 가세함으로써 의회의 심의기능이 그만큼이나마 회복되었던 것입니다. 만약에 2월 또는 추후의 국회에서 대통령과 한나라당 지도부가 2차, 3차 입법전쟁을 벌이기로 한다면 보수진영의 합리적인 비판세력이 국회 안팎에서 어떤 선택을 하느냐가 큰 변수가 될 것입니다. 번번이 회의장 점거농성을 할 수도 없는 노릇이니까요.

그렇다면 거버넌스 개편을 위한 여러 층위, 여러 범위의 노력을 어떻게 추진해야 할까요? 큰 방향은 시민사회가 국민통합의 경륜을 갖추고서 동참하는 일종의 거국체제입니다. 그러나 이렇게 말하면 너무도 막연하고 비현실적인 이야기로 들리지요. 실제로 협의를 통해 구체적인 방안을 합의해간다는 원칙이므로 본질상 막연할 수밖에 없는 면도 있습니다. 무엇보다도 아직은 거국체제 건설을 위한 동력이 제대로 마련돼 있지 않습니다.

동력부족의 가장 큰 원인은 이 문제에 정부의 협조를 기대하기 어렵다는 사실입니다. 이명박 대통령과 정부·여당은 지금까지와 같은 방식으로 경제위기를 극복하고 비상시국을 돌파할 수 있다는 환상을 아직도 버리지 않은 것 같습니다. 동시에 이명박 대통령이 아닌 그 어느 권력자도 자신이 잡은 권력을 선선히 나눠 가지려 하지 않는 법이지요. 민주주의 발달의 역사는 권력자가 싫다고 싫다고 하는데도 '민'이 나서서 조금씩 민중의 국정참여권을 넓혀온 역사입니다. 거듭 말하지만 지금은 단순한 경제난을 넘어 국난(國難)이라 불러 마땅한 비상시국입니다. 이런 때야말로 또 한번 민주주의의 비약을 이룩할 절호의 기회입니다. 비상한 처방이 아니고는 넘길 수 없는 고비에 왔다는 인식은 어차피 확산될 것입니다.

다양한 구상과 활발한 토론을

더구나 거버넌스 개편이 막연한 이야기만은 아닙니다. 우선, 국회의 기능이 정치권과 시민사회의 공조를 통해 약간이나마 소생한 것처럼 거버넌스 개편을 위한 범사회적 노력이 확산되면 그 사실만으로도 민주정치의 전통적인 장치들이 다시 활성화되게 마련입니다. 앞서 열거한 삼권분립과 '제4부'로서의 언론의 기능이 그럴 것이고, 전문성이 중시되는 공공기관과 연구기관 들이나 독립적 국가기관에 대한 어용화 내지 무력화 압력도 한결 줄어들 것입니다. 이것만으로도 절반은 이루고 들어가는 겁니다.

하지만 새로운 기구와 관행의 창출도 중요합니다. 이를 위해서도 기존의 여러 협의·심의·합의 기구들이 풍부한 참고자료를 제공합니다. 예컨대 가장 강력한 집행력을 갖는 민간참여 형태로는 특별검사제도가 있습니다. 그러나 이것은 아마 당장에 유용한 모델은 아니기 쉽지요.

일정한 권한을 갖는 국가기구이면서도 독립적으로 존재하는 기구의 예로는 국가인권위원회가 하나의 모델을 제공합니다. (전에는 방송위원회도 독립적인 국가기구였는데 아시다시피 이명박정부 아래서 대통령 직속의 방송통신위원회로 바뀌었지요.) 노사정위원회는 민간기구이면서도 국가의 제도적 뒷받침으로 운영된다는 점에서 민관협치에 더욱 어울리는 모델일지 모릅니다. 또, 한시적으로 중요한 국가정책 결정에 민간이 동참한 예로 (결국은 정부의 일방적인 결단으로 끝났습니다만) 김대중정부 때 새만금간척사업의 타당성을 재조사한 민관합동위원회도 있었습니다.

그중에서 어느 한가지 유형을 고집할 이유는 없으며, 끊임없이 새로운 유형을 창안하는 노력도 필요합니다. 어느 한가지 모델을 택했더라도 상황의 진전에 따라 얼마든지 바꿔나갈 수 있을 것입니다. 저는 향후 더 많은 토론을 위해 몇가지 시안을 던져보는 것으로 만족할까 합니다.

우선, 나라 다스리기 체계의 개편 문제를 두고 정치권과 시민사회의 지도급 인사들이 형식에 구애됨이 없이 소통하며 원칙적인 합의를 도출하는 작업이 긴요하다는 생각입니다. 합법적인 정부가 엄연히 존재하는 마당에 이들의 결정이 법적인 구속력을 가질 수 없고 그러려고 해도 안되겠지요. 하지만 바로 그런 임의적인 성격이기 때문에 이들의 합의는 오로지 그 내용의 합리성과 국민의 지지에 의존하게 됩니다.

이런 모임의 경우에는 앞서 언급한 민관협치의 어느 모형보다도 국제외교기술의 산물인 뻬이징 6자회담이 오히려 참고가 될 듯합니다. 6자회담은 전원이 합의하지 않고는 아무런 결정도 못하는 '회담'에 불과하다는 뚜렷한 한계를 지닙니다. 하지만 그것이 6자회담의 매력이고 강점이기도 합니다. 전원합의가 없이는 진전도 없지만, 전원이 합의하지 않고는 구성원 각자가 하는 일을 막지도 못하기 때문에 부담없는 참여가 가능하고 누구도 이걸 꼭 깨야겠다는 생각을 하지 않습니다. 그래서 회담이 간헐적으로나마 진행되다보면 그 틀 안에서 다양한 쌍무적 접촉과 3자 또는 4자의 협의가 이루어지기도 하고, 핵심 당사자들간에 합의가 되면 나머지 참여자의 견해를 참작하여 합의문을 만들어냅니다. 그리고 이런 회담이 진행되고 있다는 사실 자체가 긴장을 낮추는 역할을 하고 합의도달에 유리한 분위기를 조성합니다.

물론 6자회담 모형이 국내 거버넌스 개편 논의에 그대로 적용될 수는 없습니다. 우선 당사자 수를 여섯이면 여섯으로 못박는 게 불가능하며, 정당대표의 경우와 달리 시민사회의 경우는 누가 어떤 의미로 대표성을 갖는지도 쉽게 결정하지 못합니다. 그러나 정치권과 시민사회 간 지도급 차원의 소통이 필요하다고 한다면 '6자회담식'의 느슨한 모임보다 더 현실적인 방안은 없을 것입니다. 참가 정당의 범위는 거버넌스 개편을 진지하게 고민하는 정당으로 하되 그 수는 실질적인 대화가 가능한 정도라야겠지요. 한나라당이 거국체제 구성의 필요에 공감해서 참여한다면 쌍수를 들고 환영할 일인데, 아직 그럴 태세가 아니라면 우선 다른 원내정당들이라도 함께해야겠지요. 그것조차 안돼서 민주당과 진보정당하고만 협의하는 것도 그 자체로 의미가 없는 일은 아니지만, 거국체제 추진의 단계까지는 못 간 것으로 봐야 할 것 같습니다.

시민사회와 정치권이 소통하는 모임이 6자회담과 구별되는 또 한 가지는, 모임의 층위에 따라 참가범위가 얼마든지 달라질 수 있다는 점입니다. 예컨대 원로급 회동에 안 들어가는 정당이 중견급의 만남에는 참여할 수 있고, 모임이 거듭되다보면 다양한 실무회의 — 6자회담으로 치면 분야별 Working Group — 를 수반할 수도 있을 겁니다.

이와는 다른 사례로, 남북관계처럼 본디 초당적인 추진이 필요한 분야에서는 조금 더 응집력있는 기구가 바람직합니다. 남북화해와 통일문제를 정부의 일방통행과 여야간 정쟁의 영역에서 끌어내어 시민사회의 중도적 양식과 정치권 및 관료사회의 책임있는 역량이 결합하는 심의기구 내지 합의기구가 필요합니다. 처음에는 일종의 시국회의 형식으로 출발하더라도 어느 단계에 가서는 노사정위원회나 국가인권위원회 같은 상설기구를 설립하는 것이 좋다고 봅니다.

그런가 하면, 4대강 정비사업이라든가 한반도대운하 계획처럼 한국 및 한반도의 총체적 공간전략을 좌우하며 자손만대에 영향을 미칠 사업은, 비록 한시적이지만 상당기간 존속하면서 각계각층의 심도있는 토론과 검증을 주관하고 그 결과의 국민적 수용을 담보해줄 민관합동기구가 필요하다고 봅니다. 4대강 사업의 주된 목표가 홍수방지와 용수확보라면 예의 4대강 본류뿐 아니라 그 많은 지류·지천 중에 어디를 어떻게 손대는 게 가장 적절한지, 주운(舟運)의 부활이 필요하다면 어디서 얼마만큼 추진하는 게 가능하며 효율적인지를 두고 투명하고 정직하며 철저한 검토 끝에 납득할 만한 결론이 나와야 합니다. 그리고 혹시라도 '강 살리기'를 대운하 사업으로 연결시키는 게 정부의 속셈이라면 이 또한 공개적으로 추진하면서 어디서 어떤 운하를 만드는 게 타당한지를 두고 이 기구에서 검토해야 할 것입니다.

그밖에도 경제문제와 사회정책 등 사안에 따라, 그리고 그때그때 정황에 따라 '민'의 국정참여를 확대할 공식·비공식 통로들은 얼마든지 생각해볼 수 있습니다. 그러나 새로운 기구를 무작정 많이 만들어내는 게 장기는 아닙니다. 요는 과감하고 창의적인 국민통합 작업이 진행될 때 민주적 통치를 위한 기존의 장치가 활력을 되찾고 기업과 노조, 언론과 각종 전문가집단, 시민운동단체와 비영리단체 등도 자기 고유의 영역에서 더욱 충실한 기여를 하게 되리라는 것입니다.

이를 추진할 국민적 동력은 여전히 문제입니다. 하지만 위기의 심화와 더불어 동력도 증대할 것인데 이를 제대로 활용하기 위해 무엇보다 우리 사회 곳곳에서, 특히 영향력있는 언론매체에서 활발하고 진지한 토론이 진행되는 일이 시급합니다.

상생의 길은 아무래도 아슬아슬합니다. 그러나 저는, 비록 논리적으로 입증할 수 있는 명제는 아니지만, 우리가 저력있는 국민이요 민족이며 시운(時運)을 타고 있다고 믿기 때문에, 비상시국을 타개할 국민통합을 이룩하는 데 끝내 성공하리라고 확신합니다. 오늘 여러분이 저의 부족한 이야기를 경청해주신 것도 좋은 조짐인 것 같습니다.

〈2009〉

13

2009년 분단현실의 한 성찰

1. 분단현실에 대한 성찰의 필요성

2009년이 아직 3분의 2 이상 남았지만 되도록 '지금 이곳'의 상황에 밀착한 성찰을 하려는 취지로 연도를 명시했습니다. 남북관계를 보나 국내현실을 보나 2009년 4월 현재의 상황은 심각합니다. 불과 1, 2년 전과 비교하더라도 '어쩌다 이 지경에 이르렀는가' 하는 개탄이 나올 법하지요.

이런 상황을 성찰하면서 '분단현실'이라는 각도로 접근하는 것이 중요하다고 봅니다. 이때 '분단현실'은 남북으로 갈라진 한반도뿐 아니라 그 남쪽 대한민국의 현실에도 적용되는 개념입니다. 대한민

■ 이 글은 2009년 4월 15일 제11회 한겨레통일문화상을 수상하면서 발표한 강연문이다.

국의 현실은 어디까지나 분단국의 현실이요 분단체제의 일부로 존속하는 사회의 현실인 것입니다.

그것은 또한 유달리 성찰을 저해하는 현실이기도 합니다. 성찰의 기본은 자신에 대한 반성인데 분단현실은 남 탓하기에 꼭 좋은 여건입니다. 애초에 분단을 강요했던 외세를 탓하고, 남북이 서로를 탓하고, 내부의 비판자마저 상대방 또는 외세의 앞잡이로 따돌리는 일이 습관화되어 있는 현실이지요. 동족상잔의 업보로 한국전쟁 이후 분단이 더욱 굳어진 이래, 성찰부재의 풍토는 한반도의 분단구조가 일정한 자기재생산력을 갖는 '분단체제'로 뿌리내리는 데 한몫을 했습니다. 흔히 분단체제의 특성으로 남북의 기득권세력이 일종의 '적대적 공생관계'를 형성하고 있다는 점을 듭니다만, 이런 공생관계가 가능해지는 데도 남을 탓하면서 성찰없는 인생을 지속하는 우리네 마음의 타성이 작용했을 터입니다.

2. 삼중의 위기와 분단체제

흔히 한국사회는 지금 경제위기와 더불어 민주주의와 남북관계가 동시에 위협받는 세 겹의 위기에 봉착했다고 말합니다.[1] 그중 경

---

1) 일찍부터 이 점을 강조해온 김대중 전 대통령은 최근에도 이를 다음과 같이 정리했다. "지금 우리는 3대위기에 봉착해 있습니다. 민주주의의 위기, 중산층과 서민경제의 위기, 남북관계의 위기가 그것입니다."(문익환 목사 방북 20주년 기념행사 기념사, 2009. 4. 2)

제위기는 세계적인 요인의 작용이 더 큰 게 사실이지만, '중산층과 서민경제'에 초점을 맞출 경우 분단의 영향을 한층 실감할 수 있습니다. 실은 한국경제의 전반적인 위기상황도 분단현실과 밀접한 연관이 있는데, 이에 대해서는 뒤에 다시 언급하기로 하지요.

민주화와 통일작업의 상호연관성

이명박정부 출범 이래 한국 민주주의가 후퇴해온 현실은 가히 참상이라 이를 만합니다. '용산참사'는 하나의 상징적 사건입니다. 철거민들의 구체적인 잘잘못이 무엇이었건 공권력에 의해 국민들이 무자비하게 공격당해 죽어나간 상황에서 정부와 집권세력은 희생자들만 나무라고 그들의 인권이나 정부측 대응의 민주적 절차에 대해서는 도대체 무관심했습니다. 인권 무시와 민주주의 파괴는 지금 도처에서 벌어지고 있지요. 삼권분립 등 어렵게 쟁취한 민주적 원칙들이 크게 흔들리고 있으며, 민주화과정에서 정부의 통제로부터 상당한 자율권을 확보했던 언론은 다시 정권의 직접적인 장악하에 들어가거나 소수의 거대신문 및 재벌에 넘겨질 위험에 처해 있습니다.

이런 정황들을 하나하나 열거할 필요는 없을 것입니다. 우리가 경악하고 분노하는 것도 당연합니다.

다만 우리의 경악이 한국에서 민주주의가 도저히 역행할 수 없이 확립되었다고 믿었던 탓이라면, 이 또한 분단현실에 대한 성찰이 미흡했던 사례가 아닐 수 없습니다. 한국에서 민주화운동과 통일운동이 맞물려서 진행되어온 것은 하나의 상식인데다, 1987년 6월항쟁의 성과도 분단체제(또는 '1953년체제')의 테두리를 벗어나지 못한 남한만의 성과였다는 점에서, 20년의 민주화과정을 겪은 뒤에도 "비록 군부 쿠데타에 의한 역전 가능성은 거의 사라졌지만 (민주주의의) '불가역적 달성'이라 보기에는 아직 이르다"[2]는 진단이 불가피했던 것입니다.

이는 1997년 IMF사태 이래 김대중·노무현 정부가 신자유주의에 투항함으로써 민주주의의 후퇴가 이미 시작되었다는 주장과는 다른 발상입니다. 진보진영 일각에서 제기되는 '97년체제'론에 대해서는 "전혀 다른 의도에서 출발하지만 97년체제론과 우파 담론은 뜻하지 않게 서로 공명하는 바가 있다"는 지적이 나온 바 있는데,[3] 지금쯤은 97년체제론자들 자신도 진짜 민주주의 후퇴가 어떤 것인지 '끓는 국맛'을 보고 있겠지요. 요는 개혁정권하 민주주의의 실상에 대한 지나친 단순화 역시 분단현실에 대한 성찰의 부족을 드러낸다는 것입니다.

남북관계의 악화와 분단체제의 특성

국내의 민주화 작업이 분단현실과 밀접하게 연관돼 있음을 통찰할 때, 작금의 민주주의 후퇴가 남북관계의 악화를 수반한 사실은 놀랄 일이 아닙니다. 물론 민주화와 남북관계 발전이 일대일로 상응하는 것은 아닙니다. 그러나 남북화해의 꾸준한 진전 없이 민주화가 지속될 수 없듯이, 민주주의의 후퇴가 일정수준을 넘는 상황에서 남북관계만 잘될 수도 없다고 봐야겠지요.

---

2) 졸고 「6월항쟁 20주년에 본 87년체제」, 본서 제6장 160면.
3) 김종엽 「서장: 87년체제론에 부쳐」, 김종엽 엮음 『87년체제론』, 창비 2009, 19면.

그런데 분단체제론을 주창해온 저 자신도 이런 당연한 사태전개를 충분히 예견하지 못했음을 고백합니다. 저는 처음부터 이명박 대통령에게 큰 기대를 안한 축입니다만, 남북 경제협력만은 그가 '실용주의자'답게, 그리고 보수정권이기 때문에 오히려 더 과감하게 추진할지 모른다는 기대를 가졌더랬지요.

하지만 오늘의 남북관계는 그야말로 참담합니다. 민족화해의 상징이던 금강산관광이 막힌 지 오래고 개성관광도 중단되었으며 개성공단은 잔뜩 위축되어 풍전등화의 위기에 놓였습니다. 전세계의 주목과 갈채 속에 연결됐던 남북의 철길도 다시 끊어진 상태입니다. 남북간에 쏟아지는 불신과 적대감의 표현을 보면, 6·15공동선언 이후의 신뢰구축 노력은 고사하고 90년대 초에 상호 인정과 존중을 약속한 남북기본합의서 이전으로까지 돌아간 느낌입니다.

저는 이것이 이명박정부의 어떤 일관된 전략이나 이념 때문이라고는 보지 않습니다. 물론 지난 정권들의 대북정책과 다르게 하겠다는 이념적 지향도 있고 계획도 있었겠지요. 게다가 국내문제에서 그렇듯이 국정 담당세력의 전반적인 무능과 무정견(無定見)·무교양(無敎養)도 크게 한몫했습니다.

그러나 분단현실을 차분히 성찰할 때 이 모든 요인들의 결합에는 분단체제 특유의 어떤 특징이 관철되고 있음을 실감합니다. 대통령 자신이 비록 남북관계를 국내정치와 분리시켜 전향적인 대북정책을 추진하고 싶어도, 민주주의와 민생의 퇴보로 국내민심을 잃었을 때 마지막으로 의지할 것은 거대신문 등 사회의 요소요소를 점거하고 있는 기득권세력입니다. 작년의 촛불시위 이후 벌어진 상황이 바로 그것이지요. 정권담당자로서는 일시적인 응급처방으로 저들을 이용하고 한숨 돌린 뒤 다시 대북정책을 국내정책과 분리해서 추진할 생각을 했을 수도 있습니다. 그러나 분단체제의 성격상 한쪽에서 수구세력이 득세하면 상대편에서도 비슷한 메커니즘이 작동하기 마련이고, 남북관계 악화의 책임은 저쪽에 있다는 '남의 탓' 습성이 새로 힘을 얻게 됩니다. 궁여지책으로 '집토끼나 챙기자'고 선택했던 대북강경책이 어느덧 손쉽게 여론의 지지도를 높이는 방도로서 집권자를 유혹하게 되는 것입니다.

하지만 이 유혹에는 치명적인 착시현상이 끼어 있습니다. 오늘날 남북관계가 악화될 대로 악화된 것 같지만, 실은 남북간에 약간의 충돌만 있어도 한국경제가 요동치고 국민들이 사재기에 나서던 6·15 이전과는 천양지차의 상황입니다. 이명박정부가 '기다리는 전략'을 구사할 수 있는 것도 지난 10년 동안 쌓아놓은 기반 덕분이지요. 게다가 미국의 오바마 행정부 등장으로 한반도 긴장이 어느 수준 이상으로는 안 가리라는 기대도 있습니다. 바로 그렇기 때문에 남북대결을 빌미로 독재정치를 수행하던 박정희시대를 복원하는 일은 불가능합니다. 결과적으로 분단체제의 동요는 계속되면서 그 극복의 길이 묘연해지고, 민주주의가 후퇴하되 권위주의 질서의 확립도 불가능한 어정쩡한 혼란기가 연장될 우려만 커지고 있습니다. 남북관계만 아니라 한국사회 전체에 어떤 획기적인 전환이 요청되는 시점입니다.

3. 성찰부재의 유형들

수구세력의 타산과 맹목

앞서 말씀드렸듯이 분단현실에 대한 성찰의 부족은 분단체제를 존속시키는 힘으로 작용합니다. 이는 어떤 사회현실이 일종의 체제로 자리잡음으로써 획득하는 일반적인 속성이기도 하지요. 역사적으로 형성되고 사회적으로 구성된 특정 현실을 마치 자연스러운 환경인 양 받아들이게끔 사람들이 길들여지는 것입니다.

이런 가운데도 우리 사회에는 분단을 분명하게 의식하고 이를 자신들의 단기적 이익을 위해 활용하는 데 극도로 유능한 세력이 있습니다. 누가 자신의 특권적 지위를 문제삼을 때마다 '남북분단의 특수상황'에서 불가피한 제도라고 우겨대고, 문제제기하는 사람들을 '친북'이요 '빨갱이'로 몰아세웁니다. 다시 말해 그들은 분단현실에 대한 성찰은 없지만 분단을 누구 못지않게 의식하며 약삭빠르게 이용할 줄 압니다. 그리고 북한정권을 소리 높여 비난하지만 결과적으로 북의 기득권세력을 강화하는 데 기여하며 그 점을 딱히 아파하지도 않는 것 같습니다.

이런 사람들을 진정한 보수주의가 아닌 수구세력이라 일컬어도 틀린 말이 아니겠지요. 대한민국의 참보수라면 민주주의를 포함한 대한민국 60년의 정당한 성과를 간직하고 지켜내려는 의지가 있어야 하며, 분단체제의 변혁을 꿈꾸지는 않더라도 분단체제가 흔들리는 현실을 직시하고 그 동요기를 관리하는 능력을 지녀야 할 것입니다. 하지만 이들은 분단체제가 굳건했던 시기로 되돌아가려는 부질없는 시도로 도리어 혼란을 조장하거나, 북한정권의 조기 붕괴라는 개연성도 희박하고 감당할 대안도 없는 사태를 꿈꾸는 공상의 세계에 살고 있습니다. 물론 저들의 반북주의가 남녘에서 당장 자신의 잇속을 챙기는 데 유용하다는 점에서 결코 몽상가들만은 아니지요. 어떤 의미로는 사익실현의 대가들이고 숙달된 기술자들인 것이 더 큰 문제입니다.

성찰없는 통일운동의 역효과

이와 대조적으로 분단극복을 역설하며 더러는 이 목표를 위해 훌륭하게 헌신해온 통일세력이 있는데, 이들 중 상당수도 분단을 의식하기는 하되 분단현실에 대한 **성찰**이 부족하다는 문제점을 드러냅니다. 한반도의 분단이 원래 외세에 의해 강요된 것은 사실이지만, **분단체제**가 성립한 데에는 한반도 내부세력의 작용도 있었고 전쟁보다는 분단이 낫다는 주민들의 실감도 가세했던 것입니다. 그리하여 세월이 흐를수록 분단현실에서 이득을 보는 특권층이 남과 북 양쪽에 상당한 기반을 갖게 되었습니다. 분단체제의 이런 범한반도적 성격을 무시하고 남녘의 극우세력과 주한미군만 사라지면 자주통일이 된다고 믿는 것은, 북쪽의 정권만 무너뜨리면 자유민주주의 통일이 된다고 주장하는 것만큼이나 공상적입니다. 따라서 다수 국민을 통일작업에 끌어들이지 못하고, 오히려 민간통일운동을 친북행위로 몰고 가는 수구세력에 빌미를 제공하기 십상입니다. 이처럼 분단체제 극복에 실질적인 기여를 못하는 분단극복운동 내지 '민족해방'운동을 진정한 진보로 인정하기는 힘들겠지요.

진보진영 일각의 '후천성 분단인식결핍 증후군'

진보의 이름을 걸고 전통적 통일운동세력의 진보성을 부인하는 지식인·활동가·정치인 가운데도 분단현실에 대한 성찰이 부족한 사례는 수두룩합니다. 그중 일부는 '반북좌파'라 일컬음직한데—우리 사회에는 친북좌파 외에 반북좌파도 있고 문선명(文鮮明) 총재나 고 정주영(鄭周永) 회장 같은 친북우파도 있지요—북한 현실에 대한 그들의 비판에는 경청할 점도 많습니다. 그러나 분단체제 전체에 돌려야 할 책임마저 오롯이 북한정권에 귀속시킨다는 점에서 수구세력의 북한 때리기와 상통하는 바 있습니다. 분단체제는 한반도의 남과 북 외에 세계체제의 주요 행위자들까지 관련된 복잡한 체제니만큼 그 특정한 국면에 대한 책임규명은 실로 복잡하고 다양하게 마련입니다. 그렇다고 북한정권의 책임이 여타 행위자의 몫보다 확연한 경우마저 '분단체제 전체의 책임' 운운하며 호도하자는 것은 아닙니다. 다만 분단체제는 남과 북의 모두가 참여하고 있는 매우 특이한—기형적인—복합적 공동체로서, 어느 경우에도 참여자 개개인의 책임이 전무할 수 없습니다. '나는 멀쩡한데 쟤네들은 왜 저 모양이냐'라는 성찰부재의 태도를 진보의 이름으로 정당화할 수는 없는 것입니다.

반북까지는 아니더라도 북의 존재를 되도록 무시하면서 남한만의 발전을 꿈꾸는 세칭 진보세력이 의외로 많습니다. 특히 지식인·학자 들의 세계에서 그렇지요. 이는 한국의 지식계가 이 땅의 구체적인 현실에 뿌리박은 공부보다 분단이 없는 외국의 현실에 연유한 이론의 학습과 전파에 치중한 탓이라 생각됩니다만, 아무튼 남북의 점진적 재통합을 수반하지 않는 평화국가 또는 평등사회의 수립이라든가 남한의 독자적 사회주의 또는 사회민주주의 건설 같은 주장을 '아니면 말고' 식으로 내던지는 사례를 자주 만납니다. 저는 이를 '후천성 분단인식결핍 증후군'이라 부르기도 합니다. 이런 식의 무책임한 진보주의가 적어도 단기적 현실대응력은 뛰어난 수구세력을 제압하지 못할 것은 뻔하지요. 아니, 때로는 수구세력에 대한 저항을 오히려 약화하는 일도 없지 않습니다. 참된 진보와는 거리가 먼 것이지요.

중도세력은 오합지졸인가

그러므로 우리는 이런 갖가지 편향된 입장을 떠나 중도를 찾지 않을 수 없습니다. 하지만 단순히 좌우의 극단을 뺀 중간세력이라면 수적인 다수를 이룰지언정 오합지졸에 불과합니다. 선거철에 어떻게든 다수표만 긁어모으면 된다고 생각하는 정객이라면 이들을 겨냥한 '중도 마케팅'으로 만족할 수 있겠지요. 그리고는 선거가 끝나면 기존 질서의 유리한 고지를 선점하고 있는 수구세력과 기꺼이 손잡거나 그들에게 휘둘리면서 적당히 세월을 보내고 다음 선거를 준비하는 거지요.

우리에게 필요한 것은 원칙있는 중도, 일관된 경륜과 지속적인 실행력을 갖는 중도입니다. 단순히 중간지대에 많은 사람들이 포진해 있어서가 아니라 한반도 분단현실의 특성상 그 어떤 극단적 노선도 분단체제가 남북 주민들의 삶에 들씌워놓은 멍에를 벗기고 족쇄를 풀어줄 수 없다는 성찰을 바탕으로 정립되는 '변혁적 중도주의'가 바로 그것입니다.

4. 변혁적 중도주의: 성찰하는 진보와 합리적 보수의 만남

변혁적 중도주의의 개념과 성립근거

'변혁적 중도주의'는 현실정치의 표어로는 적당치 않습니다. 변혁이라는 낱말이 보수적 또는 중도적 성향의 사람들에게도 위화감을 주는 수가 있기도 하지만, '변혁'과 '중도'가 한데 묶인 사실 자체로도 대중적 구호의 간명함을 잃기 때문이지요. 그러나 바로 이 점이 '변혁적 중도주의'로 하여금 한갓 표어를 넘어 **개념**으로 승격토록 해준다고 저는 감히 말씀드리고자 합니다.

변혁의 대상은 한반도의 분단체제입니다. '분단체제'도 간단치 않은 개념입니다만 지금은 어느정도 공론화된 개념이므로 여기서 길게 설명하지 않겠습니다. '변혁'도 '혁명'을 에둘러 말하거나 단순한 '변화'를 더 그럴싸하게 표현한 것이 아니라, 발본적이면서도 꽤 장기적이고 굳이 폭력혁명을 수반하지 않는 사회변동을 지칭하는 용어입니다.

변혁적 중도주의가 성립하기 위해서는 이런 개념들에서 출발하여 몇가지 전제를 충족시켜야 합니다. 첫째로 분단체제가 더 나은 체제로의 변화를 요하는 억압적인 체제이고, 둘째로 그 변화의 내용은 전쟁이나 혁명일 수 없고 그렇다고 분단체제의 단순한 개량일 수도 없으며, 셋째로 더 나은 체제로의 변혁이 실제로 가능하다는 등의 전제들입니다. 그럴 경우 분단체제의 변혁을 위해 폭넓은 중도세력이 힘을 합쳐야 한다는 결론은 쉽게 따라올 것입니다.

한반도의 남과 북이 각기 다른 방식으로 억압적이며 남의 경제력이나 북의 군사력에 비해 주민들의 삶의 질이 (각기 다른 정도로) 열악한 사회라는 점은 요즘 들어 한층 실감되는 주장입니다. 다만 분단을 만악(萬惡)의 근원으로 설정하는 것도 과학적인 태도는 아닌만큼, 억압적인 현실의 어떤 부분이 분단에 기인했거나 분단 때문에 가중되고 있느냐를 정확하게 분석하는 과제가 남습니다.

어쨌든 이런 현실을 전쟁이나 폭력혁명으로 타파하기에는 한반도가 너무나 위험한 지역이라는 사실 또한 분명합니다. 반면에 한때 분단체제가 동요기 내지 해체기에 들어섰다는 희망에 부풀었던 이들조차 요즘은 분단체제 극복이 과연 가능할지, 차라리 분단체제가 다시 맹위를 떨치는 현실을 인정하면서 부분적인 개량이나마 시도하는 게 현명하지 않을지를 고민하는 경우가 눈에 띕니다.

분단체제의 복권은 불가능

최근에 한 소장학자는 이 문제를 정면으로 제기하며 분단체제 극복 노력의 중요성을 다시 확인한 바 있습니다.

한반도에서는 이제 10년간의 분단체제의 동요가 중단되고 다시 분단체제가 강화되는 방향으로 역사의 흐름이 전환된다고 단정할 수 있는가? 필자는 기본적으로 여전히 분단체제가 동요하는 단계에 있다고 보는 것이 타당하다고 생각한다. 우선 내부적으로만 보아도 남한에서 민주주의의 퇴행은 아직 구조화된 상황은 아니다. 작년 촛불항쟁이 보여준 것처럼 여전히 팽팽한 긴장상태에 있으며 민주주의를 계속 진전시키고자 하는 동력이 만만치 않다는 점을 보여주었다. 동시에 국제적 상황도 주변 국가들이 한반도에서 군사적 긴장이 고조되는 것을 원하지 않으며, 적어도 6자회담 메커니즘이 여전히 존재한다는 점도 남과 북의 모험주의적 행동에 제약을 가할 것이다. 냉전체제와 분단체제가 서로 조응하던 상황과는 큰 차이가 있다. 따라서 분단체제를 복권하려는 움직임은 내적으로나 외적으로 심각한 저항에 직면하게 될 것이며, 그러한 움직임이 실패할 경우 분단체제의 동요는 더욱 분명하게 드러날 가능성도 높다.[4)]

다소 길게 인용한 것은 기본적으로 제가 동의하는 내용이기 때문이고, 아울러 한두가지 의견을 여기에 덧붙임으로써 저의 생각을 효율적으로 전달할 수 있겠기 때문입니다. 예컨대 저는 분단체제의 동요가 지난 10년간이 아니라 1987년 6월항쟁 이래로, 그러니까 20여년에 걸쳐 진행되었다는 입장입니다.[5)] 다시 말해서 남한의 군사

---

4) 이남주 「늦봄 방북 20년, 통일운동의 성찰과 전망」, 늦봄 문익환 방북 20년 기념 심포지엄 자료집 『늦봄 방북 20년, 통일운동의 성찰과 전망』(사단법인 통일맞이, 2009. 4. 2) 15면.
5) 졸저 『한반도식 통일, 현재진행형』(창비 2006) '책머리에' 5~6면 등 참조.

독재가 무너지고 뒤이어 동서냉전이 종식되면서 분단체제는 중요한 기둥을 잃었고, 이명박정부하에서의 남북관계 악화가 분단체제의 복권으로 귀결하려면 김대중·노무현 정권뿐 아니라 노태우정권의 대북정책마저 물려야 하기 때문에 그 가능성이 더욱 희박하다는 것입니다. 게다가 저는 "분단체제를 복권하려는 움직임" 자체가 그것이 남북 어느 쪽에서 일어나는 것이든 분단체제가 가망없이 흔들리고 있다는 증거로 봅니다. 이남주(李南周) 교수의 지적대로 지금은 "냉전체제와 분단체제가 서로 조응하던 상황"이 아니기 때문에 남북대결을 강화함으로써 분단체제를 안정시킬 도리가 없으며, 분단체제의 억압성을 초보적 경제성장의 동력으로 활용하던 시대도 세계경제의 변화로 이미 과거지사가 되었습니다. 안될 일을 억지로 하려 드는 것은 위기를 심화할 따름입니다.

문제는 어차피 과거회귀와 현상유지가 다 불가능한 판에 어떻게 앞으로 나아갈까 하는 것입니다.

6·15공동선언에 대한 다양한 해석

남북관계의 발전에서 2000년의 6·15남북공동선언이 획기적인 돌파구를 열었다는 점은 누구나 쉽게 인정할 수 있습니다. 논란의 여지가 남는 것은 이것이 단순히 남북관계의 돌파구냐 아니면 한국의 민주주의와 민생을 위해서도 획기적인 사건이었느냐 하는 점이겠습니다.

앞서 분단현실에 대한 성찰부족의 몇가지 유형을 열거했습니다만, 6·15공동선언을 접근하는 방식에서도 그 점이 잘 드러납니다.

예컨대 수구세력의 경우입니다. 진정한 보수주의자라면 통일을 서두르지 않겠다는 쌍방의 합의가 이루어져 전쟁의 위협이 제거되고 화해협력의 과정을 통해 대한민국의 지속적인 발전이 보장될 뿐 아니라 시장경제, 자유민주주의 등 '보수적'인 가치가 북녘에 전파될 가능성이 열린 것을 환영하련만,[6] 보수보다 수구에 해당하는 세력은 6·15공동선언 제2항이 북측의 '고려연방제'를 수용했다고 비난하며 국론분열의 주범으로 낙인찍고자 합니다. 이는 물론 억지입니다. 그러나 이 경우에도 저들 특유의 현실감각이 작용한 면은 있습니다. 6·15공동선언은 남북 양쪽의 기득권을 일정하게 보장하는 문건이지만, 강경한 남북대결의 지속만이 지켜줄 수 있는 과도한 특권들에 대해서는 위협일 수밖에 없습니다. 수구세력이 정말로 두려워하는 것은 김정일 위원장 스스로 "냉전시대에나 하던 이야기"[7]로 규정한 고려연방제가 아니라 노태우정권 이래 남측이 주장해온 남북연합이 실현될 가능성이며, 따라서 6·15의 중도주의적 노선으로 국론이 단합되는 일이 없게끔 '현실적으로' 대처하고 있는 것입니다.

그런데 제2항에는 별다른 관심을 안 보인 채 오로지 제1항에서 '우리 민족끼리' 자주통일하자고 두 정상이 합의했다는 점에서 6·15공동선언의 획기성을 찾는 일부 통일운동가들의 태도도 도움이 안됩니다. 6·15를 둘러싼 극과 극의 대립을 조장하기 쉬운 이런 태

---

6) 바로 그런 이유로 6·15공동선언 발표를 환영한 예로, 김경원(金瓊元) 「남북통일은 전쟁위험 제거로부터」, 『창작과비평』 2000년 가을호 및 같은 호의 좌담 「통일시대를 어떻게 살아갈 것인가」에서의 그의 발언 참조.
7) 임동원 회고록 『피스메이커』(중앙북스 2008) 104면.

도가 기득권을 지키려는 수구세력에는 오히려 반가울 테지요. 더구나 북측이 '우리 민족끼리'를 하나의 '리념'으로까지 승격시켜 매사에 적용하는 마당이니, 통일운동가들의 그런 태도는 마치 6·15공동선언이 남한 민중의 구체적인 삶과는 별개로 '친북' 대 '반북'의 전선을 긋는 것으로 만들기 십상입니다.

반면에 IMF사태 이후 민중생활의 궁핍화를 특히 중시하는 쪽에서는 6·15공동선언을 그다지 획기적으로 보지 않습니다. '97년체제'라는 표현 자체가 6·15를 남북관계라는 '부차적 영역'에 국한된 사건으로 자리매기는 발상이지요. 본질적인 문제는 신자유주의에 의한 서민경제의 파탄이라는 겁니다.

'신자유주의에 의한 서민경제의 파탄'은 오늘날 유달리 실감나는 말입니다. 하지만 바로 그런 시점이기에, 1997년과 2000년의 관계에 대해 우리는 새롭게 깨닫는 바가 있습니다. IMF 구제금융을 계기로 한국사회는 '신자유주의에 의한 서민경제의 파탄'을 일차 경험했습니다. 그 상황에 대응하는 한가지 방식은 오늘날 이명박정부가 추진하는 것과 비슷한 정책이었을 것입니다. 서민생활의 파탄에 아랑곳없이 신자유주의를 열성적으로 받아들이면서 그에 따른 민심이반에는 5공식 '법질서 확립'과 김영삼정권의 대북강경노선 계승으로써 대응하는 방식 말입니다. 물론 당시에 이미 10년의 민주화과정을 겪은 우리 국민에게 통할 수 없는 정책이었겠지요. 하지만 어쨌든 그런 가능성을 상상해봄으로써 우리는 김대중정부 아래서 우리 국민이 실제로 선택한 길, 즉 금융위기를 계기로 흡수통일의 꿈을 접고 공안정국을 자제하며 남북의 화해·협력과 한반도 평화정착에서 한국경제의 새로운 활로를 찾고자 한 길이 민주주의와 경제발전을 위해서도 얼마나 현명한 선택이었는지를 실감할 수 있습니다. 아울러 2009년의 시점에서도 그 길로 되돌아가는 것 말고는 민주주의의 회생도 서민생활의 안정도 있을 수 없음을 깨닫게 됩니다.

역주행을 막아낼 합리적 보수와 성찰적 진보의 만남

요는 민생과 민주주의, 남북관계의 '3중 위기'를 조장하는 이명박 정부의 역주행을 막아내는 일입니다. 한가지 유리한 점은, 1997년과 달리 지금은 신자유주의가 본고장 미국에서마저 완전히 신용을 잃었다는 사실입니다. 그 점에서는 우리 정부만이 외로운 '나홀로' 역주행을 하고 있는 형국이지요.

하지만 분단체제에는 그 나름의 작동논리가 있어, 이 체제의 퇴행적 요소들이 일단 응집되기 시작했을 때 그 흐름을 바꾸기가 간단치 않습니다. 설혹 이명박 대통령 자신이 예컨대 남북관계라는 특정 분야에서만은 좀더 실용적이고 전향적인 태도를 취할 생각을 품더라도 그게 마음대로 안되는 기제가 발동된 거지요. 이럴 때는 국민들이 대대적으로 나서서 큰 흐름을 바꿔주는 길밖에 없습니다. 다만 분단체제가 복합적인 것만큼이나 국민들도 '3중 위기'의 상호연관성을 통찰하며 복합적인 전략으로 대응해야 성과를 낼 수 있을 것입니다.

무엇보다도 '보수'와 '진보'를 가르는 기존의 잣대에 얽매임이 없이, 성찰하는 진보와 합리적 보수가 만남으로써 폭넓고도 줏대있는 중도세력을 형성해야 합니다. 그리하여 예컨대 민주주의문제에서는 분단체제가 남한의 독자적 민주화에 부과하는 한계를 인정하고 남북화해의 진전과 결부된 현실적인 개혁노선에 합의하며, 민생문제에서도 자본주의 세계체제 및 그 하위범주로서의 분단체제가 떠안은 조건을 일단 수용함으로써 세계시장으로 열린 한반도경제권의 건설과 남한경제의 발전을 도모할 새로운 종합적 설계를 짜야 합니다. 이는 남북관계의 발전 역시 합리적 보수와 성찰적 진보가 동의할 수 있는 내용으로 채워진다는 뜻이 되겠지요. 물론 이런 중도세력 사이에도 견해차와 갈등이 있을 테지만, 어디까지나 변혁적 중도주의라는 큰 틀에 동의하는 세력 내부의 생산적인 갈등이요 차이로 작용할 것입니다.

저는 한반도의 통일이 20세기 후반의 그 어느 분단국과도 다른 독특한 방식으로, 점진적이고 단계적인 가운데 평범한 시민들의 참여가 한결 두드러지는 '시민참여형'으로 진행되리라고 주장해왔습니다. 아니, 통일의 개념 자체가 달라지는만큼 한반도식 통일은 이미 진행중이라고 했습니다. 요즘 상황에서는 이런 저의 주장이 허황된 낙관론으로 들릴지 모릅니다. 그러나 거듭 말씀드리지만 분단체제의 온갖 퇴행현상이 나타나는 것은 분단체제의 흔들림이 더욱 심해지는 말기현상이지, 분단체제가 안정을 되찾는 사태와는 거리가 멉니다. 물론 파국의 위험은 엄존하지요. 그러나 그럴수록 평상심을 갖고 분단현실을 성찰하며 각자가 자기 위치에서 최선을 다할 때, 아마도 오늘의 시련은 한반도의 평화정착과 남북연합의 건설을 향한 마지막 고비가 될 것입니다.

〈2009〉

제 3 부

14

통일시대·마음공부·삼동윤리

제목으로 주신 '교단 100주년과 인류 보편종교의 지향'이라는 주제는 이곳에서 특강을 하는 강사들이 연속적으로 다루는 주제인 것으로 압니다. 저는 이 제목을 그대로 따르기보다, 인류 보편종교로

■ 이 글은 원불교 중앙중도훈련원의 교무훈련에서 '인류 보편종교를 지향하는 원불교인의 길 ― 통일시대·마음공부·삼동윤리'라는 제목으로 한 특강(2007. 10. 7)을 바탕으로 정리했다. 강의는 원고 없이 간략한 메모만 갖고 진행했는데, 그 녹취록을 정리하면서 비교적 자유롭게 첨삭을 가했고, 당시에 시간이 부족했거나 미처 생각이 미치지 않아 소략하게 넘어간 대목을 윤문 이상의 수준으로 보완하기도 했다. 결과적으로 마치 청중에게 그런 발언을 모두 했던 것 같은 모양새가 되었지만, 이것도 하나의 글쓰기 형식으로 받아들여주면 좋겠다. 용어해설과 추가설명을 각주로 달면서 애초에 원불교의 문외한이 원불교 교역자들을 일차 대상으로 삼아 친근하게 강의하는 형식을 유지하는 것이 일반독자에게 다가가는 하나의 방식이 될 수 있겠다고 생각했던 것이다. 강사로 초빙해주신 김주원(金主圓) 원장님, 당일 강의에 참석하여 경청하고 질의와 토론을 통해 새로운 일깨움을 주신 여러 교무님들, 그리고 활자화의 첫 계기를 제공해준 『사회비평』 편집진에 두루 감사드린다.

의 지향과 관련된 이야기로서 저 나름으로 그동안에 생각해왔고 또 사실은 올바른 스승을 만나 지도를 받아야 할 그런 주제를 중심으로 제 생각을 말씀드려볼까 합니다.

사회를 맡으신 김경일(金慶日) 교무님께서는 평양 다녀온 따끈따 끈한 얘기를 하고 부담없이 얘기하면 된다고 하셨는데, 실은 이번 남북정상회담에 특별수행원이라고 해서 간 사람들은 대통령이나 대통령의 공식수행단과는 별도의 일정으로 움직였기 때문에 어떤 면에서는 남쪽에서 방에 앉아 TV로 보신 분들보다도 못 본 장면들 이 많습니다. 가령 대통령께서 분단 경계선을 걸어서 넘는 그 역사 적인 장면을 우리는 전혀 못 보았어요. 그때 우리는 이미 북쪽으로 멀찌감치 가서 기다리고 있었거든요. 그래서 이번 정상회담에 대해 저 나름으로 몇마디 할 생각입니다만, 제가 평소에 생각하던 다른 이야기를 더 많이 하게 되겠습니다.

오늘 저의 주제를 열거하면 세개의 화두(話頭)가 있는 셈입니다. 하나는 '통일시대', 또 하나는 '마음공부', 그리고 또 하나는 '삼동윤 리(三同倫理)'가 되겠습니다. 이렇게 말씀드리면 '저 친구가 여기가 어디라고 와서 부처님들 앞에서 설법을 하려는 거냐' 하고 생각하 실지 모르겠습니다. 통일시대에 대해 강연하겠다는 거야 또 그렇다 쳐도, 마음공부니 삼동윤리는 당연히 교무님들의 전문분야니까요. 하지만 제가 아까 말씀드렸다시피 저 나름으로 연마한 것을 여러 교 무님들 앞에서 한번 검증을 받고 인증을 받고 훈증(薰蒸)을 받았으 면 하는 것입니다.

순서는 우선 통일시대에 대해서 말씀을 좀 드리고, 마음공부와 통일시대 문제의 연관성에 대해 얘기하려고 합니다. 그러고는 삼동윤리에 대해서 저 나름대로 생각한 것을 말씀드리고자 하는데, 삼동윤리가 원불교 마음공부를 요약해놓은 큰 강령의 하나이기 때문이기도 하지만 원불교가 인류 보편종교를 지향한다고 할 때 응당 내세울 내용이기 때문입니다. 그리고 마지막으로 그 연장선상에서 그리스도교와 원불교의 관계에 대해서 말씀드릴까 합니다. 이 대목은 여러분들 가운데서 특별히 기독교를 공부하신 분들이야 저보다 많이 아시겠지만, 그밖의 교무님들에 비하면 아무래도 제가 서양학문을 했기 때문에 조금 더 새로운 이야기를 해드릴 수 있지 않을까 싶어서 준비한 것입니다.

통일시대라는 화두

통일시대라는 표현은 이번 제2차 남북정상회담에 기대 이상의 많은 성과가 나왔기 때문에 여러 사람들이 한결 더 실감하게 되었다고 생각합니다.[1] 정상회담 성과에 대해서는 지금 여러 매체에서 많은 전문가들이 얘기하고 있기 때문에 길게 언급하지 않겠습니다만, 제가 보건대 대단히 성공적이었습니다. 회담 전에 남북이 현안으로

---

1) 이 점은 강의 당시와 이명박정부 1년여를 보낸 지금의 실감이 확연히 다르다. 그러나 '통일시대'의 대세가 바뀌지는 않으리라는 믿음은 본서 서장 「시민참여 통일과정은 안녕한가—중도 공부, 변혁 공부를 위하여」에서도 피력하고 있지만, 본장에서의 개념설명에 유의하더라도 어느정도 수긍할 수 있을 것이다.

꼽았던 것이 평화문제, 공동번영의 문제, 그리고 통일을 향해 더 나아가는 문제였는데, 각 분야에서 구체적인 성과가 많이 있었을 뿐 아니라, 셋으로 갈라놓은 문제들이 사실은 전부 다 서로 얽혀 있는 것들인데 그걸 연계시키면서 3자간의 선순환(善循環) 구조를 만들어내는 데 상당한 성공을 거두었다고 생각합니다.

쉬운 예가, 또 대통령 자신이 이번 회담에서 가장 진전된 성과라고 자평한 것이, 서해평화협력특별지대 설정에 관한 합의였습니다. 아시다시피 서해상에 북방경계선(NLL)이 있고, 그것을 북측에서 인정을 안하기 때문에 이따금씩 충돌도 생기고 심지어는 교전이 벌어져서 아까운 젊은 목숨이 희생되는 일이 양쪽에 다 있었습니다. 그래서 이 문제를 어떻게든 해결해야 되는데, 남측의 보수언론은 그 얘기를 꺼내는 것만으로도 영토주권을 양보한다 해서 말도 못 꺼내게 하고, 북에서는 그 문제가 안 풀리면 다른 것도 풀릴 수 없다 해서 대결을 해왔습니다.

그런데 NLL이 영토선은 아니죠. 북방한계선이라는 건 여러분이 그 이름을 보아도 짐작하시겠지만, 원래 휴전협정을 맺을 때 서해상의 분계선에 대한 합의가 이루어지지 못했는데 당시는 유엔군이 제공권과 제해권을 완전히 장악하고 바다를 아무데나 드나들 수 있는 상황에서 유엔군사령부가 우리는 이 이상 더 북으로 안 올라간다, 특히 대한민국 해군이 그 이상 넘어가지 말라고 **북방의** 한계선을 그어준 것입니다. 그러니까 국경선도 아니고 휴전협정에 명시된 군사분계선도 아니에요. 하지만 어쨌든 휴전체제의 일부로서 그동안에 쭉 유지가 되어왔는데, 이걸 갑자기 없앨 수도 없고 또 북에서는 계속 인정을 안해서 철도개통 등 다른 문제도 안 풀리고…….

그런데 이번에 이 문제를 처리한 것을 보면 절묘하게 됐습니다. NLL을 어떻게 할 것인가는 서로가 일절 입 밖에 안 내면서, 대신에 그 지역을 평화지대로 만들어서 고기잡이도 함께 하고 한강 하구에서 모래채취도 같이 해서 이익을 나눠 갖고, 해주항이 지금은 NLL이 딱 코앞에 막혀서 해주에서 인천으로 오거나 공해상으로 나가려 해도 장산곶 쪽으로 꾸불꾸불 돌아서 나가야 합니다. 그런 것을 곧바로 나가게 해준다든가 이런 실용적인 방안에 합의했습니다.

저는 이것이 남북간에 문제를 풀어가는 방식의 어떤 모범을 제공했다고 봐요. 안 풀리는 문제 가지고 서로 싸우면 싸울수록 상극의 기운만 커지는데 그러지 말고 다른 방식으로 상생의 기운을 키워서 저절로 풀어지게 하는 것이 남북이 통합해가는 방법이거든요. 그런 하나의 좋은 모범이 나온 거지요. 이번에 사실 서해상의 문제가 해결이 안됐으면 개성공단이라든가 다른 문제도 해결이 안됐습니다. 제가 우리 한반도식 통일과정은 '어물어물' 진행되는 과정이라고 표현한 바 있는데, 이번에도 NLL 문제를 어물쩍 넘기면서 지혜롭게 해결했다고 생각합니다. 물론 서해평화협력특별지대가 실현되기까지는 또 많은 실랑이를 거쳐야겠지요. 하지만 그러는 동안에도 다른 합의가 이뤄지고 이행되면서 상생의 기운이 점점 커갈 것입니다.

이런 성과들이 있었다고는 해도 지금이 통일시대라고 한마디로 말하는 것은 정확한 표현은 아니지요. 대통령이 군사분계선을 걸어서 넘었다고 해서 군사분계선이 없어진 것도 아니고, 지금은 여전히 분단시대입니다. 그래서 어떻게 보면 지금이 여전히 분단시대지만 우리가 통일을 향해서 움직이기 시작한 것을 강조하기 위해 이걸 통일시대라고도 부르자 하는 하나의 수사적인 표현으로 생각할 수 있습니다.

하지만 제가 '통일시대'가 하나의 화두라고 말씀드린 것은 이게 그냥 수사적인 표현만은 아니라는 뜻입니다. 우리 한반도의 독특한 현실, 또 한반도식 통일의 특이한 성격 때문에 분단시대와 통일시대를 구별하기가 어려워서, 논리상으로는 분단시대와 통일시대가 서로 모순되는 개념이지만 '분단시대이자 통일시대'라는 그런 역설이 성립한다고 믿기 때문입니다. 그러니까 이것이야말로 우리가 붙잡고 궁굴려야 할 화두인 셈이지요.

이렇게 된 결정적인 이유는 우리보다 앞서 통일된 어느 사례와도 다르게 우리는 통일을 단번에 하지 않고 점진적이고 단계적으로 하기로 남북이 이미 합의를 했기 때문입니다. 2000년 6월에 김대중 대통령과 김정일 국방위원장이 평양에서 만나 그 점에 합의를 했던 겁니다. 6·15공동선언 제2항에 남쪽에서 말하는 남북연합 — 연합이라는 건 두개의 국가가 따로 있으면서 연합하는 거지요 — 이런 연합제 안과 북쪽의 '낮은 단계의 연방제' 사이에 서로 공통점이 있다고 인정을 해서 앞으로 그 방향으로 통일을 지향시켜나가기로 하였다라고 애매모호하게나마 합의를 했습니다. 이것도 서해평화협력지대 합의처럼, 연방제냐 연합제냐 하고 싸워봤자 상극 기운만 더 커질 테니까 어물쩍 넘기면서 대체적인 윤곽만 제시하고, 그걸 바탕으로 경제협력을 하고 사회문화교류를 해서 상호신뢰를 구축하자, 상생의 기운을 북돋아서 통일문제가 저절로 풀리도록 하자는 지혜로운 방법이었지요.

그런데 애매모호한 가운데서도 한가지 명백한 것은 우리는 단번에 통일하지 않고 중간단계를 거쳐서 한다, 중간단계가 하나가 될지 두개가 될지 셋이 될지, 그리고 최종단계가 어떻게 될지는 지금 그걸 갖고 다투지 말고 우선 1단계는 연합제랄지 낮은 단계의 연방제랄지 아무튼 꽤나 느슨한 결합이 될 것이다, 이렇게 합의를 본 것입니다. 그러니까 그것이 사실 통일인지 아닌지도 모호하고, 또 그렇게 가는데 천천히 가다보면 사실 얼마만큼 가야 1단계에 도달했는지도 모호하게 됩니다. '통일시대'가 '분단시대'와 명확히 구분 안되는 일종의 화두로 성립한 것이지요.

그런데 화두를 강조하는 것은 단지 모호한 개념이라서가 아닙니다. 이처럼 모호해지고 점진적·단계적으로 가기 때문에 일반민중이 참여할 길이 제대로 열렸다고 보기 때문입니다. 전쟁을 통해서든 평화적으로든, 단번에 해버리면 그것은 정부당국이 주도할 수밖에 없습니다. 그렇지만 천천히 열린 과정을 밟아가다보면 우리 각자가 거기에 얼마만큼 기여하는가에 따라서 속도도 달라지고 내용도 달라집니다. 그리고 최종 결과가 달라질 것입니다. 저는 이런 것이야말로 정말 민주적인 통일방식이고, 또 보통사람들의 이익에 부합되는 통일사회를 건설하는 길이라고 생각합니다. 그래서 이런 독특한 한반도식 통일, 분단시대인지 통일시대인지 분명히 말할 수조차 없는 모호한 과정에서 우리 각자가 '통일시대'라는 화두를 붙잡고 열심히 공부하고 사업할 필요가 있다는 것입니다.

다른 말로 표현하면, 베트남은 무력통일을 했고 독일은 금력통일을 했는데, 우리는 도덕통일을 할 처지입니다. 물론 독일이 돈만 가지고 통일한 것은 아니고 베트남도 총칼만 갖고 한 것은 아닙니다. 그러나 크게 보면 베트남은 총칼이 위주가 된 통일이었고, 독일은 서독측 자본의 힘이 결국은 동독을 제압하고 어떤 의미로는 전체 독일 민중을 제압한 것인데, 남북은 도덕의 힘으로 통일할 것이다, 도덕통일이 될 것이다, 이렇게 말할 수 있습니다.

원불교 교무님들께는 이렇게 말해도 금세 이해하시겠지만, 다른 데 가서 도덕통일이라고 하면 통일을 하는 데 무슨 윤리적 계명을 들먹이며 할 것이냐, 이렇게 오해하시는 분도 계십니다. 그러나 이럴 때 '도덕'은 좁은 의미의 윤리나 계명이라기보다 도(道)와 그 힘으로서의 덕(德)을 말하지요.[2] 남쪽이 이기느냐 북쪽이 이기느냐가 아니고, 돈이나 총칼의 힘에 기대어 순리를 거스르려는 세력을 도덕의 힘, 진리의 위력으로 설득하고 제압해서 이루어가는 그런 통일이라는 말이 되겠습니다. 저는 이것을 다른 말로 '시민참여형 통일'이라고 부른 바도 있습니다.

---

2) '도덕'이 영어의 moral 또는 morality의 번역어로 통용되면서 심지어 윤리(ethics)보다 더욱 한정된 '풍기(風紀)' 즉 '풍속의 기강'을 뜻하는 것으로 이해되기도 한다. 물론 moral과 ethics의 차이는 그것대로 인식해야 하지만, 원래 동양의 언어생활에서 '도덕'이 가진 의미를 망각해서는 안된다. 참고로 『도덕경』을 영어로 번역한 아서 웨일리(Arthur Waley)는 *The Way and Its Power*라는 제목을 달았다.

마음공부와 세계사업

이런 통일을 위해 우리 각자가 마음공부를 잘해야겠다는 것은 더 말할 필요가 없겠지요. 오늘 이 자리에는 마음공부의 스승님들이 많이 계십니다만, 제가 굳이 마음공부를 또 하나의 화두로 지목한 것은 마음공부를 현실세계와 관련해서 어떻게 할 것인가 하는 문제를 생각해보려 하기 때문입니다. 요즘 제가 『대산종사법어』 자문판을 읽고 있는데요, 대산(大山) 종사[3]께서 하신 말씀 중에 이런 것이 있더군요. "출가할 때 도통하러 나왔다고 하지 말고 세계사업 하러 나간다고 해야 합니다. 세계사업 하면 도통은 그 가운데 있습니다. 도통을 따로이 바라지 말고 이제는 활동시대이니 활불이 되어야 합니다."[4] 이게 도통을 하지 말라는 말씀은 물론 아니죠. 그러나 새 시대의 도통은, 가령 통일시대에 우리가 어떤 사업을 하고 더 나아가서 세계적으로 어떤 사업을 할까, 이걸 잘하는 문제와 떠나서 따로 도통을 생각하기 어렵다는 것이겠지요. 그래서 옛날식으로 혼자서 수도생활만 하는 것보다 어떤 면에서는 더 편하고 신나는 점이 있고, 어떤 면에서는 더 어렵고 까다로운 공부가 되는 것 같습니다.

우리가 요즘 개혁이라는 말을 많이 쓰는데, 개혁에 대해서도 아주 재미있는 말씀을 읽었습니다. 교리편 15장인데, "근래에 세계나

---

3) 원불교 제3대 종법사 대산 김대거(金大擧, 1914~98).

4) 『대산종사법어』 자문판(원불교 중앙총부 교정원 교화훈련부 2006) 공심편 14장 344면. (2009년에 배포된 최종자문판은 2006년 자문판과 표현 및 면수 등에 다소 차이가 있으나 여기서는 강연에서 인용한 그대로 남겨두었다.)

국가나 사회에서 개혁을 한다고 하며 민심을 어지럽히고 사회를 혼란하게 하는 경우가 있으나, 개혁을 하려면 먼저 천하의 대세를 볼 줄 알아야 하고, 그 시운에 따라 그 시대를 향도할 바른 법이 있어야 하며, 또한 그 법을 운전할 만한 개혁되고 혁신된 사람이 있어야 합니다. 그런데 이런 준비가 되지 않고 개혁만 하려 하면 시끄럽고 무질서만 초래할 뿐입니다."(110면) 요즘 한국사회에서도 참 실감나는 말씀이지요.

역사적 현실의 영역에서 우리가 마음공부 없이 제대로 된 사회변혁을 이끌어낼 수 없다는 것을 가장 절실하게 느끼게 만든 계기가 이른바 현실사회주의권, 소련·동구 사회주의 진영이 무너진 사건인 것 같습니다. 원래부터 단순한 반공논리에 빠져서 사회주의니 뭐니 하는 건 하나도 볼 것 없고 더 빨리 망하지 않은 게 불행일 뿐이라고 생각했다면 더 말할 여지가 없습니다만, 그들은 그들대로 적어도 초창기의 혁명가들은 이 세계의 기본적인 질서를 바꿔서 더 많은 사람들이 균등하게 잘살도록 만들려는 열정에 불타올랐던 것이고, 또 그걸 위해서 많은 희생을 치르고 많은 진지한 실험을 했다고 생각합니다. 그런데도 불구하고 왜 실패했냐 하면, 역시 대중의 제대로 된 마음공부를 수반하지 않은 채 제도개혁을 통해서만 뭘 해보려고 했기 때문이지요. 초기에는 따로 마음공부를 안 시켜도 혁명에 가담하는 사람들이 대부분 공부가 된 사람이어서 몸을 바치고 공심으로 낱없이 혁명과업을 수행하지만, 세월이 흐를수록 사람들이 타성에 빠지고 제도개혁을 뒷받침해줄 혁신된 인재가 딸리게 되는 거거든요.

그런데 이 사람들이 개개인의 마음공부보다 제도변혁을 앞세운 건 나름대로 이유가 있었습니다. 그것이 터무니없는 생각만은 아니었어요. 과거에 잘못된 체제를 옹호하는 사람들이 흔히 내세우는 논리가, 너희 개개인이 수양을 해서 새로운 인간이 되지도 않았는데 세상부터 바꾸려고 하면 뭐하느냐면서, 혹은 딱히 체제유지를 하려는 의도가 아니었더라도 편벽된 수양을 하는 사람들이 그걸 선결조건으로 내세움으로써 오히려 의롭지 못한 취사[5]를 합리화하고 정당화하는 경향이 있었거든요. 그래서 사람이라는 것이, 중생의 마음이라는 것이 경계에 따라서 움직이는 건데, 제도를 바꾸지 않으면 아무리 혼자 들어앉아서 수양을 하고 공부를 해봤자 소용없다 하는 반대논리가 성립하게 됩니다. 분명히 일리가 있는 얘기죠. 원만한 중도가 못 됐다 뿐이지, 그 나름대로는 의의가 있는 사업방식이요 공부법이었습니다. 그러나 원만한 중도를 못 찾았기 때문에 오래가지 못했습니다.

통일시대의 우리 사업도 단순히 분단된 국토의 재통일이 아니라 남과 북의 삶이 모두 현존 분단체제 아래서보다 나아지는 통일을 하려는 것이므로 마음공부가 얼마나 중요한가 하는 것은 새삼스레 긴 이야기가 필요없을 것입니다. 더구나 한반도의 현실이 무력통일과 금력통일이 다 불가능하고 도덕통일 말고는 길이 없는 상태니까요.

그런데 분단체제의 현실은 마음공부를 하기에 유달리 불리한 상황인 것 또한 사실입니다. 분단체제라고 할 때 여러가지 의미가 따

---

5) 원불교에서 '작업취사(作業取捨)'의 줄임말로 쓴다. 온갖 행동에서의 선택을 뜻하며 '실천'의 동의어로 읽을 수 있다.

릅니다만, 그중 하나는 서로 갈라져서 으르렁거리고 싸우는 것 같지만 다른 한 면으로는 가장 극렬하게 싸우는 사람들끼리 묘하게 상호의존하고 공조하며 공생하는 관계가 있다는 뜻입니다. 그 덕분에 이 체제가 이토록 오래 유지되었고 쉽게 혁파되지 않는다는 인식이 담긴 것이 분단체제라는 개념입니다. 바꿔 말하면 상극관계에 의존하는 일종의 공생체제다, 이렇게 말할 수가 있습니다. 또 우리 내부의 문제점을 지적하고 비판을 하면, "북쪽은 더 형편없는데 왜 그런 소리를 하느냐? 차라리 북에 가서 살지 그러냐?" 하는 말도 흔히 듣지 않습니까. 다시 말해서 모든 것을 북의 탓으로 돌리고 상대를 탓하는 마음작용이 굳어져 있는 겁니다. 북에서는 북대로 모든 것을 미국 탓으로 돌립니다. 미국놈들이 우리를 못살게 해서 이렇게 못산다, 남쪽의 동포들이 미국에 붙어서 민족공조를 안해주기 때문에 그렇다 하는 식이에요. 그러니 남북 모두가 마음공부가 제대로 될 리가 없지요. 이렇게 마음공부 하기에 원천적으로 불리한 체제가 분단체제이고, 그래서 우리가 마음공부를 해서 그런 습성을 깨뜨려야 분단체제가 극복되지만, 통일사업을 미뤄둔 채 나홀로식 수양만 해서는 원만한 마음공부, 활동시대의 도통이 불가능한 상황인 것입니다.

시야를 조금 확대해서 보면 사실 이 땅의 분단체제만이 아니라 현대의 세계체제라는 것도 탐(貪)·진(瞋)·치(癡) 삼독(三毒)의 힘으로 작동하는 체제라고 말할 수 있습니다. 자본주의경제의 작동원리가 무한정한 자본축적이지요. 끊임없는 이윤추구예요. 물론 사업가나 자본가 개개인은 그대로 안하는 사람도 있습니다. 그러나 전체로 보면 그걸 안하는 사람들은 탈락하게 되어 있습니다. 그래서 본인의 의도와 관계없이 무한정으로 탐심(貪心)을 내야 성공하는 사회가 오늘의 자본주의사회인 것입니다.

진심(瞋心)으로 말한다면, 자본주의사회에서 경쟁이라는 것을 굉장히 강조하는데요, 국가경쟁력이니 무슨 경쟁력이니 경쟁력이라는 말을 싫도록 듣습니다. 경쟁이라는 것이 물론 꼭 나쁜 건 아니지요. 정당한 공부심, 정당한 분심(忿心)을 일으키는 것도 경쟁입니다. 그러나 자본주의사회에서는 경쟁에서 탈락한 사람은 완전히 짓밟혀버리기 일쑤기 때문에 죽기살기로, 내가 살려면 너는 죽어야 한다는 식의 경쟁이 되지요. 더 잘한 사람이 선진이 돼서 후진을 이끌어주고 하는 그런 경쟁이 아니거든요. 그러니까 정당한 분심일 수가 없고 상대방을 미워하며 성내고 심지어 죽이려 하는 독근(毒根)이 되는 것입니다.

치심(癡心)으로 말하면, 이렇게 병들고 어지러운 사회임에도 불구하고 이 세상을 유지시켜주는 큰 힘이 저는 현존 체제를 합리화하는 이데올로기에서 나온다고 봅니다. 대표적인 것이 "대안이 없지 않느냐? 현실이 이런 거고 자본주의사회의 무한경쟁, 무한 탐심과 진심의 세계 이외에 다른 가능성이 없다"는 주장입니다. 영국의 새처(Margaret Thatcher) 수상이 그렇게 말했다지요. "There is no alternative"— '대안이 없다'라고요. 이거야말로 사연사조(捨捐四條)[6]에 모조리 걸리는 말이죠. 병들지 않은 사회를 만들 수 있다는

---

6) 원불교의 공부법에서 진행사조(進行四條), 즉 키워가야 할 신(信)·분(忿)·의(疑)·성(誠)에 반대되는 불신(不信)·탐욕(貪慾)·나(懶)·우(愚)의 네가지 버려야 할 사항.(「정전正典」교의편敎義篇 5장)

신심도 없고, 새 세상을 만들어보겠다는 분심을 내기는커녕 탐욕에 빠지게 하고, 자본주의에 대해 의심도 하지 말라며 게으름을 조장하고, 그래서 이 진흙구덩이 속에서 정신없이 살아가는 어리석음을 오히려 미화하는 것입니다. 이런 치심에 의해 작동되는 것이 현존 세계체제이기도 합니다.

그렇기 때문에 세계 전체의 현실을 보건 분단상태에 살고 있는 우리 자신의 모습을 보건, 마음공부를 정말 제대로 하지 않고는 깨뜨릴 수 없는 현실입니다. 그리고 이때의 마음공부는 혼자서 수양을 하고 도통을 한 뒤에 그때부터 이 세상을 바꾸기 시작하는 공부가 아니라, 처음부터 세계사업을 하겠다는 포부를 갖고 이런 병든 사회를 바꾸겠다는 서원을 세우고 원만한 공부를 해나가는 그런 공부가 되어야 한다고 생각합니다.

삼동윤리와 보편윤리 제정운동

다음으로 주제넘지만 삼동윤리에 대해 말씀드려볼까 합니다. 이 사회의 온갖 병들을 고치는 법으로 소태산(少太山) 대종사[7]께서 제시하신 것이 일원대도(一圓大道)의 교법이고, 그중에 삼학·팔조[8]라

---

7) 원불교의 창시자 소태산 박중빈(朴重彬, 1891~1943) 대종사. 원불교에서는 대종사 호칭을 창시자에게만 국한한다.
8) 3학은 정신수양(精神修養)·사리연구(事理研究)·작업취사(作業取捨)의 세가지 기본적인 공부이며, 8조는 주 6에 소개된 공부상 키우거나 버려야 할 점들이다.

는 공부의 요도(要道)가 있지요. 이것을 의술에 비교하셨는데 공부의 요도가 의술이라면 인생의 요도인 사은·사요(四恩四要)는 약재라고 하셨습니다.[9]

다음 대에 와서 정산(鼎山) 종사[10]께서는 일원대도를 부연해서 삼동윤리를 선포하셨습니다. 교무님들 앞에서는 『정산종사법어』의 해당 대목들을 읽어드릴 필요는 없으리라 믿습니다.[11]

그런데 이 삼동윤리를 우리가 그냥 여기저기서 드물지 않게 만나볼 수 있는 종교화합운동이라든가 보편윤리 제정운동, 이런 것들과 별로 다르지 않게 생각하는 분들도 많은 것 같아요. 저는 원불교 안팎을 막론하고 그렇게 봐서는 안된다는 주장입니다. 꽤 여러해 전입니다만, 『월간 원광』지에 박혜명(朴慧明) 교무님과 대담하면서, 참 주제넘은 얘기지만 "삼동윤리 무서운 것부터 알자"라고 말씀드

---

9) 「정전」 교의편 6장. 사은은 천지은·부모은·동포은·법률은, 사요는 자력양성·지자본위(智者本位)·타자녀교육·공도자숭배이다.(교의편 2~3장)

10) 제2대 종법사 정산 송규(宋奎, 1900~62). 그의 건국론에 대해서는 졸고 「통일사상으로서의 송정산의 건국론」(『흔들리는 분단체제』, 창비 1998)에서 논한 바 있다.

11) 그러나 일반독자를 위해 그때그때 해당 부분을 인용하겠는데, 우선 그 서론에 해당하는 대목을 소개한다. "원기 46년(서기 1961년) 4월에 삼동윤리(三同倫理)를 발표하시며, 말씀하시기를 '삼동윤리는 곧 앞으로 세계 인류가 크게 화합할 세가지 대동(大同)의 관계를 밝힌 원리이니, 장차 우리 인류가 모든 편견과 편착의 울 안에서 벗어나 한 큰 집안과 한 큰 권속과 한 큰 살림을 이루고, 평화안락한 하나의 세계에서 함께 일하고 함께 즐길 기본강령이니라. 지금 시대의 대운을 살펴보면 인지가 더욱 열리고 국한이 점차 넓어져서 바야흐로 대동통일의 기운이 천하를 지배할 때에 당하였나니, 이것은 곧 천하의 만국만민이 하나의 세계건설에 함께 일어설 큰 기회라, 오래지 아니하여 세계 사람들이 다같이 이 삼동윤리의 정신을 즐겨 받들며, 힘써 체득하며, 이 정신을 함께 실현할 기구를 이룩하여 다같이 이 정신을 세상에 널리 베풀어서 이 세상에 일대낙원을 이룩하고야 말 것이니라.'"(「정산종사법어」 도운道運편 34장, 『원불교전서』, 원불교출판사 2002(초판 1977), 988면)

린 적이 있습니다.[12] 여기 계신 분들은 삼동윤리 무서운 걸 다 아시리라 믿지만 세상에는 그걸 모르는 사람도 많기 때문에, 삼동윤리의 세 강령을 역순으로 하나씩 거론해볼까 합니다.

마지막 강령에 해당하는 동척사업[13]으로 말하면, 당시 자본주의와 사회주의 양대진영이 대립하고 있던 시기인데 양대진영은 물론이고 온갖 세력을 다 끌어안는 그런 강령입니다. 이건 종교끼리 화합하고 친목하는 정도가 아니고 종교·비종교의 구별마저 흐려지는 엄청난 '대동화합'인 겁니다. 얼핏 듣기에 좋은 말일지 몰라도 실은 종단을 조직해서 활동하는 분들, 더군다나 거기에 전무출신(專務出身)[14]으로 참여하신 분들의 입장에서는 상당히 무서운 말씀이 아닐

---

12) 『월간 원광』 1999년 11월호; 『백낙청 회화록』(창비 2007) 제4권에 수록, 해당 대목은 195면.

13) "삼동윤리의 셋째 강령은 동척사업(同拓事業)이니 곧 모든 사업과 주장이 다같이 세상을 개척하는 데에 힘이 되는 것을 알아서, 서로 대동화합하자는 것이니라. 지금 세계에는 이른바 두가지 큰 세력이 그 주의와 체제를 따로 세우고 여러가지 사업을 각각 벌이고 있으며, 또한 중간에 선 세력과 그밖에 여러 사업가들이 각각 자기의 전문분야와 사업범위에 따라 여러가지 사업들을 이 세상에 벌이고 있어서, 혹은 그 주장과 방편이 서로 반대되는 처지에 있기도 하고 혹은 서로 어울리는 처지에 있기도 하나, 그 근본을 추구하여본다면 근원 되는 목적은 다같이 이 세상을 더 좋은 세상으로 개척하자는 데 벗어남이 없는 것이며, 악한 것까지라도 선을 각성하게 하는 한 힘이 되나니라. 그러므로, 모든 사업이 그 대체에 있어서는 본래 동업인 것이며, 천하의 사업가들이 다같이 이 관계를 깨달아 서로 이해하고 크게 화합하는 때에는 세계의 모든 사업이 다 한살림을 이루어 서로 편달하고 병진하다가 마침내 중정(中正)의 길로 귀일하게 될 것이니, 우리는 먼저 이 중정의 정신을 투철히 체득하여 우리의 마음 가운데 모든 사업을 하나로 보는 큰 정신을 확립하며, 나아가서는 이 정신으로써 세계의 모든 사업을 중정으로 통일하는 데 앞장서야 할 것이니라."(도운편 37장, 『원불교전서』 991면)

14) 원불교에서 출가행위 또는 출가자를 일컫는 말이다.

수 없지요. 물론 교단을 없애라는 말씀은 아닙니다. 정산 종사께서 행여나 그런 말씀을 하실 리가 없지만, 그렇다면 종단은 종단대로 두고 사업을 하는데 이 교단에서 하는 사업이나 다른 교단에서 하는 사업이나 심지어는 종교가 아닌 세속진영에서 하는 사업이나 다 같은 사업이라는 것입니다. 이게 무슨 말일까요? 저도 답은 없습니다. 아마도 '중정의 정신'에 대한 깊은 공부와 큰 깨달음을 통해서만 답이 나오리라 생각됩니다. 아무튼 이건 종교인에게 특히 무서운 얘기다 하는 생각이 들고요.

동기연계[15]도 그냥 모두가 한집안이다, 사해동포(四海同胞)다고 좋게좋게 덕담으로 하신 말씀이 아니고, "우리가 평등으로 인류를 통일"해야 된다고 명시하셨습니다. 그러나 평등으로 인류를 통일하기가 얼마나 어렵습니까? 아마 다른 것보다도 평등으로 통일하려 들 때 제일 피 터지게 싸울 일이 많을 것 같습니다. 평등이라고

---

15) "삼동윤리의 둘째 강령은 동기연계(同氣連契)니, 곧 모든 인종과 생령이 근본은 다 같은 한 기운으로 연계된 동포인 것을 알아서, 서로 대동화합하자는 것이니라. 이 세상에는 이른바 사색인종이라고 하는 인종이 여러 지역에 살고 있으며, 같은 인종 중에도 여러 민족이 있고, 같은 민족 중에도 여러 씨족이 여러 지역에 각각 살고 있으나, 그 근본을 추구해본다면 근원 되는 기운은 다 한 기운으로 연하여 있는 것이므로, 천지를 부모 삼고 우주를 한집 삼는 자리에서는 모든 사람이 다 같은 동포형제인 것이며, 인류뿐 아니라 금수곤충까지라도 본래 한 큰 기운으로 연결되어 있나니라. 그러므로, 천하의 사람들이 다같이 이 관계를 깨달아 크게 화합하는 때에는 세계의 모든 인종과 민족 들이 다 한 권속을 이루어 서로 친선하고 화목하게 될 것이며, 모든 생령들에게도 그 덕화가 두루 미칠 것이니, 우리는 먼저 모든 인류와 생령이 그 근본은 다 한 기운으로 연결된 원리를 체득하여 우리의 마음 가운데 일체의 인류와 생령을 하나로 보는 큰 정신을 확립하며, 나아가서는 이 정신으로써 세계의 인류를 평등으로 통일하는 데 앞장서야 할 것이니라."(도운편 36장, 『원불교전서』 990면)

하면 이른바 현실사회주의가 앞세운 강령이 평등이었는데, 그들은 평등으로 세계를 통일하려다가 실패했고 또 자기들 내부의 평등조차 달성하지 못했습니다. 그렇다면 원불교는 어떻게 평등으로 세계를 통일할 길을 찾을 것인가, 이것도 참 엄청난 숙제를 주신 것입니다. 한가지 분명한 것은 인류의 평등을 위해서는 인류만의 평등을 추구하는 데 멈추지 말고, 요즘 표현으로 좀더 '생태친화적'인 세계관으로의 근본적인 전환이 필요하리라는 점입니다. "우리의 마음 가운데 일체의 인류와 생령을 하나로 보는 큰 정신을 확립"할 필요가 있다는 것입니다.

첫번째 강령인 동원도리[16]도 심상치 않기는 마찬가집니다. 우리가 "진리는 하나다. 모든 종교가 근본에서는 하나 아니냐?" 이렇게 말하면 대개는 "그렇다" 하고서 좋게좋게 넘어갑니다. 그러나 실제로 각 종교의 교리를 놓고 비교해볼 때 양립이 가능하지 않은 게 너

---

16) "삼동윤리의 첫째 강령은 동원도리(同源道理)니, 곧 모든 종교와 교회가 그 근본은 다 같은 한 근원의 도리인 것을 알아서, 서로 대동화합하자는 것이니라. 이 세상에는 이른바 세계의 삼대종교라 하는 불교와 기독교와 회교가 있고, 유교와 도교 등 수많은 기성종교가 있으며, 근세 이래 이 나라를 비롯하여 세계 각처에 신흥종교의 수도 또한 적지 아니하여, 이 모든 종교들이 서로 문호를 따로 세우고, 각자의 주장과 방편을 따라 교화를 펴고 있으며, 그 종지에 있어서도 이름과 형식은 각각 달리 표현되고 있으나, 그 근본을 추구해본다면 근원 되는 도리는 다같이 일원의 진리에 벗어남이 없나니라. 그러므로, 모든 종교가 대체에 있어서는 본래 하나인 것이며, 천하의 종교인들이 다같이 이 관계를 깨달아 크게 화합하는 때에는 세계의 모든 교회가 다 한집 안을 이루어 서로 넘나들고 융통하게 될 것이니, 먼저 우리는 모든 종교의 근본이 되는 일원대도의 정신을 투철히 체득하여, 우리의 마음 가운데 모든 종교를 하나로 보는 큰 정신을 확립하며, 나아가 이 정신으로써 세계의 모든 종교를 일원으로 통일하는 데 앞장서야 할 것이니라."(도운편 36장, 『원불교전서』 989~90면)

무나 많은 것이 엄연한 사실입니다. 조금 뒤에 말씀드리려는 그리스도교의 경우, 예수님을 유일한 구세주로 믿어야만 구원을 받는다고 하는 그런 주장과 모든 진리는 하나니까 꼭 기독교를 안 믿어도 된다는 주장은 양립할 수가 없습니다. 물론 그리스도교인들 중에서도 그리스도교의 독자성을 강하게 고집하는 사람이 있고 그러지 않는 사람이 있지만, 예수 그리스도를 통해야만 구원받는다는 주장과 그렇지 않다는 주장 자체는 논리적으로 모순되는 것이지요. 어쨌든 그냥 쉽게 화합하고 통일할 수 있는 게 아니에요. 정산 종사께서도 '일원(一圓)의 진리'로 통일해야 한다고 말씀하셨습니다. 일원의 진리에 의한 종교통일이기 때문에, 다른 종교들의 자발적인 승복을 얻어낼 수 있는 수행과 실천이 없으면 원불교가 자기를 중심으로 통일하려는 독단으로 비치게 마련이지요. 그런데도 "모든 종교를 일원으로 통일하는 데 앞장서야 할 것"이라 하셨으니 이것도 참 겁나는 얘기입니다.

앞서 제가 보편윤리 제정운동을 말씀드렸는데, 종교인들이 나서서 전세계가 공유할 수 있는 보편윤리를 제정하려는 움직임들이 있습니다. 그중에서 제일 유명한 것이 1993년 시카고에서 세계종교의회가 채택한 '전지구적 윤리를 향한 선언'(Declaration Toward a Global Ethic)입니다.[17] 이 선언은 독일의 한스 큉(Hans Küng) 교수—그분이 한국에도 다녀가지 않았습니까? 어쨌든 한국에도 알려진 분인데, 큉 교수 주도로 몇 사람이 초안을 해서 1993년에 채택

17) http://www.weltethos.org/dat_eng/index_e.htm 참조.

이 됐습니다. 그 취지는 여러 종교를 믿는 사람들이 모여서 교리문제를 앞세우면 서로 싸움이 되니까, 초월적인 진리에 대한 해석이나 교리는 떼어내고 각 종교가 가르치는 윤리 중에서 공통된 점을 뽑아내어, 그중 특히 오늘날의 세계가 살아남고 환경과 평화를 지키고 인간다운 생활을 하는 데 뭐가 필요한가 하는 것을 조목조목 정리한 것입니다. 그래서 정치를 하건 뭘 하건 대체로 이런 방향으로 나아가야 되겠다, 또 많은 사람들이 여기에 동참해서 힘을 실어주자 하는 그러한 운동입니다.

1993년의 세계종교의회는 100년 전, 그러니까 1893년에 그런 모임이 처음 시작했던 때의 100주년을 기념해서 열린 것입니다. 단순히 종교화합이라든가 종교간 협력기구를 만드는 문제로 치면 원불교의 종교연합(UR)운동보다 엄청 앞서서 ─ 1893년이면 대종사님 태어나신 직후인데 그때 이미 서양에서 시작된 거예요. 그래서 연류으로만 따진다면 이쪽에서 못 당하게 되어 있어요. 그러나 보편윤리의 내용을 들여다보면 삼동윤리처럼 무서운 건 못 된다는 생각입니다.

제가 보기에 무섭지 않은 가장 큰 이유는, "모든 종교의 근본이 되는 일원대도의 정신을 투철히 체득"하는 지난한 과제를 회피하고 있기 때문입니다. 그게 너무 어려우니까, "우리의 마음 가운데 모든 종교를 하나로 보는 큰 정신을 확립"하라는 '동원도리'의 강령을 따르기보다 여러 종교들의 윤리 계명 가운데서 공통분모를, 아무도 거부하기 힘든 좋은 말씀들을 골라서 '전지구적 윤리'의 강령으로 삼은 것입니다. 그러다보니 이게 다 좋은 말씀이지만 이걸 갖고서 과연 뭐가 되겠는가 하는 느낌을 지울 수가 없는 거예요.

예를 들어서 황금률(the Golden Rule)이라는 게 있죠. 소극적으로 표현하면 내가 하기 싫은 것을 남에게 강요하지 말라는 것이고, 적극적으로 말하면 내가 하고 싶은 것을 남에게도 베풀어주라는 가르침인데, 세계의 많은 종교에 이 비슷한 말씀이 있습니다.[18] 이거야말로 황금같이 소중한 계율이다 해서 황금률이라고 부르는데, 실은 마음공부를 전제하지 않고는 이게 그다지 좋은 계율이 못 되고 말지요. 마음공부가 안된 사람이, 자기가 배우기 싫다고 남한테도 공부하기를 권하지 않는다거나 또는 내가 허랑방탕한 생활을 좋아하니까 다른 친구들까지 허랑방탕한 생활을 하도록 끌어들인다거나 한다면 이건 망하는 세상 아닙니까? 그러니까 황금률이라는 좋은 윤리도 "일원대도의 정신을 투철히 체득"하는 공부가 따를 때 의미가 있는 것인데, 전반적으로 보건대 보편윤리 제정운동의 중대한 결함이 그 윤리의 실현에 필요한 공부법이 생략되었다는 점 같아요. 조금 전에 「정전」에서 인용한 비유를 빌린다면, '전지구적 윤

---

18) 『논어』 안연(顔淵)편 2의 "己所不欲 勿施於人" 즉 자기가 원하지 않는 것을 남에게 베풀지 말라는 말씀(위령공편 23에도 나옴)이 전자의 예라면, "남에게 대접을 받고자 하는 대로 너희도 남을 대접하라"는 예수의 가르침(누가복음 6장 31절; 비슷한 표현이 마태복음 7장 13절에도 나옴)은 후자의 예가 될 것이다. 다른 종교들도 대부분 '말라'는 소극적인 형식으로 이 계명을 내놓고 있지만, 그렇다고 적극적인 표현이 그리스도교에 한정된 것은 아니다. 당장에 『논어』만 하더라도 옹야(雍也)편 28에서 "夫仁者 己欲立而立人 己欲達而達人. 能近取譬 可謂仁之方也已", 즉 "무릇 어진 자는 자기가 서고자 하면 남도 세우며, 자기가 두루 통하고 싶으면 남도 두루 통하게 한다. 능히 가까운 것에서 터득하여 남에게 비유해가는 것이야말로 인(仁)을 행하는 방법이라 말할 수 있을 것이다"(『이우재의 논어 읽기』, 세계인 2000, 189~90면)라고 하여 황금률의 적극적인 표현을 제시하고 있다.

리'라는 약재만 주고 그걸 활용할 의술은 제공을 안한 거예요.

그러다보니 다른 좋은 조항들도 너무 막연하고 포괄적이어서 실행을 하려면 어떻게 해야 될지 잘 안 잡히는 경우가 많습니다. 가령 비폭력을 해야 한다는 조항도 그래요. 모든 종교가 살인하지 말라고 가르치고 있으니까 거기서 비폭력의 원칙, 생명존중의 원칙이란 걸 추출해서 세계윤리의 중요한 조항으로 제시했는데, 이게 막연히 구호로는 좋지만 실행을 하려면 간단치가 않지요. 원불교의 보통급 십계문 중에서 첫 조항이 "연고없이 살생하지 말라"는 건데, 그것과 대비하더라도 어떤 점에서는 너무 편협하고 어떤 점에서는 너무 포괄적입니다. 다시 말해서 사람을 죽이지 말라고만 했지 살생하지 말라고는 안했기 때문에 그런 점에서는 너무 좁고요, 반면에 원불교에서는 '연고없이'라는 토를 달아서, 물론 이 단서가 계문을 안 지키려는 사람에게 좋은 핑계거리가 되기도 합니다만, 그런 토를 안 달고 무조건 "살생하지 말라, 살인하지 말라" 이렇게 말하면 뭔가 현실성이 없는 계명이 될 우려가 있습니다.

실제로 원불교에서는 생명을 존중하고 비폭력을 주장합니다만, 모든 무력(武力)을 배제하지는 않지요. 「정전」 '동포보은의 결과' 조항을 보면 이런 말이 나옵니다. "만일 전세계 인류가 다 보은자가 되지 못할 때에, 혹 배은자의 장난으로 인하여 모든 동포가 고해 중에 들게 되면, 구세성자들이 자비방편을 베푸사 도덕이나 정치나 혹은 무력으로 배은중생을 제도하게 되나니라."(『원불교전서』 36면) 그러니까 구세성자들이 자비방편으로 베푸시는 무력도 있단 말이지요. 그게 무엇이며 언제 어떻게 그걸 베풀 거냐 하는 것은 참 어려운 문제입니다만, 우리가 엄연히 인식해야 할 이런 현실, 무력활용이라는 예외적인 상황을 전제하고 비폭력의 윤리를 얘기해야지, 그러지 않으면 그냥 거룩한 말씀을 한 것에 그칠 우려가 있습니다.

여기서도 결국 중요한 것은 '연고'를 정확히 따져서 슬기롭게 인정하는 공부입니다. '연고없이' 이러저러하지 말라는 조항을 계명을 안 지키는 구실로 삼는 게 아니라 제대로 지키는 방편으로 삼는 마음공부가 전제되어야 하는 거지요. 물론 원불교의 세밀한 공부법과 훈련법을 인류 모두가 따라야 한다고 말한다면 그건 독단이겠고, 소태산 대종사님 스스로 당신의 교법 가운데 "일원을 종지로 한 교리의 대강령인 삼학팔조와 사은 등은 어느 시대 어느 국가를 막론하고 다시 변경할 수 없으나 그밖의 세목이나 제도는 그 시대나 그 국가에 적당하도록 혹 변경할 수 있나니라"(「대종경大宗經」 부촉품附囑品 16장, 『원불교전서』 407면)라고 하셨으니까 훈련법에 대해서도 당연히 신축성을 두어야겠지요. 그러나 실제로 어떻게 공부를 해서 인생의 요도에 해당하는 윤리를 실현할까 하는 것을 제시함으로써만 '전지구적 윤리'라는 것도 힘을 발휘할 수 있을 겁니다. 그런 공부법이 빠진 게 보편윤리 제정운동의 결정적인 흠이라고 저는 생각합니다.

성리공부와 그리스도교

그런데 불교나 원불교는, 표현은 서로 좀 다릅니다만, 원불교에서 말하는 '성리(性理)공부'를 굉장히 강조합니다. 견성(見性)하는 공부, 성품 자리를 깨치는 공부지요. 「대종경」 성리품에도, "종교의 문에 성리를 밝힌 바가 없으면 이는 원만한 도가 아니니 성리는 모든 법의 조종이 되고 모든 이치의 바탕이 되는 까닭이니라"고 하셨고, 대산 종사께서는 "성리는 꿔서라도 봐야 한다"는 말씀을 여러번 하신 걸로 압니다. 도원편(道源篇) 25장을 보니까 "공부의 시작은 성리를 요달해 알고부터이므로 성리는 꾸어서라도 깨쳐야 하며 공부를 하였다 할지라도 성리를 모르면 어린아이요 수도인으로서 어른은 못 됩니다"(『대산종사법어』 422면) 이렇게 말씀하셨더군요.

저만 해도 성리공부는 어려워서 다른 공부 다 하고 마지막에 가서 하는 게 아닌가 하는 생각을 했었는데, "성리를 모르면 어린아이"라고 하시고 "공부의 시작은 성리를 요달해 알고부터"라고 하신 말씀을 보니까 눈앞이 캄캄해지는 느낌도 없지 않습니다.(웃음) 그래도 요달하신 어른들의 말귀는 제가 알아듣는 편이라 '정말 그 말이 옳겠구나' 하는 생각을 합니다.

그런데 이처럼 성리공부를 강조할 경우 종교들, 특히 타력신앙을 강조하는 그리스도교가 과연 동원도리라는 명분으로 함께할 수 있을까 하는 의문이 생깁니다. 실제로 그리스도교라든가 다른 종교 자체 내에 성리공부에 해당하는 요소가 없다면 일치할 수가 없고, 모든 종교가 하나가 된다는 것은 불가능한 일일 겁니다. 중요한 교리와 공부법, 핵심적인 신조는 일단 제쳐놓은 채 일종의 전술적인 제휴를 하는 길밖에 없게 되지요. 만나서 회의하고 협력사업 하고, 예컨대 자선사업을 같이 하는 것은 얼마든지 가능하지만 정말 그 종교들이 같은 진리에 기원한 것이다 하는 점에 모두가 흔쾌히 동의할 가능성이 있겠는가? 저는 없다고 봅니다, 그리스도교 안에 성리공부의 요인이 없다면 말이지요. 그런데 현실적으로 그리스도교가 빠진 종교통일이라면 동원도리의 강령에 중대한 한계가 지어질 수밖에 없으며, 동척사업도 공통의 자선사업이나 보편윤리 제정운동의 틀을 크게 벗어나기 힘들겠지요.

그러나 저 나름으로 학습해본 그리스도교에는 사실 성리공부에 해당하는 요인들이 꽤 있다고 봅니다. 원불교에서는 흔히 기독교는 타력신앙이고 원불교는 자력신앙이라고 구별하곤 합니다. 또 기독교의 신앙제일주의, 오직 믿음으로 구원받는다는 사상을 문자 그대로 고집한다면 공부의 '진행사조' 중 '신(信)' 단계에 멈춰선 — 적어도 '의심공부'가 생략된 — 불완전한 공부라고 보겠지요.

이런 구별은 대강으로 봐서는 맞다고 생각됩니다. 게다가 오늘날 한국사회에서 많은 기독교인들의 행태는 확실히 맹신에 기울어 있고 하늘에 복을 비는 데 열중한 모습인 게 사실입니다. 하지만 자력신앙과 타력신앙의 구별만 해도 그렇게 딱 갈라지는 것이 아니지요. 원불교에서도 타력을 빌려오는 것을 대단히 중시하는가 하면, 그리스도교에서도 절대적인 존재인 하나님에게 전적으로 의존한다는 걸 강조하지만 각자의 선행(善行)도 중시합니다. 특히 천주교에서는 교회의 가르침에 따른 선행이 구원의 조건에 포함되기까지 합니다.

그런데 개신교가 나오면서 천주교의 그런 선행 요구를 교회의 교단이기주의라고 배격하고 오직 믿음으로 구원받는다는 점을 강조했습니다. 하지만 어떤 점에서는 자력주의가 개신교에 와서 강화된 면이 있습니다. 사도 바울(바오로)이 쓴 「로마서」에 "그러므로 사람이 의롭다 하심을 얻는 것은 율법(律法)의 행위에 있지 않고 믿음으로 되는 줄 우리가 인정하노라"(3장 28절. 1987년판 『톰슨 성경』의 번역) 이런 말이 있는데, 종교개혁을 주도한 마르틴 루터(Martin Luther)가 성경을 독일어로 옮기면서 이 구절에 한마디 덧붙여서 "믿음으로만"으로 번역했다고 합니다. 그만큼 선행보다도 절대적인 존재에 대한 신앙을 강조한 것이지요.[19] 그 점이 깔뱅(J. Calvin)에 오면 더욱 도드라져서, 믿음으로만 구원받을 뿐만 아니라 누가 구원을 받고 누가 지옥에 갈지가 이미 다 예정되어 있다, 그건 전부 하느님 맘대로 하는 거지 믿고 말고도 내 맘대로 하는 게 아니라는 거지요. 내가 믿어서 구원받는 것도 하느님이 미리 정해놓으셨기 때문에 그렇게 되는 것이지 내 노력은 아무것도 아니라는 것입니다. 그야말로 100% 타력신앙으로 전환하는데, 역설적이게도 이 사람들이 제일 열심히 세속사업을 하고 자력양성을 하는 성향을 보여주게 됩니다. 자본주의와 개신교의 정신이 관련이 깊다는 말도 그래서 나오지요. 왜냐면, 내가 구원을 받도록 하느님이 예정을 해놓으셨는지 아닌지 내가 알 길이 없지 않습니까? 그게 어디서 드러나느냐 하면 내가 하

---

19) 물론 사도들 중에서도 야고보는 실행이 안 따르는 믿음을 강하게 비판한 바 있다. "내 형제들아 만일 사람이 믿음이 있노라 하고 행함이 없으면 무슨 이익이 있으리요. 그 믿음이 능히 자기를 구하겠느냐."(「야고보서」 2장 14절) 이 대목과 「로마서」 3장 8절을 어떻게 연결시킬지에 관해서는 많은 신학적 논의가 있는 것으로 안다. 그러나 어떻든 루터 이래의 개신교 전통에서 사도 바울과 「로마서」의 권위가 압도적이었음이 사실이다.

는 꼴을 보고서야 '하느님이 나를 구원해놓으셨으니까 내가 이렇게 열심히 사는구나' 하고 안심하게 되는 거지요. 그래서 열심히 살면 살수록 그것 때문에 구원받는 건 아니지만 자기가 구원받았다는 확신을 갖게 되는 겁니다. 이처럼 자력과 타력의 관계가 그리스도교 안에서도 굉장히 복잡하다는 말씀을 드릴 수가 있습니다.

유일신 신앙도 불교식으로 말한다면, 하나님이 비록 지고의 존재자라 하더라도 그 존재에 집착하는 것은 결국은 있는 것, 유(有)에 집착하는 것 아니겠습니까? 그러니까 유무초월의 자리에는 못 가는 것이지요. 진리는 못 깨치는 거고, 언어도단(言語道斷)의 입정처(入定處)[20]에는 못 드는 게 됩니다.

그러나 이 문제도 그리 간단치는 않습니다. 예컨대 우상숭배 금지, 내가 유일한 하나님이니까 다른 신을 섬기지 말라는 계명은 유일신 신앙의 다른 일면인데, 이걸 잘 해석해보면 이것도 그렇게 간단한 얘기는 아닌 것 같습니다.

구약성서의 「출애굽기」를 보면 모세가 처음에 이스라엘 민족을 이끌고 나오기 전에 하나님이 불타는 덤불 속에 나타나서 모세에게 명령을 내립니다. 그러자 모세는 이스라엘 백성들이 자신을 보낸 신의 이름이 무엇이냐고 하면 어떻게 답할지를 묻습니다. 그때 하나님의 답변이 우리말로는 개역성경에 "나는 스스로 있는 자니라" (3장 14절)라고 번역되어 있습니다. 영어로는 "I am THAT I AM"인데, 얼마 전에 도올 김용옥(金容沃) 박사가 이 대목을 번역한 걸 보니

___

20) 「정전」 교의편(敎義篇) 1장 4절 '일원상 서원문(一圓相 誓願文)'은 "일원은 언어도 단의 입정처이요"로 시작한다.(『원불교전서』 24면)

까 "나는 스스로 그러한 자이다"라고 했더군요. 아시겠지만 영어의 be 동사는 '있다'는 뜻과 '이다'는 뜻을 겸하고 있지요. 그래서 도올은 be 동사의 '이다'라는 면을 강조한 것이고, 개역 한글성경은 '있다' 쪽에 강조를 두어 '스스로 있는 자이다'라고 한 것이지요. 그런데 '스스로 그러한 자이다'라고 하면 그야말로 원불교 문자로 '여여자연(如如自然)한'[21] 존재가 되지 않습니까. 야훼라는 이름이 원래 'I AM'이라는 뜻이지 특별한 고유명사가 아니라고 해요. 몰록이라는 신도 있고 바알이라는 신도 있고 무슨 신도 있는데, 그런 여러 신 가운데 야훼라는 이름을 가진 또 하나의 신이 아니고, 이름 붙일 수도 없고 뭐라고 표현할 수도 없고 우리가 어떤 상(相)으로 잡을 수 없는 그런 존재, 그런 하느님이 나다, 이렇게 하느님이 모세에게 말한 겁니다.

그래서 우상숭배 금지라는 것이 어떻게 보면 절대적인 존재자에게 무한대로 집착하라는 계명일 수도 있지만, 또 실제로 그렇게 작용하기 일쑤지만, 달리 생각해보면 인간이 하나님을 섬긴다고 하면서 하나님에 대해 어떤 상을 둘 경우 인간이 어찌하든 인간의 능력으로 갖는 상은 다 우상이니까 그걸 치워라, 끊임없이 깨버려라 하는 명령일 수도 있습니다. 앞서 말씀드렸듯이 그리스도교인의 신앙이 얼핏 보면 원불교식으로 말해 진행사조의 첫 항목에서 더 못 나아가는 거죠. 믿는 게 제일이고 의심하면 나쁜 거니까. 그러나 일단은 소박한 믿음에서 시작하되 하나님에 대한 어떤 상이 생길 때마다

---

21) 앞의 일원상 서원문 중 일원에 대해 "유상(有常)으로 보면 상주불멸로 여여자연하여 무량세계를 전개하였고"라고 한 대목 참조.(같은 책 25면)

310

그건 모두 우상이니까 깨버려야 한다는 거라면, 그건 의심공부를 포함하는 것이고 온전한 성심으로 나아갈 가능성이 열리는 것입니다. 그런 점에서 원불교의 공부법과 통할 여지가 있다고 봅니다.

이런 관점에서 본다면 우리나라의 대다수 기독교인들이 말하듯이 야훼라는 절대적이고 막강한 분이 계셔서 믿으면 천당 보내주고 안 믿으면 지옥에 보내버린다, 이렇게 겁주고 다니는 건 또 하나의 우상을 만든 데 불과합니다. 그래서 2차대전 때 히틀러에 저항하다가 처형당한 본회퍼(Dietrich Bonhoeffer)라는 개신교 목사이자 신학자가 있는데, 그가 자기의 심경을 표현하여 "하나님 없이 하나님 앞에 서다"라고 했습니다. 그런 분은 말하자면 유무초월의 경지, 유도 아니고 무도 아닌 경지에 도달했다고 봐야지요. 최근에 지젝(S. Žižek)이라는 학자는 '무신론의 종교로서의 그리스도교'(Christianity as the religion of atheism)라는 정의를 내리기도 했습니다.[22]

그러니까 기독교에서 불합리하고 과격한 신앙을 요구하는 것이 도리어 성리공부를 유발하는 효과가 있는 것이지요. 그리스도교는 교리 자체가 참 극단적입니다. 그 창시자가 그냥 자기가 인류의 스승이라고 한 게 아니라 하나님의 아들이라고 주장한 것도 불교나 유교는 물론 이슬람에도 없는 과격한 주장인데, 그 하나님의 아들이 일시적인 고난을 겪는 게 아니라 십자가에 못 박혀서 죽고, 죽은 뒤에는 불생불멸(不生不滅)·부증불감(不增不減)의 '참 나'가 영생하는 게 아니라 육신이 부활해서 승천을 하고 그러니까, 이게 도대체 과

━
[22] Slavoj Žižek, *The Puppet and the Dwarf: The Perverse Core of Christianity* (MIT Press 2003) 171면.

학적으로 말도 안되는 얘기들이지요. 또 아브라함이 자기 자식을 하나님께 제물로 바치려 한 것을 칭송한다든지, 아무튼 원만한 중도 와는 너무나 거리가 멀다는 느낌을 주는 내용이 가득합니다. 실제 로 그리스도교인들의 행태가 원만하지 못한 사례가 흔한 것도 그런 교리와 무관하지 않을 거예요. 하지만 이런 과격한 교리조항을 화 두로 삼고 의두(疑頭)로 삼는다면 성리공부의 길잡이가 될 수도 있 다고 봅니다.[23]

이것은 '동원도리'의 강령에 그리스도교가 포함될 가능성의 확인 이기도 하지만, 원불교 입장에서는 그 이상의 참고로 삼을 소지도 있다는 생각입니다. 원불교는 원만구족(圓滿具足)한 중도를 강조하 는 점에서 그리스도교의 과격성과 편벽됨을 바로잡기에 적당한 가 르침인 반면에, 때로는 조그만 그릇에 물이 쉽게 찬 것을 놓고 원만 구족이라고 간단히 생각해버리는 폐단도 없지 않은 것 같습니다. 작은 그릇을 끊임없이 던져버리고 깨뜨리면서 큰 국(局)으로 원만 구족해야 하는데 말이지요. 그런 것을 깨뜨려주는 효과도 그리스도 교에서 얻을 바라고 믿습니다.

그래서 그리스도교의 경우에 저는 성리공부가 없다기보다는 공 부법이 원만구족하지 못하고 중도와 중정의 실천법이 미흡하다, 이 렇게 말하는 게 타당할 것 같아요. 그리스도교는 그리스도교 나름

---

23) 김용옥은 이 점을 특유의 생생한 비유로 표현한다. "예수라는 사건은 이러한 우리 의 상식(常識), 즉 항상스러운 의식의 체계를 여지없이 거부한다. 다시 말해서 아니 땐 굴뚝에서 연기가 펄펄 나는 것이다."(김용옥 『기독교 성서의 이해』, 통나무 2007, 12~13면)

대로 성리공부를 시키고는 있는데, 그걸 더 원만하게 해석하고 실천하는 종교가 원불교라고 말할 수 있다면 그때는 자연스럽게 삼동윤리의 동원도리 강령을 더 자신있게 주장할 수가 있는 거지요. '그것 봐라, 동원도리니까 그리스도교 내에 이미 우리가 말하는 일원의 진리가 담겨 있지 않은가' 이렇게 말할 수 있고, 또한 '동원도리를 주창하는 우리가 자신의 독자성을 지나치게 강조하는 종교보다 삼동윤리를 감당할 자격이 우수하지 않겠느냐' 이렇게 자부할 수 있는 겁니다.

만약에 그런 식으로 이해한다면, 그리스도교는 시대가 한 2천년 앞섰으니까 당시의 시대적인 한계나 여러가지 사정으로 인해 원불교에 와서야 한층 원만하게 제시된 교법을 향해 미숙하게, 아직 때가 차지 않았던 까닭에 서툴게 그 진리를 표현한 것이라고 말하는 것도 가능해집니다. 그리스도교인이 들으면 불쾌할지 모르겠지만 원불교의 입장에서, 또 삼동윤리에 공감하는 입장에서는 그렇게 말할 수도 있다는 거지요.

사도 바울이 고린도교회에 보낸 편지 모음인 「고린도서」가 있지요. 그중 「고린도전서」를 보면 당시 고린도교회가 초창기 교회이고 아주 미숙해서 사람들의 공부도 약했는데, 바울이 그들에게 편지를 쓰면서 하는 말이, "온전한 것이 올 때는 부분적으로 하던 것이 폐하리라. 내가 어렸을 때에는 말하는 것이 어린아이와 같고 깨닫는 것이 어린아이와 같다가 장성한 사람이 되어서는 어린아이의 일을 버렸노라. 우리가 이제는"—번역은 '이제는'으로 되어 있습니다만 '지금은'이라고 읽는 게 나을 것 같군요—"우리가 지금은 거울로 보는 것같이 희미하나 그때에는 얼굴과 얼굴을 대하여 볼 것이요, 〔지금은〕 내가 부분적으로 아나 그때에는 주께서 나를 아신 것같이 내가 온전히 알리라"(13장 10~12절) 이렇게 말했습니다. 그런데 사도 바울이 얘기하신 뜻과는 다르지만,[24] 원불교 여러분들이 하시기에 따라서는 당시에 고린도교회 신도들은 물론 바울조차 온전하게 알지 못했던 것, 마치 '거울로 보는 것같이' — 요즘은 거울이 좋아져서 거울로 희미하게 본다는 말이 실감이 안 납니다만, 옛날에는 거울이라는 게 겨우 형상을 알아볼 정도로 희미하게 보이는 것이었을 거예요. 그래서 바울의 어법을 빌려서, "사도 바울 같은 분도 거울로 보는 것같이 희미하게 봤던 것을 우리는 직접 얼굴을 맞대고 보듯이 원만구족하게 알게 되었다" 이렇게 말할 수 있을 것이고, 그런

---

24) 물론 바울의 발언에 대해서는 수없이 많은 신학적 논의가 있다. 비기독교의 입장에서는 철학자이며 무신론자를 자처하는 알랭 바디우의 해석이 특히 흥미로운데(Alain Badiou, *Saint Paul: The Foundation of Universalism*, tr. Ray Brassier, Stanford University Press 2003), 바울에게 그리스도신앙은 '그리스도가 하나님의 아들이다'라거나 '그리스도가 부활하셨다'는 명제에 대한 신봉이 아니라 바울 자신이 그랬던 것처럼 그리스도의 부활이라는 '사건으로서의 진리'를 선포하고 그 선언에 충실함을 뜻한다. 따라서 이때의 믿음은 원불교 '진행4조(신·분·의·성)'의 첫 단계에 머무는 상태라기보다 진리사건의 선포를 통해 자기사랑의 힘을 모든 타자들에게 작용케 하는 힘으로서의 확신, 즉 '신'과 '성'이다. "바로 믿음을 통해 가능해지는 것이 사랑이다."(90면) 그 점에서 바디우가 말하는 그리스도 부활 사건의 선포는 불교적 깨달음과도 통하는데, 다만 이 경우에도 깨달음으로 가는 원만한 공부법이 없이 사람마다 자신의 진리를 선포하고 '보편주의의 기반'을 주장함으로써 '보편적인 사랑'이 전통적 율법의 지배보다 오히려 더 억압적이 될 위험이 남는 것 같다. 아감벤의 『남겨진 시간』(Giorgio Agamben, *The Time That Remains: A Commmentary on the Letter to the Romans*, tr. Patricia Dailey, Stanford University Press 2005)은 바울에 대한 또다른 철학자의 해석이요 적극적 의미부여이며 바디우의 '보편주의'에 대한 비판을 포함하고 있기도 한데(51~53면), 이 책에 대해 여기서 길게 논의할 계제는 아니다.

긍지를 갖고 삼동윤리를 실천해야 하리라고 생각합니다.

마지막으로 요즘 『대산종사법어』 자문판을 보던 참이니까 거기서 발견한 한 구절을 읽어드리는 걸로 제 말씀을 마치겠습니다. 대산 종사께서 바로 이 중앙훈련원에 와서 하신 말씀이라는데요, 적공편(積功篇) 25장에 이렇게 나와 있습니다. "예수나 노자나 공자도 그 근기로 천만번 오시더라도 한국의 원불교 총부에 오시어 하루라도 훈련을 하고 가서야 할 것이니 그것은 심인을 찍기 위해서요 인증을 받기 위해서입니다. 우리 회상이 이렇게 무서운 회상이요 무서운 법이라는 걸 알고 정진해야 합니다."(163~64면)

〈2007〉

15
변혁적 중도주의와 소태산의 개벽사상

1

변혁적 중도주의는 한국의 현실, 그리고 한반도의 현실에 대한 인식에서 도출된 실천노선입니다. 원불교 사상에서 직접적으로 연역한 개념은 아닙니다. 그러나 제 경우에 여러해 전부터 소태산(少太山) 대종사님의 가르침을 마음으로 받들어오던 중에 이런 개념을 정리해서 근년에 이걸 활자로 발표하게 되었으니, 소태산 사상과 변혁적 중도주의 사이에 어떤 친화성이 없다면 저로서는 일종의 자기모순에 빠진 셈이죠. 현실에 대한 제 생각은 그것대로 따로 하고 대종사님에 대한 존경은 또 그것대로 따로 놓고, 이렇게 되는 것은 제

■ 이 글은 2008년 9월 30일 소태산아카데미에서 행한 강의의 녹취록을 부분적으로 첨삭한 것이다.

대로 된 사상도 노선도 아닐 것입니다. 그래서 저는 이번에 변혁적 중도주의에 대한 강의를 준비하면서 제 자신을 위해서도 소태산 대종사의 개벽사상과의 연관성을 검증해볼 생각을 했습니다.

먼저 변혁적 중도주의의 개념에 대해서 간략히 설명을 드릴까 합니다. 중도(中道)는 원래 철학적·종교적 개념이지요. 유교에서는 중용이라는 말을 주로 쓰고 불교에서 중도라는 말을 쓰는데, 이것을 그대로 정치·사회적 실천노선으로 옮겨서 사용하면 구체성이 좀 떨어지겠지요. 그럴 때 '주의'자를 붙여서 중도주의라고 하는 게 더 어울리는 용어일 것 같습니다.

그렇긴 하더라도 이 중도주의가 제대로 된 중도주의가 되려면 원래 의미의 중도를 향해 열린 노선이어야 하고, 그러지 않고 기계적이고 기회주의적인 중간노선, 특히 정치인들이 선거때가 되면 자기 지지세력은 지지세력대로 확보한 뒤 중간에 있는 부동층을 잡아야 이긴다 해서 중도노선을 많이 표방하는데, 이런 것을 비웃는 사람들은 '중도 마케팅'이라고 부르더군요. 그런 중도 마케팅이 돼서는 안 되겠지요. 또 정치인들의 중도 마케팅이 아닌 경우에도 학자나 활동가 들 가운데도 단순한 중간노선 또는 온건노선의 뜻으로 중도주의를 내세우는 때가 많습니다. 그런데 저의 개념은 그것과도 다르다고도 말씀드릴 수 있습니다. 어쨌든 변혁적 중도주의가 하나의 말치레, 기회주의적 중간노선을 더 멋있고 진보적으로 들리게 하기 위한 수사가 아니고 정확한 개념이 되려고 하면 그럴 때 변혁적이라는 게 도대체 무슨 뜻인가, 그게 정확한 개념인가 하는 점이 관건이 됩니다.

우선 변혁은 뭘 변혁하겠다는 거냐 하는 점이 밝혀져야 하는데, 변혁적 중도주의에서는 한반도 분단체제가 변혁의 대상입니다. 그것을 다른 말로 바꾸면 분단체제의 극복이 목표가 되겠는데, 변혁적 중도주의는 한반도의 분단체제 극복이야말로 현시기 한반도 주민 모두의 최대의 시대적 과제라는 인식을 전제하고 있습니다. 왜 그것을 최대과제라고 전제하느냐? 사실 우리가 해야 할 일들이 수없이 많고 여기에 대해 얘기하자면 깁니다만, 우리 한반도가 분단되어 있는 것은 누구나 다 아는 사실인데 이것을 두고서 분단체제라고 할 때는 분단이 오래가면서 일종의 체제로 굳어져가지고 그 나름의 연속성과 생명력, 이런 지속능력을 갖게 됐고, 그래서 남쪽 북쪽 모두에 걸쳐 있는 분단체제의 성격을 우리가 제대로 파악하지 않으면 남쪽의 문제든 북쪽의 문제든 제대로 해결하기 어렵다는 인식을 깔고 있는 것입니다.

　물론 남과 북은 지금 엄청나게 서로 달라진 사회입니다. 그래서 그 사회를 어떻게 변화시키고 개선할까에 대한 구체적인 처방은 남쪽에 적용되는 것과 북쪽에 적용되는 것이 아주 다르게 마련이지요. 그렇기는 하지만 둘이 완전히 딴판으로 다른 것 같으면서도 분단현실이라는 구조를 통해 이상하게 하나의 체제 비슷하게 얽혀 있기도 해서, 그것을 하나인 동시에 둘로 보고 둘인 동시에 하나로 볼 줄 모르면 어느 한쪽도 제대로 못 본다는 것입니다. 그래서 남쪽에서 우리가 해야 할 시대적 과제들이 많은데, 민주주의를 더 진전시킨다든가 민생문제를 해결한다든가 평화를 확보한다든가 자연환경을 보호한다든가 여러가지 일이 많지만, 이런 일을 제대로 하려면 첫째는 이런 문제들이 우리가 분단된 나라이기 때문에 어떻게 더 악화되어서 어떻게 우리에게 더 심한 질곡이 되어 있는가를 정확하게 알아야 하고, 따라서 그 해법도 남북이 분단구조를 일시에는 아니지만 서서히 극복해나가면서 서로 화해하고 협력하고 다시 통합해가는 과정과 연계해서 수행해야 한다는 인식입니다. 그렇게 해서 한반도 남쪽과 북쪽에 모두 현존하는 분단체제보다 더 나은 사회를 만드는 것이야말로 적어도 오늘을 사는 우리 한반도 주민에게는 최대의 과제인 것입니다.

그런 의미에서 분단체제의 극복 혹은 분단체제의 변혁이 목표가 되는데, 여기서 또 한가지 덧붙일 점은 변혁이라는 표현을 그냥 쓰는 게 아니고, 혁명과도 다르고 평범한 개혁과도 좀 다르게 특정한 의미로 쓴다는 겁니다. 정확한 개념이 되려면 변혁의 뜻도 함부로 마구 쓰는 개념이 아니라 어째서 전쟁이나 혁명이 아니고, 그런데도 그냥 '개혁'이라고 해서는 안되고 굳이 변혁이라고 쓰느냐? 이 점을 밝혀둘 필요가 있습니다.

전쟁을 통한 혁명적 변화와 관련해서는, 그냥 전쟁이 도덕적으로 나쁘다는 것만 아니라 오늘날의 한반도 현실에서는 전쟁을 통해서 분단체제를 바꾼다는 것이 도저히 있을 수 없게 되어 있습니다. 한반도만큼 고도의 무장상태가 아닌 데서는 간혹 전쟁이, 바람직하지는 않더라도 변혁을 일으키는 수단으로 복무할 수가 있습니다. 원불교 교리도 제가 알기로는 완전한 평화주의는 아니에요. 가령 「정전(正典)」을 보면 동포배은(同胞背恩) 하는 사람들이 너무 많고 저들의 장난이 심할 때는 구세성자들이 나오셔서 도덕으로 다스릴 수도 있고 정치로 다스릴 수도 있고 때로는 무력(武力)으로 제도할 수도 있다고 했으니까(교의편 2장 4절 6항) 무력으로 해결하는 방법도 있습니다. 그러나 한반도에서 전쟁에 해당하는 대규모 무력행사는 현실적으로 불가능하지요. 전쟁이 아닌 혁명도 그렇습니다. 분단상태에서 남한에서 민중혁명을 일으킨다는 건 도저히 불가능하다고 봅니다. 요즘은 한반도 이외의 지역에서도 폭력적인 혁명은 드물어진 상황이지만요.

그러니 혁명도 변혁도 아니고 개혁으로 만족하면 어떤가? 사실 개혁과 변혁을 너무 이분법적으로 보는 것은 우리가 넘어서야 하고, 분단체제 변혁작업에서 남한사회의 적절한 개혁이 중요한 몫을 차지합니다. 다만 분단체제를 그대로 놔둔 채 남쪽 사회만 개혁해서 우리 사회의 문제를 풀어보겠다는 것은 불가능한 일이라는 판단입니다. 그런 의미에서 개혁이나 혁명이 아닌 '변혁'이 정확한 표현이라고 말씀드릴 수 있겠습니다.

그런데 남한사회로 국한해보면, 이런 변혁을 이룩하기 위해 분단 현실을 고수하려는 이들과 비현실적인 과격노선을 고집하는 이들을 제외한 나머지가 모두 힘을 합치는 광범위한 국민통합이 요구됩니다. 그래야지 전쟁을 하는 것도 아니고 혁명을 하는 것도 아니고, 그러면서도 부분적인 개혁에만 안주하지 않고 변혁을 이룰 수 있는 거지요. 그 점에서 중도주의일 수밖에 없는 것입니다.

동시에 이는 분단체제 극복이라는 목표를 공유하는 통합입니다. 무조건적인 통합, 단기적으로 선거에 이기거나 특정 현안을 관철하기 위한 전술적 연합이 아니라 목표를 공유하는 통합이므로 변혁적 중도주의를 의식적으로 추구하는, 다시 말해서 분단체제의 성격과 그 일환으로서의 한국사회에 대한 다수대중의 각성을 수반하는 국민통합 작업인 것입니다.

그런데 현실을 보면 분단체제가 아직도 위력을 지닌 한국의 정치 지형에서는 이런 노선이 평균적인 중간보다는 소위 진보 쪽에 가까운 것으로 인식될 수밖에 없습니다. 그리고 수적으로도 당분간은 소수일 수밖에 없다고 봅니다. 제가 변혁적 중도주의를 주장하면서 이것이 이 시대의 해법이라고 믿고 있는데, 그 해법에 동의하는 분들이 과반수를 이루었다면 문제가 벌써 해결됐겠죠. 그런데 아직은 소수일 수밖에 없다는 것이 엄연한 현실입니다.

분단체제 속의 특권을 지키려는 아직도 거대한 세력을 차치하고라도, 변혁을 지향하되 비현실적인 변화를 내세워서 변혁에 별 도움을 못 주는 급진노선이 있습니다. 아니, 그것이 한가지만 있는 것도 아닙니다. 한편으로 소위 급진운동권에서 분단체제의 존재를 무시하고 남한사회에서 계급혁명을 해야 한다고 주장하는 사람들이 아직도 있습니다. 그런 노선이 있는가 하면 다른 한편으로는 미군을 철수시키고 자주통일을 하면 된다, 그렇게 되면 문제가 해결된다고 주장하는 통일운동세력도 있습니다. 제가 보기에 비현실적인 이러저러한 급진노선들, 또다른 한편으로는 변혁의 전망을 배제한 순응주의적 개혁세력, 이 모두를 비판하고 변혁이냐 개혁이냐 하는 식으로 딱 갈라서 보는 이분법을 타파함으로써 시대적 요구에 부응할 다수의 결집을 가능케 해주는 유일한 노선이 변혁적 중도주의입니다. 제가 주장하는 것을 유일한 노선이라고 하면 자아도취로 들리겠습니다만, 저는 이런 얘기를 하곤 합니다. 생각나는 가능한 노선들을 다 적어보자, 그리고 우리가 사지선다형 시험을 볼 때에 정답을 알면 처음부터 그걸 고르면 간단하지만 모를 때는 틀렸다고 생각되는 걸 지워나가다보면 정답이 남는 수가 있지 않습니까? 이런저런 이유로 하나씩 지워나가다보면 변혁적 중도주의밖에 남지 않는다는 게 저의 주장입니다.(웃음)

그러면 현시점에서 변혁적 중도주의가 구체적으로 무엇을 하자는 것인가? 아까도 말씀드렸듯이 이것은 변혁을 주장하지만 변혁과 개혁을 딱 갈라놓고 나가는 것이 아니고 오히려 남한사회에서는 광범위한 국민통합을 통해서 구체적인 개혁을 실현하는데, 다만 그것을 남한사회에서만 문제를 해결할 수 있다 또는 남한만 잘살면 된다는 인식을 가지고 하다보면 개혁도 잘 안된다는 거예요. 개혁이 남북의 재통합을 향한 발걸음과 어떻게 맞물려가는가 하는 걸 알아서, 말하자면 남북관계 발전과 국내개혁이 서로 힘을 보태주는 정교한 개혁프로그램을 만들어내는 겁니다. 총체적이면서 아주 정교한 개혁. 그리고 남북의 재통합과정에서는 이미 6·15공동선언에서 남북 지도자가 합의하기를 우리 한반도에서는 전쟁은 물론 안되고, 평화적인 통일을 하더라도 갑자기 할 수가 없고, 천천히 할 뿐 아니라 무조건 시간만 늦추는 게 아니고 중간단계를 거쳐서 하자고 합의를 했습니다. 그 첫번째 중간단계의 이름을 우리 남쪽에서는 남북연합이라 하고 북은 낮은 단계의 연방제라고 부르는데, 최근에 임동원 전 장관이 쓴 회고록(『피스메이커』, 중앙북스 2008)을 보면 그때 정상회담에서 김정일 위원장이 남북연합 제안을 받아들이고 자기들이 주장하던 고려연방제를 철회했다는 겁니다. 그건 냉전시대의 유물이다, 이렇게까지 말했다고 해요. 그러고 나서 하는 얘기가 그렇지만 "내용은 연합제와 똑같은 거니까 연방제라고 부릅시다"고 했다는데, 그쪽의 체면도 걸려 있고 연방제라는 건 김일성 주석이 제창했던 거니까 그렇게 나올 수밖에 없는 면이 있었겠지요. 하지만 김대중 대통령의 입장에서는 표현을 연방제로 덜컥 바꿨다 하면 아무리 내용이 고려연방제와 다른 거라 하더라도 여기 와서 도저히 견딜 도리가 없죠. 그래서 굉장히 오래 다투다가 나중에 묘안을 발견한 것이 남측이 제안한 연합제 안과 북측이 제안한 낮은 단계의 연방제 안이 서로 공통점이 있다고 인정하고 그 방향으로 통일을 지향해나가기로 했다, 이렇게 절묘한 타협을 봤던 것입니다.

저는 당면과제는 연합제이고, 연합 중에서도 상당히 느슨한 연합제라고 생각합니다. 그런 느슨한 연합제를 향해서 나아가면서 거기에 맞춰서 정교한 개혁프로그램을 만들어나가는 것이 변혁적 중도주의의 현실적인 노선이라고 생각합니다.

2

변혁적 중도주의에 대한 설명은 그 정도로 하고, 다음은 소태산 개벽사상의 중도주의적이면서도 변혁적인 성격에 대해서 말씀드릴까 합니다. 대종사님의 개벽사상 속에 변혁적 중도주의가 통하는 면이 있다는 것을 여러분과 함께 생각해보고자 하는 거지요.

원불교나 불교나 종교적 의미의 중도를 강조하는 것이야 더 말할 필요가 없는데, 현실노선으로도 원불교는 굉장히 온건한 중도노선을 택하고 있는 것이 널리 알려진 사실이지요. 근년에 오면 변혁적 중도주의라기보다 범상한 온건노선이라는 인상마저 줄 정도로 매우 온건한 노선인 것 같습니다.

그러나 제가 볼 때 일제하 소태산 자신의 온건노선은 오히려 후천개벽(後天開闢)이라는 엄청난 변혁과제를 설정했기 때문에 근시안적인 과격노선을 배제했던 것이지, 순응주의와는 무관하다고 생각합니다. 후천개벽은 최수운(崔水雲) 선생의 동학 이래 우리의 민족종교운동에서 하나의 공통된 주제를 이루었죠. 그런데 제가 볼 때 소태산 사상에서는 몇가지 새로운 특징이 나타난다고 하겠습니다. 그중 하나는, 구한말에 민족종교가 선천시대를 마감하고 후천시대를 맞이하면서 모두가 우리 전통 속의 유·불·선, 즉 유교와 불교 그리고 선도(仙道)의 종합을 시도했습니다. 그런데 유독 소태산 대종사께서는 이 작업을 하는 데 불법(佛法)으로 주체를 삼아 새 회상(會上)을 건설하겠다고 하셨죠(「대종경」 서품 2). 그 점에서 가령 수운 선생이나 강증산(姜甑山) 선생과 구별된다고 봅니다. 수운의 경우에는 그분이 유교 정권에 의해서 이단자로 처벌받았습니다만, 사실은 원시유교의 전통을 복원하고자 한 면이 강하고, 강증산 선생의 경우는 선도 쪽에 더 치우쳐 있지 않았는가, 선도를 중심으로 유·불·선을 통합하려 했던 데 비해, 소태산은 불교를 중심으로, 불법을 주체 삼아 새 종교를 만드셨습니다.

여기에 대해서는 불법을 주체 삼는 것이 얼마나 더 타당한가를 이 자리에서 제가 길게 설명할 필요는 없겠지요. 결과를 놓고 볼 때, 불교가 중심이 되지 않는 유·불·선 통합은 어느정도의 통합이야 될지 몰라도, 유·불·선 세가지만 통합하고 끝내자는 것이 아니라 근대의 도전에 맞서서 근대과학도 받아들이고 기독교에서도 배울 건 배우고 이래야 한다고 할 때는 유교나 선도를 주체 삼아서는 훨씬 어렵지 않았겠는가 생각합니다. 역시 불법이 기본이 될 때 그것이 원활해진다고 생각합니다. 그래서 불법을 주체로 삼았기 때문에 그 종합이 한층 원만해졌고요. 뿐만 아니라 도학과 과학의 병진이 가능해졌다고 생각합니다.

그러면서도 전통적인 불교와 비교해보면 여러가지 차이가 있습니다. 가령 불교에서 삼학이라고 하면 계(戒)·정(定)·혜(慧)이고 그 중에 우리의 행동과 직접 관련된 것이 계인데, 그러나 그것은 삼학의 출발점 정도죠. 계를 열심히 지키고 정 공부를 하고, 그러면서 혜두(慧竇)가 열려서 공부가 완성되는 그런 순서인데, 원불교에서는 삼학의 병진을 강조하는 가운데 작업취사(作業取捨)가 마지막으로 오면서 이것이 삼학 공부의 열매에 해당하는 꼴입니다. 따라서 단순히 계를 지키는 차원이 아니라 시대에 걸맞은 사회적 실천 같은 것이 다 그야말로 그 사람이 공부를 제대로 했나 안했나 판가름하는 시금석이 되는 거지요.

전통적인 불교와 구분되는 또 한가지가 '물질이 개벽되니 정신을 개벽하자'는 것인데, 우리가 그냥 도 닦아서 대각을 하자든가 정신을 개벽하자는 한마디로 끝낸 게 아니라 물질이 개벽**되니까 거기 대응해서** 정신을 개벽하자는 다그침이지요. 「대종경(大宗經)」 서품(序

品)에도 나옵니다만, 대종사께서 "당시의 시국을 살펴보시사 그 지도강령을 표어로써 정하"(서품 4)신 것이지요. 말하자면 시국을 살피면서 시대에 대한 어떤 일정한 인식을 갖고 거기에 상응하는 정신의 개벽을 주장했다는 점에서, 물론 석가모니 부처께서도 당시의 역사적 상황 속에서 시대에 부응하는 법을 내셨고 불교가 발달하고 진화하면서 그때그때 시대에 대한 여러가지 구체적인 대응을 해왔습니다만, 전통불교에서 깨달음 자체는 시대와 장소를 초월한 깨달음이라는 면을 강조합니다. 그에 비해 원불교는 처음 시작할 때부터 시대인식이 매우 중요했다고 봅니다. 그래서 아까 과학과 도학의 병진을 얘기했습니다만, 시대에 대한 과학적인 인식이 중요시되고, 그래서 '최초법어'의 첫 명제도 "시대를 따라 학업에 종사하여 모든 학문을 준비할 것이요"(『정전』 수행편 13장 1절)라고 되어 있지요. 전통적인 불교에서 이런 것이 부처님의 최초설법 내용은 결코 아니었습니다.

아까 일제하 소태산의 온건노선에 대해 말씀드렸습니다만, 소태산의 사상과 실천은 일제하의 선명한 독립운동과는 거리를 두었습니다. 그러나 당시로서는 극히 불온한 사상이었다는 점도 주목할 필요가 있습니다. 대종사께서 금강산에 다녀오셔서 "금강이 현세계하니(金剛現世界) 조선이 갱조선이라(朝鮮更朝鮮)"—금강산이 세상에 드러나면서 조선이 새로운 조선이 되리라고 하셨는데, 이건 교단 내에서 말씀하셨기에 망정이지 이런 발언을 공개적으로 했다가는 치안유지법에 걸리게 되어 있었지요. 그리고 이럴 때 대종사께서 말씀하시는 조선이라는 것은, 해방 직후에 정산(鼎山) 종사가 쓰실 때의 '조선'도 그렇습니다만, 분단되기 전의 우리나라입니다. 비록 식민지지만 통일되어 있던 한반도를 말씀하신 것이고, 정산 종사역시 비록 건국이 안된 상태이나 아직은 38선이 굳어지기 전의 조선을 말씀하신 것입니다. 그래서 그런 조선에 대해서 하신 그분들의 말씀을 우리가 따른다면 결코 분단된 남한의 현실 속에 안주할수 없는 것입니다. 그런 의미에서도 오늘의 분단현실에 대한 순응과는 거리가 멀지요. 그리고 저는 바로 그래서 변혁적 중도주의와통한다, 이렇게 말씀드리는 것입니다.

원불교 교단의 현재 노선이나 방침이 어느 정도 변혁적이고 얼마나 순응주의적인지 정확히는 잘 모르겠습니다만, 일반적으로 변혁성이 강한 것은 아니라는 인상을 받고 있습니다. 저는 그렇게 된 데에는, 하나는 대종사께서 일제시대에 독립운동에 직접 뛰어들지 않은 온건노선에 대한 오해가 있는 것 같고요. 그게 사실은 얼마나 더불온하고 위험한 일이었는가 하는 걸 잘 인식을 못해서 그런 면이있는 것 같고, 또 하나는 교리상으로 법률은(法律恩)의 개념이라든가 정교동심(政敎同心) 같은 가르침을 잘못 이해한 탓도 많지 않은가 하는 생각입니다.

제가 보건대 법신불 사은(四恩) 중에 법률은이 들어가 있는 것은그야말로 전통불교와 원불교의 결정적인 차이라고 봅니다. 불교에서도 물론 '은' 사상이 중요하고 부모은과, 원불교의 동포은에 해당하는 중생은이 '사은'에 포함되어 있지요.* 전반적으로 은보다 고

---

* 나머지 둘은 국왕과 삼보(三寶)의 은혜. 어떤 경우에는 부모·사장(師長)·국왕·시주 (施主)의 은혜를 사은이라고 함.

(苦)를 앞세우는 면도 있지만 어쨌든 은도 중요한데, 다만 부처님의 법이 아니고 인간이 만든 법률이나 제도, 이런 것을 법신불의 은혜로 보지는 않습니다. 반면에 기독교 같으면 하느님이 내려주신 율법은 하나님의 은혜의 일부겠지만 세속의 다른 법률에 대해서까지 그렇게 생각하지는 않습니다. 그런 면에서 '법률은'은 유교와 통하죠. 유교는 요·순·우·탕·문·무·주공 그리고 공자님 자신, 이런 성인들이 만드신 문물제도가 우리 인생에서 가장 소중한 것이라 해서 그것을 지키려 하고 거기서 벗어난 현실을 바로잡으려는 것을 인간의 기본 임무로 인식하지요.

법률이라는 용어가 요즘에는 주로 실정법을 생각게 합니다만, '법률은'이라 할 때는 전혀 다른 의미지요. 「대종경」의 '법률 피은의 강령'을 보면, "대범, 법률이라 하는 것은 인도정의의 공정한 법칙을 이름이니, 인도정의의 공정한 법칙은 개인에 비치면 개인의 도움을 얻을 것이요, 가정에 비치면 가정의 도움을 얻을 것이요"(교의편 2장 4절 1항) 이렇게 나갑니다. 그러니까 실정법이 인도정의의 법칙에 어긋나면 인도정의를 위해서 싸워야 하는 거지요. 법률이라고 해서 무조건 따라주는 것이 법률은에 보은하는 길은 결코 아닌 겁니다.

정교동심도 저는 원불교 사상의 아주 새롭고 독창적인 면모라고 생각하는데, 정치와 종교의 관계에 대해 기존의 사례를 보면 두가지가 있습니다. 하나는 정교일치 또는 제정일치(祭政一致)라고 해서 종교와 정치가 하나가 되는 거죠. 신정체제(神政體制)라고도 하는데, 옛날에는 대개 그런 성격이었고 오늘날도 가령 이슬람 국가, 특히 이슬람 원리주의 정신에 입각해서 운영하는 국가들은 일종의 신

정체제, 제정일치 체제라고 할 수 있습니다.

　서구사회에서는 이것이 비교적 일찍부터 깨졌지요. 교황이 황제와 대립하면서 오히려 어떤 시대에는 교황이 황제의 우위에 서기도 했는데, 이렇게 교황의 권력과 황제의 권력이 분리된 전통을 바탕으로 근대 민주주의 사회로 와서는 정교분리(政敎分離)의 원칙이 확립된 것입니다. 그래서 미국 같은 나라는 처음 건국할 때부터 국교를 둘 수가 없고 국교설립에 준하는 어떠한 법률도 만들 수 없다고 헌법에 명시했습니다. 가령 미국이 기독교 국가인데도 공립학교에서 기도를 한다든가 하면 학부모 중에서 소송하는 사람이 생기고, 소송해서 대법원까지 가면 그 사람이 반드시 이깁니다. 헌법에 정교분리가 엄격하게 규정되어 있기 때문이지요. 오늘의 한국도 개별 정치인이나 특정 종교집단에 의한 일탈행위가 있긴 하지만 원칙적으로 정교분리 체제입니다.

　원불교에서는 정교동심을 얘기하는데요. 법률은을 오해하듯이 정교동심이니까 우리가 정치권력과 한마음으로 따라가야 한다는 식으로 해석하는 경우를 제가 실제로 목격하기도 했습니다. 물론 정교동심이라는 것은 제정일치는 아니지요. 그러나 정교가 동심이라고 할 때는…… 몸은 각각인데 마음은 하나라고 할 때 우리가 동심이라는 말을 쓰곤 하지요. 마찬가지로 정교동심은 일단 정치권력과 종교의 분리를 전제로 하고, 그런 점에서 옛날식의 제정일치 체제가 아니고 오히려 근대 민주주의의 하나의 요건이라 되어 있는 정교분리를 인정합니다. 그러나 정치와 종교가 따로따로 놀고 마는 게 아니라, 그것이 한마음이 될 수 있도록 정치는 정치대로 종교는 종교대로 끊임없이 노력을 해야 한다는 가르침인 것입니다. 다시 말해서 정치가 참된 종교가 가르치는 올바른 도(道)에서 벗어났을 때는 그 길로 돌아오게 만들기 위해서 종교인들이 끊임없이 노력을 하고 정의로운 실행을 해야 하는 겁니다. 정권을 잡아서 정치를 직접 바꾸는 것은 아니면서도 그렇게 교화하려는 노력을 해야 하는 것이지요. 역으로 종교가 종교를 빙자한 모리배의 축재수단이 되거나 종교인과 정치인의 검은 유착으로 정의가 유린되는 일을 국가가 시민사회의 공의(公議)를 바탕으로 규제할 의무도 생깁니다. 그래서 제가 보건대 '정교동심'이야말로 인류 역사가 제정일치 시대를 넘어 정교분리의 원칙을 획득한 데서 또 한발짝 더 나아가는 다음 단계의 논리일 수 있다고 생각합니다. 결코 순응주의의 가르침일 수 없지요. 원불교 삼학의 열매에 해당하는 '작업취사' 공부를 "정의어든 기어이 취하고 불의어든 기어이 버리는 실행 공부"(『정전』 교의편 4장 3절 2항)로 규정한 점을 보아도 불의의 정치권력에 대한 저항은 정교동심 교리의 빼놓을 수 없는 일부입니다.

3

　이제 남은 시간에 최근의 시국을 보면서 후천개벽의 구체적인 징후가 여기저기서 보인다는 말씀을 드리고자 합니다. 지난여름에 촛불집회가 우리 사회에 대대적으로 열렸지요. 특히 5월 2일에 여중고생들이 나와서 시작한 이래로 6월 10일에 최대 인파가 모였고, 7

월 5일에, 그날 원불교 교무님들도 많이 나오신 걸 제가 봤습니다만, 6·10대회에 버금가는 규모의 평화적이고 축제적인 집회가 있었습니다. 저는 그날로 촛불이 이 시점에서 할 수 있는 일은 일단 끝났다고 보았습니다. 그후에도 물론 남은 문제들이 있으니까 거기에 대한 주장을 펼친 분들도 있고, 또 어떤 이들은 이 촛불집회를 더 강경한 정권퇴진운동으로 끌고 가려고 계속 노력을 했는데, 그것은 그 시점에서는 안 맞는 방침이었다고 봐요. 변혁적 중도주의 노선에 어긋난다고 봅니다.(웃음)

그때까지의 일련의 촛불집회에 대해 소태산 아카데미 원장을 맡은 김지하(金芝河) 시인이 굉장히 높이 평가하고 많은 얘기를 했는데, 기본적으로 저는 이것을 후천개벽의 징후로 보는 김시인의 의견에 동감합니다. 그런데 이어서 강조하고 싶은 것은, 저는 후천개벽이 되기는 되어가는구나 하는 생각을 하게 된 까닭이 하나는 사람들이 엄청나게 많이 모이고 평화적이고 그러면서도 모두가 즐겁고 그런 것이 종전의 데모와 다르다는 점이었고요. 또 하나는 그걸 보면서 역시 큰 일은 작은 일로 시작하는구나, 이소성대(以小成大)로구나 하는 걸 느꼈습니다. 사실 민주주의 정치라는 것 자체가 이소성대 원칙의 실현입니다. 선거라는 것도 그래요. 많은 사람들이 선거를 할 때 나 한 사람이 투표를 안한다고 해서 될 사람이 안되고 안될 사람이 되고 그런 일은 거의 없습니다. 그렇지만 한 사람 한 사람이 그렇게 생각하기 시작하면 그쪽은 판판이 지게 되어 있지요. 그래서 내 한 표가 별건 아니지만 나는 그 한 표를 가지고 내 성의를 다한다, 이렇게 작은 정성을 다하는 사람들이 많이 모였을 때 정권도 바뀌고 때로는 세상도 바뀝니다. 촛불집회도 마찬가지예요. 한두 사람이 안 나온다고 해서 크게 달라졌겠습니까? 그러나 많은 사람들이 그런 생각을 하고 안 나왔으면 결코 촛불집회가 성립되지 않았겠지요. 그래서 나 한 사람이 나가고 안 나가고 해서 크게 달라지는 것은 아니지만 나로서는 내 할 일은 한다는 생각을 가지고 촛불을 들고 나온 사람이 수만이 되고, 6월 10일 같은 날은 거의 백만이 되고 할 때에 우리 사회의 체질이 바뀌게 되는 것입니다. 그야말로 이소성대라는 말(「대종경」 교단품 30장 참조)에 특히 알맞은 현상이라고 생각했습니다.

동시에 제가 말씀드리고 싶은 것은 원불교에서는 후천시대를 얘기하면서도 선천과 후천이 뒤바뀌는 선후천교역기(先後天交易期)라는 점을 강조하지요. 가령 그리스도교와 달리 원불교에서는 교조가 탄생한 날보다는 대각하신 날짜를 개교일로 보는데다가, 용화회상(龍華會上) 즉 미륵세계가 언제 오느냐고 제자들이 자꾸 물었을 때 제자들은 내가 미륵이라는 대종사의 답변을 듣기를 원했는지 모르지만 소태산은 그런 요구를 충족시켜주지 않으십니다.

대종사 말씀하시기를 "미륵불이라 함은 법신불의 진리가 크게 드러나는 것이요, 용화회상이라 함은 크게 밝은 세상이 되는 것이니, 곧 처처불상(處處佛像) 사사불공(事事佛供)의 대의가 널리 행하여지는 것이니라." 장적조(張寂照) 여쭙기를 "그러하오면, 어느 때나 그러한 세계가 돌아오겠나이까." 대종사 말씀하시기를 "지금 차차 되어지고 있나니라." 정세월(鄭世月)이 여쭙기를 "그

중에도 첫 주인이 있지 않겠나이까." 대종사 말씀하시기를 "하나
하나 먼저 깨치는 사람이 주인이 되나니라."(「대종경」 전망품 16)

이렇게 하나하나 깨쳐가면서 차차 되어가려면 시간이 걸립니다. 선
천시대에서 후천시대로 가는 과도기인 선후천교역기(先後天交易期)
라는 것이 있게 마련이고, 그 시기에는 엄청난 혼란이 있는 것이지
요. 그래서 우리가 촛불집회를 한번 멋있게 했다고 해서 선후천교
역기가 끝나고 후천시대가 도래했다고 봐서는 안될 겁니다. 촛불대
중도 아직 공부할 게 많고 촛불도 많이 진화해야 하며 또 어떤 점에
서는 대중이 더 단호해져야 하는 면도 있습니다. 그럴 때 역사가 한
걸음 더 진전하겠죠. 그런 점에서 촛불집회는 제가 최근에 그런 감
상을 갖게 된 사건이었지요.

또 하나는 더 최근의 일로, 미국 금융계가, 세상을 호령하던 월가
가 대혼란에 빠져서 정부에다가 구조해달라고 구걸을 하고 나섰어
요. 옛날 IMF 구제금융으로 우리가 당했을 때는 돈을 꿔주면서 정
부가 개입해서는 안된다 어쩐다 하면서 조건을 많이 달아서 우리를
더 못살게 굴었는데 지금은 자기네들이 앞장서서 미국 정부보고 도
와달라고 손을 내밀고, 또 이제까지 외국에 큰소리 뻥뻥 치던 미국
부시 대통령은 도와줘야겠다고 나서고, 그런데도 순순히 잘되지도
않아서 국회에서 부결되기도 하고…… 결국은 구제금융을 하리라
고 봅니다만, 이런 혼란상을 보면서, 소위 신자유주의라는 것의 위
력이 갑자기 사라지는 것은 아니겠습니다만 이념으로서, 하나의 명
분으로서는 파산했다는 생각이 듭니다. 물질개벽이 갈 대로 가서

선천시대가 종말에 가까웠구나 하는 것을 느끼게 됩니다.

그런데 이 자본주의 시대를 변혁하는 것도 무슨 일회성 세계혁명으로 이루어지기보다는 각 지역에서 주어진 역사적 과제의 성취를 축적해가면서 각성한 민중, 깨친 사람들의 수가 많아져서 그들이 다수가 될 때, 그때에 그야말로 용화세계가 오고 새로운 인류문명이 시작되리라고 봅니다. 그런 과정의 일부로서 한국사회 안에서 변혁적 중도주의를 통해 한반도 분단체제를 극복할 때, 우리가 그걸 한다고 해서 그것만으로 인류 역사가 다 변하는 것은 아니겠지만, 선천시대가 끝나고 후천시대를 만들어가는 이 과정에서 한반도의 그러한 재통합과 새로운 사회건설은 엄청난 의미를 가지리라고 저는 생각합니다. 그래서 그런 인류사적 과정에서 하나의 결정적인 사건이 되고, 한반도가 세계체제 변혁의 선도적인 기지가 되리라고 믿습니다.

〈2008〉

제 4 부

16
한국 대학의 이념을 찾아서

1. 들머리말

동아시아 삼국의 대학인들이 모인 자리에서 '대학의 이념'에 지역적인 국한을 두어 논하기로 한다면 '동아시아 대학의 이념'을 찾아보는 것이 당연할 터이다. 그러나 중국과 일본에 관해 아는 것도 부족하려니와 오늘날 세 나라의 처지가 너무도 달라 엄두를 내기가 더욱이나 힘들다. 하기는 대학이라는 제도는 이미 세계적으로 퍼졌고 따라서 적어도 그 '이념'에 대한 논의는 설령 한국에서 동아시아로 확대된다고 해도 부당하게 국한되었다는 비판을 받을 수 있다. 말하자면 한국—그것도 분단된 한반도 중 남한—으로 잡으나 동

■ 이 글은 서울대 50주년 기념 국제학술회의(1996. 10. 16~17)의 둘쨋날 '문화주체로서의 대학' 논의의 일부로 발표한 것이다.

아시아로 잡으나 오십보백보인 셈이다.

대학의 이념 일반을 제대로 논하기 위해서도 구체적인 상황 속의 구체적인 대학현실로부터 출발하는 것은 바람직한 일이다. 대학의 이념은 결코 추상적인 관념이나 이상이 아니고 실재하는 제도 내지 기관으로서의 대학이 어떤 역할을 해야 하며 하게 될 수 있는가에 대한 구상이자 문제의식이기 때문이다. 더구나 진정한 보편성이라 기보다 '보편성'을 내세워 현존 세계체제에 불편한 진실들을 은폐하고 억압하는 '보편주의 이데올로기'가 위세를 떨치는 세상에서는, 보편성·세계성을 내세우는 대학의 이념 또한 그러한 이데올로기에 물든 것이 아닌지 구체적인 현실에 비추어 점검해볼 필요가 있는 것이다.

실제로 오늘의 한국에서는 '민족의 대학'을 자처하거나 지향하며 '세계 대학으로의 웅비'를 다짐하는 말잔치가 흐드러지고 '대학평가' 및 '대학개혁'을 위한 온갖 계량적 기준들이 제시되며 일부 실현되기도 하지만, 대학이 무엇을 하는 곳인지에 관한 논의가 한국의 대학이 무엇을 해왔고 실제로 무엇을 할 수 있을지에 관한 현실적 점검과 연관되어 전개되는 일은 드문 것 같다. 이런 상황에서 '문화주체로서의 대학의 역할'을 묻는 작업은 시의적절하다. 다만 적어도 한국에서 대학이 '문화주체' — 또는 영어로 'a leading cultural institution'이라고 한 것을 직역하여 '지도적인 문화적 제도' — 임은 재론의 여지가 없고, 문제는 어떤 문화에서 어떤 주체성 또는 지도성을 발휘하느냐는 것이다.

2. 한국의 대학, 그 시련의 역사

어느 문명이나 고급인재 양성을 위한 제도가 없이는 존속하기 어렵지만 특히 동아시아문명은 유교의 영향으로 일찍부터 비교적 폭넓은 교양계층을 길러내는 작업을 체계화하고 그 이념을 정립하는 데도 남달랐다고 하겠다. 그러나 뻬이징, 토오꾜오, 서울 등 3개 대학을 포함한 오늘날 동아시아의 대표적인 대학들은 계보상 과거 유교국가의 고등교육기관을 계승했다기보다, 그 외형이나 교육내용, 구체적인 제도 등이 아무리 다르다 해도 중세 유럽의 대학(universitas)에 연원을 두고 있다고 말해야 옳다. 그만큼 전통과의 뚜렷한 단절이 있었던 것이며, 그 점은 식민지로 전락한 경험을 지닌 한국의 경우가 제일 심했다.

이를 단적으로 보여주는 한가지 예가 'VERITAS LUX MEA'라는 서울대학교의 표어가 아닌가 한다. 1946년의 시점에서 한국의 서양문화 수용이 완숙의 경지에 이르러 서울대가 라틴어로 '진리는 나의 빛'이라고 자연스럽게 내건 것이 아님은 더 말할 나위 없다. 실제로 50년 전에 설립된 '국립 서울대학교'는 대한민국이 건국되기 전에 미군정이 만든 국립 아닌 국립 대학이었으며, 'VERITAS LUX MEA'는 서울대 '개교'(사실은 '경성제국대학京城帝國大學'의 확대개편) 과정의 그러한 반 식민지적 성격과 서양의 대학이념의 인위적 이식(移植) 현상을 표상하는 것이다. (나 자신의 '대학의 이념' 논의에도 'the idea of a university'에 관한 영어권의 대학론이 배경으로 작용하고 있으며, 이때의 '이념'은 '개념'으로 표현하는 것이 더 적절한 경우도 있을 만큼 '이식적'인 성격을 벗어버리지 못한 것이 사실이다.)

물론 자주적인 근대화에 일찍이 성공한 일본이나 완전한 식민지로 떨어져본 일이 없는 중국에서도 전통적 고등교육의 단절과 서양 이념의 이식현상이 나타남을 볼 때, 동아시아 고등교육의 이념이 현대의 대학에 본질적으로 부적합한 면이 있었으리라는 짐작이 가능하다. 그렇다고 서양의 대학상이나 그 이념을 절대시하여 거기서 조금이라도 벗어나는 모든 고등교육 형태를 대학과 무관한 것으로 규정할 일은 아니다. 가령 조선시대 성균관(成均館)이 주로 국가관리 양성기관이었다는 점을 들어 그 대학적 성격을 부인하는 논의가 흔하지만, 정부 또는 국교의 간부 양성은 지난날 서양 대학의 중요 임무이기도 했다. 요는 그러한 간부 양성교육이 전인교육을 겨냥한 '큰 배움〔大學〕'인가 아니면 전문기술이나 특정 종교의 비법을 전수하는 데 머무는가인데, 그 점에서 성균관의 유교교육은 대학의 이름에 충분히 값하는 것이다. 다만 협의의 신정체제(神政體制)는 아니나 일종의 세속화된 제정일치(祭政一致) 체제이던 유교사회에서 성균관이나 서원은 교정대립(敎政對立)하의 서양 중세에서와 같은 대학의 독자적인 공간을 확보하지 못했고, 게다가 새로운 지식의 발견과 축적 자체가 전인교육의 일부라는 이념의 부재도 근대화과정에서는 결정적으로 불리했을 터이다.

지식관 내지 진리관 문제는 뒤에 다시 논하겠지만, 요컨대 문제는 우리 사회의 과거에 대학에 비견할 만한 것이 전혀 없었다기보다 설혹 있었다 해도 결과적으로 그 전통이 계승되지 못했다는 사실이다. 성균관이나 지방의 서원이 그 자체로서 근대의 대학으로 전환할 가능성이 있었는지는 모를 일이지만, 예컨대 오늘날의 성균관대학교가 옛 성균관의 교정(校庭)과 재정기반, 교명 등을 계승하는 일이 훨씬 일찍 일어났다거나 혹은 교명이 바뀐 새 국립대학이 그 재정기반과 캠퍼스를 인수했을 가능성은 국권상실과 더불어 원천적으로 봉쇄되고 말았다.[1] 물론 국권상실이 아니더라도 그러한 전환을 장담할 수는 없다. 일본이나 중국에서도 그러지 못했다는 사실도 있으려니와, 구한말에 이미 정부 주도의 신식 고등교육은 철저히 실용적인 전문교육으로서 전통적 인문교육의 이념을 외면하고 나갔기 때문이다.[2] 다만 1910년대와 특히 3·1운동 이후에 대두하는 민립대학운동이 좌절되고 이미 설립된 선교학교들이 대학으로 발

---

1) 성균관대학교에서는 1398년 한양의 성균관 설립을 기점으로 1998년에 개교 6백주년을 계획하고 있으며, 이우성(李佑成) 교수는 성균관대가 캠퍼스·건학이념·재정기반·교명 등을 모두 조선시대의 성균관으로부터 물려받았음을 지적한다(이우성 「우리나라 중세대학의 전통과 그 계승관계」, 『실시학사산고(實是學舍散藁)』, 창비 1995). 실제로 "중국 북경의 국자감(國子監)과 일본 동경의 성균관은 모두 근대 대학과 관계를 맺지 못한 중세적 유물로 적막한 상황에"(같은 글 271면) 있음과 대비할 때, 그리고 서양의 명문대학들 중 다수가 이름도 다르고 교세도 미미한 상태에서 '창립'되었음을 상기할 때, 학교측에서 6백년 역사를 내세우는 것은 무리랄 게 없다. 다만 대학이 어떤 곳이냐라는 의미의 '대학의 이념(내지 개념)'으로 보면 성균관대학교 역시 성균관보다는 서양(및 근대 일본)의 대학관에 따라 세워졌다고 할 것이며, 그 이념과 옛 성균관의 건학이념을 조화시키는 창조적인 계승작업은 아직 하나의 숙제로 남긴 상태라 하겠다. 조선시대의 성균관에 대해서는 같은 책의 「개화기의 성균관」 및 『한국사 시민강좌』 18집(일조각 1996)에 실린 이우성 「조선의 성균관과 서원」 참조.
2) 이 시기의 고등교육에 관해서는 김기석(金基奭) 「개화기의 신식 고등교육」, 『한국사 시민강좌』 18집 참조.

전되는 길이 막히며 일제가 자기네 목적에 더 부합하는 대안으로 설립한 '제국대학'조차 실은 문부성이 아닌 조선총독부의 관할 아래 놓인 기형적 체제로 된 사실들을 주권상실 탓으로 돌려 마땅하다.

이렇게 설립된 한국 최초의 대학이 본격적인 국립 종합대학교로 전환하는 과정 또한 타율적이고 기형적이었음은 앞서 잠시 언급했다. 뒤이어 서울대학교를 포함한 한국의 모든 대학들은 한국전쟁을 통해 일본의 2차대전 피해나 중국의 내전 경험과 비교가 안되는 엄청난 인적·물적 손실을 겪었고, 휴전과 더불어 굳어진 한반도 분단 체제는 중국 본토와 대만의 분단과도 또다른 경직성을 띠고 대학의 발전에 많은 제약을 가해왔다. 분단체제는 본질상 반민주적이면서 대외적으로 취약한 체제로서 남한의 경우 오랜 군사독재를 낳았을 뿐더러 오늘날 문민정권의 개혁에도 근원적인 한계를 긋고 있으며, 대학 또한 정권에 대한 직접적인 예속에서부터 외국 대학모형에 대한 이념적 종속에 이르기까지 갖가지 폐해에 시달려왔다. 그나마 남한 민중의 끈질긴 민주화투쟁과 한국경제의 지속적인 성장의 결과로 이제 한국 대학의 이념 정립을 위한 일정한 논의공간과 물적 토대가 마련되었다고 하겠으나, 최근 정치상황과 경제전망이 말해주듯 반전의 가능성이 언제나 도사리고 있다. 아니, 실제로 정치적·경제적인 반전까지는 일어나지 않더라도, 그동안 흘린 피땀의 성과가 인문교육의 이념에 근본적으로 배치되는 자본주의 세계시장의 논리를 한국의 모든 대학들에서 더욱 효과적으로 관철되도록 도와준 것밖에 안될 위험이 크다. 그리하여 과거 성균관의 한계로 지적된, 고등교육 및 한국연구 기관으로서의 독자적인 공간을 확보하지 못하고 체제유지에 필요한 간부양성소에 머무는 문제점이 새로운 형태로 확대 재생산되지 않을까 우려되는 것이다.

3. 현대 대학의 기능에 관하여

현대 대학의 3대 기능으로 흔히 교육·연구·사회봉사를 꼽는다. 이는 물론 '산학협동'을 위시한 각종 '사회봉사'가 대학 기능의 큰 비중을 차지하게 된 미국에서 정착된 개념이지만, 오늘날 유럽의 전통 명문대학들에도 통용될 만큼 하나의 대세를 이루었다고 할 만하다. 그런데 좀더 넓게 생각하면 사회봉사는 모든 공적인 기관이 자기 나름으로 으레 하는 것이고, 문제는 누가 어떤 사회에 봉사하느냐는 것이다. 그런 의미에서 교육과 연구 자체가 대학의 사회봉사 기능에 해당하며, 이는 '상아탑'으로서의 대학을 주장한 사람들도 뚜렷이 의식해온 사실이다. 또한 당사자들이 의식하건 안하건, 교육과 연구를 내세워 한창 나이의 젊은이들을 학창생활에 묶어놓음으로써 사회불안 요소를 줄이는 '고급 아이보기' 사업이 대학의 주된 기능이 되는 경우도 상상할 수 없는 것은 아니다.

'연구'의 경우도 이에 해당하는 영어의 research나 독일어의 Forschung은 그냥 연구나 연마라기보다 특정 분야에서의 '조사연구' (또는 '연구조사')를 뜻하는데, 그것이 대학의 주된 기능으로 인정받은 것은 19세기 초 프로이쎈에서 훔볼트(Wilhelm von Humboldt)의 주도 아래 베를린대학이 창설되면서부터다. 곧, 서양 대학의 오

랜 역사에서는 요즘 말하는 의미의 연구 또한 비교적 새로운 기능이
며, 중세 이래 대학의 임무로 일관되게 인정되어온 것은 뭐니뭐니
해도 '교육'인 셈이다. 다만, 이때 교육이라 함은 원만한 '인간다움'
(humanitas)의 연마이며 특정 기술의 훈련이나 전수가 아니다. 이것
이 유교의 군자(君子)교육과 상통함은 분명하지만, 서양에서는 홈볼
트의 '연구대학'에 이르러서도 전통적 전인교육 이념이 유지될 수
있었던 점이 특이하다. 서양에서는 적어도 아리스토텔레스와 키케
로의 인간관·지식관에서부터 실천적 효용을 떠난 '앎' 자체가 '인
간다움'의 핵심적인 일부로 설정되었고, 그 사상이 중세의 대학에
도 계승되었던 것이다. 이 사상은 홈볼트에 비해 전통적인 신사교
육을 훨씬 강조한 영국인 뉴먼의 대학관에서도 핵심적인 몫을 한
다.[3] 강조점의 차이는 있을지언정 19세기 서양의 유수한 대학들이
아직 교육과 연구 기능 사이에 심각한 모순을 느끼지 않았던 것은
그러한 지적 전통에 힘입은 것이었다.

그러나 오늘의 현실은 유럽이나 미국의 명문대학에서조차 대학
본연의 '인문교육'(humane education, liberal education)이 중심에
서 있는지 의심스럽다. '교육·연구·사회봉사' 3대 기능을 말하는
것 자체가 이미 그 세가지가 하나로 통합되지 못하고 병렬될 수밖에
없는 현실을 반영한 셈이며, 클라크 커어의 'multiversity'(기능이 다
른 여러 기관의 연합체로서의 대학) 개념[4]은 인간다움 연마의 장이

3) John Henry Newman, *The Idea of a University* [1852], ed. M. Svaglic, Univ. of
Notre Dame Press 1982, 특히 제5장 'Knowledge Its Own End' 참조.
4) Clark Kerr, *The Uses of the University*, Harvard UP 1982 참조.

기를 이미 포기한 현대 대학의 그러한 현실을 솔직히 고백한 것인지도 모른다. 이는 앎의 실용성을 강조한 베이컨(Francis Bacon)이 대표하는 근대의 새로운 지식관이 앎 그 자체를 중시해온 고대 그리스 이래의 전통을 압도한 결과라고 말할 수 있지만, 실은 앎이 곧 진정한 인간다움과 직결된다는 신념은 베이컨적 지식관의 중요한 토대가 되기도 했다. 첫째, 실용성을 초월한 지식의 탐구야말로 길게 볼 때 실용적인 지식 생산의 가장 효과적인 방법이기 쉬우며, 이 점은 현대 과학의 발전을 통해 충분히 입증되었다고 하겠다. 하지만 더욱 근본적인 문제는, 앎 — 또는 불교적 표현으로 '알음알이〔知解〕' — 자체가 인간다움에 반드시 기여하는지 의심하기를 멈추는 순간, 지식의 '인간다운 활용'을 판별할 별도의 기준이 없어지고 지식을 사용하는 인간의 의지만이 남는다는 점이다. 즉 그때그때 인간(들)이 하고자 하는 일에 유용한지 여부가 지식의 가치를 결정하게 된다.

오늘날 운위되는 '정보사회'는 바로 그러한 지식관이 극치에 다다른 사회라 할 수 있다. 이제 지식은 뉴먼이 말하던 '철학적인 앎'과 아무 상관이 없는 '정보'로 전락한 채, 이 '정보로서의 앎'의 무한 생산이 대학의 주된 기능을 이루고 그런 앎의 효용성 — 즉 정보로서의 존재가치 — 은 오로지 기존하는 사회체제 및 담론체계에 의해 규정되기에 이른 것이다. 앞서 한국의 대학을 두고 옛날 성균관의 대학답지 못한 면이 확대 재생산될 위험을 경계했는데, 바로 그러한 위험이 선진국의 이른바 일류대학들에서도 — 여러가지 유리한 조건 덕분에 아직 덜 적나라하게 드러났을 뿐 — 똑같이 문제점으로 대두했다고 하겠다. 아니, 그것이 유럽에서 대학을 탄생시키는 데 중요한 몫을 했던 서양 특유의 지식관·진리관의 논리적 귀결이기도 하다는 점에서 저들 쪽의 문제가 오히려 더 심각하달 수도 있다.

4. '민족의 대학'과 '세계의 대학'

대학의 위기가 이처럼 뿌리 깊은 것이라면 한국 대학의 당면문제들에 손쉬운 해결책이 없으리라는 점은 더욱 뚜렷해진다. 이른바 선진국의 세계적인 대학들이 거대한 정보공장 겸 자본주의 세계체제의 간부양성소로 전락하고 있는 마당에, 한국의 대학이 '세계의 대학으로의 웅비'를 내걸고 설혹 그 반열에 끼어드는 일이 가능하다손 치더라도 그것이 이 땅에 대학다운 대학을 만드는 길은 아닐 터이기 때문이다. 하지만 정보화의 대세와 체제간부 양성의 임무를 외면하고 오늘의 대학이 존립할 수도 없다. 이는 대학이 그 소속사회로부터 최소한의 물적 지원을 받기 위해서도 그렇지만, 자기 시대의 첨단지식으로부터 소외되고 체제운영에서 전적으로 배제된 지식인집단 가운데서 최고급의 인문교육이 자리잡을 수 없기 때문이기도 하다.

현체제의 평가기준에 의해 한두개 대학을 '세계 100위권' 또는 '200~300위권'에 진입시키는 것도 지난한 일인데, 그러한 노력을 아주 외면하지 않으면서 새로운 대학의 이념을 정립하는 일이 과연 가능할 것인가? 특정 대학의 100위권, 또 200위권 진입이라는 목표

자체가 천문학적인 (십중팔구 서울대학교에 대한) 편중투자와 이에 따른 한국 대학교육 전체의 극심한 황폐화를 수반할 것이 확실할 뿐, 그 달성 여부는 장담하기 힘든 목표이다. '등급상승'을 위해서도 기존의 '세계적인 대학'들이 생각하지 못하던 일을 해내고 그리하여 평가기준 자체를 수정할 필요가 있는 것이다.

그러므로 우리는 한국 대학에 시련을 안겨준 바로 그 특수한 역사와 지금도 감당하기 벅찬 우리 고유의 역사적 과제에서 특유의 기회를 찾고 동력을 구해야 한다. 더구나 한국은 그간의 경제성장과 일정한 민주화를 통해 이제 비로소 대학의 이념과 역할을 제대로 논하고 필요한 실험을 해볼 기본 여건을 확보한 셈이니만큼, 이때에 우리가 선진국 따라가기에 몰두하기보다 너무 잘살지도 너무 가난하지도 않은 나라의 대학으로서의 이점을 살려 세계사의 주어진 시점에 알맞은 '인간다움'의 새로운 탐구를 수행할 것을 생각해봄직하다.[5] 여기에는 한국이 단순히 세계경제 내의 중위권에 속하는 나라가 아니라 분단된 국가라는 특수성이 당연히 고려되어야 한다. 대학이 그 소속 국가나 사회의 단기적인 목표에 집착하는 것은 대학으로서의 자멸행위나 다름없지만, 분단이 일종의 '분단체제'로서 자리잡은 현실에서는 그것의 극복이라는 범민족적 과제가 결코 단기적이거나 단순한 처방을 허용하지 않는다. 한편으로는 분단체제 아래서라도 한국의 세계적 위상이 최소한 더 내려가지는 않도록 세계시장 속의 적응력을 키워나가고 그날그날의 개혁에 충실하면서,

---

5) 졸저 『분단체제 변혁의 공부길』(창비 1994) 중 「세계시장의 논리와 인문교육의 이념」 및 「'국제경쟁력'과 한국의 대학」 참조.

동시에 이러한 단기적 노력이 점차 분단체제의 극복을 위한 범한반도적 움직임과 그보다 더욱 원대한 세계체제 변혁을 지향하는 전지구적 연대사업으로 이어지게 만드는 슬기가 필요한 것이다.

이러한 슬기를 공급하는 대학이 되기 위해서는 기존의 평가기준에 따르더라도 지금보다는 높은 등급을 얻어야겠지만, 동시에 그러한 평가기준이 우리의 분단체제 극복작업에 얼마나 적절하며 장기적인 세계체제 변혁작업과는 어떤 관련이 있는지에 관한 독자적인 지적 탐구가 있어야 하며, 이러한 탐구에 걸맞은 제도들의 창안이 따라야 한다. 그러한 창안 가운데는 이 복합적인 작업을 최고의 수준에서 실행하여 원만한 인문교육과 현대사회가 요구하는 전문교육을 아울러 받은 최고급의 인력을 공급하는 소수의 대학과, 특정분야의 연구나 기술교육 또는 중간급 간부의 양성 등에 각기 치중하는 여타 고등교육기관들 사이의 조화로운 역할분담체제의 개발이 포함됨은 물론이다. 아무튼 이 작업을 선도하는 대학만이 분단체제 극복이라는 역사적 과제에 부응하는 문화주체가 될 수 있을 것이며, 역으로 그러한 역사적 과업이 힘차게 진행되는 과정에서만 이런 대학이 자라나는 일이 가능할 터이다. 그런 의미에서 참다운 '민족의 대학'이 되는 길이 곧 '세계의 대학으로 웅비'하는 길이요, 참으로 대학다운 '세계의 대학'이 됨으로써만 '민족의 대학'으로서도 제구실을 할 수 있을 것이다.

〈1996〉

17

통일시대 한국사회와 정신개벽

1. 원광대학교 개교 60주년을 맞아

원광대학교의 개교 60주년을 기념하는 학술대회에서 기조강연을 하게 된 것을 영광으로 생각하며 진심으로 축하합니다. 60년 전이면 8·15 직후의 혼란기일뿐더러 원불교 교단으로서는 갑자년(1924년)의 출범 이후 22년밖에 안된 시점이었습니다. 그 어려운 조건 속에서도 '유일학림(唯一學林)'의 이름으로 인재양성을 서두른 교단지도자와 초창기 대학 관계자들께 새삼 깊은 경의를 느낍니다.

빠리대학이나 옥스포드, 케임브리지 같은 오늘의 세계적 명문대학들도 그 출발점은 소규모의 성직자 양성기관이었습니다. 그러나

■ 이 글은 원광대 개교 60주년 기념 국제학술대회 '개벽시대 생명·평화의 길'(2006. 10. 27, 원광대 숭산기념관)에서 행한 기조강연 내용을 약간 수정 보완한 것이다.

훌륭한 교역자는 인문적 교양과 학식을 갖춰야 한다는 전제가 있었기에 이들 기관이 종합대학교의 씨앗이 되었고 훗날 세계적인 대학으로 발전했습니다. 유일학림이 초급대학이 되고 4년제 단과대학이 되며 다시 종합대학으로 승격한 역사는 그보다 훨씬 짧습니다만, 원광대학교의 설립주체인 원불교 교단 역시 대학의 이념에 부합하는 교리를 가졌고 대학교육을 제대로 받은 인재를 요구한다는 점에서 그것은 논리적인 발전이었습니다.

원불교는 불법의 가르침대로 '지식'을 넘어서는 '깨달음'을 목표로 삼지만, 동시에 지식과 학문의 중요성을 인정하고 정당한 알음알이를 강조하는 점에서 전통불교와는 상당한 차이를 보입니다. 「정전(正典)」의 '최초법어'에서도 '수신(修身)의 요법' 첫 항목이 "시대를 따라 학업에 종사하여 모든 학문을 준비할 것이요"라고 했고, '지도인으로서 준비할 요법'의 첫 항목도 "지도받는 사람 이상의 지식을 가질 것"을 주문하고 있습니다(『원불교전서』, 원불교출판사 1995, 84면, 86면). 교조 소태산(少太山) 박중빈(朴重彬) 선생의 이런 가르침에 충실하기 위해서도 원광대학교가 60주년을 계기로 비약적인 발전을 이룩하기를 기원합니다. 단순히 지방 사립대학으로서 모범적인 운영을 하는 데 만족하지 말고 전국적으로, 나아가 세계적으로 우뚝 선 대학이 되기를 바랍니다.

이 과정에서 종립대학(宗立大學)으로서 원불교 교리에 대한 연구 및 교육의 본거지 역할을 제대로 하는 일도 긴요할 것입니다. 다른 나라나 국내 다른 대학들에 원불교학과가 없기 때문에 저절로 1등을 하는 데에 만족하지 말고, 타종교 대학들의 교학연구·신학연구에 비해서도 경쟁력을 지니고 일급의 인문적 교양을 갖춘 교역자들을 배출하며 교도가 아닌 학생들의 인문교육에도 탁월한 성과를 내는 대학이 되어야 할 것입니다. 인문학의 본질이 자기 인생의 주인 노릇 하는 공부라고 한다면, 분과학문상의 전공이 무엇이건 간에 '새 세상의 주인'이 되기 위한 마음공부와 학문적인 탐구를 결합하는 것은 곧 '대학의 이념'을 달리 표현한 것일 터이며, 이러한 이념에 충실함으로써 시대가 요구하는 정신개벽의 인재들을 많이 길러내는 원광대학교가 되기를 충심으로 기원합니다.

2. 정신개벽에 관하여

'정신개벽'은 원불교 고유의 용어입니다만, 그것이 최수운(崔水雲), 강증산(姜甑山) 선생 등의 개벽사상에 맥을 대고 있는 개념이라는 것도 자타가 공인하는 사실입니다. 동시에 이들의 선행작업과 비교할 때 특이한 점은 무엇보다도 "불교는 무상대도(無上大道)"(「정전」 '교법의 총설', 『원불교전서』 21면)라는 가르침에 입각했다는 점일 것입니다. 원불교가 한반도의 다른 자생적 종교들처럼 유·불·선의 종합을 추구하면서도 동학이나 증산교에 비해 근대 과학문명과 서양의 그리스도교에 대해 훨씬 개방적이며 적응력이 큰 것은, 단순히 저들 선행종교보다 근대화가 더 진행된 시기에 출발해서만이 아니라, 유·불·선 가운데서 특히 "불법으로 주체를 삼아"(「대종경」 서품 2장, 『원불교전서』 95면) 설립된 회상(會上)이기 때문입니다. 여기서 길게 설명할 사안은 아니지만, 여러 종교 중 불교는 일찍이 만해(萬海) 한용운(韓龍雲) 선생이 '조선불교유신론(朝鮮佛敎維新論)'에서 "지혜로 믿는 종교요, 미혹하여 믿는 종교가 아니라"("佛敎者는 智信之宗敎요 非迷信之宗敎니라", 『한용운전집』, 신구문화사 1973, 2권 102면)고 주장했듯이, 근대과학에 대한 친화성이 가장 높은 교리를 지닌 것으로 인정되고 있습니다. 실제로 오늘의 세계적인 추세를 보더라도 현대인들에게 각종 원리주의로의 회귀가 아니면서 호소력이 유달리 큰 종교의 본보기가 불교입니다.

다른 한편, 전통적인 불교가 대체로 시간과 장소를 초월하여 '깨달음'을 강조하는 데 비해, 시국에 대한 판단을 기초로 **그에 상응하는** 정신개벽을 촉구한 점은 원불교가 선행 민족종교들의 후천개벽(後天開闢) 사상을 계승한 면모겠지요. "물질이 개벽되니 정신을 개벽하자"는 개교표어는 곧 물질개벽이라는 시대상황을 근거로 이에 걸맞은 정신의 개벽을 요구한 것입니다. 「대종경(大宗經)」서품(序品) 제4장에도 "대종사 당시의 시국을 살펴보시사 그 지도강령을 표어로써 정하시기를 '물질이 개벽(開闢)되니 정신을 개벽하자' 하시니라"(『원불교전서』 95~96면)라고 했습니다. '정신개벽'이 시국에 대한 지도강령의 성격을 띠었음을 밝힌 것입니다. 이 점에서 원불교는 동학이나 증산교뿐 아니라, "때가 왔나니" 복음을 듣고 거듭나라는 예수의 가르침과도 상통하는 바 있지요. 다만 소태산 선생이 진단한 '때'(kairos)는 물질개벽시대이며 그의 복음은 정신개벽을 이룩하는 마음공부법이라는 점이 다릅니다.

물질개벽의 실상에 대한 저의 인식은 십수년 전(1992년) 원불교 중도훈련원에서 강연하면서 비교적 자세히 피력했고 그 내용이 저의 변변치 못한 저서 『분단체제 변혁의 공부길』(창비 1994)에 '물질개벽시대의 공부길'이라는 제목으로 수록된 바 있습니다만, 물질개벽시대에 대한 소태산 선생의 진단을 저는 한마디로 자본주의시대에 대한 진단이라고 풀이합니다. 이는 맑스와 엥겔스가 1848년의 '공산당선언'에서 내놓은 다음과 같은 유명한 주장과도 통하는 바 있습니다.

생산의 끊임없는 혁명적 발진, 모든 사회적 조건들의 부단한 교란, 항구적인 불안과 동요는 부르주아시대와 이전의 모든 시대를 구분짓는 특징이다. 모든 고정되고 꽁꽁 얼어붙은 관계들, 이와 더불어 고색창연한 편견과 견해 들은 사라지고, 새로이 형성된 모든 것들은 골격을 갖추기도 전에 낡은 것이 되어버린다. 모든 단단한 것은 연기처럼 사라지고, 거룩한 것은 모두 더럽혀지며, 마침내 인간은 냉정한 눈으로 자신의 실제 생활조건과 인간 서로 간의 관계를 직시하지 않을 수 없게 된다. (…) 부르주아지는 100년도 채 못 되는 자신의 지배기간 동안 이전의 모든 세대들이 이루어낸 것을 합친 것보다 더 거대하고 엄청난 생산력을 창출했다. 자연력의 정복, 기계에 의한 생산, 공업과 농업에서의 화학의 응용, 기선, 철도, 전기통신, 세계 곳곳에서의 대대적인 토지개간, 운하 건설, 마치 땅속에서 마법으로 불러낸 듯한 엄청난 인구 — 그러한 생산력이 사회적 노동의 품 안에서 잠자고 있으리라고 이전 세기에 어찌 예감이나마 할 수 있었겠는가?[1]

맑스가 서술하는 자본주의시대의 혁명성은 가히 '물질개벽'이라 일컬음직합니다. 게다가 원불교의 정신개벽이 물질개벽시대의 엄청난 생산력 증대를 전제한다는 점에서도 맑스와의 상통성이 확인됩니다. 맑스는 프롤레타리아혁명을 통해 이러한 자본주의시대를 다시 한번 변혁한 사회와 종전 역사와의 간격을 선천시대(先天時代)와 후천시대(後天時代)의 차이만큼 본질적인 것으로 설정하는데, 실제로 1859년의 『정치경제학비판 서설』 서문에서는 부르주아사회가 달성한 생산력을 바탕으로 계급간 적대관계를 해소하는 전환을 이룩할 때 '인류사회의 선사시대'(die Vorgeschichte der menschlichen Gesellschaft)가 끝난다고 말하기도 했지요. 또한 혁명이 대중의 각성을 통해 달성되며 그 결과로 "각 개인의 자유로운 발전이 모두의 자유로운 발전의 조건이 되는 연합체"(『공산당선언』 119면)가 성립할 것을 전망하는 점에서도 후천개벽론과 또 한번 일맥상통한다 하겠습니다.

그러나 변혁의 과정을 폭력혁명으로 규정하고 모든 종교를 '대중의 아편'으로 간주하는 점은 원불교의 '정신개벽' 사상과 구별됩니다. 물론 원불교 교리를 따르더라도 「정전」 '동포보은의 결과' 대목에서 "만일 전세계 인류가 다 보은자가 되지 못할 때에, 혹 배은자의 장난으로 인하여 모든 동포가 고해 중에 들게 되면, 구세성자들이 자비방편을 베푸사 도덕이나 정치나 혹은 무력으로 배은중생을

---

1) 백산고전대역 『공산당선언』, 백산서당 1989, 58~65면을 토대로 번역을 약간 손질했음.

제도하게 되나니라"(『원불교전서』 36면)고 하여 무력 사용을 전적으로 배제하지 않았고, 후천시대로의 이행과정에 무력(武力)을 통한 제도 (濟度)가 어느 정도까지 필요할지는 예단하기 힘든 일입니다. 또한 기성종교에 대한 맑스의 비판으로부터 원불교가 얼마나 자유로울 수 있을지도 냉정한 검토가 필요할 것입니다. 아마도 이는 물질개 벽의 실상에 대한 과학적 분석을 원불교가 얼마나 진지하게 수용하 며, 정신개벽의 실행과정에서 다른 종교와의 협력뿐 아니라 모든 기 성종교에 비판적인 세속인들과의 '동척사업(同拓事業)'[2]에도 얼마 나 후천종교다운 적극적인 모습을 보여주는가에 달릴 것입니다.

다른 한편 맑스의 폭력혁명론을 계승한 레닌 등의 사회주의 건설 작업이 20세기 말엽 소련·동구권의 붕괴와 더불어 거대한 실패로 끝난 것은 분명합니다. 그 원인은 매우 복잡하겠습니다만, 새 세상 의 주인노릇을 할 마음공부가 충분치 않은 대중을 제도(制度)로 얽 어매고 국가권력으로 몰아붙인 점도 중요하게 작용했을 것입니다. 실은 맑스가 말한 "각 개인의 자유로운 발전"마저 외면했던 결과였 지만, 맑스 자신이 "전체의 자유로운 발전의 조건"이 될 "각 개인의 자유로운 발전"을 위한 대중의 마음공부에 충분한 배려를 안했던 사실과 무관할 수 없겠지요.[3] 민중 각자의 정신개벽을 생략한 채 미

---

2) 송정산(宋鼎山)의 삼동윤리와 그 셋째 강령 동척사업(同拓事業)에 대해서는 본서 제 14장 「통일시대·마음공부·삼동윤리」 298~301면 참조.

3) 이 문제와 관련해서 맑스 자신은 대다수 맑스주의자들과 다른 면모를 지녔다는 카 라따니 코오진(柄谷行人)의 지적은 경청할 만하다. "마르크스에게 코뮤니즘은 칸트 적 '지상명령', 즉 실천적(도덕적)인 문제이다. 이러한 점에서 마르크스는 평생 변하 지 않았다. 나중에 코뮤니즘이 실현되어야 할 역사적이며 물질적인 조건을 중시했다

륵세상을 만들려는 것은 허망한 꿈이며, 무리한 변혁시도는 도리어 오늘날 구공산주의 국가들에서처럼 물질개벽을 예찬하는 풍조를 키우기 십상인 것입니다.

3. 한반도식 통일과 정신개벽

한국사회에서도 한때 마음공부를 거의 도외시한 혁명론이 많은 젊은이를 사로잡았습니다. 특히 광주민주항쟁의 유혈진압 이후 군부독재정권의 철권통치가 자행되던 1980년대가 그런 시기였지요. 하지만 당시에도 급진운동권은 정통 맑스·레닌주의를 내세워 남한에서의 민중혁명을 추구하는 진영과 한반도 북녘에 성공적인 공산주의사회가 건설되고 있다고 믿어 남한에 대한 '민족해방'을 우선 목표로 삼는 진영이 대립하여 어느 한쪽도 대세를 장악하지는 못했습니다. 그러다가 80년대말·90년대초의 현실사회주의권 붕괴로 '민중민주(PD)파'가 큰 타격을 입었고, '민족해방(NL)파'는 또 그들대로 북녘의 어려운 실정이 알려지면서 점차 대중 사이에 설득력을 잃게 되었습니다.

이러한 변화 자체를 애석해할 필요는 없다고 봅니다. 하지만 급진운동가들의 과격성과 단순논리에 대한 반동으로 자본주의에 대

고 해도 말이다. 그러나 대부분의 마르크스주의자는 이러한 도덕성을 바보 취급하고 역사적 필연이나 '과학적 사회주의'를 표방한 결과, 바로 노예적 사회를 '구성'하고 말았다."(송태욱 옮김 『트랜스크리틱』, 한길사 2005, 22면) 그러나 맑스가 "대중의 마음공부에 충분한 배려를 안했"다는 나의 주장은 그것대로 유효하다는 생각이다.

한 비판의식과 한반도의 분단 극복을 향한 의지마저 상실한다면, 그 야말로 '물질의 노예'로 살아가기를 자청하는 꼴이 되겠지요. 실제로 그러한 풍조가 1990년대 한국사회에 팽배했다가 IMF 금융위기를 겪으면서 다소 가라앉았고, 2000년 6월의 남북정상회담을 계기로 한반도에서 '새 세상'을 만들어갈 좀더 현실적이고 평화지향적인 길을 엿볼 수 있게 되었습니다. 그러나 지금도 물질개벽 예찬이 여전히 지배적인 흐름이며, 최근에는 북의 핵실험 사태까지 겹쳐 한반도의 민중 스스로가 주인이 되어 새 세상을 만들려는 세력이 더욱 난감해진 형국입니다.

핵실험 사태에 대해서는 저의 입장을 간략하게만 정리하고 넘어가고자 합니다. 1) 미국의 대북압박이 지속되고 선제공격 위협조차 없지 않았던만큼 '군사적 억지력 확보'라는 북측의 주장이 군사적인 관점에서 일리가 있으나, 2) '궁극적 비핵화를 위한 협상용'이라는 또 하나의 명분이 적중할지는 미국의 반응에 달린 일이므로 현실적으로 가장 적절한 선택이었는지를 두고 볼 일이며 설혹 협상이 재개되더라도 이 시기에 이런 선택을 한 것이 현명했는지는 논란의 대상으로 남을 터이고, 3) 특히 민중 스스로가 마음공부를 해서 새 세상을 만들자는 관점에서는 통일과정에 대한 민중의 참여폭을 일단 축소한 불행한 사태임이 분명하며, 4) 그렇더라도 한반도식 통일의 대세가 근본적으로 변하는 일은 없을 것이다─라는 정도로 요약할 수 있겠습니다.

핵실험이 불행한 사태이긴 하지만 이를 통해 우리가 분단현실 속에 살고 있음을 새삼 실감케 되고 분단체제의 존재를 망각한 온갖 선진화 방안과 평화국가 또는 평등사회 건설론의 공허함을 깨닫게 된 것은 알음알이 공부의 큰 진전에 해당합니다. 실제로 우리 민중은 동족간 전쟁의 참화를 겪으면서 적화통일이든 북진통일이든 무력통일은 안된다는 합의를 일찌감치 이루어냈고, 독일 통일 직후 한때 '흡수통일'의 환상에 젖은 이들이 적지 않았으나 한반도와 독일의 기본적으로 다른 상황에 대한 인식이 증대하면서, 더구나 통일 후의 독일이 겪는 어려움을 지켜보는 가운데 이 또한 해법이 아님을 알아차리게 되었습니다.

좀 덜 친숙한 선례지만 예멘의 통일도 있습니다. 남북 예멘 당국이 대등하게 협상해서 통일에 합의했다는 점이 특이하지만, 몇년 뒤 무력충돌을 거친 끝에 자본주의 북예멘 주도로 완전히 통일됐으니 이것도 한반도에 적용할 수 없는 길입니다. 예멘의 사례야말로 당국간에 합의를 하더라도 각성한 민중의 참여를 통한 준비과정이 선행되어야 하고, 이를 위해서는 민중참여·시민참여를 보장할 점진적·단계적 통일의 장치가 필요함을 말해줍니다. 그런데 바로 그러한 통일방식이 6·15공동선언에 이미 담겨 있습니다. "나라의 통일을 위한 남측의 연합제 안과 북측의 낮은 단계의 연방제 안이 서로 공통성이 있다고 인정하고 앞으로 이 방향에서 통일을 지향시켜나가기로 하였다"는 제2항이 심히 모호하기는 하지만, 어쨌든 베트남과 독일 혹은 예멘과는 달리 중간단계를 거쳐서 평화통일을 해나간다는 점만은 분명히 못박은 것입니다.

이러한 한반도식 통일은 내용상 '시민참여형' 내지 '민중주도형' 통일과정이 되리라는 것이 저의 주장입니다. 이를 원불교식으로 표현해서 '도덕통일'이라고 부를 수도 있겠지요. 1992년의 중도훈련 원 강연에서도 "2차대전 후에 남아 있던, 이념문제로 분단된 3개국 중에서 하나는 무력으로 통일했고 하나는 돈으로 통일했는데 우리 는 지혜로 통일하고 도덕으로 통일하는 길밖에는 없다고 생각합니 다"(『분단체제 변혁의 공부길』 220면)라고 말했는데, 그때 미처 언급하지 않은 예멘을 포함하더라도 도덕통일은 전례가 없는 과업입니다. 아 무튼 무력통일과 금력통일이 모두 불가능하며 그렇다고 통일을 포 기하면 작금의 핵위기 같은 사태가 시도때도 없이 벌어질 것이 분명 해진 오늘, 새로운 통일방식은 더욱 절실해졌습니다.

원불교 2대 종법사 정산 송규(宋奎) 선생은 "지금은 정치인들이 주연이 되어 정치극을 벌이는 도중이나, 그 막이 끝나면 도덕막이 오르나니 지금은 도덕가의 준비기라, 바쁘게 준비하라"(「정산종사법 어」 국운편 27장, 『원불교전서』 795면)고 말한 바 있습니다. 저는 통일시대 를 맞은 한국사회야말로 좁은 의미의 종교인만이 아니고 모든 시민 이 '도덕가'가 되어 시민참여형 통일이라는 도덕극에 출연할 시기 라고 믿습니다. 물론 이때의 '도덕'은 진리의 길로서의 도(道)와 도 에서 나오는 힘으로서의 덕(德)이지 무슨 윤리적 계명이나 특정 종 교의 지시에 따라 통일한다는 말은 아니지요.

또한 시민참여형이라고 해서 정치인의 응당한 역할을 배제하는 것도 아닙니다. 6·15공동선언 같은 정상들의 돌파도 필요하고, 그 때그때 정부가 응당 내려야 할 결정도 많습니다. 남북의 '연합 내지 낮은 단계의 연방'만 하더라도 정부간의 합의로 선포될 때 비로소 성립할 것입니다. 다만 예멘에서와 같은 정치인들끼리의 담합이 아니라, 사회 도처에서 실질적인 접근과 연합이 진행된 뒤에 당국자들이 이를 추인하는 식의 선포가 되어야 하며 선포 이후에는 일반시민의 기여가 더욱이나 확대되리라는 점에서, '시민참여형' 내지 '민중주도형'인 것입니다. 정산 선생의 표현으로 다시 돌아가보면, "집을 짓는 데 터를 닦고 목수 일을 하며 그다음에 토수 일과 도배를 한 후 집주인이 들어가 살게 되는 것같이 지금 좌우당은 터를 닦고 이후 정부는 목수 일을 하고 그후 도덕은 토수 일과 도배를 하여 완전한 좋은 국가를 이룩하리라"(같은 곳)는 것입니다. 이는 해방 직후의 말씀으로 우리 시대의 통일작업을 직접 언급한 것은 아니겠지만, 오늘의 시민참여형 통일에 그대로 적중하는 발언입니다.[4)]

'완전한 좋은 국가'가 동족간의 전쟁과 오랜 단절 및 대결을 통해 굳어졌던 분단구조를 허물고 한반도에 세워질 멋진 선진사회라고 한다면, 이는 정신개벽이라 불러 마땅한 민중의 큰 각성을 요구할 것이 분명합니다. 한반도의 분단체제는 냉전체제의 단순한 일부도 아니요 민족 내부의 사상대립의 산물만도 아니며 민족 대 외세의 문제로 단순화할 수도 없습니다. 물질개벽이라는 세계적인 대세와 한반도 및 동북아시아의 여러 복잡한 사정이 뒤얽혀서 지탱되어왔고 이제 세계 전체의 변화와 한반도 남북 및 주변국들의 변화로 더는 안정적으로 관리할 수 없는 위기상황에 다다른 것입니다. 그런데 이것이 무력이나 금력 같은 선천시대의 방식으로 도저히 타개할 수 없는 특별한 난경이기도 하다면, 물질개벽시대의 실상과 한반도의

---

4) 이와 관련하여 졸고 「통일사상으로서의 송정산의 건국론」, 『흔들리는 분단체제』(창비 1998) 참조.

현실에 대한 지식공부와 각자의 마음공부를 결합하는 정신개벽이 아니고 무슨 타개책이 있겠습니까.

끝으로 한가지 덧붙일 점은, 한국사회에 이런 정신개벽의 기운이 번져서 우리가 민중주도의 통일을 성취한다고 해서 그것이 곧 미륵세상의 도래는 아니리라는 것입니다. 자본주의 세계체제가 한반도의 통일과 더불어 곧바로 새로운 문명으로 전환하리라고 예견하는 것은 또 하나의 헛된 꿈일 터이며, 자기 하는 일의 중요성을 과대평가하는 잘못된 심법(心法)의 소산이기 쉽습니다. 다만 원만하게 통일된 한반도사회가 인류 차원, 특히 동아시아 차원에서의 참문명 건설에 획기적인 이바지가 될 것은 분명하며, 이 나라는 "정신적 방면으로는 장차 세계 여러 나라 가운데 제일가는 지도국이 될 것"(「대종경」 전망품 23장, 『원불교전서』 393면)이라는 소태산 선생의 예언이 한결 방불해질 것입니다.[5]

개교 60주년을 맞은 원광대학교가 이 목표를 향해 더욱 분발해서, 물질개벽에 대한 알음알이를 제대로 갖추며 그에 걸맞은 정신개벽을 성취하는 인재를 많이 길러내줄 것을 다시 한번 부탁드립니다.

⟨2006⟩

5) 정산 종사는 이 점을 좀더 구체적으로 부연했다. "이어 말씀하시기를 '근세의 동란이 갑오동란을 기점으로 하여 일어났나니 동란의 비롯이 된 이 나라에서 될지라 평화의 발상도 이 나라에서 되리라. 우리가 경제나 병력으로 세계를 어찌 호령하리오. 새 세상의 대운은 성현 불보살들이 주장하나니 이 나라의 새로운 대도덕으로 장차 천하가 한집안 되리라.' 또 말씀하시기를 '세계 대운이 이제는 동남으로 돌고 있으므로 앞으로 동남의 나라들이 차차 발전될 것이며 이 나라는 세계의 정신적 중심지가 되리라.'"(국운편 32장, 『원불교전서』 797면)

근대 세계체제, 인문정신, 그리고 한국의 대학

'두개의 문화' 문제를 중심으로

1

많은 사람들의 입에 오르내리는 인문학의 '위기'와 그 '혁신'을 논할 때 이른바 '두개의 문화'(the two cultures) 문제에 대한 진지한 검토가 불가피하다. 현대세계에서 과학과 인문학이 거의 별개의 '문화'로 분리된 현실은 단순히 인문학자들 대다수가 자연과학에 대해 지나치게 무지하다거나 과학자들의 인문학적 소양이 부족하다는 현상에 그치지 않는다. 월러스틴(I. Wallerstein)이 강조하듯이 근대 세계체제, 즉 자본주의라는 역사적 체제 특유의 '지식의 구조'(structures of knowledge)와 직결된 문제인 것이다.[1] 사실이 그러

---

1) 이 문제에 대한 그의 오랜 관심은 *Unthinking Social Science: The Limits of Nineteenth-Century Paradigms* (1991; 국역본 『사회과학으로부터의 탈피』, 성백용 옮

하다면 '인문학의 위기'는 시대적인 대세가 아닐 수 없다. 인문학이 자본주의 세계체제에 긴요한 실적을 생산하는 '과학'으로부터 분리된 별개의 문화로 존립한다고 할 때, 이 세계체제가 건재하는 한 인문학의 입지는 당연히 계속 위축될 수밖에 없을 것이기 때문이다.

따라서 '두개의 문화' 사이의 분열을 감수하며 전제하는 인문학(또는 인문과학)의 혁신에는 한계가 엄연하기 마련이다. 그런데 월러스틴의 지적대로 이런 의미의 인문학은 결코 유구한 전통을 자랑하는 문화가 아니다.

> 근대 세계체제의 존재 이전에는 지식의 구조가 그 인식론에 있어 근대세계의 지식구조와 근본적으로 달랐다. (…) 근대세계에서는 나중에 과학문화라고 불리게 된 것이 먼저 출현했고 (…) 인문학적 문화라고 하는 것은 다분히 과학문화의 창출이 빚어낸 결과였다.[2]

김, 창비 1994)에 이르러 본격화되었다고 하겠으며, 근년의 저서 *The Uncertainties of Knowledge* (Temple University Press 2004; 국역본 『지식의 불확실성』, 유희석 옮김, 창비 2007), 그리고 같은해에 엮어낸 공저 Richard E. Lee and Immanuel Wallerstein, eds., *Overcoming the Two Cultures: Science versus the Humanities in the Modern World-System* (Paradigm Publishers 2004)에서도 집중적으로 거론하고 있다. 2008년 1월 18일의 성균관대학교 대동문화연구원 창설 50주년 기념 국제학술심포지엄 '21세기 인문학의 창신과 대학'에서는 "The University: Today, Yesterday, and Tomorrow"라는 제목 아래 이 문제를 새로 다루었다.

2) "[P]rior to the existence of the modern world-system, the structures of knowledge were radically different in their epistemology from those of the modern world. (…) [I]n the modern world, it was what eventually came to be called the scientific culture that emerged first and (…) the creation of the humanistic culture was in large

그러므로 '혁신'은 이렇게 탄생한 현대 인문학의 강화가 아니라 그러한 분열 이전의 총체적 학문으로서의 인문학, '근본적으로 다른 인식론'을 지닌 인문학으로서의 혁신일 터인데, 그렇다고 마치 수백년의 역사가 없었던 것처럼 분열 이전의 옛 인문학으로 되돌아갈 수도 없는 일이다. 원래의 인문학으로부터 분리되어 발달한 근대 자연과학의 지식과 성과를 수용할뿐더러, 근대과학의 후발 산물이자 문제아에 해당하는 사회과학도 포괄하는 새로운 인문학이 되어야 하는 것이다. 그리고 이런 발본적 혁신을 위해서는 새로운 인식론적 패러다임을 개발해야 한다.

역사가이자 사회과학자로서 월러스틴은 분리된 '두개의 문화'를 재통합하는 작업을 '역사(학)적 사회과학'(historical social science)의 수립이라는 과제를 중심으로 논의해왔다. 『지식의 불확실성』에서는 다소 '엉뚱한 발상'임을 전제하면서, 사회과학으로 분류되는 역사학을 포함한 "모든 기존의 분과학문들을 하나의 거대한 학부로 통합하여 그것을 '역사적 사회과학'으로 부를 것을 가정해보자"[3]고 제의하기도 한다. 이는 흔히 말하는 학제적(學際的, interdisciplinary) 또는 복수학문적(multidisciplinary) 연구와 전혀 다른 발상이다. 기존의 패러다임에 따라 분류된 분과학문 몇개를 연결한다든가 저들의 경계선을 넘나드는 게 아니라 그런 분류법 자체에서 탈피한 학문

━■
   part a consequence of the creation of the scientific culture." (Lee and Wallerstein, "Introduction," *Overcoming the Two Cultures*, 2면)
3) 『지식의 불확실성』 제11장 211면; 원문 171면. 번역은 인용자가 약간 손질했다.

을 하려는 것이기 때문이다. 브로델(F. Braudel)의 '인터싸이언스'에 대한 언급(같은 책 제4장)을 보나 자연과학에서의 '복잡계 연구'(complexity studies) 및 문화연구에 대한 거듭된 강조를 보나 『지식의 불확실성』에서 월러스틴의 기본적 구상은 단순히 역사학과 사회과학 분야들의 통합이 아니라 인문·사회·자연과학의 구분을 철폐한 통합학문임이 분명하다.

그 점에서 인간의 학문활동이 원칙적으로 '단일한 과학'이자 '하나의 인문학'이라는 나 자신의 지론과도 다를 바 없다는 생각이다.[4] 그런데 '단일한 역사적 사회과학'이나 '하나의 인문학'을 거론할 때마다 나오곤 하는 질문이 있다. 지식의 전문화가 고도로 진행된 현실에서 어떻게 그런 통합학문이 가능하겠느냐는 것이다. 대동문화연구원 심포지엄의 토론에서도 비슷한 질문이 나왔고, 월러스틴은 '통합'이란 어느 개인이나 집단이 얼마나 많은 것을 하느냐는 문제가 아니라 새로운 접근법의 문제라고 답했다.

월러스틴의 구상은 "a reunified (and eventually redivided) social science" 즉 '재통합된 (그리고 종국에는 재분할된) 사회과학'이라는 표현으로 집약된다. 앞에 언급한 '엉뚱한 발상'이 기적적으로 실현됐을 경우 벌어질 사태를 상상하면서도 그는 이렇게 말한다.

---

4) 졸고 「학문의 과학성과 민족주의적 실천」(1983), 『민족문학의 새 단계』(창비 1990) 329면 참조. 이 글에서 나는 '정치와 불가분하게 연결된 단일한 역사학적 사회과학'(a single historical social science integrally linked to politics)에 대한 월러스틴의 주장(*The Capitalist World-Economy*, 1979, 서문 "Some Reflections on History, the Social Sciences and Politics," xi면)을 언급한 바 있다.(342면)

이 〔단일화된 사회과학 학과의〕 구조가 우리가 이용하기엔 너무나 크고 거추장스럽다는 걸 즉시 알아챌 것이다. 우리 가운데 많은 사람들은 (아마도 대다수가) 기존 학과들도 지나치게 방만하다는 사실을 이미 알고 있다. 통합은 문제를 몇곱절이나 가중시킬 것이다. 하지만 어떤 일이 일어날지는 물론 뻔하다. 사람들은 자기가 편하게 느낄 모서리를 찾아내어 조만간에 새로운 분할구도가, 어쩌면 새로운 학과들이 생겨날 것이다. 나는 이 새 학과들이 우리가 지금 아는 것과는 사뭇 다른 명칭을 갖게 되리라고 생각한다. 동물학과 식물학이 생물학이라는 단일학과로 통합됐을 때 그러했는데, (…) 현재 생물학 내에는 수많은 소단위와 전공분야가 존재하지만, 내가 아는 한 어떤 것도 식물학이나 동물학으로 불리지 않는다.(『지식의 불확실성』 211~12면; 원문 172면)

통합학문의 현실성 문제와 관련해서는 나 자신도 다음과 같이 설명한 적이 있다.

뻔한 이야기를 노파심에서 덧붙인다면, 필자는 어디까지나 '하나의 인문학'을 겸하는 '단일한 과학'을 말하고 있고 19세기 서양에서 제시됐던 자연과학을 모범으로 삼은 '단일과학' 개념과는 전혀 다른 발상이라는 것이다. 동시에 나날이 전문화가 심해지는 학문세계에서 혼자서 과학의 전 분야를 이해할 수 있는 어떤 '초(超)르네쌍스인간'을 상정하는 것도 아니다. 전 분야를 이해할 수 없기로 치면 물리학이라든가 화학, 생물학 등 어느 분과과학의

내부에서도 사정은 대동소이하다.[5]

과학자이자 과학사학자인 김영식(金永植) 교수가 "인문학을 지식이나 주제나 대상으로서가 아니라 방법이나 정신으로 생각"하자고 제언한 것도 비슷한 취지였을 것이다.[6]

　연구방법 차원에서도 월러스틴의 주장은 인문학에 그대로 해당될 수 있는 성격이다.

　다양한 출처에서 제공되거나 얻을 수 있는 자료를 서로 다른 역사적 사회구조 속의 사람들이 다르게 해석할 수 있다고 해서, 특정한 해석들보다 더 설득력있는 다른 해석에 상대적이며 잠정적인 합의를 이룰 수 없다는 말은 아니다. 단지 모든 해석자들이 갖게 되는 필연적이고 불가피한 사회적 편향을 우리 스스로 의식해야 하며 다양한 편향의 영향을 줄일 수 있도록 결과를 교정하는 요소를 우리의 정신적 작업에 도입해야 함을 뜻할 뿐이다. 한마

---

5) 졸고 「'국제경쟁력'과 한국의 대학」, 『분단체제 변혁의 공부길』(창비 1994) 267면.
6) 김영식 「인문대학 신입생들과 함께 생각해보는 인문학」, 『과학, 인문학 그리고 대학』(생각의나무 2007) 198면. 다만 이러한 인문학의 '방법'이나 '정신'의 구체적인 내용으로 '두 문화'의 분리를 극복하는 새로운 인식론 내지 진리관을 정립하려는 시도는 크게 눈에 띄지 않는다. 따라서 "오늘의 상황에서 그〔=인문학의〕 위기를 해결하는 일이 전통적 인문학에 대한 집착의 형태로 나타난다면 그것은 매우 적절치 못하며 그것은 위기의 실상을 철저하게 파악하지 못한 일"(「지식의 변화와 대학의 대응」, 같은 책 163~64면)임을 정확히 지적하면서도, "특히 중요한 것은 현재 인간의 삶과 문제에서 큰 위치를 차지하는 과학기술, 정보, 경영 등이 당연히 인문적 추구의 중요 대상이 되어야 한다"(165면)는 식으로 다시금 '대상의 추가'에 무게가 실리는 인상이다.

디로 말해서 우리에게 필요한 것은 불확실한 사회적 현실들에 대한 방불한 해석을 확인하기 위한, 그 자체가 불확실성으로 가득 찬 방법론적 로드맵이다.(『지식의 불확실성』 3장 52~53면; 원문 42면)

마지막 문장의 '사회적 현실들'을 '인간적 현실들'로 바꾸기만 해도 이것이 곧 인문학의 방법론에 대한 옹호로 읽힐 수 있는 대목이다.

그러나 월러스틴의 '두개의 문화' 논의에서 가장 중요한 부분은 그가 이 문제를 자본주의라는 역사적 사회체제의 생성과 유지 및 (예상되는) 붕괴과정의 핵심적인 요소로 파악한다는 점이다. 인문학과 과학의 분리가 초래한 현실적인 문제점들에 대해서는 '두개의 문화'라는 표현을 처음 유행시킨 스노우(C. P. Snow)를 비롯하여 수많은 사람들이 지적해왔다. 월러스틴의 종요로운 통찰은 이러한 분리가 자연과학 발달에 따른 단순한 부작용이나 부분적 폐단을 넘어 근대 세계체제 즉 자본주의 세계경제의 운영과 직결된 현실임을 설파했다는 점이다. 본고에서 인문학 및 인문정신에 관한 논의의 시발점을 그의 학설에서 찾은 것도 그 때문이다.

월러스틴에 따르면 자본주의 경제의 효율적 운영을 위해서는 종전보다 예측능력의 정확도가 높아질 필요가 절실해졌고, 동시에 이러한 과학적 지식을 유일한 진리로 설정함으로써 자본주의의 세계적 팽창을 위한 훌륭한 무기를 갖추게 되었다.[7] 그런데 바로 그 자

---

7) 이는 물론 서양의 학문전통 내부에서 (고대의 아리스토텔레스를 위시하여) 자연과학적 사고나 분과학문의 성립을 오래도록 준비해온 요소를 무시한 채 경제적 결정론을 펼치는 것이 아니다. 다만 자연과학의 '진리'가 대학사회를 비롯한 사회 전반에서

본주의 세계경제가 최종 위기국면에 들어서면서 기존의 '지식구조'가 흔들리고 새로운 앎이 필요해진 것이다.

> 오늘날 근대 세계체제는 (…) 체제위기에 처했으며, 따라서 우리의 지식구조도 위기다. 그러므로 우리는 한개가 아니라 두개의 주요한 사회적 불확실성에 직면해 있다. 하나는 우리가 건설중인 새로운 역사적 체제의 본질이 무엇이 될 것이냐는 점이다. 다른 하나는 우리가 건설중인 새로운 지식구조의 인식론이 무엇이 될 것이냐는 점이다. 양자는 결과를 예측하기 어려운 투쟁을 포함하지만, 둘다 우리가 알고 있는 세계가 끝났음을 말해준다. (…) 근대적 지식의 구조, 즉 지식이 과학과 인문학이라는 두 경쟁적인 인식론적 영역으로 분리된 구조는 위기에 빠져 있다. 우리는 더 이상 그것들을 세계에 대한 지식을 얻는 적절한 방식으로 이용할 수 없다.(4장 61~62면; 원문 49~50면)

나는 이러한 기본적인 현실인식을 공유하면서 인문학의 혁신을 꿈꾸는 인문학도의 관점에서 문제를 다뤄보고자 한다. '역사학적 사회과학'의 기본 취지에 공감하면서도 굳이 '하나의 인문학'을 내세우는 표현상의 차이는 강조점의 차이를 수반하게 마련이며, 나아가 좀더 내용있는 토론의 소재를 제공할 수도 있으리라 본다.

■ 거의 절대적인 우위에 올라서게 된 거대한 역사적 변화가 이를 밑받침할 사회·경제적 기반 없이는 불가능했으리라는 점을 지적한 것이다.

2

영문학도에게 '두개의 문화'라고 하면 먼저 떠오르는 것이 이른 바 '스노우-리비스 논란'(the Snow-Leavis Controversy)이다. 이는 문자 그대로 '논란'이지 '논쟁'이나 '토론'이라고는 말하기 어렵다. 스노우가 1959년의 리드 강연(Rede Lecture)에서 '두개의 문화'론을 제기한 데 대해 리비스(F. R. Leavis)가 격렬하게 공격했고 많은 사람들이 리비스의 '과격'하고 심지어 '비신사적'인 반응을 비판했지만, 정작 스노우와 리비스 사이에 논쟁이랄 만한 것이 벌어진 바가 없기 때문이다.[8]

현재의 시점에서 논란의 내용을 돌이켜보면 스노우의 발언에서 남은 것은 '두개의 문화'라는 표현뿐이라는 느낌이다.[9] 과학자들과

---

8) 관련된 문헌은 스노우의 경우 C. P. Snow, *The Two Cultures* (Cambridge University Press 1993); 원래의 강연 제목은 "The Two Cultures and the Scientific Revolution"으로 *Encounter* 1959년 6월호에 게재됨)에 실렸고, 리비스의 경우 F. R. Leavis, *Nor Shall My Sword: Discourses on Pluralism, Compassion and Social Hope* (Chatto & Windus 1972)에 수록되어 있다(이 가운데 스노우에 대한 직접적인 반박을 담은 글은 2장 "Two Cultures? The Significance of C. P. Snow"와 3장 "Luddites? There Is Only One Culture"이며, 전자는 1962년의 강연으로 *Spectator* 1962년 3월 9일치에 게재됨). 논란의 진행과정에 대해서는 앞의 *The Two Cultures*에서 Stefan Collini의 Introduction 참조.

9) 물론 당시에도 리비스가 스노우의 중대한 허점들을 잘 지적했음을 간파한 과학자가 없지는 않았다. Michael Yudkin, "An Essay on Sir Charles Snow's Rede Lecture," in F. R. Leavis, *Two Cultures? The Significance of C. P. Snow* (Pantheon Books 1963) 참조.

인문학자들 간에 좀더 많은 소통과 상호이해가 필요하다는 주장이야 애당초 너무나 당연해서 굳이 언급할 나위가 없을 정도였고, 반면에 두 문화의 분립을 전제로 '과학문화'의 우위를 자랑하며 과학기술이 가져온 물질생활의 향상을 거침없이 찬양한 스노우의 입장을 오늘날 그대로 따를 사람을 지식인사회에서 만나보기는 힘들 것이다. 스노우가 과학자로 자처하면서도 자연과학 내부에서 이미 일기 시작했던 기존 '과학문화'에 대한 회의와 반성에 무감각함은 물론이고 사회과학에 대해 아무런 관심을 보여주지 않은 점도 오늘의 독자에게는 아득히 낡은 이야기로 다가온다.

그에 비해 아직도 생각거리를 제공하는 것은 리비스의 반론이다.[10] 그런데도 리비스가 『지식의 불확실성』에서 전혀 언급되지 않는 점은 주목할 만하다. 물론 월러스틴의 주된 관심영역이 사회과학(및 역사학)이어서 스노우-리비스 논란에 대해 특별히 언급할 필요를 안 느꼈을 수도 있지만, '두 문화의 극복'을 명시적인 주제로 삼아 리처드 리와 함께 엮은 책에서도 리비스가 진지한 고려의 대상이 되었다고는 보기 어렵다. 아무래도 인문학자들이 진행해온 이

---

10) Collini의 앞의 글 외에 Roger Kimball, "'The Two Cultures' Today," *The New Criterion*, vol.12, no.6 (1994년 2월호) 참조. 국내에서는 『지식의 불확실성』의 역자 유희석(柳熙錫) 교수가 「역사적 사회과학과 '두 문화' 담론 ─『지식의 불확실성』을 중심으로」라는 제목의 '옮긴이의 말'에서 본질적으로 동일한 평가를 내렸다. 한가지 밝혀둘 점은 내가 이 발표의 주제를 정한 것은 『지식의 불확실성』 국역본을 접하기 전인바, 아마도 영문학계의 동학으로서 비슷한 문제의식을 가졌기에 유사한 주제를 택하게 되었을 것이다. 아무튼 발표를 준비하는 데 '옮긴이의 말'이 많은 도움이 되었으며, Kimball의 글을 인터넷에서 읽은 것도 그가 소개한 주소(www.newcriterion.com/archive/12/feb94/cultures.htm)를 통해서였다.

방면의 노력에 대한 인식이 미흡한 까닭이라 생각되는데, 실제로 『지식의 불확실성』에는 인문학과 과학의 분리과정을 너무 단순화하는 듯한 대목들이 보인다.

> 최소한 지난 200년간 과학은 진리에 이르는 가장 정당한, 심지어 유일하게 정당한 길로서 군림해왔다. 지식구조들 속에서 과학은, 서로 양립할 수 없을 뿐 아니라 사실상 위계질서에서 상하관계를 이룬다고 생각된 '두 문화'가—즉 과학과 철학(또는 인문학)이—존재한다고 믿음으로써 정당화되었다. 그 결과, 세계의 대학들은 거의 모든 곳에서 두 문화를 별개의 학부들로 분리했다. (제5장 88~89면; 원문 71~72면)

하나의 경향으로서 이런 흐름이 18세기말 또는 19세기초에 시작되었다고 한다면 몰라도, '두개의 문화'가 그때 이미 정착되었다는 주장이라면 과도한 이야기가 아닐 수 없다. 더 중요한 것은, 이렇게 정리함으로써 지난 200년간의 인문학은 과학에 대한 완고한 반대로만 치닫거나 아니면 과학주의에 실질적으로 굴복하는 것 외에 이렇다 할 목소리를 못 낸 것으로 부각된다. 자연과학의 성취를 수용하면서도 철학 및 인문학의 본래 정신에 충실하고자 했던 진지한 탐구들이 제 몫을 인정받지 못하게 되는 것이다.

여기서 길게 논할 일이 아니고 내게 그럴 능력도 없지만, 칸트와 헤겔 등 상당수의 철학자들이 과학과 분리된 인문학이 아니라 여전히 총체적 학문으로서 근대과학의 지식도 수렴하는 철학작업을 수행했으며, 근대적 지식구조의 전복에 선구적인 역할을 한 니체 역시 과학적인 지식을 거부하고 탐미주의나 예술지상주의로 귀의한 사상가는 아니었다.[11] 또한 스스로 수학자이면서 전혀 다른 철학전통에 속한 화이트헤드(Alfred North Whitehead)를 보더라도 그의 주저 『과정과 실재』(1929)에서, "미적·도덕적·종교적 관심사들을 자연과학에서 기원하는 개념들과 연결짓는 관념체계를 구축하는 일이야말로 온전한 우주론의 한 동기가 아닐 수 없다"[12]는 전제 아래 '두개의 문화' 극복작업에 하나의 선례를 보여주었다. 아니, '역사학적 사회과학'의 선구자라 할 맑스도 당연히 이들 철학자의 반열에 넣어야 할 것인바, 그가 과학적인 사회분석의 주창자이면서도 끝내 '(정치)경제학'이 아닌 '(정치)경제학비판'이라는 비평적·인문적 작업을 본업으로 삼았음을 기억할 필요가 있다.[13]

■■

11) *Overcoming the Two Cultures*에 "The Natural Sciences and the Humanities, 1789-1945"를 기고한 에릭 밀런츠(Eric Mielants)는 "괴테와 쉴러에서 표현주의와 예술지상주의 운동, 그리고 아놀드와 리비스에 이르는 하나의 연결선, 즉 (…) 가치와 아름다움의 방어를 표방하는 하나의 선이 그어지는바"(앞의 책 51면)라고 말할 때 니체도 염두에 두었는지는 모르겠지만, '가치와 아름다움의 방어'가 과학적 진실을 배제한 작업이라면 괴테와 쉴러는 물론 아놀드와 리비스도 이에 해당되지 않는다.

12) "[I]t must be one of the motives of a complete cosmology to construct a system of ideas which brings the aesthetic, moral, and religious interests into relation with those concepts of the world which have their origin in natural science." (A. N. Whitehead, *Process and Reality: An Essay in Cosmology*, Corrected Edition, The Free Press 1978, Preface, xii면)

13) 대동문화연구원 심포지엄에서 토론자 유재건(柳在建) 교수가 이 점을 지적했는데, 그는 「맑스와 월러스틴」이라는 글에서 맑스의 방법에 대해 다음과 같이 서술하기도 했다. "맑스가 평생 자신의 사상에 '체계'라는 용어를 붙이는 데 대해 지나칠 정도의 거부반응을 보이고 자기 연구를 언제나 비판이자 분석으로 일컬은 것도 사실상 보편주의를 겨냥한 것이었다. 이는 월러스틴이 자신의 이론을 '세계체제론'이 아닌 세계

영문학에서는, 비록 '두개의 문화'라는 표현이 나오기 전이지만 그 문제를 일찌감치 제기한 인물로 매슈 아놀드(Matthew Arnold)를 들 수 있다. 그는 과학에 대한 문학의 우위를 역설했으나, 동시에 '문학'(literature)의 범위에 유클리드, 갈릴레오, 뉴턴, 다윈 등의 저술이 포함됨을 강조했고, '순문예'(belles letters) 교육만으로 제대로 된 '삶에 대한 비평'(criticism of life)을 할 수 없음을 지적했다. 인문교육보다 과학교육을 중시해야 한다는 헉슬리(Thomas Henry Huxley)의 주장을 반박한 그의 강연 「문학과 과학」은 다음과 같은 말로 끝난다.

우리는 누구나 근대과학이 도달한 위대한 결과를 알아야 하고 근대과학의 여러 분야에서 우리가 편하게 감당할 수 있는 최대한도의 훈련을 받도록 해야 하지만, 대다수의 사람들은 항상 인문학을 필요로 할 것이다. 그리고 올바른 행동에 대한 인간의 욕구 및 아름다움에 대한 인간의 욕구와 연관을 지어야 할 과학의 성과가 더 많아지고 위대해질수록 그러한 필요는 더욱 커질 것이다.[14]

■
체제 '분석'이라 즐겨 쓰는 것과 유사해 보인다."(『창작과비평』 1996년 봄호 332면)
14) "[W]hile we shall all have to acquaint ourselves with the great results reached by modern science, and to give ourselves as much training in its disciplines as we can conveniently carry, yet the majority of men will always require humane letters; and so much the more, as they have the more and the greater results of science to relate to the need in man for conduct, and to the need in him for beauty." (Matthew Arnold, "Literature and Science," [1883, 1885], *The Portable Matthew Arnold*, ed. Lionel Trilling, The Viking Press 1956, 429면)

물론 아놀드는 이러한 연결을 가능케 해줄 지식구조에 대한 인식론적 탐구를 수행하지는 않았고, 당시에 이미 융성의 길에 들어선 사회과학에 대한 언급이 없는 점도 논의의 구체성을 떨어뜨린다. 그러나 "한마디로 선과 미에 대한 주장을 포함하지 않는 진리탐구는 없는 것이다"(『지식의 불확실성』 3장 69면; 원문 57면)라는 월러스틴의 명제에 정확히 부합하는 입장인 것만은 분명하며 과학주의에 굴복하지도, 문학주의에 흐르지도 않는 원칙을 세운 것이었다.

3

바로 이러한 전통을 계승하면서 '두개의 문화'를 실질적으로 극복할 새로운 인식론의 모색으로까지 밀고 간 비평가가 리비스다. 그는 흔히 '두 문화' 중 한쪽에 아놀드보다도 더욱 치우친 극단적 문학주의자로 인식되지만, 실은 이런 오해를 받게 된 것도 아놀드처럼 건전한 양식에 호소하는 데 멈추지 않고 자신의 주장을 한층 치열하고 치밀하게 개진했기 때문이다. 과학주의/문학주의 문제만 하더라도 『나의 칼도 내 손에서 잠자지 않으리』의 제6장을 이루는 「'문학주의' 대 '과학주의': 그릇된 인식과 위험」은 단순히 그러한 양분법을 비판하는 것으로 만족하지 않는다. 스노우의 '과학주의'와 리비스의 '문학주의'를 다같이 넘어서야 한다는 올더스 헉슬리(Aldous Huxley)류의 양비론을 꼬집어서, 바로 이런 발상이 과학과 문학 모두를 가능케 하는 인간의 창조성과 책임성에 대한 현대인의 무감각을 드러내는 전형적 태도라고 공격하는 것이다.[15] '문학주의' '과학주의'에 따옴표를 붙여서 쓴 것도 그 때문이다. 하지만 리비스의 주장에 공감하지 못하는 독자에게는 이렇게 단호하고 비타협적인 태도를 보일수록 '골수 문학주의자의 독선'이라는 인상이 짙어지는 것 또한 사실이다.

그가 스노우의 '두개의 문화'론에 맞서 오직 하나의 문화가 있을 뿐임을 역설한 것도, 인문학자들의 문화만이 진정한 문화라고 주장하며 과학문화를 무시하는 오만과 독선으로 비쳐지기 일쑤였다. 그러나 스노우의 '두개의 문화'론이야말로 현대문명의 반문화적 본질을 집약한 것이라고 맹공한 리비스의 분노는, "두 문화라는 비유를 지적 재앙으로 생각하는"(『지식의 불확실성』 10장 196면; 원문 160면) 월러스틴의 반응과도 상통한다. 더구나 "스노우가 그의 저서를 냈을 때는 '두개의 문화' 개념이 자명한 것 같았고 그래서 이 표현이 쉽게 퍼졌던 데 비해, 1960년대 이래로 그 개념은 점증하는 도전을 맞게 되었다"(*Overcoming the Two Cultures*, 1면)라는 월러스틴과 리의 진단이 옳다면, 최초의 명백한 도전자이자 문제의 핵심을 정확히 짚은 비판자의 영예는 리비스에게 돌아가야 할 것이다. 바로 그 점에서 얼핏 인신공격으로 비칠 수 있는 리비스의 스노우 비판이 실은 포우프(Alexander Pope)적 풍자문학의 모델을 따른 그 나름의 '사심없는' 문학행위였다는 마이클 벨(Michael Bell)의 지적이 설득력을 지닌다.[16]

---

15) "'Literarism' versus 'Scientism': The Misconception and the Menace," *Nor Shall My Sword*, 139~41면.

그러나 핵심은 '과학문화'를 포함하는 단일한 문화를 가능케 하는 인간의 창조성과 진리인식 능력을 어떻게 설정하느냐는 점이다. 리비스가 "(비철학적인 방식임이 틀림없겠지만 내가 학생들과 이야기하면서 그렇게 부르는) '제3의 영역', 즉 단순히 사적이거나 개인적이지도 않으면서 실험실로 끌어들인다거나 손가락으로 가리킬 수도 없는 것이 차지하는 영역의 성격과 그 우선성" [17]에 대해 활자를 통해 처음 언급한 것도 바로 스노우를 비판하는 글에서였다. 이때 '제3의 영역'의 '우선성'(priority)이라는 말에 주목할 필요가 있다. 곧, 통상적인 이분법에 등장하는 '객관적' 세계도 아니고 '주관적' 세계도 아니라는 점에서 '제3'의 영역이지만, 내용상으로는 이 영역이야말로 지식을 포함한 모든 인간적 현실을 가능케 하는 '제1'의 영역이라는 주장이다. 시(詩)의 존재가 단적으로 보여주는—그러나 시에 국한되지 않고 모든 인간의 창조활동이 예시하는—이 영역의 실재성과 객관성을 설정함으로써만 과학적 진실의 (실제로 한 차원 낮은) 객관성도 성립한다는 뜻이다. 이후 리비스는 이 문제에 대한 집요한 탐구를 계속하는데, [18] 비록 어디까지나 문학비평가의

■

16) "The lecture seems to me to be justified on the Popean model both in its essential point and, having accepted that, in its manner. (⋯) In the nature of the case it could not have been done moderately or without personalities. Its essential burden is not philosophical, but situational. Yet for the purpose it has been done disinterestedly." (Michael Bell, *F. R. Leavis*, Routledge 1988, 75면)

17) "(⋯) the nature and priority of the third realm (as, unphilosophically, no doubt, I call it, talking with my pupils), the realm of that which is neither merely private and personal nor public in the sense that it can be brought into the laboratory or pointed to." (*Nor Shall My Sword*, 제1장 62면)

탐구로서 하이데거(Martin Heidegger) 같은 철학자의 작업과는 성격을 달리하지만 그것이 도달한 사유의 차원은 비슷하지 않은가 한다.[19]

리비스 같은 비평가의 기여를 강조하는 까닭은 단순히 오늘날 학문세계의 큰 관심사로 떠오른 '두 문화의 극복' 작업에서 그의 선구적 역할을 알아주자는 것이 아니다. 월러스틴 등이 구상하는 새로운 통합학문이 원래의 취지대로 '정치와 불가분하게 연결된 단일한 역사학적 사회과학'이 되려면 이것이 인식론의 문제요 '지식의 구조' 문제일 뿐 아니라 인문적 실천의 문제가 될 수밖에 없음을 강조하려는 것이다.

『지식의 불확실성』에서 월러스틴은 자연과학을 포함하는 모든 학문의 '역사(학)적' 성격에 대해 매우 도전적인 주장을 한다. "모든 학문이란 과거에 관한 것이다. 그리고 나는 모든 사회과학이 과거시제로 씌어져야 한다고 굳게 믿는다"(8장 171면; 원문 138면)는 것이다. 또 제11장에서는, "무엇보다 먼저 과거시제를 옹호하는 데서 시작해야겠다. 사실상 모든 언술은 과거시제로 이루어져야 한다. 현재시제를 사용한 진술은 보편성과 영원성을 멋대로 가정하는 것이

---

18) *Nor Shall My Sword*의 2, 3장 외에도 *The Living Principle: 'English' as a Discipline of Thought* (Chatto & Windus 1977)의 제1장 "Thought, Language and Objectivity"와 유고집 *Valuation in Criticism and Other Essays* (Cambridge University Press 1986)에 수록된 "Valuation in Criticism" "Thought, Meaning and Sensibility: the Problem of Value Judgment" 등 참조.

19) 이 문제에 관해 졸저 『분단체제 변혁의 공부길』 중 「세계시장의 논리와 인문교육의 이념」, 특히 제4절 '진리 개념에 대한 도전' 참조.

다. 문법적 속임수를 이용해 어떤 주장을 제기해서는 안된다"(227면; 원문 184면)고 말하기도 한다. 이는 '지식'의 본질에 관한 가위 획기적인 주장으로서, 로런스(D. H. Lawrence)의 소설 『연애하는 여인들』에서 버킨이라는 인물이 심지어 중력의 법칙도 과거에 대한 지식에 불과하다고 고집하는 대목을 상기시키기도 한다.[20)

그러나 '학문'이 아닌 '비평'의 경우는 정반대다. 해당 평론문장이 실제로 어떤 시제로 씌어졌든 간에 비평은 원칙적으로 현재형의 진술인 것이다. 요즘은 비평 또한 이론이요 그런 의미에서 학문의 일부로 간주하는 이들도 많지만, 나 자신은 아놀드, 리비스와 더불어 비평의 본령은 좋은 작품과 덜 좋은 작품, 아예 안 좋은 작품을 가려내는 '지금 이곳에서의 판단'에 있다고 믿는다. 다만 현재 시점의 그 판단이 가급적 충실한 과거시제의 앎에 의해 밑받침될 필요가 있을 뿐이다.

흔히 인문학은 과거의 문헌들에 대한 지식의 탐구를 그 본령으로 삼는다고 생각되는데, 이는 물론 오늘날의 많은 인문학자들이 '두 개의 문화' 분리상태에 안주하면서 과거 문헌들에 대한 연구를 자신의 입지를 지켜줄 분과학문의 마지막 보루로 삼는 탓도 있다. 하지만 인문학에서 과거의 앎이 큰 비중을 차지하는 본래 뜻은, 현재

---

20) "'엄밀히 말하면 지식이라는 건 이미 완결된 과거의 것에 대해서만 가능하지요. (…)'라고 그는 답했다.
'과거에 대한 지식만이 가능한가요?' 준남작이 정색을 하고 물었다. '가령 중력의 법칙에 대한 우리의 지식을 과거에 대한 지식이라 부를 수 있나요?'
'그럼요.' 버킨이 말했다." (D. H. Lawrence, *Women in Love*, ed. David Farmer et al., Cambridge University Press 1987, 86면. 번역은 인용자)

에 대한 비평적·인문적 개입이 인문정신의 본질인데 그러한 실천
이 한결같이 너무도 아슬아슬한 모험이기에 지난날의 최선의 사례
들을 최대한으로 익히는 데서 도움을 얻고자 하는 까닭이다. 아놀
드가 '교양'(culture)의 내용으로 "세상에서 생각되고 말해진 최상
의 것을 아는 일"(to know the best which has been thought and
said in the world)을 내세운 취지도 바로 그것이라고 보아야 하며,
옛것을 익히 앎으로써 새로운 것을 제대로 알고 대처한다는 『논어』
의 '온고이지신(溫故而知新)'의 원리 또한 이에 다름아닌 것이다.

　한가지 유의할 점은, 이러한 의미의 고전중시 사상은 특정한 문
헌을 '세상에서 생각되고 말해진 최상의 것'으로 재론의 여지 없이
고정시켜놓는 이른바 정전주의(正典主義)와 다르다는 것이다. 무엇
이 좋고 무엇이 덜 좋으며 또는 아예 안 좋은가를 가리는 작업은 특
별한 비평행위이기 전에 우리의 독서(내지 감상)행위에 내장된 기
능이며, 읽고 생각하며 판단하는 현재적 실천을 통해 '최상의 것'을
끊임없이 재확인 또는 수정하는 작업이야말로 '교양'의 핵심이요
'온고지신'의 본질인 것이다.

　물론 이것은 문학비평에 국한되지 않는 진실이다. 아놀드가 '삶
에 대한 비평'으로 규정한 문학작품 자체가, 아니 예술작품 일반이
그러할 터이며, 넓은 의미의 '정치'에 해당하는 의식적 행동이 모두
현재에 개입하는 현재형 시제이다. 현재가 아무리 덧없는 순간일지
라도 그것 말고는 다른 처소가 없으며, 과거나 미래에 대한 진술 또
한 '정치적' 차원에서는 현재형의 취사(取捨)일 수밖에 없는 것이다.
그러므로 인문학은 — '정치와 불가분하게 연결된 단일한 역사학적

사회과학'도 당연히 그렇겠지만 — 과거시제로 씌어지는 학문의 성격과 인간다움을 구현하는 현재시제의 실천을 겸하고 있다. 진·선·미의 동시적 추구라는 유구한 과제가 뜻하는 바도 곧 그런 것일 터이다.

4

이제 이 과제와 관련된 몇가지 이론적·실천적 문제를 가급적 한국 대학과 연관지어 언급해보고자 한다.

첫째, 인문정신이 문학비평에 국한되지 않음을 명시했지만 넓은 의미의 문학비평이 인문학에서 갖는 의의는 결코 범상하지 않다. '문학'을 '순문예'로 한정하지 않는 데 동의한다면 문학비평의 기본은 곧 온갖 문헌을 사려깊게 읽는 행위이며, 이는 또한 무엇이 진실되고 아름답고 올바른 실행으로 이끄는가를 판단하는 책임을 저버리지 않는 읽기를 뜻한다. 그에 비해 자연과학, 적어도 쿤(Thomas Kuhn)이 말하는 '정상과학'(normal science)[21]에는 인간의 읽기능

---

21) Thomas S. Kuhn, *The Structure of Scientific Revolutions*, Second Enlarged Edition, University of Chicago Press, 2~4장 참조. 실은 '정상과학'뿐 아니라 '패러다임 전환'을 일으키는 획기적인 과학적 발견들도 명제적 진실의 발견이라는 점에서는 '읽기능력'의 부분적 동원 이상을 요구하지 않는다. 그러나 발견자 개인의 발견**행위**로 말할 것 같으면 기존의 패러다임에 대한 비평능력을 포함한 고도의 창조성이 작동한다고 생각되기에, '자연과학' 일반보다 '정상과학'에 국한하는 표현을 택한 것이다. 이 점을 정리하는 데는 서울대 인문학연구원 강연(2008. 4. 17) 당시 김남두(金南斗) 교수의 논평이 도움이 되었다.

력 중 한정된 일부만이 동원되기 때문에, 그것이 확증하는 진실은 비평적 판단보다 한급 낮은 차원의 진리를 다룬다고 보는 것이다.

월러스틴과 그의 동료들이 진행해온 '두 문화 극복' 시도가 아직껏 대안적 인식론의 확립에 미달하고 있는 것은 문학비평의 기본적 중요성에 대한 인식이 불충분한 점과 결코 무관하지 않다. 이는 '문화연구'(cultural studies)의 획기적 의의에 대한 과대평가로 나타나기도 한다. 그는 『지식의 불확실성』 제2장(28~29면; 원문 21면) 등 여러 곳에서 문화연구가 자연과학에서의 '복잡계 연구'와 더불어 뉴턴적 지식 패러다임을 해체하고 새로운 지식구조를 창출하는 데 핵심적인 기여를 했음을 강조하는데, 완고한 인문주의자들의 독단을 해체하는 일에 문화연구가 크게 기여했고 지금도 기여하고 있는 것은 사실이다. 하지만 이는 해체론 등 각종 '포스트'(post) 내지 '탈' 담론과 공유할 성과이며, 시간이 가고 대학에서의 그 위치가 굳어질수록 문화연구는 기존 학문의 위기와 혼란상을 반영할지언정 진정한 돌파구를 만들어가지는 못하고 있다는 인상이 짙다. 심한 경우, "문화연구라는 발상이 제기되는 것은 대학의 입장에서 문화의 개념이 더는 어떠한 생명력도 지니지 않게 되었을 때다. 문화가 하나의 '이념'으로서 대학에 아무런 중요성을 지니지 못하기 때문에 인문과학들은 문화를 갖고서 하고 싶은 대로 하고 '문화연구'를 해도 되는 것이다"[22]라는 신랄한 지적을 유발하기도 한다.

물론 이것이 앞서 말한 문화연구의 현실적 의의를 부정하는 결과

---

22) Bill Readings, *The University in Ruins*, Harvard University Press 1996, 91면.

가 되어서는 안된다. 특히 '문화로의 전환'에 선구적 역할을 한 톰슨(E. P. Thompson)이나 레이먼드 윌리엄즈(Raymond Williams)를 두고 그렇게 말할 수는 없을 것이다. 그런데 톰슨은 역사학이라는 전통적 학문의 중심성을 강조하면서, 문화를 중시하되 '정치와 불가분하게 연결된 단일한 역사학적 사회과학'에 근접하는 작업을 진행한 인물이며,[23) 윌리엄즈는 문화연구의 창시자로 일컬어지기도 하지만 비평가이자 현실참여적 지식인으로서 다분히 수공업적인 방식으로 수행하던 문화연구가 제도화하면서는 그 분야에서 발을 뺀 바 있음도 상기할 필요가 있다. 레딩스(Bill Readings)는 두 사람의 문화중시 입장을 묶어주는 키워드로 '참여'(participation)를 내세운다. 그리고 "비평자는 분석의 대상이 되는 문화에 참여해야 하며 분석대상은 문화 전반에 참여해야 한다"(같은 책 96면)는 원칙이 그때까지는 작용하고 있었음을 강조한다.

우리의 인문정신 논의의 연장선상에서 이를 달리 표현한다면, 문

---

23) 실제로 톰슨은 '통합학문'(unitary discipline)으로서의 "'역사학'은 인문학의 여왕으로서 제자리를 되찾아야 한다"고 주장하면서, 그렇기 때문에 이는 가장 덜 정밀한 학문일 수밖에 없지만 그래도 역사학의 "지식은 어디까지나 지식이고, 그 지식은 역사학적 논리라는 그 나름의 엄격한 절차, 그 나름의 입증담론을 거쳐서 얻어진다"고 강조한다. E. P. Thompson, "The Poverty of Theory," *The Poverty of Theory and Other Essays*, Monthly Review Press 1978, 70면. 대동문화연구원 심포지엄에서 유재건 교수는 리비스에 대한 나의 발언을 논평하면서 톰슨과 리비스의 유사점에 대해 질의했는데, 나는 특히 '역사학적 논리'라는 그의 개념, 즉 역사적 진실이 자연과학적 실험의 검증대상은 못 되지만 그렇다고 역사가의 주관적 해석만도 아닌 그 나름의 객관성을 지니도록 해주는 역사학(및 인문학) 특유의 '논리' 개념이 문학비평에서 판단의 객관성에 관한 리비스의 사유와 상통함을 시인했다('역사학적 논리'에 대한 톰슨의 설명은 "The Poverty of Theory," 37~50면 참조).

화연구가 '진·선·미의 동시적 추구'에 입각한 현재적 실천으로부터 비켜서고 '세상에서 생각되고 말해진 최상의 것을 아는 일'을 (고급문화/대중문화의 이분법을 타파한다는 등의 구실로) 게을리하는 순간 인문학의 진정한 혁신을 위한 동력을 상실한다고 말할 수 있다. 읽고 생각하는 '문학비평'의 훈련은 인문정신 실현의 기초인 것이다.

이는 극히 상식적인 이야기 같지만 한국 대학교육의 혁명적인 변화를 요구하는 명제일 수 있다. 실제로 얼마나 혁명적일지는, 현행 교육이 — 어문학과들의 연구와 교육을 포함해서 — 이런 '상식'을 과연 얼마나 존중하고 있는지를 반성해보면 드러나리라 본다. 아무튼 이 명제는 자기 나라 말로 된 최상의 것을 읽고 생각하는 훈련의 본거지가 되어야 할 국어국문학 분야에 특별히 해당될 것이다. 물론 분과학문으로서의 국어학 및 국문학이 수행하고 있는 전문연구(research)를 포기하라는 뜻은 아니고, 한국의 경우 리비스가 영국의 영문학 공부에서 기대했던 연결중심(liaison centre)적 역할을 한 국문학 공부만으로 감당하기 벅찬 여러가지 사정이 있다. 그러나 '두개의 문화' 분리를 극복하는 전제조건으로서의 '문학비평적 능력'을 국문학도를 비롯한 대학인들이 얼마나 인식하느냐에 따라 인문정신 복원의 성패가 갈리리라고 본다.

둘째, '진·선·미의 동시적 추구'가 일종의 가망없는 곡예에 머물지 않으려면 '진(眞)' 자체가 명제적 진실과는 다른 차원의 어떤 근원적 진리로 정립되어야 하는데, 이를 위해 한국을 포함한 동아시아 대학들의 독특한 기여가 필요하며 가능하리라 본다. 물론 서양의 동아시아연구자들도 이에 동참하며 때로는 선도할 수도 있고, 서구 언어에도 흔히 종교적인 뉘앙스를 띠고 대문자 Truth로 표기되는 별도의 진리 개념이 존재한다. 아무튼 프리고진(Ilya Prigogine) 등의 '복잡계 연구'나 문화연구 및 각종 '탈' 담론들은 기존의 진리관을 해체하는 데는 유능하지만, 여기서 한걸음 더 나아가기 위해서는 동아시아 전통에서 강조해온 '도(道)' 또는 '진여(眞如)'의 경지를 탐구할 필요가 있겠다는 것이다.

이에 대해 나는 연전에 발표한 글에서 다음과 같이 주장한 바 있다.

동아시아 전통 속의 '도(道)' 개념은 유교에서건 불교 또는 도가에서건 항상 진(the true)과 선(the good)의 '융합'에 해당하는 것이었음을 상기해봄직하다. 물론 이때의 '진' 또는 '참'이라는 것은 명제적 진실(propositional truth)을 넘어선 것이며(특히 불교에서는 심지어 유와 무의 구분도 넘어서고 그리하여 그 진리로 하여금 본질주의의 경계를 벗어나게 한다), '선'이라는 것도(이 경우 또한 불교의 예가 특히 두드러지는데) 흔히 보는 선악이분법의 윤리에 한정되지 않고 그런 의미에서 니체의 표현대로 '선악의 피안'에 놓이게 된다. 물론 전통적인 도 개념으로의 단순한 복귀나 그 복원이 해답이 되는 것은 아니다. 그러한 복귀는 설사 가능하다고 해도 수긍하기 힘들 터이다. 전통적 도 개념의 본질적인 취지가 무엇이었건 간에, 그것이 구체적으로 표현된 결과는 대부분 권위주의적이며 하나같이 불평등한 사회체제들을 지탱하는 특정 가치들과 결부되어왔기 때문이다. 그렇지만 진과 선을 한때 동아시아의 사고와 실천에서 친숙했던 어떤 궁극적인 수준에서 '융합'함이 없이 양자를 '나란히' 추구하는 일이 과연 가능할 것이냐는 물음은, 근대적 합리성에 대한 여하한 진지한 비판에서도 숙고할 점이다.[24)]

대체적인 논지는 지금도 타당하다는 생각이다. 그러나 논의가 극히 소략했을뿐더러, "전통적인 도 개념으로의 단순한 복귀나 그 복원이 해답이 되는 것은 아니다"라는 단서에 대해서도 좀더 확실한 무게를 실어둘 필요를 느낀다. 대동문화연구원의 국제심포지엄에서 「근대 중국의 '신학술운동'과 인문학」을 발표한 대만의 왕 판썬(王汎森) 박사는 동아시아 전통학문의 '구도(求道)' 또는 '치용(致用)' 위주의 성격을 '구지식(求知識)' 위주로 전환시킨 청말(淸末)·민초(民初)의 신학술운동이 이룩한 공로를 주목했는데,[25)] 그러한 전환을 일단 철저히 겪어야 할 필요성은 지금도 절실하다고 보아야 한다. '두 문화'의 분리가 궁극적으로 불행한 사태를 야기했다 해도 근대과학의 발전은 그러한 분리 없이 불가능했다고 할 때, 과학의 성과를 수렴하는 새로운 인문학을 지향하는 입장에서는 "동양 전통학문체계에서 과학도 인문학도 따로 존재하지 않았다"[26)]는 지적을

24) 졸고 「한반도에서의 식민성 문제와 근대 한국의 이중과제」, 『창작과비평』 1999년 가을호 24~25면. 이 글의 기초가 된 것은 1998년 페르낭 브로델 쎈터에서 월러스틴 교수의 주재 아래 열린 학술대회에서의 발제였다. 영문 원본은 영국의 계간지 *Interventions* 제4호(2000)에 실렸다.
25) 심포지엄 자료집 102면(원문은 88~89면).

따끔하게 받아들일 필요가 있다.

그렇다고 지식 위주의 근대적 학문으로의 전환을 완수한 뒤에야 동양적인 '도'의 탐구를 재개할 수 있다는 태도는 근대주의에 투항하는 것밖에 안된다. 이 문제 또한 우리 나름의 근대적응과 근대극복 작업을 단일한 '이중과제'로 수행해야 한다는 논리가 적용되어야 할 대목이다.[27] 아니, 한국의 대학사회가 이런 이중과제 수행의 열정으로 가득 차기 전에는 새로운 지식구조의 개척자로서 '경쟁력'을 갖추기는 힘들리라고 감히 말할 수 있다.

셋째로, 이렇게 '도'의 새로운 탐구로 이어지는 인문학의 혁신은 단순히 '인식론'(epistemology)이나 '지식의 구조'(structures of knowledge) 차원의 문제가 아님이 분명하다. 각자의 '비평적'이고 '정치적'인 훈련을 포함하는 좀더 전면적인 마음공부 내지 수행(修行)을 요구하는 일인 것이다. '마음공부'라고 하면 현실적 실천과 동떨어진 개인수양을 연상하기 쉬우나, 개인수양[修己]을 수반하는 정치행위[治人]를 강조하려는 것이며, '세계사업' 속의 '도통(道通)' 공부를 전제하는 것이다.[28]

통합학문으로서의 새로운 인문학을 위해서도 이런 마음공부는 중요하다. 다양한 분야의 방대한 지식을 통합적으로 다루는 인문학

26) 김영식 「동서양 전통학문 속에서의 '자연과학'과 '인문학'」, 앞의 책 118면.
27) 이런 의미의 이중과제론에 대해서는 앞의 「한반도에서의 식민성 문제와 근대 한국의 이중과제」 18~20면, 그리고 최근의 논의로 『창작과비평』 2008년 봄호의 '한반도에서의 근대와 탈근대' 특집에 수록된 백영서(白永瑞), 이남주(李南周)의 글과 백낙청·조효제(趙孝濟) 대화 「87년체제의 극복과 변혁적 중도주의」 참조.
28) 본서 제14장 「통일시대·마음공부·삼동윤리」 참조.

(또는 '역사적 사회과학')을 누가 해낼 수 있겠느냐는 의문과 관련해서 "'통합'이란 어느 개인이나 집단이 얼마나 많은 것을 하느냐는 문제가 아니라 새로운 접근법의 문제"라는 월러스틴의 답변을 앞서 소개했지만, 이때의 '새로운 접근법' 자체가 단순히 연구방법론의 문제는 아니다. 그때그때의 현실이 무엇을 요구하는지에 대한 '비평적' 내지 '정치적' 판단의 훈련에 입각하여 지식공부에 최선을 다하되, 스스로 감당할 수 있는 만큼의 지식에 자족할 줄도 아는 마음공부가 따라야 한다. 말하자면 물질적 가난뿐 아니라 지식의 가난에도 흔들리지 않는 '안빈낙도(安貧樂道)'의 수행이 필요한 것이다.[29]

이런 수행은 대학이라는 공간을 훌쩍 뛰어넘는 일이자 시간상으로도 대학진학 훨씬 전부터 진행되어야 할 작업이다. 또한 근대과학과 근대적 합리성에 의해 위신을 잃은 종교적 교리들에 얽매임이 없이 어떻게 삶의 종교적 차원을 복원하느냐는 문제이기도 하며, 상이한 종교들과 더불어 비종교적인 세속운동들마저 진리의 탐구와

---

29) 이 점을 원불교의 창시자 소태산(少台山) 박중빈(朴重彬)은 다음과 같이 설파했다. "무릇, 가난이라 하는 것은 무엇이나 부족한 것을 이름이니, 얼굴이 부족하면 얼굴 가난이요, 학식이 부족하면 학식 가난이요, 재산이 부족하면 재산 가난인바, 안분을 하라 함은 곧 어떠한 방면으로든지 나의 분수에 편안하라는 말이니, 이미 받는 가난에 안심하지 못하고 이를 억지로 면하려 하면 마음만 더욱 초조하여 오히려 괴로움이 더하게 되므로, 이미 면할 수 없는 가난이면 다 태연히 감수하는 한편 미래의 혜복을 준비하는 것으로 낙을 삼으라는 것이니라. (…) 예로부터의 성자철인이 모두 이러한 이치에 통하며 이러한 심경을 실지에 활용하셨으므로 가난하신 가운데 다시없는 낙도생활을 하신 것이니라."(「대종경」 인도품 28장, 『원불교전서』 22판, 원불교출판사 1995, 198~99면)

실현을 위해 협동하는 길을 찾는 문제이기도 하다. 그러나 여기서는 이 또한 '두개의 문화'를 제대로 넘어서서 새로운 인류문명을 건설하기 위해 필수적으로 대면해야 할 문제임을 상기시키는 데 만족하려 한다.

마지막으로, 인문학의 혁신이라는 과제를 이렇게 확대하다보면 과연 한국의 대학이, 아니 어느 나라의 대학인들 이를 감당할 수 있으랴 하는 의문이 들게 마련이다. 제대로 된 비평적 훈련만 해도 대학 자체만으로 해결하기 힘든 일이려니와, 마음공부에 바탕한 인문학의 전면적인 쇄신은 초·중등교육은 물론 가정교육과 전반적인 사회교육을 통해 일정한 준비를 거친 대학인구가 확보되지 않은 상태에서는 엄두도 못 낼 작업인 것이다.

이런 엄청난 일이 어디서건 실제로 달성될지는 아무도 장담 못한다. 다만 월러스틴이 거듭 강조하듯이 현존 세계체제가 붕괴국면에 들어섰기 때문에 종전에는 상상키 힘들던 온갖 일들이 가능해졌고, 붕괴의 결과가 반드시 더 나은 체제의 탄생을 보장하지도 않기 때문에 각자가 최선을 다할 책임이 그만큼 더 절실해진다. 세상의 대학들이 좋든 싫든 이미 확보하고 있는 풍부한 자산을 도외시하고는 답이 안 나올 것 또한 분명하다. 대학의 역할에 대한 기대를 끝내 저버릴 수 없는 이유이다.

이 과정에서 한국의 대학은 세계체제 중심부의 대학들에 비해 훨씬 불리한 면과 다소나마 유리한 면을 두루 지녔다고 생각된다. 불리한 것은 중심부 대학들보다 인적·물적 자원이 빈약할 뿐 아니라, 세계경제 속에서의 위상에 따라 전지구적 체제운영의 중·하위 간부들을 수급하는 임무가 주로 맡겨지기 때문에 중심부의 기존 관념들을 더욱 경직되게 적용하기 십상이라는 점이다.[30] '두개의 문화' 분립현상만 하더라도 한국에서는 중등교육과정에서 이미 시작하는 문과·이과 구분에 의해 거의 희화화 수준에 이르러 있다.[31]

그러나 한국 대학 특유의 이점도 없지 않다. 반주변부(semi-periphery)는 중심부의 완강한 기득권구조에서 상대적으로 자유로우면서 주변부의 절박한 빈곤에서도 벗어나 있기 때문에, 그 주민들이 하기에 따라 활용 가능한 틈새가 열린 공간이기도 하다. 더구나 우리는 한반도 분단체제의 흔들림이라는 특유의 기회를 맞고 있다. 이와 관련해서 서울대학교 개교 50주년을 기념하는 심포지엄에서 발표한 내용 한 대목을 (좀 길지만) 인용할까 한다.

그러므로 우리는 한국 대학에 시련을 안겨준 바로 그 특수한

---

30) 중심부 대학들과 '반주변부' 한국의 대학에서 인문교육의 이념이 마주치는 현실적 여건의 차이에 대해서는 졸고 「세계시장의 논리와 인문교육의 이념」, 『분단체제 변혁의 공부길』 233면 이하 참조.

　대동문화연구원 심포지엄의 논평자 하이트마넥(Milan Hejtmanek) 교수는 세계체제 중·하위 간부의 수급이 한국 대학들의 주된 임무라는 나의 발언이 '지나친 겸손'이 아닌가 물었다. 한국 대학 출신의 일부 지도적 인사들이 경제계, 학계 또는 예술계에서 세계적인 활약을 하는 현상에 대해 한국인들의 응당한 자긍심을 주문하는 취지였을 것이다. 그러나 이들 예외적 인사의 존재가 — 더구나 그들 중 상당수는 활동의 근거지를 아예 제1세계로 잡았거나 적어도 외국 대학에서의 추가교육을 거쳐서 그 자리에 도달한 점을 감안할 때 — 세계체제 속 한국의 위상과 그 위상에 상응하는 인적 자원 배출의 수준을 바꿔놓지는 못한다. 나는 이러한 현재의 역할에 안주하는 것도 아니고 쓸데없는 자기비하에 빠지지도 않으면서 현실을 있는 그대로 직시하고 대응하자는 것이라고 답했다.

31) 김영식 「문과-이과 구분의 문제점과 폐단」, 앞의 책 125~48면 참조.

역사와 지금도 감당하기 벅찬 우리 고유의 역사적 과제에서 특유의 기회를 찾고 동력을 구해야 한다. 더구나 한국은 그간의 경제성장과 일정한 민주화를 통해 이제 비로소 대학의 이념과 역할을 제대로 논하고 필요한 실험을 해볼 여건을 확보한 셈이니만큼, 이때에 우리가 선진국 따라가기에 몰두하기보다 너무 잘살지도 너무 가난하지도 않은 나라의 대학으로서의 이점을 살려 세계사의 주어진 시점에 알맞은 '인간다움'의 새로운 탐구를 수행할 것을 생각해봄직하다. 여기에는 한국이 단순히 세계경제 내의 중위권에 속하는 나라가 아니라 분단된 국가라는 특수성이 당연히 고려되어야 한다. 대학이 그 소속 국가나 사회의 단기적인 목표에 집착하는 것은 대학으로서의 자멸행위나 다름없지만, 분단이 일종의 '분단체제'로서 자리잡은 현실에서는 그것의 극복이라는 범민족적 과제가 결코 단기적이거나 단순한 처방을 허용하지 않는다. 한편으로는 분단체제 아래서라도 한국의 세계적 위상이 최소한 더 내려가지는 않도록 세계시장 속의 적응력을 키워나가고 그날그날의 개혁에 충실하면서, 동시에 이러한 단기적 노력이 점차 분단체제의 극복을 위한 범한반도적 움직임과 그보다 더욱 원대한 세계체제 변혁을 지향하는 전지구적 연대사업으로 이어지게 만드는 슬기가 필요한 것이다.[32]

---

32) 「한국 대학의 이념을 찾아서」, *East Asia and the University in the 21st Century* (The 1996 International Symposium Commemorating the 50th Anniversary of Seoul National University 자료집, 1996. 10. 16~17, 서울대 호암컨벤션쎈터), 116면. 본서 4부에 수록.

이 발언 자체도 원론적 차원에 머물고 있지만, 그후 10여년이 경과한 지점에서 한국 대학들의 현실을 둘러볼 때 그런 시대적 사명을 수행할 대학이 과연 나올지는 여전히 미지수다. 아니, 여러모로 더욱 전망이 어두워졌다는 것이 다수 대학인들의 솔직한 심경일 것이다. 1990년대 중반에 비해 대학의 자율성이 상당부분 증가했고 자체개혁을 위한 논의가 활발해진 점은 있으나, 실제로 집행된 '개혁'은 주로 "소속 국가나 사회의 단기적인 목표"— 본질적으로 반문화적인 내용으로 채워진 목표 — 에 치중해왔으며 심지어는 '국가목표'도 아니고 대학 경영자들의 단기이익이라는 목표에 맞춘 구조조정의 모습을 띠기 일쑤였다. 이러한 상황에서 나는 영국 대학 내에서 자신의 작업이 '기회주의적이고 과외활동적'이었음을 술회한 리비스에게 새삼 공감을 느끼지 않을 수 없다.[33] 우리 대학들이 그나마 갖춘 지적·제도적·물적 기반을 활용하지 않고서는 해결책을 기대할 수 없지만, 제도화된 대학에 너무 많은 것을 걸다보면 엔간한 경륜과 역량을 갖춘 인물이나 집단이 아니고서는 기성구조에의 편입을 자초하기 십상인 것이다.

아무튼 한반도의 분단체제는 근대 세계체제보다 먼저 종식될 것이 거의 확실한데, 그 결과로 지금보다 나은 체제가 성립하리라는

---

33) "My work has been opportunist and extra-curricular; it wouldn't have been possible but for the actual university, but it didn't fit into any formal academic scheme." (F. R. Leavis, "'Believing in' the University," *The Critic as Anti-Philosopher*, ed. G. Singh, Chatto and Windus 1982, 182면)

보장이 없기는 마찬가지다. 다만 이 과정이 평화적으로 마무리되지 않을 경우 세계체제의 험난한 이행기[34] 중에서도 최악의 재앙에 직면하는 현장이 될 공산이 크기 때문에, 남북간에 평화적일뿐더러 점진적이고 단계적인 통일과정에 이미 합의했고 많은 우여곡절을 겪으면서도 그 과정이 진행되고 있다. 이 과정 자체가 훈련된 지혜를 요하는 동시에 기존 지식구조 타파의 틈새를 열어주는 것이기에, 한국의 대학과 대학인들이 이를 인문정신에 대한 부름이자 인문정신 복원의 기회로 받아들여 대학 안팎에서 끈질긴 활동을 펼칠 필요가 절실하다. 그러는 가운데 세계체제 차원의 더 큰 변화가 가세할 때 한반도는 인류문명의 갱신에 선구적 기여를 했다는 칭송을 듣게 될 것이다.

〈2008〉

---

34) 이에 대한 간결하면서도 생생한 묘사로 Immanuel Wallerstein, *Utopistics: Or, Historical Choices of the Twenty-first Century* (The New Press 1998) 제2장 "The Difficult Transition, or Hell on Earth?"(국역본 『유토피스틱스』, 백영경 옮김, 창비 1999) 참조.

서장: 시민참여 통일과정은 안녕한가 • 새로 쓴 글.

1. '5월 광주'에서 시민참여형 통일로 • 5·18민중항쟁 제26주년 기념 국제학
술대회 '민주주의, 평화, 통일과 시민사회' 강연(2006. 5. 23~24).

2. 남남갈등에서 한반도 선진사회로 • '2006 한반도 평화와 상생을 위한 학술
회의'(2006. 9. 29);『창작과비평』2006년 겨울호.

3. 한반도의 시민참여형 통일과 전지구적 한민족 네트워크 • 국제학술회의 '동
북아시아 평화를 위한 한국과 일본의 역할'(토요꾜오, 2006. 10. 28) 기조발
표;『역사비평』2006년 겨울호.

4. 북의 핵실험 이후: 남북관계의 '제3당사자'로서 남쪽 민간사회의 역할 • 『프레
시안』창간 5주년 기념 특별기획 강연(2006. 11. 23);『여럿이 함께』(공저,
프레시안북 2007).

5. 남북정상회담과 한미FTA • 『창비주간논평』(http://weekly.changbi.com)
2007. 3. 21.

6. 6월항쟁 20년주년에 본 87년체제 • '6월항쟁 20주년 기념 국제심포지엄 기

조연설'(2007. 5. 12);『황해문화』 2007년 여름호;『87년체제론』(김종엽 엮음, 창비 2009).

7. **변혁과 중도를 다시 생각할 때** •『한겨레』 2007. 6. 16;『백낙청 회화록』 5 (창비 2007).

8. **2007 남북정상회담 이후의 시민참여형 통일** • 민주사회를위한변호사모임 (민변) 월례회 발표(2007. 10. 24);『시대와 소통』(아웃사이더 2008);『朝鮮 半島の平和と統一』(東京: 岩波書店 2008);『의향(義鄕)』제7호(2008).

9. **6 · 15공동선언 실천의 새로운 고비** • 김대중평화쎈터 주최 6 · 15 여덟돌 기념행사 강연(2008. 6. 12).

10. **선진화 담론과 87년체제** •『월간중앙』 2009년 1월호;『87년체제론』(창비 2009).

11. **거버넌스에 관하여** •『창비주간논평』 2008. 12. 30.

12. **비상시국 타개를 위한 국민통합의 길** • 관훈클럽 초청강연(2009. 2. 18).

13. **2009년 분단현실의 한 성찰** • 제11회 한겨레통일문화상 수상 기념 강연 (2009. 4. 15).

14. **통일시대 · 마음공부 · 삼동윤리** • 원불교 중앙중도훈련원 특강(2007. 10. 7);『사회비평』 2008년 봄호.

15. **변혁적 중도주의와 소태산의 개벽사상** • 소태산아카데미 강연(2008. 9. 30).

16. **한국 대학의 이념을 찾아서** • 서울대 50주년 기념 국제학술회의 발표 (1996. 10. 17).

17. **통일시대 한국사회와 정신개벽** • 원광대 개교 60주년 기념 국제학술대회 '개벽시대 생명 평화의 길' 강연(2006. 10. 27).

18. **근대 세계체제, 인문정신, 그리고 한국의 대학** •『대동문화연구』 63집(2008년 9월).

어디가 중도며 어째서 변혁인가

초판 1쇄 발행 • 2009년 8월 7일
초판 2쇄 발행 • 2009년 9월 19일

지은이 • 백낙청
펴낸이 • 고세현
책임편집 • 안병률
펴낸곳 • (주)창비
등록 • 1986년 8월 5일 제85호
주소 • 413-756 경기도 파주시 교하읍 문발리 513-11
전화 • 031-955-3333
팩시밀리 • 영업 031-955-3399 편집 031-955-3400
홈페이지 • www.changbi.com
전자우편 • human@changbi.com
인쇄 • 한교원색

ISBN 978-89-364-8560-3 93300